세상을 뒤흔든 400명의 여자들

초등학생을 위한 살아 있는

멘토 사전

【 일러두기 】

- 이 책에 사용된 사진은 저작권자의 허락을 받아 게재한 것이므로 무단 전재와 복제를 금합니다. 저작권자를 찾지 못하여 게재 허락을 받지 못한 일부 사진에 대해서는 저작권자가 확인되는 대로 사용료를 지불하도록 하겠습니다.
- 이 책에 실린 인물들은 각 장마다 가나다 순으로 수록했습니다.
- 이 책의 인물 이름 옆에 붙은 숫자는 인물의 출생연도와 사망연도입니다. 정확한 연도가 밝혀지지 않은 경우에는 ?로 표기했습니다. 예) 한수정 (?~현재)

세상을 뒤흔든 400명의 여자들

초등학생을 위한 살아 있는

멘토
사전

1판 1쇄 인쇄 | 2012년 4월 9일
1판 1쇄 발행 | 2012년 4월 16일

지은이 | 고수유
펴낸곳 | 도서출판 거인
펴낸이 | 박형준
책임편집 | 김종필
편 집 | 이소담
마케팅 | 이희경 김경진 서하나
디자인 | 출판iN

등록번호 | 제10-2363호
주 소 | 서울시 마포구 공덕동 456번지 르네상스타워 1111호
전 화 | 02) 715-6857, 6859
팩 스 | 02) 715-6858

책값은 표지 뒤쪽에 있습니다.
ISBN 978-89-6379-070-1   63370

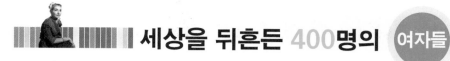

세상을 뒤흔든 400명의 여자들

초등학생을 위한 살아 있는

멘토 사전

고수유 지음

거인

제3장 세상에 나를 알리는 힘, 용기 … 133

제5장 열정을 키우는 힘, 도전 ··· 257

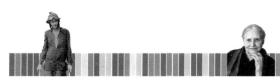

제6장 세상을 바꾸는 힘, 창의성 … 329

꿈을 키우는 여행에 초대하며

너희는 나중에 어떤 사람이 되고 싶니?

아직, 꿈이 많은 너희는 어른이 되면 하고 싶은 일이 너무나 많을 거야. 우주선을 타고 미지의 별로 날아가는 우주 비행사, 석유를 대체하는 새로운 에너지를 만드는 과학자, 날마다 뉴스를 알려 주는 아나운서, 당당하게 우리나라를 대표해 국위를 선양하는 외교관까지 너희의 꿈은 크고 다양하지.

이 책은 너희의 꿈을 생동감 있게 담아 보았단다. 세상을 뒤흔드는 400명의 여자들이 다양한 분야에서 자신의 꿈을 이루어 가는 과정을 소개해 보았어. 400명의 여자들은 이름만 들어도 누구나 알 정도로 자신의 분야에서 열심히 노력해 실력을 인정받은 사람들이지. 이 400명의 이야기는 앞으로 너희가 어른이 되었을 때, 바로 너희의 이야기가 될 거야.

너희는 '이솝 이야기'를 잘 알지? 흥미로운 짧은 이야기를 통해 깊이 있는 교훈을 들려주는 게 '이솝 이야기'이지. 이처럼, 이 책도 짧지만 교훈을 얻는 이야기를 통해 많은 생각거리를 전해 줄 거야. 그래서 이 책의 이야기는 너희가 살고 있는 오늘날의 이솝 이야기인 셈이지.

자, 그러면 지금부터 여행을 떠나 볼까?

우리나라의 김경희 지휘자, 김주하 앵커, 김연아 선수, 장영희 교수 등을 비롯해, 외국의 방송인 오프라 윈프리, 영부인 미셸 오바마, 작가 조앤 K. 롤링, 장애를 극복한 헬렌 켈러의 흥미진진한 이야기가 너희를 기다리고 있단다.

그럼, 너희의 꿈을 실현시켜 줄 400명의 멘토를 만나러 가 보자.

한국의 이솝, 고수유

1

당당하게 서는 힘,

자신감

미국 문학에 영향을 준 소설가

○ 거트루드 스타인 (1874~1946)

미국 펜실베이니아 주에서 태어난 거투르드 스타인은 영국을 거쳐 프랑스로 건너갔다. 어릴 적부터 상상력이 풍부했던 그녀는 대담한 글을 쓰는 소설가이자 시인이 되었다. 파리에 있는 그녀의 살롱(상류 가정의 객실에서 열리는 사교적인 모임)에는 많은 작가와 화가들이 찾아왔고, 스타인은 그들과 자주 어울렸다.

어느 날 후배 소설가 헤밍웨이가 그녀의 집에 방문했다. 그는 자신의 고민들을 그녀에게 털어놓았다. 그러자 스타인이 말했다.

"당신들이 모두 길 잃은 세대라서 그런다네."

"네? 무슨 말씀이세요?"

"지금 젊은이들은 전쟁이 끝나자 삶에 대한 자신감을 잃고 술에 의지하며 지내고 있어. 정신적으로 방황해서 길을 잃어버린 거야. 하지만 우리처럼 글을 쓰거나 그림을 그리는 예술가들은 행복한 사람들이네. 매일같이 기적을 경험하지 않나."

"기적이라니요?"

"매일 느끼는 감정이나 감촉들을 표현해 낼 수 있잖아. 그것은 예술가만이 느낄 수 있는 가장 큰 축복이야."

헤밍웨이는 그녀의 말을 새겨들었고, 방황하는 젊은이들의 이야기를 다룬 책《태양은 또다시 떠오른다》를 발표해 유명한 작가가 되었다. 헤밍웨이를 비롯한 여러 후배들에게 문학을 가르쳐 주었던 거투르드 스타인은 문학을 느끼며 표현하는 열정적인 삶을 살았다.

거트루드 스타인
미국의 작가이자 시인인 스타인은《3인의 여성》, 《미국인의 형성》,《앨리스 B. 토클라스의 자서전》 등을 발표했다.

외모가 아닌 실력으로 평가받는 작가

○ 공지영 (1963~현재)

공지영은 초등학교 3학년 때 방송국에서 주최한 글짓기 대회에서 상을 받았다. 그녀가 쓴 글의 내용은 '남녀 차별을 하지 말자.'는 것이었다. 그녀의 어머니는 통닭을 시키면 첫째였던 언니를 놔두고 둘째였던 오빠에게 닭다리를 먼저 주었는데, 공지영은 어머니의 이런 모습이 잘못되었다고 한 것이다. 이처럼 잘못된 것들을 꼬집을 줄 알았던 그녀는 작가가 될 수 있었다.

세월이 흘러, 그녀의 소설《무소의 뿔처럼 혼자서 가라》와《고등어》,《우리들의 행복한 시간》등이 젊은이들 사이에서 큰 인기를 얻게 되었다. 하지만 그녀를 곱지 않은 눈길로 바라보는 사람들도 있었다. 그녀의 글이 내용이 가볍기 때문에 젊은이들이 좋아한다고 생각해서였다. 그리고 그녀의 눈에 띄는 외모를 비판하는 사람도 있었다.

출판 기념회(책 출판을 축하하기 위해 베푸는 모임)가 열린 날, 공지영에게 한 기자가 질문을 던졌다.

"공지영 씨, 당신을 비판하는 사람들도 많은데요. 어떻게 생각하나요?"

"비판하는 것 역시 독자들의 몫입니다."

아무렇지 않은 표정으로 웃으며 대답하는 그녀에게 기자가 다시 물었다.

"그럼, 당신의 작품이 인기 있는 건 순전히 당신의 외모 때문이라고 말하는 사람들도 있는데, 어떻게 생각하십니까?"

그러자 공지영이 대답했다.

"그건 좀 우스운 말인 것 같네요. 저는 글을 쓰는 작가예요. 저는 얼굴이 아닌 제가 쓴 글로 평가받는 작가입니다."

영화 〈도가니〉
영화 〈도가니〉는 학교의 성추행 문제를 다룬 공지영의 소설《도가니》를 원작으로 한 영화이다.

우리나라 최초의 여성 지휘자

○ 김경희 (1959~현재)

자신감
03

그날 밤에도 김경희의 방에는 불이 환하게 켜져 있었다. 그녀는 혼자 독일어를 공부하면서 지휘자가 되려고 했다. 그래서 우선 대학교에 들어가 작곡을 공부하기로 마음먹었다.

그녀는 대학교를 졸업했지만 오케스트라(음악을 연주하는 악단) 지휘자가 되지 못했다. 독일로 유학을 가기로 결정하고 학비를 벌기 위해 MBC 어린이 합창단에서 지휘자 겸 반주자로 일했다.

"자네는 지휘자가 될 자질이 있네. 꿈을 잃지 말게."

음악 평론가 한상우는 그녀를 격려해 주었다.

"여자가 왜 지휘자가 되려고 하죠?"

"지휘자도 하나의 연주자라고 생각합니다. 다른 악기는 모두 여자도 연주하는데 왜 지휘는 할 수 없다고 합니까?"

독일 베를린 국립음악대학교의 입학시험에서 교수는 그녀에게 차가운 반응을 보였다. 하지만 솔직하고 당당한 대답을 듣고 그녀를 합격시켰다. 그리고 여자라는 이유로 그녀를 차별하지 않았다.

"여자든 남자든 상관없이, 오케스트라 앞에 섰을 때는 그저 지휘자일 뿐이야."

교수는 그녀에게 격려를 아끼지 않았다.

그녀는 여자라서 약하다는 소리를 듣기 싫어서 아무리 연습이 길어져도 절대로 의자에 앉지 않았다. 그렇게 해서 우리나라 최초의 여성 지휘자가 되었다. 그녀는 여성 지휘자가 당당히 인정받는 세상을 만들기 위해 오늘도 노력하고 있다.

지휘봉
오케스트라의 지휘자는 합창이나 합주를 할 때 지휘봉을 들고 악단을 조화롭게 이끈다.

유명 아이돌을 거부한 드라마 작가

● 김수현 (1943~현재)

새로운 원고를 집필하던 드라마 작가 김수현은 자신의 작품에 출연하기로 한 배우들의 이름을 확인하게 되었다.

"잠깐만요, 뭔가 착오가 생긴 것 같은데요."

명단을 훑어보던 김수현이 방송 관계자를 불러 물었다.

"주인공을 정말 이 사람으로 할 건가요?"

김수현이 문제 삼은 배우는 유명 아이돌 그룹 출신의 연예인이었다.

"이 연예인은 유명하니까 시청률을 올리는 건 시간문제일 겁니다."

"제 생각은 다릅니다. 어떻게 유명하다는 이유 하나만으로 단번에 주인공이 될 수 있나요?"

"하지만 방송국에서는 꼭 이 연예인을 주인공으로 할 계획인데요."

관계자가 말을 얼버무리자, 김수현이 화를 냈다.

"이 사람을 주인공으로 쓴다면 더 이상 원고를 쓰지 않을 테니 그리 아세요."

그러자 그 연예인의 팬들이 그녀의 홈페이지에 악성 댓글을 마구 달았다. 그러나 김수현은 자신의 입장을 꿋꿋이 지켰다.

"드라마를 할 사람은 배우예요. 시청률을 올리겠다는 이유로 연기 경험이 전혀 없는 유명 아이돌을 쓰면 그게 드라마인가요? 쇼 프로그램이죠."

결국 방송국은 김수현의 말에 따라 아이돌 연예인 대신 전문 배우를 캐스팅했다. 그녀의 드라마가 좋은 평가를 받는 것은 배우 선정 같은 세세한 부분까지 신경 쓰기 때문일 것이다.

〈천일의 약속〉
〈천일의 약속〉은 김수현이 드라마 작가로 참여한 작품이다. 김수현은 〈눈꽃〉, 〈엄마가 뿔났다〉, 〈인생은 아름다워〉 등 많은 드라마 극본을 집필했다.

대중에게 사랑받는 디자이너

◉ 도나 카란 (1948~현재)

자신감
05

도나 카란의 아버지는 남성복 재단사였는데, 그녀가 3살 때 돌아가셨다. 그녀의 어머니는 재혼을 했는데 새아버지는 옷가게를 운영했다. 어릴 적부터 옷을 가까이한 그녀는 훗날 디자이너가 되었다.

그녀는 남성이 주도해 온 20세기 세계 패션계에 여성 특유의 감성으로 인기를 얻었다. 전 세계의 일하는 여성들을 위해 편하고 활동적인 옷을 탄생시켰다.

"도나 카란은 실용성을 추구하면서도 여성 특유의 아름다움을 살리니 여성들에게 사랑받을 수밖에 없어요."

이러한 내용의 기사를 쓴 신문 기자가 그녀에게 디자이너가 될 수 있었던 이유를 물어보았다.

"저는 열네 살 때부터 옷가게에서 아르바이트를 시작했어요. 그곳에서 고객들에게 옷을 권하고 고객들의 취향을 들으면서 여자들이 자기 옷에 대해 진정으로 원하는 것이 무엇인지 알게 되었죠. 그러면서 반드시 성공할 수 있다는 자신감을 기를 수 있었어요."

그녀가 만든 '디케이엔와이(DKNY)'라는 브랜드는 미국의 유명한 백화점에 입점했음에도 가격이 낮은 편이라서 사람들로부터 호평을 받았다. 또한, 편하게 입을 수 있는 옷을 디자인해 직장 여성들의 마음을 사로잡았다.

그녀는 1985년에 '미국 패션 디자이너 협회상(CFDA)'을 받았다.

"나는 청바지와 티셔츠를 입고 다니던 젊은 시절을 가장 행복했던 순간으로 기억합니다. 나는 항상 젊음을 유지하고 있으며 DKNY는 그 증거입니다."

DKNY
미국의 디자이너 도나 카란이 만든 DKNY는 '자유로움과 젊음'을 추구하는 세계적인 패션 브랜드이다.

세계적인 명품 브랜드를 이끄는 디자이너

○ 도나텔라 베르사체 (1955~현재)

"**도나텔라**, 이 옷 좀 입어 볼래?"

"오빠, 또 만든 거야? 하여간 오빠는……."

도나텔라는 오빠 지아니가 만든 옷을 입었다. 패션에 푹 빠진 오빠가 만든 옷의 모델이 된 것이다.

"오빠는 디자이너가 될 거야?"

"응, 난 세계적으로 유명한 디자이너가 될 거야. 그때 넌 내 수석 디자이너를 해!"

"싫어. 난 오빠처럼 옷을 좋아하지 않거든!"

세월이 흘러 지아니는 밀라노에서 매장을 개장했다. 도나텔라는 오빠의 일을 도우면서 점점 패션에 대해 남다른 생각이 들기 시작했다. 그리고 자신이 디자이너로 성공할 수 있을 거라는 확신이 들었다.

"오빠, 예전에 나한테 수석 디자이너를 하라고 했던 거 기억 나?"

"왜?"

"점점 옷이 좋아지고 있어. 소질도 있는 것 같고. 난 디자이너로 성공할 자신이 있어. 그 제안을 받아들일게."

몇 년 후, 그들 남매는 유명한 디자이너가 되었다. 명품 브랜드 '베르사체'를 만든 것이다. 베르사체는 그리스 로마 시대의 산뜻한 선과 하늘하늘한 의상으로 세계 어느 곳에서도 환영받는 브랜드가 되었다.

오빠 지아니 베르사체와 함께 베르사체를 세계적인 브랜드로 만들어 낸 도나텔라는 지아니 베르사체가 불의의 사고로 죽은 후에도 베르사체를 굳건히 지키고 있다.

베르사체 향수
베르사체 남매가 만든 이탈리아의 패션 브랜드 베르사체는 옷뿐만 아니라 향수, 가방, 시계, 지갑 등도 만들고 있다.

자신의 일을 사랑하는 디자이너

● 두리 정 (1973~현재)

학교를 졸업하고 사회에 발을 들이게 되었을 때, 그녀는 모든 기대를 한 몸에 받았다. 우수한 졸업생에게 주어지는 '올해의 디자이너상'을 받았기 때문이다. 하지만 그녀의 운은 거기까지였다.

"9·11테러로 부모님의 세탁소 지하실에서 오랫동안 준비해 왔던 패션쇼가 날아갔어. 이제 일을 그만두자."

두리 정은 지하실에서 만든 옷들이 사람들의 사랑을 받을 거라는 기대감에 부풀어 있었는데, 같이 일하던 친구가 가게를 닫자고 했다.

"두리야. 너무 걱정하지 마. 네가 만든 옷들은 예뻐. 언젠간 사람들의 사랑을 받을 거야."

친구는 위로의 말을 건네고 떠났다. 지하실에 있던 마네킹들은 모두 벌거벗은 채 트럭에 실려 갔다.

그녀의 어머니는 집으로 돌아온 그녀의 손을 꼭 붙잡아 주었다.

"대회를 나가. 네 존재를 알리고, 사람들에게 네 옷을 보여 줘."

"예, 다시 시작할 거예요!"

다시 한 번 날기 위해 그녀는 자신의 날개를 펼쳤다. 지하실에서 수많은 밤을 새우며 옷들을 디자인했다. 얼마 지나지 않아 그녀는 신인 디자이너로서 인정을 받았다.

"단지 아름다운 옷을 만들고 싶을 뿐이에요. 저는 제가 하는 일을 정말 사랑해요."

4살 때부터 디자이너의 꿈을 키우던 소녀는 이제 세련된 여성스러움을 표현하기 위해 애쓰는 유능한 디자이너가 되었다.

두리 정이 디자인한 옷
패션모델이 두리 정이 디자인한 옷을 입고 패션쇼를 하고 있다. 두리 정은 보그 패션상 등을 수상했다.

'천사의 목소리'로 칭송받은 성악가

○ 레나타 테발디 (1922~2004)

이탈리아에서 태어난 레나타 테발디는 3살 때 소아마비에 걸려 밖에서 뛰어놀지 못하고 집에만 있어야 했다. 내성적인 성격에 다리까지 불편했던 테발디에게 유일한 위안과 휴식은 음악이었다.

테발디는 음악에 뛰어난 소질을 지니고 있었다. 우연히 그녀가 노래하는 것을 들은 교회 사람들이 말했다.

"레나타, 굉장한 목소리를 가졌구나. 음악 공부를 해 보지 않겠니?"

부모님은 그녀의 특기를 살리기 위해 음악 학교에 입학시켰고, 그때부터 본격적으로 성악 공부를 시작했다.

그러던 어느 날 테발디는 놀라운 소식을 들었다.

"테발디, 밀라노로 가야겠다. 너에게 오디션 기회가 주어졌단다."

그녀는 거장 아르투로 토스카니니에게 오디션을 받으러 갔다. 긴장하면서 노래를 마친 테발디에게 토스카니니가 말했다.

"오, 대단해! 완벽한 천사의 목소리야!"

그의 말에 테발디는 자신감을 갖게 되었다. 그는 이탈리아 오페라의 산실인 밀라노의 라 스칼라 극장의 공연에 테발디를 초청했다.

그녀의 멋진 공연에 관중들은 박수를 보냈다.

'천사의 목소리'로 사람들에게 많은 사랑을 받은 레나타 테발디는 마리아 칼라스와 함께 20세기 최고의 소프라노로 평가받고 있다.

라 스칼라 극장
이 극장은 세계에서 가장 유명한 오페라 극장 중 하나로 이탈리아 밀라노에 있다. 이 극장은 1778년 8월 3일에 개장되었다.

독특한 패션과 음악으로 유명한 가수

◉ 레이디 가가 (1986~현재)

자신감
09

소녀 레이디 가가는 마이클 잭슨과 마돈나 등의 음악을 들으면서 가수의 꿈을 키웠다. 세월이 흘러 가수가 된 그녀는 특이한 패션과 언행, 그리고 거침없는 공연으로 인기를 끌고 있다. 어디를 가나 화제를 몰고 다니는 그녀에 대해 누군가가 말했다.

"이상하고 특이한 면이 있지만 단지 그것만으로 레이디 가가를 평가해서는 안 된다."

7살에 줄리어드 음악 학교에 입학하려고 할 정도로 재능을 가지고 있던 그녀는 작사와 작곡을 하는 싱어송라이터였다. 또한 뛰어난 노래 실력으로 공연장을 찾은 관객들에게 놀라움을 선사하는 가수였다. 모든 일에 열정을 다하고 그만큼 당당하게 행동하는 그녀는 노래 못지않게 독특한 패션으로 많은 화제를 낳았다.

"나는 공연 의상을 위해 음악을 만들 만큼 패션에 관심이 많아요."

그리고 팝이라는 문화를 낮게 보는 이들에게 다음과 같이 말했다.

"팝 문화는 예술이에요. 나는 팝을 감싸 안았는데, 여러분은 내 노래를 들으면 그것을 알 수 있을 겁니다. 여러분 모두를 파티로 초대합니다."

레이디 가가는 음악, 패션, 그리고 자선 활동까지 모든 일에 열정을 다하고 있어서 전 세계가 그녀를 주목하고 있다. 2010년에 〈타임스〉에서 선정한 '세계에서 가장 영향력 있는 100인'에 선정되었으며, 그녀가 인기를 얻게 된 이유를 연구하는 대학 강의가 개설될 정도로 유명세를 떨치고 있다.

레이디 가가
레이디 가가는 그래미상, MTV 비디오 뮤직 어워드 등을 수상했고, 빌보드가 선정한 올해의 아티스트가 되었다.

여성 정치가의 본보기가 되다

○ 마거릿 힐다 대처 (1925~현재)

마거릿 힐다 대처는 런던 북부 지방에서 식료품점의 둘째 딸로 태어났다. 어릴 적부터 공부를 잘했던 그녀는 옥스퍼드대학교의 화학과를 졸업했는데, 독학으로 법률을 공부해, 29살 때 변호사 시험에 합격했다.

강직한 성격의 대처는 자신의 의견을 뚜렷하게 나타냈다. 자신이 옳다고 생각하는 것은 그대로 실천하고, 실패하는 일이 없도록 최선을 다했다. 여자 정치인이 드물었던 당시에 기죽지 않고 당당하게 자신의 입장을 밝혔다.

"여러분, 제가 들고 있는 이 두 장바구니를 보세요. 가득 차 있는 하나는 5년 전에 1파운드(영국의 화폐 단위. 1파운드는 약 1,700원)로 살 수 있었던 것이고, 왼쪽 것은 지금의 정권에서 살 수 있는 것들이지요. 만약 우리가 다시 한 번 지금의 정권을 뽑는다면 아마 1파운드로는 비닐봉투 한 장밖에 못 살 겁니다."

그녀는 이른 시각에 장을 보는 주부들에게 선거 유세를 펼쳤다. 그녀의 전략은 주부들에게 공감을 샀고, 지지율이 향상되었다. 또, 경제 위기에 빠진 영국을 환자로 비유하며 사람들에게 자신의 생각을 하나의 이야기처럼 전달했다. 사람들은 그녀의 말에 귀를 기울였고, 그녀에게서 영국의 어머니를 느꼈다.

결국 그녀는 총리가 되었다. 총리가 되고 나서 아르헨티나와 벌인 포클랜드 전쟁에서 첫 사상자가 나왔다는 소식을 듣고 회의를 하다 말고 눈물을 흘리기도 했다. 전사자 250명의 가족들에게 일일이 친필로 위로 편지를 써서 보낸 그녀의 행동에 사람들은 따뜻한 마음을 느꼈다.

마거릿 힐다 대처
대처는 1979년 선거에서는 노동당의 캘러헌 수상을 누르고 첫 여자 수상이 되었다. 지속적으로 국민의 지지를 얻어 영국 역사상 최다 임기를 역임한 총리가 되었다.

월스트리트의 최고 앵커

○ 마리아 바르티로모 (1966~현재)

"내 인생에 클로징 벨(끝을 알리는 종소리)은 없어요."

미국의 최고 여성 앵커 마리아 바르티로모는 그렇게 말했다. 그녀는 보석처럼 반짝이는 큰 눈과 솜사탕처럼 부드러운 입술을 가진 아름다운 여인이다. 화려한 외모만큼이나 그녀를 수식하는 말들은 다양하다. '최고다.', '월스트리트(미국의 증권 시장)의 문제점을 콕콕 집어낸다.' 등의 말들은 모두 그녀의 능력을 칭송하는 말들이다.

그녀는 이탈리아 이민자 출신인 부모님을 보며 자랐다. 아버지는 이탈리아 식당을 운영하셨는데, 잠시도 쉬지 않고 땀을 뻘뻘 흘리며 일하셨다. 어린 그녀는 식당 일을 도와주면서 열심히 일하면 좋은 결과가 나타난다는 것을 깨닫게 되었다.

마리아 바르티로모는 미국 CNBC의 인기 프로그램 '클로징 벨'의 여성 앵커가 되었다. 〈파이낸셜타임스〉가 뽑은 '지난 10년을 움직인 50인'에 선정되었으며, CEO들과의 인터뷰 경험을 바탕으로 《성공을 지켜 주는 10가지 원칙》이라는 책을 펴냈다. 그녀는 10가지 원칙 중에서도 크게 3가지를 강조했다.

"첫째는 자기 자신을 잘 알아야 한다. 자기가 무슨 일을 잘하는지, 그리고 어떤 일을 좋아하는지, 마음속 깊은 곳에서 부글부글 끓어오르는 게 무엇인지를 알아야 한다. 그리고 가능한 한 돈을 위해 살지 말아야 한다. 둘째는 이니셔티브(initiative, 솔선수범)다. 먼저 나서서 열심히 해야 한다. 셋째는 적응이다. 자기가 일하는 분야가 어떻게 변하고 있는지 알고 거기에 맞춰 적응해야 한다. 시간은 기다려 주지 않는다."

CNBC
마리아 바르티로모가 앵커로 활동하고 있는 CNBC는 미국의 경제 전문 방송 채널이다.

사람들에게 희망을 주는 가스펠 가수

● 마할리아 잭슨 (1911~1972)

마할리아 잭슨은 어릴 적부터 교회를 열심히 다녔다. 독실한 기독교 신자였던 그녀는 블루스 가수인 마 레이니와 베시 스미스의 노래를 부르며 가수의 꿈을 키웠다.

세월이 흘러 그녀는 가수가 되었다. 1958년에 라이브 공연이 열리고 있었다. 사회자가 그녀를 소개했다.

"여러분, '최고의 가스펠 싱어' 마할리아 잭슨을 소개합니다."

그런데 사회자의 소개와 함께 등장한 잭슨의 모습을 보고 사람들은 실망한 듯 수군거렸다.

"뭐야, 저 뚱뚱하고 못생긴 아줌마는?"

"우아, 100킬로그램이 넘겠는데!"

얼핏 보기에 잭슨은 뚱뚱하고 못생긴 하녀 같은 모습이었다.

하지만 잭슨이 노래를 시작하자 사람들은 놀라고 말았다. 폭발적인 가창력으로 순식간에 좌중을 사로잡더니 곧 감동의 눈물을 흘리게 할 만큼 훌륭한 무대를 보여 주었다. 그녀는 자신의 음악이 사람들에게 감동을 주는 이유를 다음과 같이 말했다.

"대부분의 흑인 음악가들이 그렇듯 나 또한 지독한 가난 때문에 노래를 불렀습니다. 식당 종업원, 청소부를 전전해야 했지만 신앙과 노래만이 유일한 위안이었죠. 가스펠(복음 성가)에는 나만의 희망이 담겨 있답니다."

희망에 호소하는 그녀의 목소리는 널리 알려졌다. 그녀의 힘 있는 목소리는 대공황(1929년에 세계적으로 일어난 경기 악화)의 절망에 빠진 미국인들에게 희망을 주었다.

마할리아 잭슨
미국 뉴올리언스에서 태어난 마할리아 잭슨은, 가장 뛰어난 음반을 발표한 사람에게 주어지는 그래미상을 세 번이나 수상할 정도로 실력이 뛰어났다.

모든 여성은 특별하게 아름답다

○ 메리 케이 애시 (1915~2001)

자신감
13

메리 케이 애시는 1963년에 자신의 이름을 따서 세계적인 화장품 회사인 '메리 케이'를 설립했다. '여성을 위한 꿈의 회사'를 만들겠다는 그녀의 꿈은 이루어졌고, 결국 그녀는 '세계에서 가장 영향력 있는 20인의 여성'에 선정되었다.

어느 날, 한 중년 여성이 메리 케이 매장에 상담을 받으러 왔다.

"며칠 뒤에 딸이 결혼을 하는데, 그에 맞는 화장을 하고 싶어요. 괜찮은 제품이 없나요?"

매장 직원들이 여러 제품을 권했지만, 그녀는 선뜻 선택을 하지 않았다. 마침 매장을 점검하고 있던 메리 케이 회장이 그녀에게 말을 걸었다.

"손님의 피부에 맞는 제품을 고르시면 어떨까요?"

"제 피부 특성이 어떤지는 저도 잘 몰라요. 부끄럽지만, 지금까지 화장해 본 적이 없거든요."

그녀의 말을 들은 메리 케이가 직접 나서서 제품을 골라 주었다.

"손님은 피부가 어두우신 편이니 화사하게 살리시는 게 좋을 거예요."

"아, 그래도 역시 좀 망설여지네요. 저 같은 볼품없는 아줌마가 이렇게 예쁜 화장품들을 발라도 될지 싶어서요."

그러자 메리 케이가 단호하게 말했다.

"모든 여성은 각자 자신만의 특별한 아름다움을 갖고 있습니다. 우리 회사의 화장품은 그런 아름다움을 끌어내기 위해 존재하는 거고요. 손님께서 자신의 아름다움을 그렇게 깎아내리며 자신 없어 하신다면 화장품도 제 가치를 발휘하지 못할 거예요."

메리 케이 화장품
메리 케이가 설립한 메리 케이 화장품은 세계 35개 나라에 지점을 두고 있는 세계적인 화장품 회사이다.

시 쓰는 즐거움을 깨닫다

○ 문정희 (1947~현재)

문정희는 어렸을 때부터 글쓰기에 재능이 있었다. 초등학교 저학년 때 산과 들에서 뛰어노는 즐거움을 글로 펼쳐 보일 수 있었고, 아무에게도 말할 수 없는 외로움도 글로는 말할 수 있었다. 초등학교 때부터 부모님과 떨어져 지냈던 그녀는, 서울로 올라가 오빠와 단 둘이 생활했다.

"이제 너도 대학교에 들어가려면 공부를 해야 해. 만날 글쓰기만 하지 말고 공부도 해."

아버지가 돌아가시고 가장이 된 오빠는 그녀에게 잔소리를 했다. 그녀보다 똑똑하고 미국에서 공부하고 돌아온 오빠에게 그녀는 딸 같은 동생이었다. 하지만 그녀의 생각은 달랐다. 대학 입시를 앞둔 고등학교 3학년이 되어서도 틈만 나면 글을 썼다.

"나는 분명히 재능이 있어. 글재주로 대학에 갈 수 있을 거야!"

고집불통인 그녀를 말릴 수 있는 사람은 아무도 없었다. 그렇게 해서 그녀가 휩쓴 상은 무려 30개가 넘었다. 시집도 냈고, 대학교에도 들어갔다.

그런데 신인상을 받으며 정식으로 시인이 된 그녀는 모든 것을 홀가분하게 벗어던지고 결혼해 버렸다.

'글이란 건 언제든지 쓸 수 있어.'

그것이 그녀의 생각이었다. 하지만 임신을 하고 집 안에 우두커니 앉아 있는 그녀의 마음속에는 언제나 시에 대한 열정이 솟아올랐다. 캄캄한 단칸방에서 그녀는 몰래몰래 시를 썼다. 어두웠던 그녀의 삶은 시와 함께 밝아 왔다. 시에 대한 목마름으로 시를 쓰고, 시를 통해 세상을 보며, 시와 함께 세상에 맞서는 열정적인 시인이 되었다.

동국대학교
동국대학교 국문학과를 졸업한 문정희 시인은 모교인 동국대학교 문예창작학과 석좌교수이자 고려대학교 문예창작과 교수로 활동하고 있다.

캐나다 최초의 흑인 여성 총독

○ 미카엘 장 (1957~현재)

미카엘 장은 중앙아메리카에 있는 아이티에서 태어났다. 그녀는 1970년대에 독재 정권의 압정(압제 정치)을 피해 캐나다로 이주해 문학과 언어를 공부한 후 방송사에서 일했다. 그리고 프랑스 국적을 가진 영화감독과 결혼하면서 프랑스 국적을 갖게 되었고, 정치가로 활동하기 시작했다.

총독은 캐나다에서 최고의 직책이다. 우리나라로 치자면 국무총리와 비슷한 위치이다. 그런 막중한 자리에 흑인 여성인 그녀가 오를지도 모른다는 신문 기사가 나왔을 때, 다민족 국가인 캐나다 사람들은 우려했다.

"흑인 여자가 총독 일을 잘 수행할 수 있을까?"

"외국 정상들도 만나야 하고, 중요한 직책인데 힘들지 않을까?"

"프랑스 국적을 갖고 있다고 하는데, 캐나다의 총독이 되기는 힘들지!"

그러나 그녀는 이런 우려를 없앴다. 그녀는 결혼하면서 취득한 프랑스 국적을 총독이 되기 전에 포기했다. 사랑하는 사람과의 맹세의 서약을 캐나다 총독이라는 막중한 자리와 바꾼 것이다.

"여러분의 우려를 잘 알고 있습니다. 나는 사랑보다 제2의 조국 캐나다를 택하겠습니다!"

세계 각국을 누비며 캐나다를 널리 알리고 봉사했던 그녀는 2010년 9월 29일에 송별식을 끝으로 총독 자리에서 명예롭게 물러났다.

미카엘 장
뉴스를 진행하는 방송인으로 활동했던 미카엘 장은 2005년 9월 27일에 캐나다 역사상 최초의 흑인 총독으로 취임했다.

〈위기의 여자〉를 통해 여배우로 거듭나다

● 박정자 (1942~현재)

그녀는 9살 때 처음 연극을 보았을 때, 가슴이 두근거렸다. 그래서 그녀는 시간만 나면 연극을 보러 다녔다. 그녀는 '연극을 하면서 살아야겠다.'고 생각했다. 우여곡절 끝에 연극배우로 무대에 서게 되었지만 주인공 자리는 쉽게 주어지지 않았다.

극단 '산울림'의 임영웅 대표는 개관 1주년을 기념해 올릴 연극 〈위기의 여자〉의 주인공을 찾고 있었다. 임영웅 대표가 그녀에게 말했다.

"〈위기의 여자〉 여주인공에 어울리는 배우 좀 추천해 줘."

"김혜자 씨나 김민자 씨가 어때요?"

"괜찮긴 하지만 두 사람은 너무 바쁘잖아."

그녀는 다른 배우들을 찾기 시작했다. 한 사람 한 사람 사진과 출연한 작품들을 훑어보는데 하나같이 어울리는 사람이 없었다.

"차라리 내가 낫겠다!"

그녀는 자신이 잘할 수 있을 것 같아서 자신을 추천했다. 하지만 임영웅 대표는 그녀를 거절했다.

"에이, 넌 주인공이 되기엔 아직 부족해."

기분이 상한 그녀는 얼굴이 붉어져 집으로 돌아왔다. 그녀는 자신이 다른 배우들 못지않게 실력이 있고, 잘할 수 있을 거라고 생각했다. 며칠 후, 그런 그녀에게 임영웅 대표가 손수 대본을 들고 찾아왔다.

그녀는 그가 건네는 대본을 꼭 쥐었다. 밤낮없이 연습하고 누구보다도 여주인공에 완전히 몰입을 했다. 그 결과, 그녀는 공연을 성공적으로 마칠 수 있었다.

연극 무대
영화와 달리 연극은 무대 공연을 전제로 하는 공연 예술이다. 연극은 배우가 각본에 따라 어떤 사건이나 인물의 말과 동작을 관객에게 보여 준다.

가장 빨리 9시 뉴스 앵커가 되다

○ 백지연 (1964~현재)

자신감
17

아나운서 시험에 합격한 백지연은 방송국에 들어온 지 3개월이 되었다. 수습사원(회사의 일을 배워 익히는 과정에 있는 사원)이 된 그녀는 맡은 일을 열심히 하고, 선배님들이 가르쳐 주는 것들을 잘 따라하려고 노력했다.

"이번에 9시 뉴스 앵커를 뽑는데!"

순식간에 아나운서 선배들이 흥분했다. 모두가 앉고 싶어 하는 자리, 9시 뉴스의 앵커를 새로 뽑는다고 해서였다.

백지연은 방송국에 들어오기 전부터 언젠가는 앵커가 되리라 결심했다. 그래서 앵커 오디션에 지원을 했다. 신입인 자신이 되리라는 법은 없지만, 자신이 있었다.

드디어 오디션을 거치고, 결과가 발표되었다. 놀랍게도 오디션의 1등은 '백지연', 바로 그녀였다.

"수습사원은 원칙적으로 방송 금지야! 오디션 1등을 했다고 해도 넌 앵커 자리에 못 앉을 거야!"

우연히 1등의 자리에 앉았다는 생각에 선배들은 그녀를 무시했다. 그래서 다시 한 번 오디션이 치러졌다. 하지만 백지연은 다시 치러진 오디션에서도 1등을 한 것이다. 믿을 수 없다는 선배들과 동료들의 항의에 또다시 오디션이 치러졌다.

"세 번째 오디션에서도 1등은 백지연입니다. 더 이상 반대하시는 분들은 없으시리라고 믿습니다. 백지연 씨, 다음 주부터 바로 방송을 시작합니다."

백지연의 승리였다. 입사 3개월 만에 9시 뉴스 앵커가 된 것이다.

《자기설득 파워》
백지연이 지은 이 책은 상대방을 설득하는 방법을 담고 있다.

자신의 부족함을 인정하고 노력한 가수

○ 비욘세 놀스 (1981~현재)

비욘세 놀스는 뛰어난 가창력과 멋진 춤으로 전 세계에 팬을 확보하고 있는 가수이다. 그녀가 데뷔를 앞두고 텔레비전 프로그램에 출연했을 때였다. 경쟁자들과 대결을 벌이는 프로그램이었는데, 비욘세는 경쟁에서 탈락하고 말았다. '춤이나 노래가 모두 부족하다.'는 이유 때문이었다. 좌절에 빠져 힘이 없는 딸에게 그녀의 아버지가 말했다.

"유명한 가수 브리트니 스피어스도 지금 너 같은 경험을 했다는 걸 알고 있니?"

그녀는 유명한 스타였던 그들이 자신과 같은 경험을 했다는 말에 믿을 수 없다는 듯 물었다.

"정말이요?"

"그럼, 브리트니는 자신과의 싸움에서 이겼단다. 아빠는 우리 딸도 할 수 있을 거라고 믿는단다!"

아버지의 말에 비욘세는 자기 자신을 다독였다.

'그래, 나도 내 자신과의 싸움에서 지지 않겠어! 그래서 반드시 슈퍼스타가 되고 말 거야!'

그렇게 결심하고 나자 비욘세는 점점 자신감이 회복되었고, 자신의 부족한 점을 알아내며 끊임없이 연습했다. 그리고 몇 년 후, 그녀는 발매하는 앨범마다 최고의 판매 기록을 갈아 치우며 승승장구하는 최고의 가수가 되었다.

'세계에서 가장 영향력 있는 100인'에 선정되기도 한 비욘세는 이제 여러 후배 가수들에게 희망을 주고 있다.

비욘세 놀스
가수 비욘세는 2009년 12월까지 세계적으로 7,500만 장 이상의 음반 판매고를 올리고 있으며, 2010년 제52회 그래미상에서는 6개의 상을 받는 신기록을 세웠다.

영국 문학에 큰 영향을 끼친 소설가

○ 샬롯 브론테 (1816~1855)

자신감
19

소녀 샬롯 브론테는 자신이 지어낸 이야기를 동생들에게 들려주었다. 그러면 동생들은 이야기의 재미에 푹 빠지고 말았다. 하지만 그녀에게 불행이 찾아왔다. 그녀는 두 언니의 죽음으로 큰 충격을 받고 하루하루 무의미한 일상을 보내고 있었다.

'날마다 똑같아. 아무런 생기도 없이 이곳에 묻혀 있는 것 같아.'

절친했던 친구에게 이런 편지를 보내며 무의미한 일상을 살아가는 자신에 대한 두려움을 나타내기도 했다.

그러던 어느 날이었다. 샬롯은 두 언니의 추억들을 들춰내다 예전에 지어낸 이야기들을 발견하게 되었다. 어릴 적의 경험을 떠올린 그녀는 그것을 토대로 글을 쓰고 싶다는 생각을 하게 되었다. 자신처럼 왜소하고 예쁘지도 않지만 세상에 맞서 사랑과 삶을 쟁취하는 여주인공을 만들었다. 이렇게 하여 소설 《제인 에어》가 탄생하게 되었다.

샬롯은 소설의 주인공 제인 에어를 통해, 자신이 살고자 했던 삶을 실현시켰다. 인생의 고비마다 사랑과 삶의 의미를 찾는 소설 속의 제인 에어의 모습은 바로 샬롯 브론테 자신이 그토록 원했던 모습이었다.

그녀의 책은 출판되자마자 큰 호응을 얻었다.

'마침내 내 꿈이 이루어졌어. 이렇게 내가 쓴 글이 책으로 만들어져 내 손에 들어오다니…… 앞으로 많은 소설을 쓸 거야!'

하지만 샬롯은 안타깝게도 몇 년 뒤에 건강이 악화되어 숨지고 말았다. 문학가로서의 성공을 그리 오래 누리지 못했지만 그녀의 작품은 영국 문학에 큰 영향을 미쳤으며, 영국의 대표적인 소설가로 이름을 남기게 되었다.

샬롯 브론테
샬롯 브론테는 동생 에밀리 브론테와 함께 소설을 썼다. 그녀는 《폭풍의 언덕》, 《아그네스 그레이》 등의 작품을 동생과 함께 공동 집필했다.

하버드대학교 여성 첫 종신 교수

● 석지영 (1973~현재)

6살이 되던 해에 석지영은 부모님을 따라 미국으로 이민을 갔다. 까만 머리에 까만 눈동자를 갖고 있던 소녀는 평소에 친구들과 어울려 재잘거리는 아이였다. 그러나 미국으로 간 소녀는 마음껏 떠들 수가 없었다. 미국 아이들은 그녀의 친구가 되어 주지 않았다.

"엄마, 다시 한국으로 가자, 응? 친구들이 보고 싶단 말이야."

"안 돼, 지영아. 이제부터 엄마 아빠랑 같이 여기서 살아야 돼."

어린 지영은 갑자기 바뀐 나라의 문화와 언어에 적응하는 것이 힘들었다. 딸이 방황하는 것을 바라보며 어머니는 한숨을 내쉬었다.

그러던 어느 날, 학교에 가기 싫어하는 석지영에게 어머니가 말했다.

"지영아, 오늘은 엄마랑 놀러 가자."

어머니가 그녀의 손을 잡고 향한 곳은 동네의 아담한 도서관이었다. 어머니는 그녀를 무릎에 앉힌 뒤, 예쁜 그림이 그려진 그림책을 몇 권 읽어 주었다. 난생처음 들어 보는 이야기에 석지영은 눈을 반짝였다. 처음으로 영어가 어렵지 않게 느껴진 순간이었다.

그 후, 그녀는 날마다 도서관에 가게 되었다. 어머니는 항상 그녀가 읽을 책을 직접 고르게 만들었다. 덕분에 늘 책을 가까이하게 된 석지영은 어느새 외로움과 소외감을 잊게 되었다. 대신 미래에 대한 꿈을 그리기 시작했다. 그녀는 열심히 공부하면서 법학자(법을 연구하는 학자)가 되겠다는 꿈을 키웠다.

그녀는 미국의 명문 대학교인 예일대학교과 옥스퍼드대학교, 하버드대학교에서 공부하고 박사 학위를 딴 뒤, 하버드대학교의 교수가 되었다.

하버드대학교
미국 하버드대학교는 프랭클린 루즈벨트와 존 F. 케네디를 비롯해 버락 오바마에 이르기까지 6명의 미국 대통령과 41명의 노벨상 수상자 등을 배출한 대학교이다.

최초의 여성 주지사가 된 정치인

● 세라 페일린 (1964~현재)

2006년에 알래스카 주지사 선거를 치를 때였다. 이때 주목받는 인물로 떠오른 사람이 바로 세라 페일린이었다. 지역 신문사에서 활동하던 페일린은 1992년 시의회 의원으로 선출된 후 지역 사회의 비리를 폭로하면서 유명해졌다.

그녀는 고령의 남성들이 지배하는 정치계에 신선한 바람을 몰고 왔다. 그래서 언론은 그녀를 주목했다.

선거 유세를 나온 페일린에게 사람들과 기자들이 몰려들었다.

"당신은 지역 사회의 비리를 폭로하며 개혁 정책을 펼치고 있는데, 당신이 정말로 이루고자 하는 것이 무엇인가요?"

"지금 상대 후보가 가장 유력한 당선 후보인데 그와 싸워 이길 만한 비장의 카드가 있나요?"

"나는 단순히 상대 후보를 이기기 위해 나온 것이 아닙니다. 여러분이 원하는 사회가 내가 원하는 것이기에 여러분과 함께 변화를 이루고자 하는 것뿐입니다."

결국 그녀는 쟁쟁한 경쟁자들을 물리치고 알래스카 주 최초의 여성 주지사로 당선되었다. 또한 42살의 나이로 알래스카 주 역사상 최연소 주지사가 되기도 했다.

페일린은 주지사가 되자마자 전임 주지사 시절에 계속된 예산 낭비를 개선하고, 세금을 줄여서 경제를 활성화시켰다. 여러 가지 주목받을 만한 행보로 미국 변방의 주지사에서 다음 세대를 이끌 정치인으로 주목받고 있다.

세라 페일린
페일린은 주지사로 활약한 이후 2008년 9월 1일에 공화당의 부통령(대통령에 다음 가는 직위) 후보로 지명되어 대통령 선거에 출마했다.

어릴 적부터 음악적 재능을 키우다

● 셀린 디온 (1968~현재)

1968년에 캐나다의 작은 마을에서 14남매 중 막내로 태어난 셀린 디온은 어린 시절부터 음악적인 재능이 뛰어났다. 5살 때부터 노래를 부르기 시작한 디온이 12살이 되던 어느 날이었다.

셀린 디온
수많은 히트곡을 발표한 셀린 디온은 2004년에 월드 뮤직 어워드에서 '초파드 다이아몬드 어워드'를 수상했다.

"와, 드디어 완성이다. 엄마, 오빠하고 제가 노래를 만들었어요!"

"정말? 대단하구나! 그런데 노래 제목이 뭐니?"

"〈It Was Only a Dream(그것은 단지 꿈이었어요)〉이에요."

"멋지구나. 그래, 이제 이 멋진 노래로 무엇을 할 거니?"

"당연히 음반사에 보내야죠! 저는 반드시 유명한 가수가 될 거예요!"

디온은 노래가 담긴 테이프를 음반사에 보내기 시작했다. 그리고 이 곡이 유명 매니저이자 훗날 그녀의 남편이 될 르네 안젤릴의 손에 들어가게 되었다.

"대단해. 이 아이는 반드시 세계적인 스타가 될 거야! 내가 꼭 가수로 만들어 주겠어!"

그는 당장 디온의 앨범을 제작하기 시작했다. 그리고 몇 년 후 그의 예상대로 셀린 디온은 가수가 되었다.

1997년에는 영화 〈타이타닉〉의 주제곡을 불러 공전(비교할 만한 것이 없어지게 될 만큼 최고가 되는 것)의 히트를 기록하며 세계적인 명성을 얻었다.

그 후로도 많은 노래를 히트시키며 전 세계적으로 2억 장 이상의 앨범을 판매했다. 뛰어난 노래 실력을 인정받아 '세계 3대 여가수'로 불리는 그녀의 노래는 많은 사람에게 사랑받고 있다.

페이스북의 최고 운영 책임자

◉ 셰릴 샌드버그 (1969~현재)

자신감
23

"**셰릴**, 당신이 아니면 이 자리에 적임자가 없습니다."

위기가 닥치자 페이스북에서는 새로운 운영자를 찾고 있었다. 페이스북의 설립자인 마크 주커버그의 연락을 받았을 때 셰릴은 구글과 세계은행 등을 넘나들며 상담 전문가로 활동하고 있었다.

"이해할 수 없군요, 마크. 나 말고도 뛰어난 능력을 가진 사람들은 얼마든지 있잖아요?"

"아니, 당신은 충분히 할 수 있습니다. 나는 당신의 그런 능력을 믿어요."

"생각할 시간을 일주일만 주지 않겠어요?"

마크는 셰릴에게 페이스북의 최고 운영자 자리를 제안했다. 아무리 능력이 뛰어나다고 해도 그녀가 덥석 받아들이기에는 책임이 큰 자리였다. 그녀는 일주일 동안 자신을 돌아보며 깊은 생각에 빠졌다. 일주일 뒤, 마크가 그녀를 찾아왔다.

"결정하셨나요? 제가 운영자로 정한 사람은 오직 당신뿐입니다."

마크의 끈질긴 부탁에 결국 셰릴은 승낙을 하고 말았다. 그녀가 페이스북에서 일한 성과는 놀라웠다. 3년 만에 가입자 수를 7천만 명으로 늘렸고, 매출을 두 배로 성장시켰던 것이다.

"셰릴, 이렇게 뛰어난 능력이 있었으면서 왜 처음에는 내 제안을 거절한 건가요?"

마크가 놀라워하며 묻자, 그녀가 대답했다.

"나는 내 능력을 의심해 본 적은 없어요. 단지 내 능력을 너무 믿어서 자만에 빠지지 않으려고 당신의 제안을 거절했던 것이죠."

페이스북
페이스북은 2011년 9월 기준으로 전 세계 8억 명 이상의 사용자가 활동 중인 세계 최대의 소셜 네트워크 서비스이다.

새로운 피겨 스케이팅 기술을 만든 선수

● 소냐 헤니 (1912~1969)

노르웨이의 한 빙상 경기장에서 오빠를 따라 스케이팅을 하고 있는 어린 소녀가 있었다.

"와, 아주 잘 타는구나, 소냐!"

오빠의 칭찬에 으쓱해진 소냐는 한껏 과감한 동작을 선보이며 말했다.

"여기서 발레 동작을 해 보면 어떨까? 이렇게!"

"멋있다! 스케이팅 선수를 해도 되겠어!"

"정말? 그럼, 나 스케이팅 선수 할래!"

소냐는 1924년 동계 올림픽에 출전하여 여자 싱글 8위에 올랐다. 또한, 발레와 스키를 피겨 스케이팅 기술에 접목시키며 새로운 기술들을 선보이기 시작했다.

1927년, 14살에 세계 피겨 선수권 대회에서 우승하고 노르웨이 선수권 6회, 미국 선수권 8회, 세계 선수권 10회, 동계 올림픽 3회 연승을 해서 전무후무한 기록을 남겼다.

1936년에 올림픽 금메달을 딴 후 소냐는 프로 선수가 되어 미국 순회공연에 참가했다. 금메달리스트의 수준 높은 기술에, 관중들은 감탄하고 말았다.

소냐 헤니는 스케이팅의 새로운 시대를 열게 했다. 아이스 쇼를 기획하는 조직이 만들어졌고 메달리스트가 프로로 전향하는 것은 일반적인 일이 되었다. 미국 대륙에 피겨 스케이팅이 자리 잡게 된 것이다.

스케이팅을 좋아했던 소녀에서 스케이팅의 발전에 크게 기여한 소냐 헤니, 사람들은 그녀를 '피겨의 조상'이라고 불렀다.

소냐 헤니
소냐 헤니가 스키를 타는 듯한 연기를 펼치며 스케이트를 타고 있다. 소냐는 피겨 스케이팅에 발레와 스키 등을 접목시켜 새로운 기술을 만들었다.

행복해지는 방법을 배운 CEO

○ 송경애 (1961~현재)

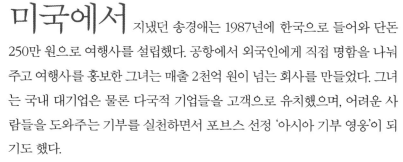

미국에서 지냈던 송경애는 1987년에 한국으로 들어와 단돈 250만 원으로 여행사를 설립했다. 공항에서 외국인에게 직접 명함을 나눠 주고 여행사를 홍보한 그녀는 매출 2천억 원이 넘는 회사를 만들었다. 그녀는 국내 대기업은 물론 다국적 기업들을 고객으로 유치했으며, 어려운 사람들을 도와주는 기부를 실천하면서 포브스 선정 '아시아 기부 영웅'이 되기도 했다.

송경애는 젊은이들에게 이렇게 말했다.

"요즘 젊은이들은 정말 바쁘고 할 게 많아요. 하지만 뭣 때문에 바쁜지에 대해서는 답을 못 찾고 표정은 어둡지요. 많은 사람들이 행복하기 위해 성공을 추구하지만 앞뒤가 바뀌었어요. 행복한 사람들이 성공하기도 쉽답니다."

송경애는 미국에서 고등학교에 다녔다. 그녀는 유명 브랜드 '디젤' 청바지가 간절하게 입고 싶어서 어머니에게 사달라고 부탁했다. 하지만 어머니는 그녀의 부탁을 단칼에 거절했다.

"400달러짜리 청바지라고? 네가 벌어서 사라!"

그녀는 궁리 끝에 할인 마트에서 컵라면을 샀다. 한국인 친구들이 있는 기숙사로 달려가 친구들에게 개당 5달러에 팔았다. 그렇게 천 달러를 모으게 되자 아까워서 도저히 청바지 못 샀다. 그리고 고민하다가 어린이 재단에 그 돈을 기부했다.

어머니로부터 스스로 행복해지는 방법을 배우게 된 그녀는, 열심히 번 돈을 주위 사람들과 나누고 있다.

김포 공항
인천 공항이 들어서기 전에 김포 공항은 수많은 외국인들이 출입하는 국제 공항이었다. 송경애는 김포 공항에서 홍보 활동을 펼쳤다.

탁월한 능력을 펼친 광산업자

● 신시아 캐롤 (1957~현재)

신시아 캐롤이 세계적인 광산 회사인 앵글로아메리칸의 최고 경영자(CEO)로 취임하자 사람들은 놀라움을 금치 못했다.

"들었어? 최고 경영자가 여자래!"

"정말? 더군다나 미국 출신이라는데?"

"우아, 정말 놀라운데!"

주인공은 바로 신시아 캐롤이었다. 앵글로아메리칸은 광산 분야에서 세계적인 기업이다. 백금과 다이아몬드 등 귀금속을 비롯해 구리, 철광석, 니켈 등 주요 광물들을 모두 생산하고 있으며, 아프리카를 비롯해 유럽, 호주, 아시아 등 전 지역에 광산이 분포되어 있다.

이렇게 광산이라는 다소 거칠어 보이는 사업 분야에서 캐롤은 CEO의 자리에 올랐다. 그러자 언론은 그녀에 대해 말했다.

"그가 이 같은 글로벌 기업을 이끄는 것에 대해 다소 의아해 할 수도 있다. 하지만 그녀는 지리학에 능통하다. 그리고 하버드대학교에서 경영학을 공부하면서 지리학과 광산 분야까지 지식을 쌓은 여성이다. 우리는 그의 능력을 지켜만 보면 될 것이다."

CEO가 된 캐롤은 회사의 조직을 개혁하기 시작했다. 업무 구조를 간결하게 다듬고, 비용을 줄이면서 CEO로서 탁월한 능력을 보여 주었다.

이 같은 능력으로 그녀는 10대 글로벌 여성 리더가 되었다.

신시아 캐롤
신사아 캐롤이 CEO로 활약하는 앵글로아메리칸은 568억 달러(약 63조 5천억 원)의 자산을 자랑하는 남아프리카 공화국의 광산 회사이다.

프랑스 전력을 책임지는 CEO

○ 안느 로베르종 (1959~현재)

자신감
27

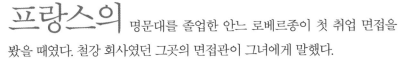

프랑스의 명문대를 졸업한 안느 로베르종이 첫 취업 면접을 봤을 때였다. 철강 회사였던 그곳의 면접관이 그녀에게 말했다.

"여자가 있어야 할 곳은 집이라고 생각하지 않나? 이곳은 여자가 견디기 힘든 곳이네."

그러자 로베르종이 대답했다.

"여자가 아닌 '나'라는 사람이 이곳에 필요할 겁니다."

몇 달 후 그는 그 상사에게 아직도 자신에 대해 같은 생각을 하고 있는지 물었다. 그러자 상사는 이렇게 대답했다.

"자네는 여자가 아니야."

이렇게 당당했던 그녀는 프랑스의 원자력 공기업(국가나 지방 자치 단체가 사회 공공의 복리를 증진하기 위해 경영하는 기업) 아레바의 최고 경영자(CEO)가 되었다.

영국에 철의 여인 마거릿 힐다 대처 총리가 있다면 프랑스에는 '원자력의 여인' 안느 로베르종이 있다는 말이 있을 나올 정도로 그녀는 대단한 리더십을 보여 주고 있다. 프랑스에서는 원자력 발전이 전체 전력 공급의 절반 이상을 차지하고 있는데, 그녀는 2001년부터 아레바의 CEO로 활동하고 있다. 로베르종은 아레바를 약 15조 원의 매출과, 순이익 9천억 원을 내는 거대 기업으로 키웠다.

사람들이 대통령이 재무장관이 되어 달라고 부탁하자 그녀는 말했다.

"저는 아레나를 세계 최고의 원자력 회사로 키울 겁니다! 재무장관 자리에는 관심이 없습니다."

안느 로베르종
아레바의 CEO 안느 르베르종은 〈포브스〉 지가 선정한 '세계 10대 여성'에 선정되었다.

긍정의 힘으로 경제를 살리다

● 앙겔라 마르켈 (1954~현재)

서독에 살고 있는 사촌들이 올 때면 어린 앙겔라는 질투심에 화가 났다. 사촌들이 가지고 오는 물건들은 모두 멋진 것들이었기 때문이다. 그녀는 그럴 때마다 목사인 아버지가 동독으로 이사한 게 원망스러웠다.

사촌들이 찾아온 그날 밤이었다.

"앙겔라, 어디 가니?"

어머니의 부름에도 그녀는 집 밖으로 뛰쳐나가 언덕으로 달려갔다. 언덕 너머에는 아름다운 호수가 있었는데, 낮이 되면 수면이 별을 뿌린 듯 반짝였고, 밤이면 달빛을 머금고 깊어졌다. 그녀는 숲 속으로 몸을 숨기며 호수를 향해 소리를 질렀다.

"나는 괜찮아! 네가 있잖아! 서독에는 너같이 예쁜 호수가 없어!"

시원하게 소리를 지르고 집에 돌아오면 그녀의 기분은 한결 나아졌다. 그녀는 어머니께서 준비하신 저녁을 먹으며 사촌들과 이야기를 나누었다. 사촌들은 밥을 먹는 동안 장난감을 가지고 놀았다.

"밥 먹는데 누가 장난감 가지고 노니?"

사촌들이 혼나는 모습을 빤히 보고 있던 그녀는 갑자기 깨달았다. 자신이 그렇게 부러워하던 사촌들도 자신과 다를 바 없다는 것을 알게 되었다. 그들은 잘못을 하면 혼이 났다.

이처럼 긍정적인 생각은 그녀에게 힘이 되었다. 동독과 서독 나뉘어 힘겨운 삶을 살 때, 두 번의 이혼을 맞았을 때도, 통일이 되어 정치가로 활동할 때도 그녀는 긍정적으로 생각했다.

앙겔라 마르켈
독일의 여성 총리 앙겔라 마르켈은 긍정적인 생각으로 독일 경제를 발전시켰다.

세대를 뛰어넘어 사랑받는 가수

● 양희은 (1952~현재)

자신감
29

1970년대에 김민기, 서유석 등의 가수와 친분을 쌓고 있던 양희은이 어느 날 김민기 선배가 부르는 노래를 듣게 되었다.

'긴 밤 지새우고 풀잎마다 맺힌 진주보다 더 고운 아침 이슬처럼…….'

선배의 굵은 목소리와 가사가 가슴에 와 닿았다.

"와, 노래 너무 좋은데? 제목이 뭐야?"

"응, 아침 이슬."

"아침 이슬? 아침 이슬이라……. 노래 너무 좋다."

그런데 노래를 만든 선배는 맘에 들지 않았는지 악보를 구기며 휴지통에 버렸다. 이 사실을 알게 된 양희은 휴지통에서 악보를 찾아 정성스럽게 펴며 말했다.

"선배, 이 노래는 내가 부를게요. 허락해 주세요."

김민기는 흔쾌히 허락하며 편곡과 반주를 해 주었고, 양희은은 〈아침 이슬〉이라는 노래를 부를 수 있었다. 양희은의 데뷔곡이 된 〈아침 이슬〉은 한국의 가요 수준을 세계적인 수준으로 높여 놓았다는 찬사를 받으며 젊은 이들의 애창곡이 되었다.

그러나 1975년에 정치적인 연관성이 없음에도 불구하고 금지곡이 되어 대학가에서는 저항 가요의 대명사로 여겨지기도 했다.

하지만 음악에 대한 열정을 놓지 않은 양희은은 〈한계령〉, 〈백구〉, 〈하얀 목련〉 등 주옥과 같은 명곡들을 발표하며 세대를 넘어 사랑받는 대표적인 음악인이 되었다.

통기타
양희은은 통기타를 연주하며 〈아침 이슬〉, 〈한계령〉, 〈백구〉, 〈하얀 목련〉 등 많은 노래를 불렀다.

열정과 사랑을 다해 노래한 샹송 가수

○ 에디트 피아프 (1915~1963)

자신감
30

에디트 피아프는 1915년 12월 19일에 파리의 빈민굴에서 태어났다. 3살 때 눈이 멀게 되었으나 7살 때 기적적으로 회복된 그녀는 어려서부터 아버지와 길거리에서 노래를 불렀다. 세월이 흘러 그녀는 〈사랑의 찬가〉, 〈장밋빛 인생〉 등 불후의 명곡을 남긴 샹송의 여왕이 되었다.

뉴욕 공연 중이던 그녀는 자신의 연인에게 빨리 와 달라고 떼를 쓰고 있었다.

"보고 싶어요. 빨리 와 줘요."

피아프는 빨리 오겠다는 그의 확답을 듣고서 공연장에 들어갔다. 그런데 잠시 후 그녀에게 한 통의 비보가 날아왔다.

"마르셀이 여기로 오던 중에 비행기 사고로……."

마르셀은 세계적인 권투 선수이자 피아프가 사랑하는 연인이었다.

"말도 안 돼! 몇 시간 전까지만 해도 나와 통화했는데 어떻게……."

피아프는 말을 잊지 못한 채 그만 정신을 잃고 말았다.

'내가 빨리 오라고 재촉하지만 않았어도…….'

그 뒤 피아프는 자신에 대한 자책과 마르셀에 대한 그리움에 제정신이 아닌 사람처럼 지내고 있었다. 그러던 어느 날 마르셀에 대한 사랑의 글을 썼고, 얼마 후 〈사랑의 찬가〉라는 노래로 만들어졌다.

'나에게는 노래 없는 사랑도, 사랑 없는 노래도 존재하지 않는다.'

그녀는 사랑의 상처와 아픔을 모두 노래로 달랬던 것이다. 노래에 대한 열정과 사랑만큼은 그 누구보다 강했던 에디트 피아프는 사람들의 마음속에 진정한 예술가로 기억되고 있다.

에디트 피아프의 무덤
프랑스 파리의 페르라쉐즈 공동묘지에는 에디트 피아프의 무덤이 있다.

아름다운 외모와 뛰어난 실력의 성악가

○ 엘리자베트 슈바르츠코프 (1915~2006)

자신감
31

엘리자베트 슈바르츠코프
영국의 성악가 슈바르츠코프는 영화 〈장미의 기사〉에서 마르샬린으로 출연할 정도로 미모가 뛰어났다.

1946년에 슈바르츠코프는 음악계에서 가장 존경받고 가장 큰 영향력을 지닌 월터 레그에게 오디션을 받게 되었다. 전쟁 직후 유럽에서 온 성악가들의 대부분은 유명한 음반사가 계약을 제의해 오면 이런저런 조건을 따지지도 않고 주저 없이 승낙했다. 전쟁으로 생활이 어려워져서 당장의 궁핍에서 벗어나고 싶어 했기 때문이었다.

하지만 슈바르츠코프는 달랐다.

"먼저 오디션을 받게 해 주세요. 당신께서 내 목소리를 마음에 들어 하실지 알고 싶습니다. 만약 마음에 드신다면, 나는 내 능력만큼의 금액을 받고 계약하고 싶습니다."

그녀는 다른 사람들과는 달리 당당하고 자신감에 넘쳤다. 그녀의 태도가 마음에 든 레그는 자신이 평소에 가장 좋아하는 가곡을 부르게 했다. 10곡이 넘는 곡을 계속 노래하게 하자 마침 그 자리에 함께 있던 유명한 지휘자 카라얀이 못마땅한 표정으로 방을 나가면서 레그에게 말했다.

"자네는 너무 가혹하군! 그녀의 멋진 노래가 귀에 들어오지 않나?"

이렇게 해서 그녀는 음반 계약을 하게 되었다. 듣는 이에게 따뜻한 친근감을 느끼게 하는 목소리를 가졌던 그녀는 금발에 푸른 눈의 우아한 미모를 지녀 영화배우와도 비교될 정도였다.

매혹적인 분위기와 완벽하게 맞아떨어지는 목소리를 가졌던 그녀는 가장 위대한 소프라노이자 매력적인 성악가로 기억되고 있다.

체조를 그만두고 육상 선수가 되다

○ 옐레나 이신바예바 (1982~현재)

자신감
32

소녀 이신바예바는 세계 최고의 체조 선수를 꿈꾸고 있었다. 그런 그녀에게 시련이 닥쳤다. 키가 자꾸만 커져서 174센티미터의 장신이 되어 버린 것이다. 키가 너무 크면 체조를 하기가 어려워지므로 그녀는 크게 낙심했다.

"체조를 못 하게 되면 앞으로 어떡해야 하죠?"

힘들어 하는 옐레나에게 코치 선생님이 말했다.

"옐레나, 장대높이뛰기를 해 볼래?"

"장대높이뛰기? 그게 뭔데요?"

"땅 위에서 가장 높은 곳까지 날아오르는 거야. 너는 5미터도 넘을 수 있을지 몰라."

'가장 높은 곳으로 날아오른다고?'

결국 옐레나는 장대높이뛰기로 자신을 꿈을 바꾸게 되었고, 그녀는 날아오르기 시작했다. 2004년 올림픽에 출전해 4.91미터를 넘으며 세계 신기록을 세우고 금메달을 받은 것을 시작으로, 2005년에는 여자 장대높이뛰기 최초로 5미터의 벽을 돌파했다. 2004년과 2005년 두 차례에 걸쳐 국제 육상연맹이 선정하는 올해의 선수로 뽑히기도 한 그녀는 올림픽과 세계 선수권을 휩쓸며 세계 기록만 24번 경신하는 대기록을 세웠다.

이처럼 화려한 기록을 세우게 되자 그녀는 전 세계의 관심을 받았다. 늘씬한 키와 아름다운 외모로 '미녀 새'라 불리게 되었다. 옐레나 이신바예바는 현존하는 장대높이뛰기 선수 중 최고의 선수로 평가받고 있다.

옐레나 이신바예바
이신바예바는 2008년 베이징 올림픽에서 5.05미터를 뛰어넘으면서 금메달을 차지하고 자신의 24번째 세계 기록을 경신했다.

아쿠타가와상의 최연소 수상자

○ 와타야 리사 (1984~현재)

자신감
33

일본의 한 초등학교에서 수업을 하고 있었다.

"자, 앞으로 우리 책 읽기 통장을 만들어 보도록 해요."

와타야 리사는 '책 읽기 통장'이라는 선생님의 말에 귀를 쫑긋 세웠다.

"책을 읽을수록 숫자가 늘어나는 통장이에요. 이 통장의 숫자가 가장 많은 사람에게 선생님이 선물을 주겠어요. 모두 열심히 통장의 숫자를 채워 보세요."

와타야는 선물을 준다는 선생님의 말에 열심히 책을 읽기 시작했다. 그런데 점점 선물보다는 책을 읽는 것이 즐거워졌다. 책 속에 펼쳐지는 이야기들에 흠뻑 빠진 와타야는 나중에 글을 쓰는 작가가 되어야겠다고 생각했다.

몇 년 후 일본 문학계에 큰 사건이 터졌다.

'고등학교 재학 중인 17살 소녀가 제38회 문예상을 수상하다!'

'역대 최연소 수상자, 일본 문학계에 천재 소녀 등장!'

와타야 리사는 언론의 찬사를 받으며 작가가 되었다. 입시로부터 탈출하기 위해 쓴 《인스톨》이라는 소설로 문학상을 탄 것이다. 이 소설을 쓰기 전까지 와타야는 무려 1,529편의 글을 썼다.

2년 후 와타야는 또 한 번 일본 문학계를 놀라게 했다. '제130회 아쿠타가와상'을 수상한 것이다. 아쿠타가와상은 일본에서 소설가에게 수여되는 가장 권위 있는 상인데, 와타야는 최연소로 이 상을 수상했다.

책을 사랑하고 글 쓰는 것에 모든 것을 쏟아 부었던 와타야는 일본 최고의 작가가 되었으며, 많은 사람이 그녀의 다음 작품을 기다리고 있다.

《발로 차 주고 싶은 등짝》
와타야 리사는 이 소설로 제130회 아쿠타가와상을 수상했다.

가난을 극복하고 성공한 제록스 회장

● 우르술라 번스 (1958~현재)

미국 뉴욕의 빈민가에서 태어난 우르술라 번스는 홀어머니 밑에서 자랐다. 지독한 가난 속에서 살았지만 우르술라의 어머니는 매일 다음과 같은 말을 해 주었다.

"지금의 모습이 영원한 너의 모습이 되지는 않는단다. 오늘을 어떻게 사느냐에 따라 너의 삶은 얼마든지 바꿀 수 있다는 걸 잊지 마렴."

우르술라는 1980년에 미국 사무용 복사기 제조 회사인 제록스에 입사했다. 그리고 점점 실력을 쌓아 가며 능력을 인정받기 시작했다.

그러던 어느 날 제록스의 회장이 그녀를 불렀다.

"당신을 제록스의 최고 경영자 후보로 생각하고 있어요."

"네? 정말이신가요?"

믿을 수 없다는 표정의 우르술라에게 멀케이 회장은 말했다.

"그래요. 당신의 사람을 끄는 리더십과 과감하고 신속한 의사 결정을 내리는 판단력이 제록스에 필요하다고 결정했어요. 앞으로 당신의 능력을 보여 주세요."

그녀는 2009년에 복사기의 대명사이자 100년 기업인 제록스의 최고 경영자가 되었다. 또한 아프리카계 미국인 여성으로서는 처음으로 세계 500대 기업 중 하나인 제록스를 이끌게 되었다.

뉴욕 빈민가 출신의 그녀는 자신과 같은 환경을 가진 사람들에게 이렇게 말했다.

"가장 중요한 것은 당신이 어떻게 태어났느냐가 아니라 어떻게 살아가느냐입니다. 자신의 삶은 얼마든지 바꿀 수 있어요."

제록스 복사기
미국 기업 제록스는 1906년에 설립되었으며, 프린터, 복사기, 디지털 인쇄기 등을 제조하고 판매한다.

일본에서 인정받은 재일 교포 작가

○ **유미리** (1968~현재)

자신감
35

《가족 시네마》의 일본어판
유미리는 1997년에 발표한 《가족 시네마》로 제
116회 아쿠타가와상을 수상했다.

그녀와 친구가 되려는 사람은 아무도 없었다. 심지어 선생님들마저 그녀를 피하는 것 같았다. 동급생들은 그녀를 비웃고 도시락을 감추는 등의 장난을 쳤다. 재일 교포 2세인 유미리는 차별을 묵묵히 견뎌야 했다.

"유미리는 항상 음침해. 가까이 가고 싶지 않아."

"그냥 자기 나라로 돌아갔으면 좋겠어."

학교에 갈 때마다 유미리는 동급생들이 자신을 비웃는 말들을 귀에 못이 박히도록 들었다.

그녀의 부모님 역시 마찬가지였다. 딸을 못마땅하게 여기며 하루에도 몇 번씩 욕을 퍼부었다. 그녀는 절망감에 빠져서 스스로 목숨을 버리려고 한 적도 있었다. 그녀의 앞날에 더 이상 희망이라고는 없어 보였다. 몇 번의 자살 시도가 실패로 끝난 뒤, 그녀는 학교를 자퇴하고 도쿄에 있는 한 극단에 들어갔다. 그곳에서 그녀의 새로운 삶이 시작되었다.

"유미리가 쓴 글은 신선해. 볼 때마다 영감을 얻게 된다니까."

단원들은 극작가(연극의 극본을 쓰는 작가)로 활동하는 그녀를 칭찬하고 격려해 주었다. 그녀는 그제야 자기에게 글 쓰는 재주가 있다는 것을 깨닫고 열심히 집필 활동에 전념했다.

'내가 세상에서 인정받을 수 있는 건 오직 글뿐이다.'

1993년, 마침내 그녀는 〈물고기 축제〉라는 작품으로 상을 받으며 정식으로 작가가 되었다. 그녀는 놀라운 내용의 작품들을 계속 내놓았고, 마침내 일본에서 최고 권위를 자랑하는 문학상인 '아쿠타가와상'을 수상했다.

삼성가(家) 최초의 여성 대표

○ 이부진 (1970~현재)

자신감
36

이부진은 어렸을 때부터 기대를 한 몸에 받아 왔다. 조용한 성격의 그녀는 열심히 공부하는 모범생이었다. 자신이 여자라서 아버지의 사업을 물려받을 수 없을 것이라고 생각했기 때문이다. 그래서 그저 열심히 공부하는 수밖에 없다고 생각했다.

그러던 어느 날 그녀는 자신의 생각을 당당하게 말했다.

"저도 사업을 하고 싶어요."

그녀가 내뱉은 말을 사람들은 농담으로 들을 뿐이었다. 하지만 사람들의 예상과 달리 삼성 복지 재단의 보육 사업팀에서 일하면서 아동학과를 졸업한 자신의 전공도 살리고 경영도 배울 수 있는 기회를 잡았다.

6년 후, 그녀는 삼성 복지 재단에서 신라 호텔로 회사를 옮겼다. 그녀는 외국에서 공부를 한 적도 없이 3개 국어를 능숙하게 익혔고, 임신을 한 상태였지만 늘 일찍 출근을 해서 누구보다도 열심히 일했다.

그녀는 마침내 신라 호텔의 최고 자리에 앉게 되었다. 부모를 잘 만난 덕에 빨리 출세했다는 사람들의 말에도 굴하지 않았다. 그녀는 더 열심히 노를 저었다. 신라 호텔을 굳건히 세우기 위해 일했다.

"서비스에 좀 더 힘을 쏟아 주세요. 연회 사업에도요. 그리고 면세점도 다시 꾸밀 계획입니다. 명품 브랜드 매장을 좀 더 넓힙시다."

루이비통 회장을 직접 만나며 오랜 기간 공을 들여 인천 공항 면세점에 루이비통 매장을 최초로 입점시키는 데 성공했다. 신라 호텔의 매출은 2배 이상 올랐고, 그녀가 그저 부모를 잘 만나 출세한 것이 아님을 사람들에게 보여 주었다.

서울 신라 호텔
신라 호텔은 삼성 그룹의 계열 호텔로 서울, 제주에 호텔을 건립하고, 2006년부터 중국 쑤저우 신라 호텔을 위탁 운영하기 시작했다.

바이올리니스트에서 성악가로

◉ 이유라 (?~현재)

자신감
37

이유라는 어릴 적부터 세계적인 바이올리니스트가 되고 싶었다. 그녀가 독일의 라이프치히 국립음악대학교에서 꿈을 키워 가고 있을 때였다.

라이프치히 오페라 하우스에서 활동하는 유명한 오페라 가수가 국립음악대학교 학생들을 식사에 초대했다. 한창 분위기가 무르익던 중, 그녀의 친구가 갑자기 말했다.

"유라가 노래를 아주 잘하던데 한 번 들어 볼까?"

갑작스런 제안에 이유라는 당황했지만 '내가 성악가도 아니니 못 한다고 해도 손해 보진 않겠지.' 하는 생각에 부담 없이 애창곡을 불렀다.

그런데 이유라의 노래가 끝나자마자 그 오페라 가수는 박수를 치며 놀라워했다.

"유라! 넌 진흙 속에 묻혀 있는 진주야! 갈고닦으면 정말 훌륭한 성악가가 될 수 있을 것 같아!"

며칠 뒤, 그녀는 성악과 교수 앞에서 노래를 불렀고, 교수는 주저하지 않고 이유라에게 성악과에 입학하라고 했다.

8명을 뽑는 그해 전공 학생 선발 시험에는 전 세계에서 280명의 지원자가 몰려들었다. 하지만 이유라는 당당하게 합격할 수 있었고, 그녀는 라이프치히 음악대학원에서 바이올린과 성악을 동시에 전공하는 유일한 학생이 되었다.

현재, 이유라는 '동양에서 온 진주'라고 극찬을 받으며 유럽 정상의 성악가들과 함께 독일, 이탈리아, 스페인 등 유명 오페라 극장에서 공연한다.

음악의 도시, 라이프치히
이유라가 활동한 독일 라이프치히는 바흐, 바그너, 슈만, 멘델스존 등 세계적인 음악가를 배출한 도시이다.

우아하고 겸손한 태국 총리

● 잉럭 친나왓 (1967~현재)

자신감
38

잉럭 친나왓
잉럭 친나왓은 211년 7월 3일에 태국 최초의 여성 총리가 되었다. 그녀는 국민들과 소통하는 정치인으로 좋은 평가를 받고 있다.

"**많은** 사람이 저를 사업가로 알고 정치에 초보라고 말하지만 제 생각은 달라요. 예의 바르게 행동해서 태국을 부드럽게 바꾸겠습니다."

잉럭 친나왓 총리는 군인들이 일으킨 쿠데타(무력으로 정권을 빼앗는 일)로 물러난 탁신 전 총리의 여동생이었다. 탁신 전 총리가 2006년 쿠데타에 의해 쫓겨나자, 오빠의 지원을 바탕으로 선거에 나선 것이다. 초기에는 이런 그녀를 사람들은 무시했다. 국내외 언론들은 하나같이 탁신 전 총리의 꼭두각시로 여겼다.

하지만 그녀는 개의치 않았다. 그럴 때마다 자신의 장점을 내세우며 사람들과 기자들을 설득했다.

"태국은 현재 남성 중심의 정치에 환멸을 느껴요. 태국 정부가 부패했기 때문입니다. 저에게 기회를 주십시오. 반드시 태국을 바꾸겠습니다!"

마침내, 그녀가 선거에서 총리로 당선되었다. 그녀는 기쁨에 찬 목소리로 다음과 같이 말했다.

"가장 먼저 해야 할 일은 어려운 경제 상황에서 국민들을 구제하는 것입니다!"

그녀는 각종 수재 현장에 모습을 나타내 직접 쓸고 닦으며 수해로 상처 입은 국민들의 마음을 달랬다.

"수돗물을 비축하세요. 홍수가 또 올지도 모릅니다."

그녀는 현장을 누비며 국민들을 보살폈고, 국민들은 여성 총리의 따뜻한 배려에 감탄했다.

공부 대신 역도를 선택하다

○ 장미란 (1983~현재)

"미란아, 또 먹니?"

장미란은 저녁을 먹고 나서도 후식으로 과일을 먹고, 공부를 해서 힘들다며 야식까지 먹고 있는 중이었다. 그런 그녀에게 어머니가 잔소리를 했다.

하지만 장미란은 쉬지 않고 빵에 입을 댔다. 장미란의 식욕은 말릴 수가 없었다.

"너, 이 성적 어떻게 할 거니? 만날 배고파서 공부가 안 된다고 그러더니, 그래서 고등학교 입학시험이나 칠 수 있겠니?"

초등학교 때 공부 잘했던 장미란은 중학생이 되자 공부가 재미를 못 느꼈다. 좋아하던 피아노와 그림 그리기도 흥미를 잃었다. 싫어하는 공부를 억지로 시키니 억울하고 화가 났다. 장미란은 그만 집을 박차고 나가 버렸다. 집 근처 놀이터 그네에 앉아 흐르는 눈물을 닦았다.

"미란아, 여기서 뭐 하니?"

낯익은 목소리에 장미란은 고개를 들었다. 아버지였다. 장미란은 아버지에게 고민을 털어놓았다. 무거웠던 마음이 조금 가벼워졌다.

"공부를 잘해서 좋은 학교에 갈 수도 있지만 다른 방법도 있어. 미란아, 넌 체격도 좋고 몸도 튼튼하니까 운동을 하는 건 어때? 아빠처럼 역도 선수가 되어 볼 생각은 없니?"

장미란은 아버지의 뒤를 이어 역도 선수가 되어야겠다고 결심했다. 그리고 역도를 시작한 지 열흘 만에 강원도 내 중학생 대회에서 우승을 했다. 그때부터 장미란은 자기 스스로 역도 선수의 길을 걸어 보기로 했다.

베이징 올림픽 금메달
장미란은 베이징 올림픽 여자 역도에서 금메달을 차지하는 등 세계 최고의 선수가 되었다.

미국 역사상 최고의 영부인

● 재클린 케네디 오나시스 (1929~1994)

케네디 대통령이 자신의 아내인 재클린 케네디에게 말했다.

"오늘 공화당의 부잣집 마나님들이 밍크코트에 다이아몬드 팔찌를 끼고 점심 식사에 참석할 거요. 당신이 진짜 고상한 취향이 무엇인지 보여 주구려."

잠시 후, 오찬장에 두 사람이 들어서자 사람들은 탄성을 자아냈다. 몸에 딱 붙는 민소매 원피스에 천으로 감싼 단추가 달린 부드러운 느낌의 정장을 입은 영부인 재클린의 모습은 모든 사람의 이목을 집중시키기에 충분했다.

"세상에! 저 우아한 자태 좀 봐!"

영부인이 되기 전부터 아름다운 외모와 고상한 품행으로 이미 사교계의 여왕이었던 재클린은 영부인이 되어서도 딱딱한 정장 차림을 멋지고 세련된 패션으로 만들어 냈다. 그녀의 우아한 원피스와 정장은 대중을 완전히 사로잡았고, 그녀가 입고 나가는 옷은 '국가 의상'으로 불릴 정도였다.

어느 유명한 패션 평론가가 말했다.

"영부인이 백악관에 멋을 불어 넣으면서 '고상한 취향'이 진가를 발휘하기 시작했다."

"재클린 케네디는 우아함, 단아함, 고상함 등 상류 사회를 대표하는 모든 수식어 그 자체이다."

한 나라의 영부인이자 모든 여자들이 따라 하고 싶은 선망의 대상이었던 그녀는 미국 역사상 최고의 영부인으로 기억되고 있다.

재클린 케네디 오나시스
재클린 캐네디 오나시스(왼쪽)는 미국의 제35대 대통령 존 F. 케네디(오른쪽)의 영부인으로 활동했다.

흑인도 선망의 대상이 될 수 있다

◎ 조세핀 베이커 (1906~1975)

자신감
41

미국 세인트루이스에서 태어난 조세핀 베이커는 무용에 재능이 많았다. 그녀는 어렸을 때부터 화려한 무용 스타일을 계발해 유명해졌다. 청소년기에 무용수가 되어 16살 때 필라델피아에서 무용단과 함께 순회공연을 다녔다.

1925년, 프랑스 파리의 예술가들과 상류 사회 인사들이 홀을 가득 메웠다. 미국 브로드웨이 무용수와 연기자들의 공연을 보기 위해서였다.

공연은 그들이 기대했던 대로 멋지게 진행되었다. 그러다 공연이 끝나갈 무렵에 그들은 전혀 뜻하지 않은 장면에 넋을 잃고 말았다. 눈부시게 아름다운 얼굴에 생동감 있게 춤을 추는 여성 때문이었다.

"오! 저 아름다운 얼굴 좀 봐. 흑인이 저렇게 아름다울 수 있다니!"

"춤추는 것 봐요. 꼭 한 마리 벌새가 춤추는 것처럼 경쾌하고 신나네요."

21살의 조세핀 베이커를 보고 사람들은 감탄했다. 공연이 진행될수록 관객들은 완전히 넋을 잃었고 다음 날 그녀에 대한 소문이 파다하게 퍼져 나갔다. 이윽고 파리 여성들은 그녀를 따라 하기 시작했다.

"베이커와 같은 머리 모양으로 해 줘요."

"그녀처럼 피부를 검게 만들려면 어떻게 해야 하죠?"

그 시대에 흑인이 선망이 된다는 것은 상상도 할 수 없는 일이었다. 실제로 베이커는 조국 미국에서 원숭이라 조롱받으며 온갖 학대 속에서 자랐으며, 조국의 괄시를 피해 파리로 왔던 것이었다. 하지만 그녀는 파리에 흑인 문화를 유행시켰다.

조세핀 베이커
조세핀 베이커는 제2차 세계 대전이 벌어지자 독일이 프랑스를 점령해 적십자에서 활동했고, 군부대에 위문 공연을 다녔다. 그래서 레지스탕스 훈장과 함께 무공 훈장, 레지옹 도뇌르 훈장 등을 받았다.

인류학자가 된 여성학자

● 조한혜정 (1948~현재)

조한혜정은 해방 후에 부산에서 태어났다. 그때까지만 해도 대한민국에는 남녀 차별이 심했다.

"공부하지 말고 집에서 동생들이나 돌봐!"

"여자는 공부를 잘하는 것보다 좋은 남편을 만나서 시집을 잘가는 게 좋다!"

그녀를 둘러싼 환경들은 공부하기에 적합하지 않았다. 하지만 그녀는 주위 환경에 늘 의문을 품었다.

"여자는 왜 안 돼? 난 남자들보다 똑똑해!"

또래 남자 친구들보다 늘 성적이 좋았던 조한혜정은 사막에 피어나는 선인장 꽃처럼 시련과 멸시를 자양분 삼아 성장했다. 그 당시만 해도 황무지나 다름없던 여성의 사회 진출에 앞장선 것이다.

1974년에는 보다 큰 세상을 만나기 위해 미국으로 유학을 떠났다. 인류학 박사 학위를 받은 그녀는 고국으로 돌아와 1980년에 연세대학교 문화인류학과 교수가 되었다.

그녀가 한국 여성사에서 차지하는 비중은 매우 크다. 그녀는 남성 중심의 보수적인 한국 문화에서 여성과 남성이 대립하지 않고 같이 공존하는 방법을 연구 중이다.

"여성과 남성은 같은 인격체예요. 서로 보완해 주는 관계이지, 대립하면 안 됩니다. 학교와 청소년, 사회와 청년 모두 마찬가지예요."

그녀가 주장하고 있는 조화와 화해가 우리 사회를 조금씩 변화시키고 있다. 여성의 사회 참여가 갈수록 늘어나게 된 것이다.

연세대학교
조한혜정이 교수로 활동하고 있는 연세대학교는 1885년에 설립된 제중원을 모태로, 1917년 4월 H. G. 언더우드가 사립 연희전문학교를 세우면서 시작된 학교이다. 이 대학교는 서울시 서대문구 신촌동에 있다.

빼빼 마른 소녀에서 세계 최고 모델로

◎ 지젤 번천 (1980~현재)

브라질 상파울루에는 가시처럼 빼빼 마른 소녀가 있었다. 그런 그녀에게 누군가 다가와 물었다.

"얘야, 모델을 해 보지 않을래?"

"모델이요? 전 수의사가 될 건데요?"

이렇게 대답하던 소녀가 몇 년 후 세계적인 여성 잡지 〈보그〉의 표지 모델로 혜성처럼 등장했다. 바로, 브라질 출신의 세계적인 모델 지젤 번천이었다.

'어떤 패션도 자신만의 스타일로 소화하는 카리스마의 소유자!'

'목탄으로 힘 있게 그려낸 듯 선이 뚜렷한 얼굴로 남성과 여성 모두를 매혹시킨다.'

이런 평가를 받으며 그녀는 '마지막 모델'이라는 수식어를 얻었다. 또한, 빅토리아 시크릿, 크리스찬 디올 등 세계 유명 디자이너의 패션쇼와 유명 잡지의 모델이 되며 최고의 전성기를 보냈다.

한 사람이 그녀를 표지 모델로 등장시켰던 〈보그〉의 편집장에게 물었다.

"왜 다른 패션모델의 모습을 〈보그〉의 표지에 싣지 않나요?"

그러자 편집장이 대답했다.

"지젤만 한 모델은 더 이상 없으니까요!"

모델뿐만 아니라 패션 사업에 관심이 많았던 그녀는 사업가로서도 큰 성공을 거두었다. 자신의 이름을 딴 장신구와 친환경 화장품, 속옷 등 다양한 사업으로 엄청난 소득을 벌어들이며 '세계에서 돈을 가장 많이 버는 모델'이 되었다.

지젤 번천
세계에서 가장 많은 돈을 버는 모델인 지젤 번천은 국제 연합의 환경 단체인 UNEP의 친선 대사로 활동하고 있다.

최고의 당구 선수가 된 소녀

○ 차유람 (1987~현재)

초등학교 때부터 당구를 가르쳐 주는 곳을 찾아다닌 어린 소녀가 있었다. 그 당시에는 당구에 대한 이미지가 그리 좋지 않았던 때라 주변의 어른들은 당구를 즐기는 소녀의 모습을 좋게 보지 않았다. 하지만 소녀의 아버지는 딸의 가능성을 믿었다.

그렇게 아버지의 허락 아래 교육을 받던 소녀가 중학교 2학년이 되었을 때였다.

"아빠, 저 학교 그만두고 당구에만 전념하고 싶어요."

당구에 빠져서 학교까지 그만두겠다는 딸의 말을 들은 부모라면, 당연히 펄쩍 뛰면서 화를 냈을 상황이었다.

"지금 그 결정에 후회하지 않고 책임질 수 있겠어?"

"네, 아빠!"

확신에 찬 그녀의 말에 아버지는 딸의 선택을 존중해 주었다.

그리고 2006년에 '독거미'라는 별명과 함께 화제를 몰고 다니던 자넷 리라는 선수와 친선 경기를 했다. 화려한 외모와 놀라운 집중력을 가진 자넷 리의 상대로 겨우 19살의 소녀가 입장했다. 아담하고 가녀린 몸에 크고 동그란 눈, 통통한 볼살을 가진 앳된 소녀는 최고의 실력과 인기를 자랑하는 자넷 리 앞에서 전혀 기죽지 않고 경기를 펼쳤다.

이 소녀가 바로 차유람이었다. 차유람은 2006년과 2010년에 아시안 게임 국가 대표로 출전해 자신의 실력을 입증했다.

최고가 되고 싶어 하는 차유람은 오늘도 노력하며 어릴 적의 다짐을 지키기 위해 최선을 다하고 있다.

당구
중학교를 중퇴하고 당구 선수가 된 차유람은 검정고시로 중학교와 고등학교를 마치고 한국체육대학교에 입학했다.

세계 보건기구 사무총장

○ 천펑푸전 (1947~현재)

자신감
45

세계적인 경제 종합지 〈포브스〉가 2011년 8월 24일에 '세계에서 가장 영향력 있는 여성'을 발표했다. 여기에는 천펑푸전 세계 보건기구(WHO) 사무총장의 이름이 올라갔다. 그녀는 2006년에 세계 보건기구의 사무총장에 선출된 중국인 여성이다. 환경과 보건 등에 대한 관심이 선진국보다 적은 중국 출신의 여성이 세계 보건기구의 사무총장이 된 것은 매우 놀라운 일이었다.

"저는 현실적인 사람입니다. 사람들에게 제가 무엇을 알고 있는지 알려 줄 것이며, 제가 무엇을 모르는지에 대해서도 감추지 않고 숨김없이 알려 줄 것입니다."

그녀가 세계 보건기구 총회에서 한 말이다. 단호한 눈빛과 결연한 태도, 솔직한 생각을 보여 준 그녀는 세계 보건기구 집행위원회로부터 높은 점수를 받았다. 비록 그녀의 조국 중국이 각종 위생과 보건 환경에서 국제 사회로부터 항상 낮은 점수를 받았지만 말이다.

"중국은 경제가 급성장하고, 관광객들도 많이 방문하고 있습니다. 하지만 농약에 오염된 물고기, 가짜 달걀, 질 낮은 먹을거리들이 넘쳐 나는 것도 사실입니다. 이런 점은 감추지 않고 드러내서 개선해야 하지 않을까요?"

최근에는 친환경 먹을거리에 대한 관심이 전 세계적으로 확산되고 있어서 그녀의 책임은 너무나 막중하다. 현실적이고 솔직함이 무기인 그녀는 환경 오염의 주범 국가라는 오명을 받았던 중국을 서서히 바꾸어 가고 있다.

천펑푸전
천펑푸전은 〈포브스〉가 2011년 8월 24일에 선정한 '세계에서 가장 영향력 있는 여성'에서 68위에 올랐다.

항상 새로운 도약을 하는 여성 CEO

◉ 최정아 (1968~현재)

뭐든지 할 수 있다는 자신감에 넘치던 20대의 최정아는 자신만의 회사를 차리기로 마음먹었다. 그러고는 1994년에 전세금에서 빼낸 2천만 원을 자본금으로 작은 사무실을 얻어 두 명의 직원과 함께 '휴먼서치'를 창업했다.

휴먼서치는 확장에 확장을 거듭해 4년 만에 서울 삼성동에 6백여 평 사무실을 얻고 50여 명의 직원을 둔 매출 30억 원의 회사로 성장했다. 이렇게 사업이 성장해 나가자 최정아는 더 큰 사업 계획을 세웠지만 위기가 닥쳐왔다.

"20대의 젊은 혈기와 잇따른 사업 성공으로 뭐든 할 수 있다는 자신감이 충만했어요. 하지만 어렵게 받은 투자 계획이 취소되며 엄청난 위기를 맞았습니다. 정신이 아득했어요. 거의 파산 직전까지 갔었죠."

그때, 그녀에게 한 가지 정보가 들어왔다. 세계 최대 인재 정보 회사인 아데코가 한국에 진출한다는 소식을 듣게 된 것이다.

"그대로 물러날 순 없었습니다. 하면 된다는 생각으로 매달렸어요. 그때 내게는 자신감과 잘될 거라는 확신이 있었으니까요."

그렇게 온 힘을 다해 밀어붙인 최정아 사장은 결국 아데코 코리아 사장으로 일하게 되었다. 현재는 인터링크서치를 이끌고 있다.

긍정적이고 적극적인 태도와 그에 걸맞은 실력, 그리고 자신감을 가지고 있다면 아무리 어려운 위기가 닥치더라도 극복할 수 있다는 것을 보여 준 것이다.

최정아
최정아는 일자리를 찾아 주는 사업을 오랫동안 해 왔다. 그녀는 《인생이 즐거워지려면》 헤드헌터의 표적이 되라》라는 책을 집필하기도 했다.

세계 최고가 되기 위해 탈북하다

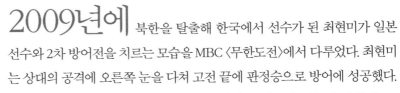

○ 최현미 (1990~현재)

자신감
47

2009년에 북한을 탈출해 한국에서 선수가 된 최현미가 일본 선수와 2차 방어전을 치르는 모습을 MBC 〈무한도전〉에서 다루었다. 최현미는 상대의 공격에 오른쪽 눈을 다쳐 고전 끝에 판정승으로 방어에 성공했다.

가난에 시달리는 북한에서 태어난 최현미는 권투에 재능이 많았다. 그녀는 북한을 벗어나 더 넓은 세계에서 자신의 꿈을 이루고 싶어서 탈북했다. 한국에 온 이후 그녀는 혹독한 훈련을 받으며 챔피언을 꿈꾸었다. 그녀가 훈련을 받는 과정이 소개되자 〈무한도전〉 멤버들을 비롯해 많은 이들이 탄성을 자아냈다.

최현미를 지도한 코치가 말했다.

"이미 세계 챔피언이 된 선수이지만 사실 시작에 불과합니다. 훌륭한 선수들이 세계 도처에 많이 있습니다. 그래서 늘 긴장을 풀지 않고 열심히 준비해야죠. 최현미 선수는 끊임없이 노력할 것입니다."

최현미는 링 위에 올라갈 때 떨리지 않느냐는 질문에 당당히 "아니오!"라고 대답했다.

"운동을 게을리했다면 걱정되겠지만 내가 최선을 다하고 진다면 그건 받아들여야 한다고 생각하니까요."

그녀가 처음 복싱 시작할 때 그녀의 아버지가 이렇게 말씀하셨다.

"네가 하고 싶은 게 옳다고 생각한다. 하지만 나중에 힘들다고 포기할 거면 시작하지 마라."

그녀는 이 말을 생각하면서 혹독한 훈련을 받으면서도 웃음을 잃지 않는다. 앞으로 10차 방어전까지 도전하고 승리하는 것이 그녀의 꿈이다.

최현미
최현미는 세계 복싱 협회(WBA) 여자 페더급 챔피언이다. 그녀는 2011년 12월 17일에 5차 방어전에서 방어에 성공했다.

나라를 구하는 한국의 잔 다르크

○ 추미애 (1958~현재)

"**중산층이** 무너지면 대한민국이 무너집니다!"

추미애 의원은 인터뷰에서 자신의 신념과 목표를 말했다.

"중산층이 무엇입니까?"

기자의 질문에 그녀는 대답했다.

"사회에서 한가운데에 위치한 계층을 뜻합니다. 그것은 사회를 지탱하는 기둥과 같아요."

그러자 기자는 계속 질문했다.

"최근 양극화(서로 점점 더 달라지고 멀어지는 현상)가 심해졌는데요. 부자는 더욱 부자가 되고 가난한 사람은 더욱 가난해지고 있습니다. 의원님, 중산층이 무너지면 어떻게 될까요?"

그녀는 조금의 망설임도 없이 다음과 같이 대답했다.

"어느 집이건 기둥이 무너지면 지붕도 쓰러지고, 엉망이 되지 않겠어요? 중산층 없이는 미래를 대비할 수도 없습니다. 미래는 지식 사회라고 합니다. 물건을 살 수 있고 자기 계발에 투자할 수 있는 건전한 중산층을 위한 여러 가지 정책들이 필요합니다."

그녀가 이렇게 확신할 수 있었던 것에는 이유가 있었다. 그녀는 잘나가던 판사를 그만두고 정치인으로 활동하면서 깨달았다. 우리나라가 IMF(국제 통화 기금)의 도움을 받던 경제 위기를 거치면서 중산층이 무너지자 사회가 혼란에 빠지는 것을 본 것이다. 그래서 사회의 중심 계층인 중산층의 중요성을 깨닫게 된 것이다. 그녀의 별명은 '잔 다르크'에서 따온 '추 다르크'다. 앞으로도 그녀는 대한민국의 중산층을 위해 노력할 것이다.

잔 다르크
잔 다르크(1412~1431)는 절대적으로 열세였던 프랑스를 구한 전설적인 영웅이다. 추미애의 별명인 '추 다르크'는 '잔 다르크'에서 따온 말이다.

어릴 때부터 재능이 있었던 가수

◉ 크리스티나 아길레라 (1980~현재)

자신감
49

귀여운 어린 아이가 할머니 앞에서 노래를 부르고 있었다. 손녀의 노래를 들은 할머니는 기뻐하며 말했다.

"우리 크리스티나는 노래를 아주 잘하는 구나. 나중에 가수해도 되겠어."

"정말, 할머니?"

"그럼, 정말이지!"

크리스티나의 할머니는 항상 긍정적으로 말해 주었고, 할머니의 말에 용기를 얻은 그녀는 '스타 서치'라는 프로그램에 나가게 되었다. 그 프로그램에서 준우승을 하며 세상에 자신을 알리기 시작한 크리스티나는 12살에 미키 마우스 클럽에 들어가 활동하기 시작했다.

브리트니 스피어스, 저스틴 팀버레이크 등 훗날 엄청난 스타가 되는 그들과 활동하며 실력을 쌓은 크리스티나는 디즈니 영화 〈뮬란〉의 주제가를 부를 가수를 찾는다는 소식을 듣고 오디션에 참가했다.

그녀의 노래를 듣던 영화사에서는 놀라움을 금치 못했다. 크리스티나의 놀라운 노래 실력에 감탄한 영화사는 그녀를 합격시켰고, 이 일을 계기로 그녀는 점점 유명해지기 시작했다.

데뷔 음반이 미국에서만 800만 장 이상 팔렸고, 세계적으로 1,700만 장 이상이 판매되었다. 그 후로도 그녀는 발표하는 음반마다 성공했다.

2000년대의 가장 위대한 아티스트 20명 중 한 사람이 된 그녀는 콘서트와 앨범을 통해 많은 활동을 하고 있다.

크리스티나 아길레라
아킬레라는 그래미상을 5회 수상했고, 2010년 11월에 할리우드 명예의 거리에 입성했다.

IMF의 첫 여성 총재

⦿ 크리스틴 라가르드 (1956~현재)

자신감
50

"**내가** 경제 전문가가 아니라고요? 물론 맞습니다. 하지만 그것이 내가 IMF(국제 통화 기금, International Monetary Fund) 총재로 활동하는 데 결정적인 영향을 미칠까요?"

크리스틴 라가르드는 IMF의 첫 여성 총재이다. 그녀는 55살의 적지 않은 나이에 IMF 총재가 되었지만 세월이 무색할 만큼 건강한 모습을 자랑했다. 이것은 그녀가 예전에 프랑스 싱크로나이즈(수중발레) 팀의 국가대표였기에 가능한 것이다.

그녀는 자신의 건강 비결을 어릴 적부터 해 온 수영과 요가로 꼽는다. 그녀는 경직되어 있는 남성 중심의 국제 무대에서 경제에 전문적인 지식이 없는 여성이 큰 조직을 이끌어 갈 수 있다는 것을 증명했다. 그녀가 IMF 최초의 여성 총재가 된 것은 섬세함과 자신감 때문이다.

그녀는 여러 차례 국제회의에서 다음과 같이 말했다.

"맞아요. 나는 여성이에요. 그렇기 때문에 국가 간에 발생하는 경제 충돌을 막고 화해를 시키는 데 자신이 있어요."

그녀는 여성 총재로 취임한 이후로 크고 작은 국제 금융 사고 때 탁월한 조정자로 활동했다. 그래서 전 세계 사람들에게 능력을 인정받았다.

그녀는 자기 관리가 철저한 것으로도 유명하다. 휴가지에서 요가와 수영을 즐기는 그녀는 전 세계 모든 여성들의 멘토라고 할 만하다.

크리스틴 라가르드
크리스틴 라가르드는 경제 전문가는 아니었지만 프랑스 경제 장관으로 활동하다가 IMF의 총재가 되었다.

세계 제일의 가수가 된 소녀

● 테일러 스위프트 (1989~현재)

자신감
51

미국 펜실베이니아에서 태어난 테일러는 감수성이 뛰어난 아이였다. 문학에 많은 재능을 보였던 그녀는 혼자 있을 때면 종종 시를 쓰곤 했다. 초등학교 4학년 때에는 백일장 대회에서 시를 써서 우수상을 받았다.

그러나 또래 아이들은 그녀를 괴짜라고 부르며 놀려 대기 일쑤였다.

"테일러는 이상한 애야. 항상 표정이 멍하잖아."

"만날 재미없는 글만 쓰고, 진짜 같이 놀기 싫다니까."

테일러는 집단 따돌림을 받기 시작했고, 크게 상처를 입은 그녀는 번번이 학교를 빠졌다. 부모님은 딸의 이런 변화를 걱정스러워 하기 시작했다. 심리 치료사에게 상담을 받아보기도 했지만, 테일러의 상태는 나아질 기미를 보이지 않았다.

"학교에 가기 싫어요. 아무도 나랑 놀아 주려 하지 않아요."

그녀는 매일 방에 틀어박혀서 자신이 당한 괴로운 경험을 시로 썼다. 그러던 어느 날, 컴퓨터 수리공이 그녀의 집을 방문했다. 테일러는 그가 갖고 온 기타에 흥미를 나타냈다.

"그거 아저씨 거예요?"

"그래. 심심할 때마다 조금씩 연주한단다. 한 번 들어 볼래?"

기타의 매력에 곧바로 빠져든 그녀는 본격적으로 음악을 배우기로 했다. 꾸준히 실력을 갈고닦은 그녀는 18살에 음반을 낼 수 있었다. 많은 평론가들이 어린 나이임에도 불구하고 작사와 작곡을 훌륭히 하는 그녀의 실력을 높이 샀다. 내놓는 음반마다 1위를 기록한 그녀는 현재 세계에서 가장 영향력 있는 가수가 되었다.

테일러 스위프트
테일러 스위프트는 통기타를 연주하는 컨트리 가수이다. 그녀는 제54회 그래미상을 수상했다.

미국 피겨 스케이팅의 희망이 되다

● 페기 플레밍 (1948~현재)

1964년에 미국 피겨 스케이팅(스케이트를 타고 얼음판에서 여러 가지 동작을 하여 기술의 정확성과 예술성을 겨루는 스케이트 종목) 챔피언십 여자 싱글 경기가 치러지고 있었다. 16살의 페기 플레밍이 피겨 연기를 시작하자 방송을 중계하던 해설자가 흥분하며 외쳤다.

"오, 나는 지금 미래의 올림픽 금메달리스트를 보고 있어요!"

같이 중계하던 캐스터가 방송 중에 할 말이 아니라며 충고했지만 해설자는 자신의 눈은 틀리지 않다며 좀처럼 흥분을 감추지 못했다. 아름다운 외모에 우아한 연기를 하는 페기의 모습에 사람들은 열광하기 시작했다.

이처럼 혜성처럼 나타난 페기는 침체기를 겪고 있던 미국 피겨 스케이팅을 부활시켰다.

"페기 플레밍은 천부적인 능력을 가졌어요. 거기에다 세련된 스타일에 높은 음악성까지 지녔으니 더할 나위 없죠. 그녀는 미국 피겨의 희망이 될 겁니다."

전문가의 말처럼 페기는 세계 선수권 대회에서 3연속으로 우승하며 각종 대회를 휩쓸었다. 그리고 여세를 몰아 1968년 동계 올림픽 피겨 스케이팅 여자 싱글에서 금메달을 차지하며 올림픽 챔피언이 되었다. 더군다나 그녀가 손에 쥔 금메달은 미국 선수단이 이 대회에서 획득한 유일한 금메달이었다.

그녀는 선수 생활을 은퇴한 뒤 영화에 출연하고 20년 넘게 스포츠 해설자로 활약했다. 그녀는 미국인들에게 한 줄기 빛 같은 자부심과 희망을 안겨 주었던 스포츠인으로 기억되고 있다.

페기 플레밍
페기 플레밍(아래쪽 가운데)이 미셸 콴, 도로시 해밀 등 미국의 피겨 스케이팅 선수들과 함께 있는 모습이다.

절망을 극복하고 희망을 꿈꾼 화가

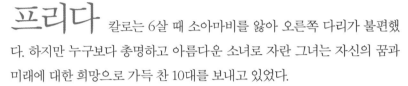

○ 프리다 칼로 (1907~1954)

자신감
53

프리다 칼로는 6살 때 소아마비를 앓아 오른쪽 다리가 불편했다. 하지만 누구보다 총명하고 아름다운 소녀로 자란 그녀는 자신의 꿈과 미래에 대한 희망으로 가득 찬 10대를 보내고 있었다.

그런데 모든 꿈을 앗아가 버리는 일이 벌어졌다. 하굣길에 그녀가 타고 있던 버스와 전차가 부딪히면서 칼로가 치명상을 입게 되었던 것이다.

"살아 있는 것만으로도 기적입니다."

의사들은 이렇게 말하며 그녀가 다시 걸을 수 없을 거라고 말했다. 그렇게 칼로는 꼬박 9개월 동안 온몸에 깁스를 한 채 침대에 누워 있어야만 했다.

침대에 누워 두 손만 자유로웠던 칼로가 할 수 있는 일은 오로지 그림을 그리는 것뿐이었다. 부모님은 그녀를 위해 침대의 지붕 밑면에 전신 거울을 설치해 누워서 그림을 그릴 수 있게 해 주었다. 칼로는 거울에 비친 자신을 관찰하고 또 관찰하며 자신의 모습을 그리기 시작했다.

이것이 그녀가 평생을 두고 자화상을 그리기 시작한 계기가 되었고, 병상에 누워 그림을 그리는 동안 칼로는 자신이 화가가 될 운명을 타고났다는 것을 깨닫게 되었다.

'그래, 그림을 그리자!'

그녀는 화가라는 새로운 희망을 꿈꾸기 시작했다. 고통 속에서 삶에 대한 강한 의지를 작품으로 승화시킨 칼로의 작품들은 멕시코의 국보가 될 정도로 인정받고 사랑받았다.

〈물이 내게 준 것〉
프리다 칼로의 작품 〈물이 내게 준 것〉이다. 이 작품은 초현실주의(인간의 의식 속에 숨어 있는 비현실의 세계를 표현한 것) 회화의 걸작에 속한다.

바람처럼 빠른 소녀

● 플로렌스 그리피스 조이너 (1959~1998)

들판에 한 무리의 아이들이 모여 있었다. 달리기 시합을 하자고 제안한 것은 마을에서 제일가는 개구쟁이인 매튜였다.

"이기는 사람은 우리 가게에 와서 맘에 드는 사탕을 먹을 수 있어!"

부모님이 과자점을 하고 있던 매튜의 말에 아이들은 귀가 솔깃했고, 곧바로 뛰기 위해 자세를 가다듬었다. 그때, 그들을 바라보고 있던 한 소녀가 매튜에게 다가가 물었다.

"괜찮다면 나도 끼워 주지 않을래, 매튜?"

"뭐? 이건 남자들만의 놀이란 말이야."

매튜는 한심하다는 듯이 소녀의 빼빼 마른 몸을 훑어보았다. 뛰기는커녕 제대로 서 있는 것조차 힘들어 보이는 몸이었다. 그러나 소녀는 끈질기게 매튜를 설득했다.

"뛰는 것 하나만큼은 자신 있어. 그러니 일단 뛰게만 해줘."

"좋아. 뛰다가 넘어져도 내 책임이 아니다."

소녀는 활짝 웃으며 다른 아이들과 함께 출발선 앞에 섰다.

"자, 준비, 출발!"

아이들은 쏜살같이 출발선을 뛰쳐나갔다. 그중에서 가장 눈에 띈 아이는 발이 보이지 않을 정도로 뛰고 있는 소녀였다. 바람을 가르는 것처럼 달린 소녀는 자신만만한 표정으로 결승점에 도착했다. 그 후에도 몇 번 달리기 시합이 벌어졌지만 소녀를 이기는 사람은 아무도 없었다. 이 소녀는 바로 육상 역사상 가장 놀라운 신기록을 낸 선수, 그리피스 조이너이다.

플로렌스 그리피스 조이너
플로렌스 그리피스 조이너가 1988년 미국에서 기록한 100미터(10.49초) 세계 기록과 1988년 서울 올림픽에서 기록한 200미터(21.34초) 세계 기록은 여전히 깨지지 않고 있다.

세계 무대에 우뚝 선 동양인 모델

○ 한혜진 (1983~현재)

자신감
55

한혜진은 동양적인 외모와 찢어진 눈, 얇은 입술, 쌍꺼풀 없는 눈 등으로 세계 무대에서 독특함을 인정받고 있다. 그녀는 샤넬, 루이비통 등에서 활약했으며 '안나 수이' 패션쇼에서는 동양인 최초로 피날레(마지막)를 장식하기도 했다.

한국을 대표하는 모델이 된 그녀는 처음부터 모델을 꿈꾸지는 않았다.

"저는 패션이 뭔지, 옷이 뭔지도 모를 정도로 촌스러운 아이였어요. 그저 무서울 정도로 키가 자라고 있는 게 특이하다면 특이했죠. 저는 모델보다는 화가가 되고 싶었는데, 교복을 입고 화실을 다닐 때 모델이 되어 보라는 제안을 많이 받았어요."

15살 때 슈퍼 모델 선발 대회에 참가한 그녀는 본선 진출도 못한 채 떨어졌다. 그래서 모델이 단지 키나 커서 될 일은 아니라는 것을 깨닫게 되었다.

하지만 그녀는 3개월의 연습을 거쳐 1999년에 모델로 데뷔하게 되었다. 2006년에 세계 무대에 진출하고 수많은 카메라 앞에 섰지만 평소에는 청바지에 티셔츠를 즐겨 입는 소탈한 성격이었다.

세계적인 모델이 된 그녀는 후배들에게 세 가지를 강조했다.

"영어 실력과 개성, 그리고 무엇보다 자신감이 있어야 해요. 동양인에게 차별이 끊이지 않는 게 세계 무대입니다."

한혜진은 세계적인 모델을 꿈꾸는 후배들에게 롤 모델이 되고 있다.

안나 수이 패션쇼
안나 수이 패션쇼는 미국에서 열리는 세계적인 패션쇼이다. 이 패션쇼는 20여 년의 역사를 자랑한다.

2

꿈을 이루는 힘,

여성의 몸으로 은행 CEO가 되다

◉ 게일 켈리 (1956~현재)

끈기
01

남아프리카
공화국에서 어린 시절을 보낸 게일 켈리는 호주 은행업계에서 최초로 여성 CEO에 취임했다. 2008년부터 미국의 경제 잡지 〈포브스〉가 선정하는 '세계에서 가장 영향력 있는 여성'에 꾸준히 이름을 올리고 있는 그녀의 성공은 하루아침에 이루어진 것이 아니었다.

그녀가 은행 말단 사원으로 출발해 CEO가 된 것은, 꾸준한 자기 계발과 일에 애착을 갖은 결과였다.

켈리는 1980년에 은행원으로서 첫발을 내딛은 때를 회상했다.

"당시에 은행원은 안정적인 보수를 보장받았지만 지루한 직업이라는 평가를 받았어요. 난 그 같은 선입견을 깨기 위해 자기 계발의 길을 선택했습니다."

그리고 때마침 은행업계에 변화의 바람이 불었다.

"고객과 은행의 상호 관계가 중요하다고 믿었던 나에게 이런 변화는 큰 기회였습니다."

1997년에 호주로 온 켈리는 자신의 꿈을 이루기 위해 부지런히 면접을 보기 시작했다. 점점 자신의 실력을 인정받기 시작한 그녀는 세인트조지 은행의 마케팅 부문 상무이사로 합류해 호주 5위 은행으로 발전시켰다. 그러자 그녀의 뛰어난 능력은 곧 인정받게 되었고, 그녀는 2008년 웨스트 팩의 CEO로 영입되었던 것이다.

"나는 좋아하는 일이라면 내가 가진 모든 것을 쏟아 붓는다!"

그녀의 능력과 재능을 많은 사람들이 본받고 있다.

게일 켈리
남아프리카 출신의 게일 켈리는 호주 제2의 은행 웨스트 팩을 이끌고 있는 CEO이다.

타고난 이야기꾼이었던 이탈리아 작가

○ 그라치아 델레다 (1871~1936)

노벨 문학상 수상자를 축하하기 위해 작가들이 한자리에 모였다.

"세상에는 타고난 이야기꾼이 있습니다. 이분의 경우 그렇습니다. 탁월한 심리 묘사로 인물이 살아 숨 쉬는 것 같은 느낌을 생생하게 전해 주는 위대한 이야기꾼을 소개하겠습니다. 그라치아 델레다입니다!"

사람들의 우레와 같은 환호 속에 그녀가 단상으로 나왔다.

"감사합니다. 그런데 위대한 이야기꾼이라니 너무 과분하네요."

"아니요, 당신은 정말 대단한 사람입니다. 그런데 한 가지 물어봐도 되나요?"

"예, 물어보세요."

"학교 교육을 제대로 못 받았다는 게 사실인가요?"

사회자의 질문에 그녀는 웃으며 대답했다.

"그래요, 나는 학교도 못 나온 여자예요. 부유한 집안에서 태어났지만 여자라는 이유로 나는 중등 교육조차 받지 못했어요. 그때 나를 구원해 준 것이 바로 문학이었습니다. 문법 같은 것을 하나도 모른 채 꾸준히 나만의 글을 썼어요. 그런 시간이 쌓이고 쌓여서 지금의 나를 있게 했으니 어쩌면 불운했던 시대에 감사해야 할지도 모르겠군요."

그녀는 교육을 제대로 받지 못했던 자신의 부족함을 타고난 재능과 노력으로 극복했다. 자기만의 문학적 세계를 만들어 낸 그라치아 델레다는 1926년에 노벨 문학상을 수상해 세계적인 작가로 인정받았다.

그라치아 델레다
그라치아 델레다는《동방의 별》,《엘리아스 포르톨루》등의 작품을 발표한 이탈리아 작가이다.

시련 뒤에 얻은 깨달음

○ 금나나 (1983~현재)

끈기
03

금나나는 어린 시절부터 항상 1등을 놓치지 않을 만큼 공부를 잘했다. 자만하지 않고 공부를 게을리하지 않은 그녀는 경북과학고등학교를 졸업한 후 경북대학교 의과대학에 들어갔다.

경북대학교 의과대학에 다녔을 때 미스코리아 진에 당선되고 하버드대학교 생물학과에 합격할 만큼 금나나는 미모와 지성을 모두 갖췄다. 누구보다 화려하게 살아온 그녀는 하버드대학교에서의 생활이 악몽이라고 말했다. 그러자 기자가 무엇이 그녀를 힘들게 했는지 물었다.

"저는 지는 걸 누구보다 싫어하기 때문에 한 번도 져 본 적이 없어요. 제 삶에 실패는 있을 수 없다고 생각했어요."

금나나는 하버드대학교 생물학과가 아닌 의과대학에 들어가고 싶었다. 하지만 외국 학생들이 의과대학에 들어가는 것은 낙타가 바늘구멍을 통과하는 것만큼이나 어려웠다.

"처음엔 의과대학에 떨어진 충격이 너무나 컸어요. 그러다 차차 생각해 보니까 제 자신의 마음가짐이 가장 문제였던 거예요. 왜 의사가 되고 싶은지 곰곰이 생각할 겨를없이 공부만 했죠. 실패를 통해 제 자신을 되돌아보게 되어서 감사했답니다."

금나나는 실패를 딛고 일어서면서 새로운 힘을 얻었다.

"앞으로는 영양학 대학원에 진입할 거예요. 그쪽은 의과 대학원과 연계가 되어 있어서 다시 한 번 도전할 수 있어요."

금나나는 가장 힘들었던 하버드에서의 4년이 그립다고 말했다. 이제는 그 시간을 생각하며 웃을 수 있게 되었다.

하버드대학교
미국 매사추세츠 주 케임브리지에 있는 하버드대학교는 1636년에 설립되었다. '하버드대학교'의 이름은 미국의 목사 존 하버드가 책과 재산 등을 기부한 것을 기념하기 위해 붙인 것이다.

동계 아시안 게임 스키 2관왕

● 김선주 (1985~현재)

동계 아시안 게임 스키 종목에서 김선주가 한국 여자 선수로는 처음으로 2관왕에 올랐다. 10명의 선수 가운데 두 번째로 경기에 나선 김선주는 마침 눈이 내려 깨끗해진 슬로프(스키장에서 스키를 탈 수 있는 경사진 곳)를 실수 없이 내려와 쟁쟁한 우승 후보들을 가볍게 따돌리며 우승을 차지했다.

대회를 앞두기 전까지만 해도 그녀는 메달 후보로도 거론되지 않았다. 그야말로 깜짝 금메달을 이틀 연속으로 목에 건 것이다.

중앙대학교에 다닐 때 창춘 동계 아시안 게임에서 동메달을 따면서 주목받기 시작한 그녀는 오빠를 따라 스키를 타기 시작했다.

"제가 다녔던 초등학교에서 매년 한 번씩 스키장을 보내 주었는데, 오빠가 스키 선수 생활을 하고 있었거든요. 그래서 오빠를 따라다니다가 스키를 타고 싶다고 졸라서 타게 됐는데, 주변 사람들이 놀랄 정도로 너무 잘 탔던 거죠."

그 모습을 본 오빠의 담당 선생님이 그녀의 소질을 간파하고 초등학교 입학과 함께 스키 선수로 활동하도록 도와주었다.

하지만 거의 매년 부상이 찾아와 그녀를 괴롭혔는데, 운동 선수로서는 치명적인 수술도 여러 번 받아야 했다. 그러나 오뚝이처럼 다시 일어났다.

"나에게 부상은 시련이 아닌 성공을 위한 과정일 뿐이라고 생각해요."

우리나라 여자 스키 선수들을 최대한 이끌어주다 은퇴하고 싶다는 그녀는 보다 발전하는 내일을 위해 오늘도 구슬땀을 흘리고 있다.

평창 알펜시아
2018년에 우리나라 강원도 평창에서 동계 올림픽이 개최된다. 평창 알펜시아에서는 스키 경기가 열릴 예정이다.

세계를 제패한 피겨 여왕

◎ 김연아 (1990~현재)

끈기

05

2010년에 캐나다 밴쿠버에서는 동계 올림픽 여자 피겨 스케이팅이 열리고 있었다. 전날 경기에서 경이로운 점수를 기록했던 김연아가 파란색 드레스를 입고 무대에 섰다.

조지 거슈인의 피아노 음악에 맞춰 연기를 시작한 김연아는 마치 음악과 하나가 된 듯 완벽한 연기를 보여 주었다.

"지금 김연아는 최고 난이도의 연기를 하고 있는 중입니다."

사람들은 기립 박수로 그녀의 연기에 환호했다. 7살에 피겨를 시작해 12년 동안 자신의 꿈이었던 올림픽 무대에서 모든 것을 보여 준 김연아는 가슴이 벅찬 듯 눈물을 보였다. 아무도 그녀의 금메달을 의심하지 않았고, 이제 그녀가 자신의 신기록을 깰 수 있는지 관심을 갖기 시작했다. 그리고 잠시 후, 믿을 수 없는 점수가 전광판에 나타났다.

'150.06!'

김연아 자신이 가지고 있던 세계 신기록 133.95점을 훨씬 뛰어넘은 기적적인 점수가 나온 것이었다. 그 점수를 지켜보던 관중들은 입을 다물지 못했다.

김연아는 피겨의 불모지나 다름없는 대한민국에서 여분의 스케이트화가 없어서 투명 테이프로 붙이며 선수 생활을 해 왔다. 그로 인한 부상으로 힘든 나날을 보냈지만 오직 훈련과 정신력으로 이겨 냈다.

현재 김연아는 세계의 언론들과 전문가들이 모두 인정하는 '피겨의 여왕'이 되었다.

밴쿠버 동계 올림픽
김연아는 2010년 밴쿠버 동계 올림픽에서 금메달을 목에 걸었다. "김연아의 기록을 깰 사람은 그녀 자신밖에 없다."는 찬사를 받을 정도로 세계 최고 선수가 되었다.

한국 최초로 서양 의사 자격증을 따다

● 김점동 (1876~1910)

1886년, 김점동이 이화학당(이화여자대학교의 전신)에 입학했던 때는 새로운 문물이 우리나라로 들어오던 때였다. 아버지의 후원으로 이화학당에서 공부를 하던 그녀는 의료 보조원으로 일하며 의학을 배웠다. 그러던 어느 날, 그녀의 실력이 뛰어나다는 것을 알고 있던 한 선교사가 미국으로 갈 것을 권했다.

"점동 씨, 미국에 가면 더 많은 걸 배울 수 있는데 그러고 싶지 않나요?"

"하지만 아버지가 허락하지 않으실 것 같아요."

"안타깝네요. 점동 씨는 분명히 훌륭한 의사가 될 수 있을 텐데요."

선교사의 말을 들을수록 미국에 대한 그녀의 열망은 더욱 커졌다. 그녀는 어떡하든 아버지를 설득하기로 결심했다.

"아버지, 저는 반드시 의사가 되고 말 거예요!"

결국 아버지는 그녀가 결혼을 한다는 조건으로 미국 유학을 허락해 주었다. 박유산이라는 청년과 결혼식을 올린 뒤, 그녀는 자신의 이름을 '박에스더'라고 바꿨다.

"에스더는 제 세례명이고 박은 남편의 성이에요. 미국에 가면 이 이름을 쓰고 싶어요."

1895년, 남편과 함께 미국 유학길에 오른 그녀는 드디어 원하던 서양 의학을 배울 수 있었다. 그러나 그 기쁨도 잠시, 남편이 폐결핵으로 세상을 떠나고 말았다. 슬픔 속에서도 그녀는 공부를 게을리하지 않았고, 마침내 한국 여성 최초로 의학 박사 학위를 받았다.

한국으로 돌아온 뒤 그녀는 간호학교를 설립했다.

이화여자대학교
이화여자대학교는 서울시 서대문구 대현동에 있다. 한국 최초의 여성 고등 교육기관인 이 학교는 1886년 5월에 선교사 M. F. 스크랜턴이 설립했다.

처음으로 주말 뉴스 단독 진행자가 되다

○ 김주하 (1973~현재)

끈기
07

17살의 평범한 여고생이었던 김주하가 앵커를 꿈꾸기 시작한 것은 학교에서 신문 동아리 활동을 하면서부터였다. 그녀의 부모님은 그런 딸의 모습을 좋게 보지 않았다.

"주하야, 또 성적이 떨어졌구나."

좋은 성적으로 고등학교에 입학한 딸의 성적이 점점 떨어지자 부모님은 걱정이 앞섰다.

"신문 동아리를 그만두면 안 되겠니? 이제 넌 입시생이고 또 네가 정말 앵커가 되고 싶다면 공부를 우선시해야지!"

사실 김주하가 활동하는 동아리 회원은 달랑 4명이었다. 많은 양의 기사를 만들어야 했기 때문에 시간을 뺏길 수밖에 없었다.

하지만 김주하는 신문 동아리를 포기하지 않았다. 물론 공부 또한 열심히 했다. 그런데 앵커가 되기 위한 정보를 얻기가 힘들었다.

'앵커가 되려면 어느 학교 어느 과를 가야 하지?'

한참을 고민하던 김주하는 무작정 방송국에 전화를 걸었다. 그러고는 이렇게 물었다.

"아나운서가 되려면 무슨 과를 가야 하나요?"

수줍음을 많이 타던 여고생의 당돌한 물음에 담당자는 웃고 말았다.

몇 년 후, 그녀는 방송국에 들어갔다. 앵커도 하면서 기자 생활까지 하느라 과로로 쓰러지면서도 자신의 일을 해냈다.

또한 주말 뉴스를 단독 진행한 최초의 앵커가 되어 많은 여대생의 롤 모델이 되었다.

《안녕하세요, 김주하입니다》
2007년에 발표한 이 책은 김주하의 삶과 일에 대한 열정을 담고 있다.

역경을 떨치고 세계 챔피언이 되다

● 김주희 (1986~현재)

소녀 김주희는 직업을 잃은 충격으로 치매에 걸린 아버지를 대신해 어린 나이에 생계를 책임져야 했다. 친척들마저도 찢어지게 가난해 도움 받을 곳도 없었던 그녀에게는 학교를 다니는 것조차 사치였다.

닥치는 대로 아르바이트를 하던 김주희에게 단 한 가지 희망이 바로 '권투'였다.

"초등학교 4학년 정도밖에 안 되는 체구를 가진 중학교 2학년인 나에게 권투는 단 하나의 꿈이었습니다."

그녀는 오직 권투만을 생각하며 그것에만 매달렸다. 그리고 여자 프로 권투 세계 5대 기구 종합 챔피언이 되었다.

사람들이 왜 그렇게 힘들고 고통스러운 길을 가느냐고 물을 때면 그녀는 이렇게 반문한다.

"권투를 하는 내가 얼마나 행복한지, 그렇게 물어봐 주실래요?"

그녀는 좀 더 힘들고 아파도 가로 7미터 세로 7미터의 링 위에서, 누구보다 빛나는 사람이 되고 싶어 한다. 또한, 자신에게 긍정적인 생각을 갖게 한 것은 권투라고 말한다.

"앞으로도 나의 도전이 성공한다는 보장은 없다. 다만 내가 유일하게 믿을 수 있는 것은, 세상에서 가장 정직한 것은 내가 흘리는 땀방울이다."

그녀는 선수 생활을 은퇴하기 전까지 매순간 최선을 다할 것이라 다짐하고 있다.

김주희
세계 챔피언이 된 김주희는 중부대학교에서 교육학 석사 학위를 받는 등 공부도 열심히 하고 있다.

시련을 극복한 최고의 발레리나

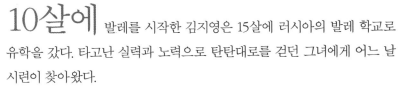

● 김지영 (1978~현재)

끈기
09

10살에 발레를 시작한 김지영은 15살에 러시아의 발레 학교로 유학을 갔다. 타고난 실력과 노력으로 탄탄대로를 걷던 그녀에게 어느 날 시련이 찾아왔다.

그녀가 졸업 공연을 발표할 때였다. 공연을 보던 어머니가 갑자기 가슴의 통증을 호소하며 쓰러진 것이다.

놀란 김지영은 엄마를 급히 병원으로 옮겼다.

"죄송합니다. 심장마비로 돌아가셨습니다."

그녀는 도저히 그 말을 믿을 수가 없었다. 갑작스런 엄마의 죽음으로 실의에 빠졌다. 그런 그녀를 아끼던 국립발레단의 최 단장은 손을 내밀었다.

"지영아, 너에게는 빛나는 재능이 있어. 그 재능을 포기하지 마."

단장의 배려로 슬픔을 딛고 김지영은 다시 발레를 시작했다. 그리고 국립발레단 최연소 수석 무용수에 올랐다.

김지영은 여기에 안주하지 않고 2002년에 네덜란드 국립발레단으로 유학을 떠났다. 그런데 그녀에게 또 다른 시련이 찾아왔다. 발목 부상으로 2년 동안 무대에 서지 못한 것이다.

인기와 명예를 모두 버리고 유학을 선택했는데, 불행이 찾아온 것이다. 하지만 그녀는 마음을 다잡았다.

'이깟 시련에 절대 주저앉지 않을 거야. 난 반드시 세계 최고의 발레리나가 되고 말겠어!'

얼마 후 그녀는 부상을 딛고 화려하게 부활하며 네덜란드 국립발레단의 수석 무용수에 올라 최고의 스타가 되었다.

발레화
발레는 16세기에서 17세기 사이에 프랑스 궁정에서 발달한 무용 예술이다. 발레는 음악, 문학, 미술, 조명, 의상을 포함하는 종합 무대 예술이다.

하루도 빠짐없이 원고를 쓰는 작가

● 노희경 (1966~현재)

"**교수님**, 안녕하세요?"

드라마 수업을 하기 위해 강의실의 문을 열고 들어온 교수에게 노희경이 원고를 들고 달려갔다.

"또 쓴 건가?"

"이번에는 다른 소재로 써 봤는데 선생님이 좀 봐 주셨으면 좋겠어요."

노희경이 내미는 두툼한 원고를 교수는 마지못해 받아 들었다. 노희경은 수업을 들은 첫날부터 하루도 빠지지 않고 작품을 제출했다.

"자네, 열심히 하는 건 좋지만 너무 지나치면 병이 된다네."

"하지만 매일 글을 쓰지 않으면 실력이 늘지 않는걸요."

또박또박 대답하는 노희경을 보고 교수는 한숨을 내쉬었다. 처음에는 열성적인 태도를 보이는 노희경을 교수 역시 기특해 했다. 그러나 매일매일 원고를 제출하는 그녀가 부담스러웠다. 교수가 보기에 노희경은 좋은 실력을 갖고 있었고, 노력한다면 작가가 되기에 손색이 없었다.

"이렇게 열심히 하는 이유가 대체 무엇인가?"

"좋은 글을 써서 세상 사람들에게 알려 주고 싶은 게 제 꿈이에요. 그러기 위해서는 누구보다도 뛰어난 실력을 갖고 있어야 한다고 생각했습니다."

노희경은 그 후로도 열심히 글을 썼다. 그녀의 열정에 교수 역시 두 손 두 발을 다 들고 말았다. 뛰어난 실력으로 학교를 졸업한 그녀는 1995년 MBC 베스트극장에 〈세라와 수지〉라는 작품으로 데뷔를 했고, 지금까지 좋은 작품들을 내놓고 있다.

베스트극장
노희경은 베스트극장에 드라마 〈세라와 수지〉를 발표하면서 방송 작가가 되었다.

불치병에 시달리면서도 연구하다

◉ 도로시 호지킨 (1910~1994)

"절대적인 안정이 필요합니다. 자꾸 손을 썼다간 영영 불구가 될 수도 있어요."

관절염으로 뻣뻣해진 도로시의 손을 진찰한 뒤, 의사가 말했다. 진행하고 있던 엑스선 연구가 이제 막 활기를 띠기 시작했는데, 손을 쓰지 말라고 하니 눈앞이 캄캄했다.

의사는 그녀의 병에는 약이 없다고 했다. 안정을 취하는 것만이 유일한 치료였다.

연구실로 돌아온 그녀는 진행 중이던 연구 재료들을 살펴보았다. 엑스선을 이용해 모든 분자(화학적 형태와 성질을 잃지 않고 분리될 수 있는 최소의 물질)들을 살펴보는 것이 이번 연구의 목적이었다.

"토마스, 미안하지만 나를 도와줄 수 있겠나? 이 연구를 절대 포기할 수는 없어!"

그녀는 손을 제대로 쓰지 못해서 조수에게 도움을 청했다. 그녀가 엑스선을 살펴보고 옆에서 조수가 기록을 하는 식이었다. 의사는 휴식을 권했지만 그녀는 연구를 완성하고 싶어서 더욱더 일에 매달렸다.

"도로시, 희망이 보이는 것 같아요. 이게 단백질(세포를 구성하고 생명 현상을 유지하는 물질로서, 사람의 3대 영양소 가운데 하나이다.) 결정(원자와 분자 등이 규칙적으로 배열되어 형체를 이루는 것)들 아닌가요?"

그들은 마침내 생화학 구조식을 결정하는 방법을 알아냈고, 이것으로 1964년에 노벨 화학상을 받았다.

엑스선 촬영기
엑스선 촬영기는 질병의 진단 및 치료, 금속 재료의 내부 검사, 미술품의 감정 등 그 용도가 매우 다양하다.

1퍼센트의 가능성으로 거리전기를 일으키다

● 둥밍주 (1954~현재)

중국의 거리전기는 벌써 몇 달째 재정난(재정이 부족하여 생기는 어려움)을 겪고 있었다. 생산한 것만큼 물품이 팔리지 않아 창고에는 포장도 뜯지 않은 제품들이 수북이 쌓이게 되었다.

"대체 직원 교육을 어떻게 시켰기에 이 모양이야!"

거리전기의 사장은 매일 책임자들을 불러 놓고 호통을 치기 일쑤였다. 자연히 회사 분위기는 나빠졌고, 사원들 모두가 서로 눈치 보기에 바빴다.

그러던 중 마침내, 몇몇 책임자들이 사표(회사를 그만두겠다고 쓰는 문서)를 쓰기 시작했다.

"아무래도 제 힘으로 이 회사를 이끌어 가긴 무리인 것 같으니 그만두겠습니다."

"저도 마찬가지입니다."

직원들이 줄줄이 사표를 내기 시작했다. 사장은 한숨을 쉬며 텅 빈 사무실을 둘러보았다. 그때, 조용히 앉아 있는 여성이 눈에 띄었다. 얼마 전에 입사한 둥밍주라는 30대 여성이었다.

"이 시간까지 뭘 하고 있는 건가?"

여자는 매장을 운영할 새로운 방법을 고민하던 중이라고 대답했다.

"사원들의 반이 빠져나갔는데 자네는 그만두고 싶지 않나?"

"저는 포기하기보다는 1퍼센트의 가능성이라도 남아 있으면 거기에 매달리는 걸 더 좋아합니다."

그 후, 둥밍주는 남아 있던 사원들을 격려하며 계속 일에 매달렸다. 그리고 그녀는 거리전기의 사장으로 승진하게 되었다.

둥밍주
둥밍주가 이끄는 회사인 거리전기가 생산하는 에어컨은 11년 연속 판매 실적 및 시장 점유율 중국 1위를 올리고 있다.

외국인이라고 퇴짜 맞았던 과학자

○ 마리아 괴페르트 마이어 (1906~1972)

끈기
13

독일의 유명한 교수 집안에서 태어난 마리아는 어려서부터 남다르게 영리했다. 아버지는 그런 딸에게 큰 기대를 걸었다.

"이 아이는 언젠가 내 뒤를 이어 교수가 될 거야."

마리아는 아버지의 바람대로 수많은 노벨상 수상자를 배출한 괴팅겐대학교 수학과에 입학했다. 그러나 공부를 하던 중, 자신이 관심 있어 하는 과목은 물리학이라는 것을 깨달았다. 그녀는 진로를 바꿔 물리학을 선택했고, 박사 학위를 받았다. 그리고 같은 연구실에서 근무하던 미국인 남자와 결혼해 '마이어'라는 미국식 성을 받았다.

"독일에서 내가 배울 건 다 배웠으니 우리 이제 미국으로 가요."

부부는 미국으로 건너가 새로운 생활을 시작하기로 결심했다. 마리아는 곧바로 일자리를 찾아다니기 시작했다. 물리학을 연구하는 교수가 될 생각이었다. 그러나 대부분의 대학들은 그녀를 보자마자 고개를 흔들었다.

"마이어 부인, 당신의 성적은 무척 뛰어나지만 우리는 여자인 데다 외국인이기까지 한 당신을 교수로 채용하고 싶지는 않습니다. 이해해 주시기 바랍니다."

번번이 퇴짜를 맞았는데, 다행히 존스 홉킨스대학교에서 연락이 왔다.

"우리는 당신의 열정과 가능성을 믿어 보기로 했습니다. 독일에서 배운 훌륭한 지식을 우리 학교의 학생들에게 가르쳐 주십시오."

학교 측은 그녀에게 연구실을 제공해 주었다. 교수로 활동하던 중에도 연구를 그만두지 않았던 그녀는 원자핵(원자의 중심부를 이루는 입자)에 관한 새로운 이론들을 만들 수 있었고, 노벨 물리학상을 받았다.

마리아 괴페르트 마이어
마리아 괴페르트 마이어는 원자핵을 연구한 공로를 인정받아 1963년 노벨 물리학상을 수상했다.

천상의 목소리와 열정을 가진 소프라노

● 마리아 칼라스 (1923~1977)

그리스 국립 음악학교에서 한 소녀가 성악 연습을 하고 있었다. 저마다 연습을 하고 있던 학생들과 선생님의 시선이 소녀에게 집중되었다.

"세상에 어떻게 저런 소리를 낼 수가 있죠?"

"가냘픈 소리, 거친 소리, 부드러운 소리, 날카로운 소리, 한 사람이 저렇게 다양한 목소리를 가지고 있다는 게 믿어지지 않아요."

"저 아이의 목소리에 담긴 감정을 보세요. 오, 정말 대단하군요!"

모두의 시선을 사로잡은 목소리의 주인공은 15살의 소녀 마리아 칼라스였다. 그녀의 실력은 어렸을 때부터 널리 알려졌고, 20살 때 최고의 오페라에서 주역을 맡으며 승승장구했다. 하지만 그녀는 최고가 되어서도 연습을 게을리하지 않았다.

그녀는 실력 못지않게 뜨거운 열정을 가지고 있었다. 최고의 자리에 올라서도 마리아는 까다롭고 어려운 역할을 맡아 스스로를 채찍질했다.

"마리아, 넌 이미 최고야. 이제 네 몸도 돌봐야지."

그녀의 건강이 염려된 스승이 몸을 돌보라고 충고하자 마리아는 말했다.

"나는 내 안에 있는 열정을 이렇게 분출할 때가 좋아요. 내가 살아 있다는 걸 느끼거든요."

그녀는 하늘이 내려 준 목소리에 자신의 열정을 더해 오페라의 여왕이 되었고 '세기의 소프라노'라는 찬사를 받았다.

마리아 칼라스
마리아 칼라스는 하루에 12시간씩 연습할 정도로 노력파였다. 그녀는 영국 코벤트 가든, 프랑스 파리 오페라 극장, 미국 메트로폴리탄 등 세계 최고 무대에 올랐다.

포기하지 않는 인류학자

⊙ 메리 리키 (1913~1996)

끈기
15

"**더** 이상 안 되겠습니다. 죄송합니다."

짐을 챙겨 온 인부가 메리 리키 앞에서 고개를 숙였다. 메리는 쓴웃음을 지으며 그에게 물었다.

"정말 한 번 더 생각해 줄 수는 없나요?"

"이 일을 시작한 지 벌써 10년이나 지났지만, 아무런 성과도 없잖습니까. 차라리 고향으로 돌아가 농사나 짓고 사는 게 나을 것 같습니다."

메리는 한숨을 내쉬며 유적 발굴 현장을 바라보았다. 발굴에 참여했던 사람들의 절반이 떠난 상황이었다.

"메리, 이렇게 가다간 우리도 그만둬야 할 거야."

남편 루이스 역시 상황을 긍정적으로 보지 않았다. 부부는 10년 전, 최초의 인류 화석을 발굴하기 위해 케냐에 왔다. 남편 역시 열정적이었지만, 메리가 가장 큰 열의를 보였다. 그러나 케냐 정부는 그들을 환영해 주지 않았다. 10년 동안 부부는 그 어떤 지원도 받지 못한 채 무관심 속에서 발굴 작업을 했다. 갈수록 상황이 나빠져서 발굴 작업에 참여했던 인부들도 하나씩 그만두었다.

"이대로 고향에 돌아갈 수는 없어요. 그러면 지난 10년이 너무 아깝잖아요."

그렇게 다시 10년이 흐른 후, 마침내 희망이 보였다. 초기의 인류 화석으로 추정되는 머리뼈가 발견되었던 것이다. 정밀한 검사 끝에 머리뼈는 180만 년 전의 인류 화석이라고 밝혀졌다. 그녀는 그 후에도 계속 인류의 흔적을 찾는 연구에 몰두했다.

오스트랄로피테쿠스의 머리뼈
오스트랄로피테쿠스는 최초의 인류이다. 메리 리키는 1959년에 탄자니아의 올두바이 협곡에서 오스트랄로피테쿠스의 머리뼈를 발견했다.

미국 여자 축구계의 살아 있는 전설

○ 미아 햄 (1972~현재)

어머니가 발레를 시키려고 했지만 미아 햄은 축구가 하고 싶었다. 유난히 친했던 오빠 개럿이 그녀를 지지해 주었다. 햄은 골을 넣는 재주가 특별했기 때문에 남자아이들로만 이루어진 팀에서도 환영을 받았으며, 15살 때 최연소 국가대표가 되었다.

2003년, 미국 워싱턴에서 벌어진 여자 월드컵 결승전에서 그녀는 코너킥(축구에서 수비 측에 의해 코너 아웃된 공을 공격 측이 코너에 놓고 경기장 안으로 차는 일)을 준비했다. 왼쪽 코너에 공을 갖다 두고 미아 햄이 등장하자 4만 명이 넘는 관중들이 자리에서 일어났다. 모두 기립 박수를 치고, 휘파람을 불며, 붉게 달아오른 얼굴로 목청이 터져라 그녀의 이름을 불렀다.

"미아! 당신은 성공할 거야!"

끝도 없이 울려 퍼지는 관중들의 외침에 경기가 차질을 빚을 정도였다. 마침내 어느 정도 분위기가 가라앉고 나서야 다시 경기가 진행되었다. 이러한 분위기에 감탄한 외국인 기자가 해설가에게 물었다.

"미아 햄 선수에 대한 열기가 이렇게까지 대단한 이유가 뭔가요?"

"그걸 말이라고 묻소? 그녀는 미국 여자 대표팀의 영웅이기 때문이오."

"뛰어난 실력의 선수란 말인가요?"

"물론 실력도 뛰어나긴 하죠. 그러나 우리가 그녀를 사랑하는 건 열악한 환경에 빠진 여자 축구계를 꿋꿋이 이끌어 왔기 때문이죠."

그녀의 마지막 은퇴 경기가 열릴 때도 많은 사람들이 그녀의 등번호인 9번 유니폼을 입고 경기장으로 몰려갔다. 팬들의 뜨거운 관심을 받으며 은퇴한 뒤 그녀는 여자 축구계의 살아 있는 전설이 되었다.

축구공
축구는 11명이 한 팀을 이루어 상대 편 골문으로 축구공을 넣는 경기이다. 축구 경기는 전후반 90분 동안 진행된다.

병마와 싸우며 대하소설을 완성하다

⭕ 박경리 (1926~2008)

끈기
17

박경리는 1957년부터 문학 활동을 시작해 사회 문제를 비판하는 작품들을 잇달아 발표하면서 주목을 받았다. 1969년에 월간 〈현대문학〉의 9월호부터 한국 문학사에 큰 산맥으로 남게 되는 대하소설(사람들의 생애나 가족의 역사 등을 사회적 배경 속에서 시대의 흐름에 따라 포괄적으로 다루는 소설 유형. 사건의 규모가 큰 것이 특징이다.)을 연재했다.

'1897년의 한가위, 까치들이 울타리 안 감나무에 와서 아침 인사도 하기 전에⋯.'

박경리의 소설은 이 문장으로 시작된다. 이 소설은 경남 하동군 평사리에서 출발해 한반도와 만주 간도까지 펼쳐진 광활한 무대를 오가면서 해방을 맞을 때까지의 격변기를 헤쳐 나간 한민족의 생명력을 표현해 큰 인기를 불러 일으켰다.

무려 25년 동안 원고지 4만여 장에 걸쳐 집필한 이 소설은 한국 근·현대사의 전 과정에 걸쳐 여러 계층의 인간의 운명과 역사를 깊이 있게 다룬 작품이다. 이 작품은 영어·일본어·프랑스어로 번역되어 호평을 받았다.

그런데 집필 중 발병한 암 때문에 수술을 받게 되자 박경리는 '목숨이 있는 이상 나는 또 글을 쓰지 않을 수 없다.'고 말하며 〈토지〉를 완성했다.

박경리의 소설은 수많은 삶과 운명을 장대한 규모로 형상화하고 있다. 폐암으로 세상을 떠난 후 2008년에 금관 문화 훈장을 받았다.

병마와 싸우며 25년 동안 집필하며 하나의 작품을 만들어 낸 박경리는 한국의 대표 작가로 남게 되었다.

〈토지〉
박경리가 25년 동안 집필한 대하소설 〈토지〉는
나남출판사에서 21권으로 출간되었다.

최고의 선수를 만들어 낸 연습

○ 박세리 (1977~현재)

LPGA
LPGA는 매년 2월부터 11월까지 개최되는 최상급 여성 골프 선수를 위한 대회이다. 박세리는 LPGA에서 20회 이상 우승했으며, 2007년 6월에 LPGA 명예의 전당에 이름을 올렸다.

초등학교 6학년 박세리는 골프채를 손에 쥐는 것이 어색하게 느껴졌다. 이리 잡고 저리 잡아 보아도 아직 손에 익숙하지 않았다. 아버지의 권유로 골프를 시작하긴 했지만 긴 채로 작은 공을 쳐서 멀리 날려 보내는 이 운동이 과연 자신에게 맞을지 의심스러웠다.

"세리야, 처음부터 잘하는 사람은 없어. 열심히 하는 사람이 제일 잘하는 사람이 되는 거야."

'그래, 처음부터 이 작은 공을 휙휙 날려 보내는 사람이 어디 있겠어.'

그녀는 허리에 단단히 힘을 주고 부드럽지만 정확하게 채를 휘둘렀다.

그녀는 연습하는 내내 훈련하는 선수들의 일상을 살펴보았다. 아침에 나와 몸을 풀고, 연습을 하고, 쉬는 시간에 수다도 떨고. 해가 지기도 전에 들어가는 선수들도 있었다.

'저렇게 연습하다가는 우승을 못해. 남들보다 2배, 3배 연습해야겠다!'

어린 나이라서 작은 체구였지만 그녀는 훈련장에서 새벽 2시까지 혼자 남아 연습했다. 처음에는 몸에 무리가 와서 힘이 들었지만 곧 적응을 하고 나니 실력이 금세 느는 것 같았다.

'최고가 될 거야. 아무도 못 따라올 정도로!'

최고가 될 때까지, 그녀에게 휴일은 없었다. 마침내 그녀가 빛을 발한 것은 한국에 경제 위기가 닥쳤을 때 손에 쥔 우승 트로피였다. 호수에 골프 공이 빠졌지만, 그녀는 포기하지 않고 공을 쳐 내어 미국 여자 프로골프 (LPGA)에서 우승했다. 이 모습은 어두웠던 국민들의 마음에 따뜻한 감동으로 다가갔다.

32살의 나이에 출판사 사장이 되다

○ 박은주 (1957~현재)

끈기
19

1989년 출판사 김영사의 신년 축하 자리에서 사장이 갑작스런 발표를 했다.

"앞으로 박 부장이 우리 김영사 사장을 맡을 테니 나를 대하듯 대해 주길 바랍니다."

사장의 말에 박은주는 화들짝 놀랐다. 자신을 사장으로 앉히겠다는 말은 처음 듣기 때문이었다.

"사장님, 말도 안 돼요. 여기 선배님들도 많이 계신데 왜 저를……."

"나는 야무지게 일을 잘하는 사람에게 넘기는 것뿐이야. 잘해 봐."

박은주가 사장이 되자마자 출간한 책은 우리나라 단행본으로는 처음으로 6개월 만에 100만 부가 팔리면서 밀리언셀러가 되었고, 최단 기간 및 최다 판매라는 신기록도 남겼다.

박은주는 그 후에도 연이어 히트작을 내놓으며 출판계의 히트 제조기로 통하게 되었다. 신문 기자가 그녀에게 물었다.

"CEO에게 중요한 것이 무엇입니까?"

"실행입니다. 경영 현장에서 실행하기는 쉽지 않잖아요. 경영 이념을 '정직', '공경', '나눔'으로 세우고 이것들을 실천하려고 했어요. 사장으로서 저자에게 인세(저작물을 발행해 판매하는 사람이나 단체가 저작자에게 저작물이 팔리는 수량에 따라 일정한 비율로 치르는 돈)를 속이지 않고, 독자에 대해서는 사재기(이익을 얻기 위해 물건을 몰아서 사들이는 것)를 하지 않아 베스트셀러 순위를 조작하지 않는 등 정직과 신뢰를 실행하려고 합니다."

박은주는 출판계의 발전을 위해 유학을 다녀오며 지금도 노력하고 있다.

김영사의 자선 콘서트
1983년에 창업한 김영사는 문학, 인문, 교양, 과학, 경제·경영, 실용, 종교 등의 분야에서 지금까지 총 1,600여 종의 책을 발간했다. 김영사는 사회 공헌을 위한 활동도 활발히 펼치고 있다.

국내 최장수 기상 캐스터

● 박은지 (1983~현재)

박은지는 대학생 시절에 세계 여자 대학생들의 아름다움을 겨루는 미스 유니버시티 대회에 출전해 본선 무대까지 올랐다. 그런 그녀는 방송국에서 기상 캐스터로 활동하고 싶어 했다. 기상 캐스터를 모집한다는 소식을 듣고 시험에 응시했다.

박은지
박은지가 기상 캐스터로 활동하는 모습이다. 기상 캐스터는 시청자들에게 일기 예보를 해 주는 사람이다.

결국 자신의 꿈을 이루게 되었다. 혜성처럼 나타난 박은지는 기존의 기상 캐스터와는 다른 모습으로 텔레비전 앞에 섰다. 대학교에서 의상 디자인을 공부한 경험을 살려 옷을 잘 차려입었고, 미인 대회 출신다운 출중한 미모를 뽐냈다. 또한 신세대다운 당찬 매력으로 시청자들을 사로잡았다.

"겉멋에 치중한 건 아니지만, 좀 화려해 보이고 싶었어요."

그러나 기상 캐스터가 되기 전까지 그녀에게는 시련이 따랐다. 처음 맡은 프로그램에서 연이은 실수를 하고 말았다.

"박은지 씨, 이게 몇 번째야? 방송이 장난인 줄 알아요!"

"죄송합니다. 죄송합니다."

결국 3개월 만에 프로그램에서 쫓겨나는 수모를 겪어야 했다. 이후, 박은지는 스스로에 대해 공부하는 시간을 가졌다. 눈빛, 눈동자의 움직임, 손 모양 등 눈이 충혈될 때까지 자신의 모습을 점검하며, 입사한 지 1년 만에 기상 캐스터를 맡게 되었다.

박은지는 기상 캐스터로 가장 오래 활동하는 기록을 세웠다. 기상 캐스터라는 전문 분야를 파고든 지 7년 만에 스타 기상 캐스터가 되어, 방송인을 꿈꾸는 많은 여성들의 멘토가 되었다.

한국 여자 농구를 발전시킨 농구 선수

○ 박찬숙 (1959~현재)

끈기
21

하얀 피부에 시원한 눈매를 가지고 유난히 키가 큰 소녀가 있었다. 농구 선수였던 그녀는 초등학교 때 이미 180센티미터를 넘었고, 중학교 시절에는 190센티미터의 장신으로 자랐다.

그 소녀는 바로 박찬숙이었는데, 그녀가 가는 곳에는 언제나 취재 기자들이 몰렸다.

"키 큰 농구 선수가 나타났다!"

박찬숙이 유명한 것은 단순히 키가 큰 것만은 아니었다. 큰 키에도 100미터를 15초에 뛸 만큼 발 빠른 순발력을 가지고 있었기 때문이었다. 이러한 순발력은 꾸준한 연습으로 길러질 수 있었다.

하지만 그녀는 기자들이 자신을 향해 플래시를 터트리면 부끄러워서 달아났다. 1970~1980년대에 박찬숙 선수가 활동하던 대한민국 국가대표 여자 농구팀은 국제 대회에서 좋은 성적을 거두었다.

'장신에 유연성까지 함께 갖춘 박찬숙이 외국 선수들을 압도한다!'

언론에서는 '박찬숙은 타고난 농구 선수'라는 찬사가 이어졌다. 그녀는 이러한 찬사가 거짓이 아님을 경기에서 보여 주었다.

세계 선수권 대회 준우승, 1984년 LA 올림픽 은메달, 아시아 농구 선수권 대회 4연패라는 기록을 세운 것이다.

"박찬숙! 그녀만 한 여자 농구 선수는 전에도 없었고, 앞으로도 나오기 어려울 것입니다."

한국 여자 농구를 대표하는 인물로 꼽히는 그녀는 많은 후배들이 닮고 싶어 하고 존경하는 선수로 기억되고 있다.

농구공
농구는 5명씩 두 편으로 나뉘어, 상대편의 바스켓에 공을 던져 넣어 점수를 얻는 경기이다.

집중력이 이룬 값진 성공

● 배금자 (1961~현재)

배금자는 한국에서 변호사로 한참 이름이 알려져 편안한 생활을 할 수 있었지만 정신력 하나만 믿고 미국으로 날아가 가난한 생활을 해야 했다. 생각한 대로 일이 잘되지 않자 그녀는 고민했다.

'내가 왜 사서 고생을 하나.'

커피 한 잔을 마실 돈이 없어서 의자에 앉아 하늘을 멀뚱히 바라보던 그녀는 문득 지갑에 든 가족의 사진을 바라보았다. 워싱턴에서 일하면서 아이들을 돌보는 남편을 생각하니 이렇게 멍하니 쉬고 있을 수는 없었다. 읽어야 할 책의 페이지가 반이 넘게 남아 있었다. 아침 8시부터 밥 먹는 시간 외에 쉬지 않고 읽은 책이었다.

하버드대학교 법대 도서관
배금자는 우리나라에서 변호사로 활동하다가 미국 하버드대학교 법대에서 석사 학위를 받았다.

"밥 잘 챙겨 먹고 있지? 엄마는 곧 갈 거야. 가면 맛있는 거 해 줄게. 알았지?"

그녀는 가족을 생각하면서 하루에 15시간씩 공부했다. 이제 코앞으로 다가온 시험을 치르면 유학 생활에도 종지부를 찍을 수 있을 것이었다.

그녀는 두 달 반 만에 변호사 시험에 합격했다. 미국에서 변호사로 활동하게 된 이후에도 그녀는 열심히 일했다. 그녀는 현대를 살아가는 여성들에게 변호사로서 든든한 후원자가 되었고, 성공을 꿈꾸는 많은 여성에게 자극이 되고 있다.

세계로 나아가고 있는 여배우

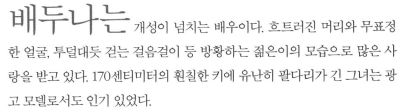

◉ 배두나 (1979~현재)

끈기
23

배두나는 개성이 넘치는 배우이다. 흐트러진 머리와 무표정한 얼굴, 투덜대듯 걷는 걸음걸이 등 방황하는 젊은이의 모습으로 많은 사랑을 받고 있다. 170센티미터의 훤칠한 키에 유난히 팔다리가 긴 그녀는 광고 모델로서도 인기 있었다.

그런 그녀가 학교생활에 적응하지 못하고 방황하는 여고생 역으로 드라마에 출연하자 우려하는 목소리가 터져 나왔다.

"주연 배우인데 너무 평범하지 않아?"

"드라마 출연을 안 했으면 좋겠어요. 언니의 신비감이 떨어진단 말이에요!"

하지만 주변의 우려에도 불구하고 배두나의 선택은 성공적이었다. 드라마가 인기를 얻으면서 단숨에 십대들의 스타로 떠오르게 된 것이다.

그녀는 인기에 안주하지 않았다. 남들이 꺼리는 역할을 맡으며 연예인이 아닌 배우로서의 길을 걷기 시작한 것이다.

그 같은 변신을 하게 된 이유를 묻자 그녀는 이렇게 대답했다.

"저는 일을 선택할 때 먼저 그 일을 정말 즐겁게 할 수 있는지를 생각해요. 보는 사람들을 빨아들이는 연기를 하고 싶은데 마음이 움직이지 않는 배우는 정말 되고 싶지 않거든요."

그녀의 이러한 태도는 점점 빛을 발하기 시작했다. 일본에서 출연한 영화 〈공기인형〉으로 외국 배우 최초로 일본 영화제 여우주연상을 수상했다.

이제 아시아를 넘어 할리우드까지 진출하게 된 배두나는 할리우드 감독에게 '현재 활동하는 가장 훌륭한 여배우 중 한 명'이라는 극찬을 받았다.

〈공기인형〉
배두나가 주연 배우로 출연한 이 영화는 사람의 마음을 가지게 된 인형의 이야기를 그린 작품이다.

부상투혼을 발휘한 골프 선수

● 베이브 디드릭슨 자하리아스 (1914~1956)

끈기
24

베이브 디드릭슨 자하리아스는 새 옷을 찢고 달아났다. 화가 난 어머니가 그녀를 뒤쫓기 시작했다. 어머니가 다친 다리를 절뚝거리는 것을 본 베이브는 속도를 늦추어 잡혀 주었다. 그러자 어머니가 말했다.

"내가 이 애를 어디서 주워 왔지?"

이처럼 베이브의 어머니는 아무리 화가 나더라도 꾹 참고 재치 있게 행동했다. 그런 어머니의 모습을 보며 자라난 그녀는 어려움들을 이겨 내며 세계적인 골프 선수로 성장했다.

LPGA 경기가 열리기 몇 달 전, 베이브는 연습에 몰두해 있었다.

"맙소사, 손이 왜 이래?"

장갑을 벗은 베이브의 손을 본 코치가 깜짝 놀랐다. 손바닥에 물집이 잡혀 있었기 때문이었다. 당장 병원에 가자는 코치에게 베이브가 고개를 저었다.

"물집이 조금 잡혔어도 연습하는 데는 문제없어요."

다시 장갑을 낀 베이브는 연습을 하기 시작했다. 그러나 얼마 뒤, 베이브가 갑자기 비명을 질렀다. 손바닥이 쩍쩍 갈라져서 피가 나오고 있었다.

그녀의 손을 치료한 의사가 고개를 저으며 말했다.

"피부 조직이 많이 상했습니다. 완치될 때까지 골프를 하지 마십시오."

다음 날, 코치는 그녀가 연습을 하는 것을 보고 깜짝 놀라서 말렸다.

"난 무슨 일이 있어도 이 경기에 참가하고 싶어요. 겨우 이까짓 부상으로 참가하지 못하게 된다면 평생 후회할 게 분명해요."

베이브는 통증을 딛고 투혼을 발휘해 우승했다.

베이브 디드릭슨 자하리아스
베이브 디드릭슨 자하리아스는 골프뿐만 아니라 야구, 육상, 수영 등에서 세계 신기록을 세울 정도로 다재다능한 운동선수였다.

가난을 이기고 세계적인 선수가 되다

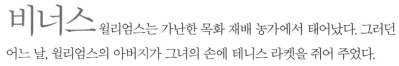

○ 비너스 윌리엄스 (1980~현재)

끈기
25

비너스 윌리엄스는 가난한 목화 재배 농가에서 태어났다. 그러던 어느 날, 윌리엄스의 아버지가 그녀의 손에 테니스 라켓을 쥐어 주었다.

"이게 뭐예요, 아빠?"

"텔레비전에서 어떤 선수가 테니스 대회에서 우승해 상금으로 3천 달러를 받았단다. 난 네가 테니스를 배웠으면 좋겠구나. 아빠는 평생 목화를 재배해도 가난에서 벗어날 수가 없으니 너는 테니스를 열심히 배우거라."

윌리엄스는 동생과 함께 테니스를 배우면서 성공을 꿈꾸었다.

"나는 다른 선수들처럼 제대로 된 교육을 받을 수가 없었기 때문에 흑인 특유의 힘으로 다른 선수들을 뛰어넘어야 했습니다. 그래서 동생과 나는 날마다 강도 높은 체력 훈련을 받았습니다."

그렇게 훈련을 거듭한 윌리엄스는 청소년 대회를 뛰어넘어 프로에 입문한 후 놀라운 경기력을 발휘했다.

2000년 윔블던 대회를 비롯해 메이저 대회(가장 중요한 대회)에서 일곱 차례나 우승을 차지한 그녀는 동생 서리나 윌리엄스와 세계 1, 2위를 다투는 선수가 되었다.

백인들이 주를 이루던 테니스 대회에 혜성처럼 나타나 '흑진주'라 불리는 비너스 윌리엄스는 가난을 이기고 꿈을 이루어 낸 것이다.

비너스 윌리엄스
비너스 윌리엄스는 세계 테니스 대회에서 56회 우승했다. 그녀는 남녀 통틀어 올림픽 테니스 금메달을 가장 많이 딴 선수로, 단식에서 한 번 그리고 여자 복식에서 두 번 금메달을 획득했다.

평생을 무대 위에서 살다 간 배우

● 사라 베르나르 (1844~1923)

연극 연습을 하고 있을 때 사람들 사이에서 갑자기 큰 소동이 일어났다.

"큰일 났어요. 사라가 쓰러졌어요!"

"빨리, 조용한 곳으로 옮겨요. 의사를 부르고요!"

잠시 후 깨어난 사라가 단원들에게 말했다.

"미안해요. 내가 또 감정이 격해져서……."

"아무리 연기에 몰입해야 한다지만 이게 몇 번째예요?"

연기에 대한 열정이 대단했던 사라 베르나르는 연기에 너무 몰입해 이렇게 기절하는 경우가 종종 있었다.

그녀는 국제적인 명성을 날리는 여배우였다. 매력적인 목소리와 독특한 분위기로 무대를 장악했던 그녀에게 러시아 여왕은 '사라 베르나르는 세계에서 가장 위대한 예술가이다.'라는 찬사를 보냈다.

노년이 되어서도 연기를 계속했던 그녀는 공연 도중 큰 부상을 입고 한쪽 다리를 절단했다. 하지만 그녀는 무대에 올랐다. 그녀의 열정에 반한 작가들이 '앉아서도 연기할 수 있는 작품'을 써 주었기 때문이었다.

'강렬한 감정들을 느낄 수 없거나, 세상의 모든 느낌들 속에서 살아갈 수 없는 사람은 결코 좋은 배우가 될 수 없을 것이다.'

이런 말을 남기며 연기 열정을 불태웠던 그녀는 오늘날 19세기의 가장 유명한 연극배우로 평가받고 있다.

사라 베르나르
프랑스의 연극배우 사라 베르나르는 19세기의 가장 유명한 연극배우로 평가받고 있다.

진정한 배우로 거듭나고 있는 여배우

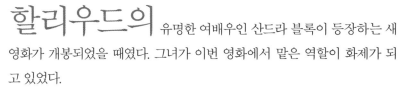

○ 산드라 블록 (1964~현재)

끈기
27

할리우드의 유명한 여배우인 산드라 블록이 등장하는 새 영화가 개봉되었을 때였다. 그녀가 이번 영화에서 맡은 역할이 화제가 되고 있었다.

"미국의 연인이었던 당신이 이번 영화에서 중년 부인 역할을 맡았다고 해서 모두 놀라고 있습니다. 어떠신가요?"

"글쎄요. 전에는 이웃집 아가씨 같은 친근함을 느끼게 했다면 이번에는 이웃집 아줌마 같은 친근함을 느끼게 하면 되겠죠?"

미국에서 '가장 좋아하는 여배우상'을 5년에 걸쳐 수상했을 만큼 대중의 사랑을 받고 있었던 그녀였지만 세월이 흐르면서 더 이상 주인공으로 어울리지 않자 사람들은 그녀의 전성기가 끝났다고 생각하고 있었다.

그런 그녀가 새로운 연기 변신에 도전한 것이었다. 그리고 사람들의 마음을 움직이는 생애 최고의 연기를 선보였고 결과는 대성공이었다. 생애 첫 아카데미 여우주연상을 수상한 데 이어, 주요 영화제에서 여우주연상 3관왕을 석권했다.

"이 영화는 내 연기 인생의 큰 전환점이 되었습니다. 젊고 화려한 주인공은 아니지만 진정한 배우로서의 나를 바라보게 되는 시발점이라 할 수 있으니까요."

이 영화 〈블라인드 사이드〉로 산드라 블록은 '올해의 여성'에 뽑히기도 하며 생에 최고의 해를 맞았다. 화려한 청춘 여배우 이미지를 버리고 중년 여성의 모습을 연기했지만 진정한 배우로 거듭난 것이다.

〈블라인드 사이드〉
산드라 블록이 출연한 영화 〈블라인드 사이드〉는 부모를 잃은 소년 마이클이 리 앤 가족의 도움으로 미식축구 선수로 성장하는 감동적인 이야기이다.

장애와 고된 훈련을 이겨 내다

○ 샹탈 프티클레르 (1969~현재)

샹탈 프티클레르가 13살 때였다. 헛간에서 일하는 가족들을 보러 온 그녀는 자신이 도울 일이 없을까 생각했다.

"저도 돕고 싶어요!"

"하하, 우리 공주님은 그냥 지켜봐 주셔도 돕는 거랍니다."

그 말을 듣고 시무룩해진 샹탈의 모습에 아버지가 말했다.

"그럼, 가서 물을 좀 가져다주겠니?"

"네!"

자신도 할 일이 생겼다는 생각에 기쁜 마음으로 헛간을 나설 때였다. 헛간 문이 흔들리더니 나가려는 샹탈을 덮쳤다. 육중한 문은 샹탈의 다리 위로 떨어졌고 그녀는 그 사고로 두 다리를 잃고 말았다. 가족들은 너무나 어린 나이에 장애를 안고 살아가야 하는 그녀를 보며 안타까워했다.

하지만 샹탈은 오히려 자신을 걱정하는 가족들을 위로했다.

"전 괜찮아요. 비록 장애를 안게 되었지만 분명히 신의 뜻이 있을 거예요."

자신 앞에 닥친 시련을 극복하기 위해 스스로 일어서기로 한 샹탈은 훈련을 시작했다. 그리고 몇 년 후, 장애인 올림픽에 출전해 금메달을 따냈다.

그녀는 장애는 장애일 뿐 자신의 꿈을 이루는 것에는 장애가 될 수 없다는 것을 보여 주었다. 장애와 고된 훈련을 이겨 내고 세 번이나 올림픽 금메달을 땄고, 그녀의 이러한 도전은 많은 사람들에게 감동을 주었다.

패럴림픽

패럴림픽은 올림픽이 열리는 해에 개최되는 장애인 올림픽이다. 패럴림픽은 원래는 '하반신 마비'를 뜻하는 '패러플리지아(paraplegia)'와 '올림픽(Olympic)'의 합성어였다. 그러나 이후 하반신 마비 이외에도 다른 장애가 있는 선수들도 경기에 참여하게 되자 지금은 '옆의' 또는 '나란히'를 뜻하는 그리스 어에서 유래된 '패러(para-)'와 올림픽이 결합해 '올림픽과 나란히 열린다.' 혹은 '올림픽과 대등하다.'는 의미를 담고 있는 이름이 되었다.

최초의 이민자 대법관이 되다

○ 소니아 소토마요르 (1954~현재)

끈기
29

소니아 소토마요르는 가난한 이민자 가정에서 태어났다. 푸에르토리코에서 미국으로 이민했기 때문에 소니아는 문화적으로나 언어적으로 많은 어려움을 겪고 있었다. 더군다나 건강에도 문제가 생겨 버렸다.

"당뇨병입니다."

"네? 우리 아이는 이제 겨우 8살밖에 안 되었는데 당뇨라니요!"

당뇨병은 평생 동안 약물 치료를 받아야 하고 합병증이 생기면 무서운 결과를 가져오는 병이었다. 소니아가 어머니에게 물었다.

"엄마, 그럼 저는 판사가 될 수 없나요? 나는 사람들에게 도움을 주는 사람이 되고 싶은데요."

어머니가 실망하는 소니아의 손을 잡으며 말했다.

"소니아, 네가 원하는 건 뭐든지 할 수 있단다. 네가 포기하지만 않으면 돼. 그럼 엄마가 끝까지 도와줄게."

어머니는 소니아를 위해 어떤 헌신도 마다하지 않았다. 가난한 이민자로서는 구입하기 어려운 브리태니커 백과사전을 구해 주며 소니아가 마음껏 공부할 수 있게 도와주었으며, 항상 할 수 있다는 자신감을 심어 주었다.

소니아는 열심히 공부했다. 자신을 응원해 주는 어머니를 위해 노력하고 또 노력했다.

세월이 흘러 소니아 소토마요르는 미국의 대법관이 되었다. 미국 역사상 최초로 이민자 가정에서 탄생한 대법관이었다. 그녀는 당뇨라는 질병과 이민자로서의 불리함을 이겨 내고 꿈을 이루었던 것이다.

소니아 소토마요르
소니아 소토마요르는 미국에서 여성으로는 사상 세 번째, 이민자 출신으로는 사상 처음으로 대법관이 되었다.

세계를 향해 꿈을 키우는 리듬 체조 선수

○ 손연재 (1994~현재)

프랑스 몽펠리에 아레나에서 2011년 리듬 체조 세계 선수권 대회가 열리고 있었다. 한국의 손연재 선수가 리본 연기를 하기 시작했다.

"손연재 선수, 본인의 가장 취약 종목이라고 할 수 있는 리본 연기를 펼치겠는데요. 낮은 점수를 받는다면 이후 경기에 지장을 줄 수도 있습니다."

"지난 아시안 게임에서 동메달을 차지했던 손연재 선수가 과연 올림픽 출전권을 얻을 수 있을지 기대해 보겠습니다."

해설자의 우려와는 달리 자신감 있고 당찬 연기로 손연재는 기술, 안정성, 표현력 등 모든 부분에서 다른 선수들을 압도하며 한국 리듬 체조 역사상 사상 최고 순위로 런던 올림픽에 출전하게 되었다.

부드럽고 우아하게, 때로는 강렬하게, 손연재는 팔색조 같은 매력으로 리듬 체조의 본고장인 유럽의 선수들 사이에서 전혀 기죽지 않았다. 가냘픈 몸매와 앳된 외모와는 어울리지 않게 강한 승부 근성의 소유자인 손연재는 국제 대회를 마치고 귀국한 다음 날부터 구슬땀을 흘리는 '연습 벌레'였다.

"올림픽 출전은 선수로서 꿈을 만들어 가는 과정인 것 같아요. 저는 진화하는 단계라고 생각해요. 내년에 제가 할 수 있는 최고의 노력을 쏟아 부을 거예요. 아직 저에게는 더 노력하고, 더 잘할 수 있는 기회가 많이 있으니까요."

손연재는 리듬 체조의 불모지인 우리나라에서 태어났지만 세계적인 선수로 우뚝 서기 위해 훈련하고 있다.

리듬 체조
리듬 체조는 리본, 공, 훌라후프, 곤봉, 로프, 링 등의 소도구를 들고 반주 음악의 리듬에 맞추어 연기하는 여자 체조 경기이다.

척추측만증을 극복한 골프 선수

◯ 스테이시 루이스 (1985~현재)

끈기
31

2011년 LPGA 첫 메이저 대회가 열리고 있었다. 스테이시 루이스는 올해 최고의 기량을 펼치던 타이완 선수에게 2타 뒤진 채로 골프장에 들어섰다. 경기를 보러 온 기자들과 관객들은 타이완 선수의 우승을 예상하고 있었다.

하지만 침착하게 경기를 운영한 스테이시 루이스는 그 선수를 상대로 역전 우승을 거머쥐었다. 뜻밖의 우승에 사람들은 그녀에게 몰려들어 우승 소감을 물었다. 사람들 사이에서 기자가 질문을 했다.

"스테이시 선수, 당신의 몸속에 척추를 고정시키는 막대와 나사가 있다는 게 사실입니까?"

기자의 질문에 스테이시가 대답했다.

"네, 척추측만증(허리뼈가 휘는 병) 때문에 척추에 쇠막대와 5개의 나사를 삽입하는 수술을 받았으니까요."

그녀의 대답에 사람들은 입을 다물지 못했다.

"통증이 심했을 텐데 힘들지 않았습니까?"

"물론 통증은 이루 말할 수 없었죠. 하지만 그 시간이 내게 인내와 투지를 가르쳐 주었습니다. 그리고 오늘 '성취'의 큰 가치를 입증할 수 있게 해 준 소중한 밑거름이었습니다."

골프 선수를 꿈꾸기 전인 11살 때부터 그녀는 병마와 싸워 왔다. 그래서 사람들은 그녀가 골프 선수가 될 수 없을 거라고 믿었다. 하지만 그녀는 세계 최고의 골프 선수가 되고 싶다는 자신의 꿈을 위해 포기하지 않았고, 결국 꿈을 이루어 냈다.

스테이시 루이스
스테이시 루이스는 나비스코 챔피언십(총상금 200만 달러)에서 타이완의 청야니를 3타차로 꺾고 우승하는 이변을 일으켰다.

자신감과 총명함으로 사랑을 지킨 여배우

○ 시몬 시뇨레 (1921~1985)

시몬 시뇨레
시몬 시뇨레는 〈빛과 그림자〉, 〈황금 투구〉, 〈애련의 장미〉, 〈꼭대기 방〉, 〈아름다운 5월〉 등 수많은 영화에 출연했다.

시몬 시뇨레는 우아하고 지적인 미모를 과시하던 프랑스 여배우였다.

'열정이 온몸을 감싸지만 차가운 자존심으로 무장한 시뇨레는 찬란한 존재이다.'

이렇듯 그녀는 프랑스 여배우의 자존심으로 불렸다. 더군다나 프랑스 최고의 지성인이자 인기 배우였던 이브 몽땅이 그녀의 남편이기 때문에 부러움의 대상이기도 했다. 그런데 남부러울 것 없던 그녀에게 큰 시련이 찾아왔다.

이브 몽땅이 영화에서 만난 상대 배우 마릴린 먼로와 사랑에 빠졌던 것이다. 프랑스 최고의 영화배우 이브 몽땅과 할리우드 최고의 스타 마릴린 먼로와의 스캔들은 엄청난 파장을 불러오며 시뇨레를 괴롭혔다. 어디를 가나 취재진들에게 둘러싸였다. 그런 기자들 앞에서 시뇨레는 말했다.

"마릴린 먼로가 품에 안겨 있는데 아무렇지도 않은 남자가 어디 있겠어요? 그리고 먼로가 나의 남편을 사랑한다면 그녀는 훌륭한 취향을 갖고 있다고 생각해요. 왜냐하면 나 또한 그와 사랑에 빠져 있으니까요."

그녀의 당당하면서 현명한 발언은 남편에게 쏟아진 비난의 화살을 멈추게 했다. 또한, 이브 몽땅이 마음을 돌려 자신에게 돌아오게 만들었다.

훗날 이브 몽땅이 '수많은 여배우들과 스캔들이 있었지만 결국 내가 위안을 얻은 것은 부인 시뇨레였다.'고 말할 만큼 그녀의 인내심과 사랑의 힘은 매우 컸다.

그녀는 자신감과 총명함으로 사랑을 지킨 최고의 배우이자 현명한 아내였다.

올림픽 메달리스트를 꿈꾸는 체조 선수

○ 신수지 (1991~현재)

끈기
33

초등학교 4학년 신수지는 우연히 텔레비전을 통해 리듬 체조를 알게 되었다.

"엄마, 아빠, 나 체조 배우고 싶어요."

리듬 체조에 매력을 느낀 신수지는 부모님에게 졸라 대기 시작했다. 딸이 원하는 것을 해 주고 싶었던 부모님의 배려로 그녀는 김지희 코치를 만나게 되었다.

유난히 얼굴이 작고 동양 선수이지만 긴 팔과 다리를 지녔고, 체조 선수의 생명력인 유연성이 너무나 뛰어난 것을 발견한 김 코치는 신수지의 재능을 키워 주기로 마음먹었다.

이후 참가하는 대회마다 우승을 휩쓸던 신수지는 좁은 국내 무대를 벗어나, 러시아에서 연습하게 되었다. 이때, 세계적인 선수들의 기량을 보며 벽을 실감하게 되었다.

'나는 우물 안 개구리였구나. 과연 내가 이 선수들처럼 될 수 있을까?'

이때부터 신수지는 온종일 체육관에서 연습을 마치고 돌아온 후에도 세계적인 선수들의 경기 장면을 보면서 그 선수들의 장점과 자신의 단점을 발견하기 위해 애쓰며 연습했다.

그리고 2007년 그리스에서 열린 세계 리듬 체조 선수권 대회에서 17위에 오르면서 상위 20위까지 주어지는 올림픽 출전권을 획득해 2008년 베이징 올림픽에 출전했다. 아시아 선수로서는 최초로 자력으로 올림픽에 진출한 선수가 되었으며, 한국 리듬 체조로서는 1992년 바르셀로나 올림픽 이후 16년 만에 올림픽에 참가하는 선수가 되었다.

런던 올림픽
영국 런던에서 개최되는 제30회 런던 올림픽은 2012년 7월 27일부터 8월 12일까지 열린다. 신수지는 런던 올림픽에 출전할 예정이다.

12살에 트리플 악셀을 성공시키다

● 아사다 마오 (1990~현재)

2002년에 일본에서 피겨 스케이팅 대회가 열리고 있었다. 앳된 얼굴의 한 선수가 무대 위에 섰다. 소녀가 음악과 함께 연기를 시작하자 사람들은 환호하기 시작했고, 잠시 후 무대는 열광의 도가니가 되었다.

"우아, 트리플 악셀을 성공시켰습니다!"

"세상에, 청소년 대회에서 이 점프를 성공한 것은 이 선수가 처음입니다!"

해설자들마저 흥분하게 만든 이 소녀는 '피겨 천재 소녀' 아사다 마오였다. 트리플 악셀은 피겨 점프 중 최고 난이도 점프로 성인들도 성공하기 어려운 점프였다. 이러한 점프를 12살의 마오가 해내자 일본 열도는 흥분에 휩싸였다.

'피겨 역사상 처음으로 어린 선수가 트리플 악셀을 성공하다!'

일본은 온통 마오의 얘기로 들썩였고 그때부터 일본인들에게 그녀는 살아 있는 요정이 되었다. 그 후 그녀는 2005~2006 시즌 그랑프리 파이널에서도 우승을 차지하며 승승장구했다. 그러나, 나이 제한에 걸려 2006년 토리노 동계 올림픽에 나가지 못하자 일본은 크게 아쉬워했다.

'출전했다면 금메달을 땄을 텐데.'

그 후 4년 뒤에 그녀는 2010년 밴쿠버 올림픽에 출전했다. 그러나 한국의 김연아 선수에 밀려 은메달을 차지하게 되었다. 아사다 마오는 연습에 매진하며 또다시 최고의 선수가 되기 위해 노력하고 있다.

아사다 마오
아사다 마오는 2010년 밴쿠버 동계 올림픽 은메달리스트이며, 2008년과 2010년 세계 선수권, 2008년과 2010년 4대륙 선수권, 2005년과 2008년 그랑프리 파이널 우승자이다.

우주 비행사의 꿈을 이루다

◎ 아일린 콜린스 (1956~현재)

파란 하늘을 올려다보며 비행기가 날아가는 모습을 바라보던 어린 소녀가 있었다.

"아일린, 여기서 뭐 하니?"

어머니가 질문하자 아일린이 대답했다.

"엄마, 나도 하늘을 날고 싶어요."

"우리 아일린이 비행기 조종사가 되고 싶구나."

"아니, 우주 비행사가 되고 싶어요. 하지만 우리 집은 돈도 없고 가난한데 조종사가 될 수 있을까요?"

"그럼, 꿈을 버리지 않으면 반드시 이룰 수 있단다."

이후 그녀의 부모님은 아일린을 근처 공항에 데려가 비행기가 뜨고 내리는 모습을 보여 주며 꿈을 키우도록 했다.

1989년에 아일린은 공군 비행학교에 들어갔고, 1999년에는 최초의 여성 우주 왕복선 선장이 되었다.

기자들이 위험을 감수하며 우주 비행사가 된 이유를 묻자, 그녀는 이렇게 대답했다.

"모든 사람이 살기에 더 좋은 지구로 만들기 위해 사람들은 목숨을 바쳐 왔다. 우주 비행은 위험한 일이지만 위험을 감수할 만한 가치가 있다."

가난하게 자랐지만 노력으로 꿈을 이룬 아일린 콜린스는 미국에서 '국민적인 영웅'이 되었다.

아일린 콜린스
우주 왕복선 디스커버리호의 선장인 아일린 콜린스는 자녀를 키우는 여성이기도 해서 '엄마 선장'으로 불렸다.

한국 최고의 판소리 명창

○ 안숙선 (1949~현재)

명창(노래를 뛰어나게 잘 부르는 사람) 김소희가 사는 집에 한 소녀가 찾아왔다.

"선생님께 소리를 배우고 싶습니다."

소녀는 자신의 이름이 안숙선이라고 밝혔다. 소녀의 다부진 태도에 깊은 인상을 받은 김소희가 물었다.

"왜 판소리를 배우고 싶어 하느냐?"

"판소리만이 오직 제가 살아갈 이유이기 때문입니다."

안숙선의 깊은 눈매를 본 김소희는 몇 편의 창(노래)을 해 보도록 시켰다. 가장 유명한 명창 앞에서도 안숙선은 전혀 기죽지 않고 〈흥보가〉의 한 구절을 불렀다. 김소희는 그녀를 제자로 받아 주었다.

그날부터 안숙선은 선생님을 위해 여러 가지 잡일을 도맡아 했다. 몇몇 제자들은 이에 불만을 느껴 투덜거리기 일쑤였다.

"우리는 소리를 배우러 왔지, 이런 청소나 하러 온 게 아니라구."

"선생님이 가르쳐 줄 마음이 없으신 게 아닐까?"

그러나 안숙선은 아무 말 없이 선생님의 곁을 지켰다. 그렇게 몇 달이 지난 후, 그녀는 드디어 수업을 받을 수 있게 되었다.

"그동안 내가 청소와 같은 잡일을 시켜서 많이 원망스러웠느냐?"

"아닙니다. 그동안 저는 선생님이 시키신 일을 하며 제 자신을 돌아보고, 제 실력에 대해 많이 생각하게 되었습니다. 그리고 판소리를 하려면 노력과 인내가 필요하다고 깨달았습니다."

안숙선은 김소희의 수제자가 되었고, 한국 최고의 판소리 명창이 되었다.

북
판소리는 광대 한 사람이 고수의 북 장단에 맞추어 이야기를 소리와 아니리로 엮어 발림을 곁들이며 구연하는 우리 고유의 민속 음악이다.

노력을 멈추지 않는 골프 여제

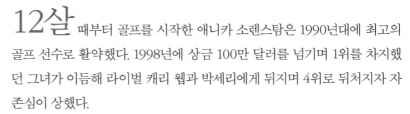

○ 애니카 소렌스탐 (1970~현재)

끈기
37

12살 때부터 골프를 시작한 애니카 소렌스탐은 1990년대에 최고의 골프 선수로 활약했다. 1998년에 상금 100만 달러를 넘기며 1위를 차지했던 그녀가 이듬해 라이벌 캐리 웹과 박세리에게 뒤지며 4위로 뒤처지자 자존심이 상했다.

'상금에서 뒤진 것이 문제가 아니야. 내 실력에 문제가 있을 거야. 그것부터 되돌아보자!'

그녀는 자신의 자존심을 회복하는 길은 실력을 기르는 것뿐이라고 여기며 자신의 문제점을 알아보기 시작했다. 그리고 소렌스탐은 지옥 훈련에 돌입했다. 프로 골프 선수들에게 지구력과 체력이 필요하다고 생각했기 때문이었다.

힘든 훈련을 마친 소렌스탐은 놀랍게 달라져 있었다. 캐리 웹과 박세리를 따돌리며 '골프 여제'로 등극한 것이다.

그녀에 대해 '골프 황제' 타이거 우즈는 다음과 같이 말했다.

"소렌스탐은 한 차원 높은 경기를 한다. 그녀의 집중력과 결단력, 동계 훈련의 강도는 일반인들이 상상하기 어려울 정도다. 그녀의 경기는 워낙 정교하기 때문에 관전하는 것이 정말 흥미롭다."

세계 골프 명예의 전당에 이름을 올린 애니카 소렌스탐은 역사상 가장 성공적인 기록들을 남긴 골프 선수 가운데 하나로 꼽히고 있다.

애니카 소렌스탐
소렌스탐은 2003년 5월에 여성 선수로는 58년 만에 남자 선수들의 경기인 미국 프로 골프(PGA)에 초대받았다. 그녀는 같은 해에 세계 골프 명예의 전당에 이름을 올렸다.

위기에 처한 회사를 일으킨 CEO

● 앤 멀케이 (1952~현재)

"**앤** 멀케이 씨, 우리 회사를 그만두려는 이유가 뭐죠?"

앤 멀케이의 사표를 받은 이사장이 맞은편에 앉아 있던 그녀에게 물었다. 그녀는 잠시 망설이는 표정을 짓다가 대답했다.

"회사보다는 가정에 충실하고 싶어서입니다."

이사장은 깊은 고민에 빠졌다. 복사기를 만들어 내는 회사인 제록스는 최악의 재정 문제를 겪고 있었다. 앤 멀케이는 그런 제록스에서 인사 부문을 맡고 있었다.

"멀케이 씨, 그만두기 전에 한 가지만 더 시도해 보지 않으시겠습니까?"

"무엇을 시도하라는 말씀이죠?"

"당신이 제록스의 CEO가 되어 주었으면 합니다."

이사장의 갑작스런 제안에 앤은 할 말을 잃고 말았다.

"하지만 저는 경영 관련 학위조차 없는 걸요."

"때로는 학위보다 더 중요한 것도 있지 않소? 당신이 제록스에서 가장 성실한 직원이라는 걸 누구보다 잘 알고 있다오."

그녀는 결국 CEO를 맡게 되었다. 그녀를 인정하지 않으려는 사람들도 있었지만 그녀는 제록스에서 볼 수 없던 지도자의 모습을 보여 주었다. 경영 관리 체제를 새롭게 바꾸고, 항상 직원들을 격려했다. 그녀가 CEO가 된 뒤, 제록스는 밤늦게까지 불이 켜지는 일이 많았다. 제록스의 경영 상태는 차츰 좋아졌고, 그해 말에 가장 뛰어난 실적을 올리며 부활했다.

결국 회사를 그만두려던 앤 멀케이는 제록스를 일으킨 훌륭한 CEO가 되었다.

앤 멀케이
앤 멀케이는 '남성과 여성이 조화를 이뤄 이사회를 구성할 때 기업이 더 발전할 수 있다.'고 주장한다.

죽어서도 이름을 남긴 소설가

○ 에밀리 브론테 (1818~1848)

끈기
39

영국의 브론테 집안에는 세 딸이 있었다. 에밀리와 언니 샬롯, 그리고 동생 앤은 문학을 사랑하던 소녀들이었다.

시를 읽고 이야기를 나누던 어느 날 에밀리가 말했다.

"우리 시집을 내는 게 어때?"

"정말?"

"그거 멋진 생각인데?"

그들은 기뻐하며 시집을 출판했다. 여성적인 감수성이 풍부한 이들 자매의 시는 당시에는 별로 인기를 끌지 못하며 팔리지 않았다. 하지만 에밀리는 포기하지 않고 시를 지으며 소설도 썼다. 영국 요크셔의 황량한 벌판과 버려진 집을 배경으로 한 소설《폭풍의 언덕》을 지었다.

하지만 비평가들로부터 '비윤리적인 작품'이라는 안 좋은 평가를 받고 말았다. 그녀의 작품을 이해하기에는 당시의 사회가 너무 보수적이었던 것이다.

그럼에도 그녀는 또다시 다음 작품을 준비했으나 안타깝게도 다음 해에 폐결핵으로 세상을 등지고 말았다.

세상으로부터 인정받지 못하고 젊은 나이에 죽음을 맞이한 에밀리 브론테의 작품은 서서히 사람들에게 알려졌다. 오늘날에는《폭풍의 언덕》이 셰익스피어의 작품에 버금가는 명작으로 평가되며 전 세계인의 사랑을 받고 있다.

연극 〈폭풍의 언덕〉
브론테 자매가 지은 소설《폭풍의 언덕》은 오늘날 필독서가 되었으며, 연극으로도 만들어져 공연되고 있다.

신비로운 목소리로 사랑받는 가수

● 엔야 (1961~현재)

끈기
40

엔야는 신비로운 목소리로 새로운 음악을 만드는 아일랜드 출신의 가수이다. 1981년에 데뷔한 그녀는 고대 켈트족의 신비스러움과 자연의 색채를 전하는 독창적인 음악으로 세계적인 주목을 받았다.

그리스 신화에 나오는 여신의 목소리 같다는 평을 듣는 그녀에게 한 기자가 물었다.

"당신의 노래를 듣고 있으면 환상의 세계에 빠져 있는 듯한 착각이 드는데, 한 가지 궁금한 게 있어요. 어떻게 여러 사람이 동시에 목소리를 내는 것처럼 노래를 부를 수가 있죠?"

그러자 엔야는 웃으며 말했다.

"저는 일단 한 번 노래를 부르고, 그 위에 녹음을 해요. 그리고 그 위에 다시 녹음하죠. 이렇게 여러 번 반복해서 노래를 완성한답니다."

"우아, 녹음할 때 엄청난 노력이 필요하겠는데요?"

그러자 엔야와 같이 있던 사람이 말했다.

"말도 마세요. 그녀는 완벽주의자랍니다. 하나의 음악을 녹음할 때 얼마나 심혈을 기울이는지 몰라요."

타고난 목소리를 가졌지만 그것에 만족하지 않고 항상 새로운 것을 추구하는 그녀의 열정이 독특한 음악을 탄생시켰다. 이렇게 완성된 그녀의 음악은 지금도 전 세계 사람들에게 사랑받고 있다.

엔야
엔야는 전 세계에서 음반이 가장 많이 팔리는 여성 가수 중 한 명이다. 아일랜드 출신 가수들 중 U2 다음으로 많은 음반을 해외로 수출했다.

힘든 시절을 이겨 낸 코미디언

● 엘런 드제너러스 (1958~현재)

끈기
41

2007년 에미상 시상식에서 엘런 드제너러스는 4회 연속으로 '올해의 토크쇼상'을 수상했다. 그러자 그녀에게 기자가 물었다.

"당신이 진행하는 '엘런 쇼'가 300만 명의 미국인들이 매일 시청할 만큼 인기가 많다는 걸 알고 있나요?"

"오, 그럼요! 대통령이 나와서 춤추는 쇼가 '엘런 쇼' 말고 또 있나요?"

엘런이 웃으며 대답했다.

"많은 사람들이 당신의 삶을 부러워하는데 본인의 생각은 어떤가요?"

"맞아요. 저는 고등학교는 졸업했지만 대학교를 졸업하지 못했어요. 가난했거든요. 안 해 본 아르바이트가 없을 정도였답니다."

"의외군요. 당신에게선 그런 어두운 흔적을 찾아볼 수가 없는데요. 더군다나 당신은 코미디로 인기를 얻었잖아요?"

코미디언으로서 자리를 잡은 그녀는 '미국에서 가장 웃긴 사람'으로 통했다.

"환경이 어렵긴 했지만 저는 남들을 웃기는 게 특기였어요."

그녀에게 자신처럼 힘든 상황에 있는 누군가에게 용기를 주는 말을 부탁했다. 그러자 엘런은 말했다.

"힘든 상황에서 다시는 일어설 수 없을 거라고 느낄 때가 있어요. 하지만 확실한 건 무섭고 외롭더라도 그 두려움을 직면할 때 이겨 낼 수 있다는 거예요."

자신 앞에 닥친 현실을 피하지 않고 이겨 낸 엘런은 오프라 윈프리와 쌍벽을 이루는 미디어의 여왕이 되었다.

에미상
에미상은 미국 텔레비전에서 뛰어난 성과를 거둔 작품과 사람에게 해마다 주는 상이다.

하수구를 청소했던 환경 공학자

● 엘런 리처즈 (1842~1911)

추운 겨울, 엘런은 다니고 있던 대학교로부터 마지막 통보를 받았다. 이번 학기까지 학비를 내지 않으면 그녀를 퇴학시킬 수밖에 없다는 내용이었다. 집세가 가장 싼 단칸방에 살고 있던 그녀는 학비는커녕 하루 먹을 빵 값조차 없는 상황이었다.

"아가씨, 이번 달 집세는 언제까지 줄 거야?"

"이번 달에는 아무래도 어려울 것 같아요. 다음 달까지 드릴 테니 조금만 더 기다려 주세요."

"아이고, 한두 번이 아니잖아! 재촉하는 나도 맘이 편하진 않다고."

하숙집 주인은 매일 그녀의 방으로 찾아와 방세를 재촉했다. 결국 엘런은 머물고 있던 집에서 나오기로 결심했다. 그리고 쥐와 바퀴벌레가 우글거리는 빈민가로 이사를 했다.

'조금만 고생하면 논문을 완성할 수 있는데, 학비 때문에 퇴학을 당할 순 없어.'

그녀는 일자리를 찾기 위해 가정 교사를 하겠다는 안내문을 돌렸지만, 아무 곳에서도 연락이 오지 않았다. 그러던 어느 날, 집으로 돌아오던 그녀는 하수도의 오물을 처리할 사람을 구한다는 안내문을 보게 되었다. 지저분하고 힘든 일이었지만, 보수는 상당히 많았다.

그녀는 당장 지원을 한 뒤 일을 시작했다. 하루 종일 하수도 속에 있어야 했지만 그녀는 열심히 일했다. 학교에서 쫓겨날 수 없다는 결심이 자신을 채찍질했던 것이다. 결국 그녀는 무사히 학비를 낼 수 있었고, 환경 공학자가 되었다.

엘런 리처즈가 살았던 집
미국의 환경 공학자 엘런 리처즈가 살았던 이 집은 보스턴에 있다.

예매 시스템을 정착시키다

○ 우성화 (1964~현재)

끈기
43

대학교를 졸업하고 이벤트 회사에서 일하던 우성화가 미국으로 출장을 갔을 때였다. 그녀는 우연히 뉴욕 브로드웨이의 예매 시스템을 알게 되었다. 그 순간 그녀의 머리에 좋은 생각이 떠올랐다.

'그래, 한국에 이 시스템을 도입해 보는 거야!'

당시에 국내에는 티켓을 예매하는 문화가 자리 잡지 않았다.

"우리나라 티켓 유통 방식은 정말 비생산적이었어요. 어느 곳에서는 매진인 티켓이 다른 곳에서는 남아도는 경우를 많이 보았거든요. 게다가 매번 티켓을 새로 만들어 검인 도장을 찍는 일도 만만치 않았고요. 그런데 외국에 가 보니 컴퓨터를 이용해 이 문제를 해결하고 있었어요."

그녀는 한국에 돌아오자마자 예매 시스템으로 바꾸기 위해 현장에서 표를 판매하던 기존의 티켓 판매상들을 찾아다녔다.

"경기장이나 공연장과 영화관 사장들을 일일이 만났습니다. 그러나 그들은 저를 반기지 않았기 때문에 피해 다니거나 매몰차게 대하기 일쑤였죠."

하지만 그녀는 티켓 예매 사이트인 '티켓 링크'를 만들었다. 또한 수익의 일정 금액을 문화 소외계층의 공연 관람을 지원해 주는 '기부 운동'을 하고 있다.

'꿈이 없으면 노력도 없고 도전 의식도, 결실도 없다.'고 생각하는 그녀는 오늘도 자신의 꿈을 이루기 위해 최선을 다하고 있다.

티켓 링크
티켓 링크는 인터넷 사이트를 통해 영화와 공연 등의 티켓을 예매하고 있다.

소아마비를 이기고 올림픽 3관왕이 되다

○ 윌마 루돌프 (1940~1994)

"**잘했어**. 오늘은 80센티미터나 걸었구나. 내일은 1미터를 걷기로 하자."

어머니는 오늘도 윌마에게 재활 운동을 시켰다. 4살 때 소아마비와 폐렴까지 앓았던 윌마 루돌프는 다리를 쓸 수가 없었다.

"죄송하지만 아이는 걷지 못할 것 같습니다."

의사의 말에도 윌마의 어머니는 포기하지 않았다. 새벽 4시에 일어나 농장에서 일하고, 오후에는 80킬로미터나 떨어진 병원을 찾아가 치료를 받게 했다. 버스로 4시간이 걸리는 거리였고, 사람이 많이 타서 서서 시달리는 경우도 많았다.

그렇게 꼬박 3년 동안 치료를 받은 후, 윌마는 두 발로 설 수가 있었고, 8살이 되자 절룩거리면서 학교를 다닐 수 있게 되었다.

혼자서 걸을 수 있게 된 윌마는 꿈을 갖게 되었다.

'난 이 세상에서 가장 빨리 달리는 여자가 되고 싶어.'

본격적으로 운동을 시작한 윌마는 달리기 선수가 되어 경주에 참가했다. 그러나 그녀는 꼴찌로 들어왔다. 이후로 몇 년 동안 언제나 꼴찌를 독차지했다.

그럼에도 포기하지 않고 연습을 계속하던 어느 날 드디어 일등으로 들어오는 사건이 벌어졌다. 그리고 또 다른 경기에서도 일등을 차지하며 자신의 꿈을 향해 도전했다.

그리고 몇 년 후 로마 올림픽에서 그녀는 최초로 3관왕에 오르며 '세상에서 가장 빨리 달리는 여자가 되고 싶다.'는 꿈을 이루었다.

윌마 루돌프
윌마 루돌프는 1960년 로마 올림픽 여자 육상 100미터, 200미터, 400미터 계주에서 금메달을 땄다.

가난한 소녀, 한국의 우상이 되다

● 윤복희 (1946~현재)

끈기
45

그해 겨울은 유난히 추웠다. 전쟁 직후 부모님이 돌아가시자 윤복희는 생활에 적응하는 것이 힘들었다. 여관에서 일하면서 손님들이 먹다 남은 음식을 먹기도 하고, 이슬을 피해 쪽잠을 잤다. 그럴 때마다 그녀는 맑은 목소리로 노래를 불렀다.

"너, 노래 잘 부르는구나. 무대에서 노래를 부르지 않겠니?"

노래 부르는 것을 좋아했던 그녀는 미군 부대에 들어가 노래를 불렀다. 그곳에서 그녀는 세계적인 재즈 음악가 루이 암스트롱을 만났고, 세계 순회공연도 했다. 그저 노래 부르는 것이 좋아서 시작했던 가수라는 일을 통해 그녀는 새로운 세계와 만날 수 있었다.

'지금은 루이 암스트롱을 대신하는 가수이지만 언젠가는 나도 유명한 가수가 될 거야!'

그녀는 루이 암스트롱의 흉내를 내며 열심히 노래를 불렀고, 그를 따라 세계로 나아갔다. 그래서 그녀는 '스타'가 되었다.

한국으로 귀국한 이후, 광고를 찍으면서 처음 미니스커트를 입었던 그녀는 사람들의 주목을 받았다. 여성들은 모두 그녀와 같은 미니스커트를 입어 유행이 되었다.

여관에서 일하며 남은 밥을 먹던 어린 소녀, 한겨울에 길을 잃고 추위와 배고픔에서 벗어나고 싶었던 그녀가 모든 사람들이 부러워하는 사람이 되었던 것이다. 그녀는 지금도 사람들의 기억 속에서 잊히지 않는 우상으로 남아 있다.

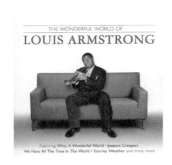

루이 암스트롱
루이 암스트롱은 미국의 재즈 음악가이다. 애칭 '사치모'로 알려져 있는 그는 약 반세기에 걸쳐 연주 활동을 했다.

세계를 돌아다닌 여행가

● 이사벨라 버드 비숍 (1831~1904)

"**아빠**, 여행하고 싶어요."

"그래, 몸이 좀 나아지면 보내 줄게. 넌 지금 의자에 앉지도 못하잖니?"

이사벨라는 어렸을 때부터 몸이 약했다. 여행을 가는 게 꿈이었던 그녀는 몸이 나아지자 아버지에게 여행을 보내 달라고 떼를 썼다.

"지금 여행을 못 가면 마음의 병까지 얻을 것 같아요, 아빠!"

아버지는 딸의 간곡한 부탁을 들어줄 수밖에 없었다. 그는 100파운드 (영국의 화폐 단위, 1파운드는 약 1,700원)를 딸에게 주며 말했다.

"여기 100파운드를 가지고 미국에 있는 친척을 만나고 오렴. 이 돈을 다 쓸 때까지 친척 집에 있어도 된단다."

아버지의 배려로 이사벨라는 미국에서 마음껏 여행을 할 수가 있었다. 그리고 집으로 돌아온 이사벨라는 《미국에 간 영국 여인》이라는 책도 지었다. 여행의 매력에 푹 빠진 이사벨라는 이때부터 본격적으로 여행가가 되었다.

하와이를 비롯해 일본, 중국, 인도 등 세계 여러 곳을 여행하던 이사벨라는 1884년에 우리나라에도 여행을 오게 되었다. 고종과 명성황후를 알현 (지체가 높고 귀한 사람을 만나는 것)하기도 한 그녀는 조선에서 보고 느낀 다양한 체험을 하고, 《조선과 그 이웃 나라들》이라는 책을 써 영국에서 많은 인기를 얻었다.

그녀는 꿈을 이루기 위해 병약한 자신을 이겨 냈고, 삶에 마지막 순간까지 세계 여행이라는 자신의 꿈을 이루며 살았다.

이사벨라 버드 비숍
이사벨라 버드 비숍은 영국 왕립학회의 첫 여성 회원이었다. 그녀는 미국 로키산맥과 중국, 일본 티베트, 인도, 페르시아, 우리나라 등을 두루 돌아다녔다.

기술과 사람을 중요시 하는 기업인

○ 이영아 (1965~현재)

끈기
47

한양대학교 대학원에 진학한 이영아는 대학원 수업에 필요한 자료를 찾기 위해 컴퓨터 통신을 이용하면서 컴퓨터를 처음 접하게 되었다. 그녀는 컴퓨터를 통해 자료를 찾는 과정에서 불편함을 느꼈는데, 그런 점들을 개선해야겠다는 생각이 들어서 콘텐츠를 개발하는 사업에 뛰어들어 대학원을 졸업하고 '콘텐츠 코리아'를 설립했다.

그래서 이영아는 은행으로부터 4천만 원을 대출받아 사업을 시작했는데 하는 일마다 잘되었다. 그러나 탄탄대로를 달리는 듯했던 사업이 IMF 외환 위기를 맞아 직원들의 월급을 월급날보다 늦게 지급해야 하는 어려움에 처하게 되었다.

"사업을 그만둘까 생각도 했습니다. 그러나 어려운 IMF 시대에 9명의 직원을 책임지고 있다는 사실과 원하던 일을 한다는 것에 큰 행복을 느꼈죠. 평소의 생각을 되잡아 더욱 열심히 사업에 매진했습니다."

긍정적인 생각과 끈기는 그녀를 흔들리지 않게 했다.

사업에 성공한 이영아는 그 어떤 가치보다 사람을 중요하게 여기는 여성 경영인으로 유명하다. 그녀는 사람과 사람 사이의 만남을 무엇보다 중요하게 생각한다. 치열한 인터넷 업계의 경쟁 속에서 독자적인 기술로 여왕의 자리에 오르며 진정한 벤처 기업인으로 평가받았다.

그녀는 21세기 한국 경제를 이끌어 가는 여성 리더가 된 것이다.

한양대학교 대학원
이화여자대학교에서 보건교육학을 전공하고 평범한 가정 주부로 지내던 이영아는 평생 공부를 실천하려고 한양대학교 대학원에서 공부했다. 한양대학교는 서울시 성동구 행당동에 있다.

행동하는 영부인

● 이희호 (1922~현재)

이희호는 대한민국의 제15대 대통령인 김대중의 아내이자 영부인이었다. 이화여자대학교를 졸업하고 서울사범대학교와 미국에서 공부했을 만큼 지식인이었던 그녀는 대학생 시절에도 인기가 많았다. 두세 살 많은 남학생들도 그녀를 '누님'이라 부르며 따랐다. 총학생회에서는 사범대 대표를 맡을 정도로 여장부였다.

그런 그녀의 삶은 김대중과 만나면서부터 바뀌게 되었다. 1971년 대통령 선거에서 박정희에게 패배한 이후 남편 김대중은 정권의 감시를 받게 되었고, 이희호의 인생에도 가시밭길이 펼쳐졌다.

"정권의 탄압으로 죽음을 넘나드는 고난을 겪으면서 남편과 나는 부부라는 사적인 관계를 넘어 독재와 싸우는 동지로 함께했습니다."

그리고 1998년에 대한민국의 영부인이 되었다. 여성·사회 운동가였던 그녀가 영부인이 되자 행정부(행정을 맡아 보는 국가 기관)에 많은 변화가 일어났다. 여성가족부의 모태가 되는 '대통령 직속 여성특별위원회'가 출범했고, 장관들을 임명할 때는 대통령 부부가 함께 임명장 수여식에 참석했다. 남녀평등의 분위기를 이끌어 낸 것이다.

또한 그녀는 대통령 부인으로서 독자적인 해외 순방을 개척했다. 2001년도를 제외하고 매년 1회 이상 단독 해외 순방에 나섰으며, 역대 영부인으로서는 처음으로 2002년 5월에 대통령을 대신해 국제 연합 아동특별총회에 참석했다. 그녀는 국제 연합에서 임시 회의를 주재하고 기조연설(중요 인물이 기본 취지나 정책, 방향에 대해 설명하는 연설)을 하기도 했다.

그녀는 대통령의 그늘에 가린 부인이 아닌 행동하는 영부인이었다.

국제 연합(UN)
국제 연합은 제2차 세계 대전 이후 국제 평화와 안전의 유지, 국제 우호 관계의 촉진, 경제 및 사회 문제에 관한 국제 협력을 달성하기 위해 창설한 국제 평화 기구이다. 본부는 미국 뉴욕에 있다.

할리우드 스타들이 사랑하는 디자이너

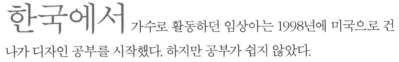

임상아 (1973~현재)

끈기
49

한국에서 가수로 활동하던 임상아는 1998년에 미국으로 건너가 디자인 공부를 시작했다. 하지만 공부가 쉽지 않았다.

"뉴욕에서 디자이너를 보조하는 일부터 시작했어요. 하루에 수십여 벌의 옷을 들고 5층 높이의 계단을 왔다 갔다 하는 것이 일이었습니다."

그녀가 처음 디자인한 가방이 출시되었을 때에도 수모를 겪어야 했다.

"재벌들과 스타들이 모이는 파티에 자주 나가야 했는데, 처음에 사교계에 들어섰을 때 나는 투명 인간이나 다름없었어요. 그 파티에 참석하는 사람들은 인맥을 만들겠다는 분명한 목적을 가지고 오는 사람들인데, 신인 디자이너에게 말을 걸어 주는 사람은 아무도 없었으니까요. 하지만 저는 포기하지 않았어요."

임상아는 이후 자신의 가방을 알리기 위해 노력했다. 그러던 중 유명한 여배우 브룩 쉴즈가 파티장에 그녀가 디자인한 가방을 들고 갔는데, 그 가방이 유명세를 타기 시작했다. 그 뒤 앤 헤서웨이, 비욘세, 제시카 심슨 등 할리우드 유명 스타들이 그녀의 가방을 들고 다니기 시작하면서 인기를 얻게 되었다.

그녀는 악어, 뱀, 타조가죽 등의 소재들을 사용해, 명품 디자이너로 성장하게 되었다. 이후에도 그녀는 계속해서 강렬한 색상, 이색적인 형태로 새로움을 추구했고, 그녀의 디자인 브랜드인 'SANG A'는 명품으로 통하게 되었다.

SANG A
임상아의 디자인 브랜드 'SANG A'는 2007년 11월, '삼성 패션 디자인 펀드상'을 수상했다.

세계 최고의 자리에 오른 태권도 선수

● 임수정 (1986~현재)

임수정은 중학교 3학년 때인 2001년에 태권도 국가 대표 선발전에서 발탁되어 가장 어린 나이에 태극 마크를 달게 되었다. 이듬해부터 세계 주니어 선수권 대회 등 각종 대회에서 우승을 차지하며 금빛 미래를 꿈꾸고 있었다.

그런데 대학에 들어가서는 이렇다 할 성적을 거두지 못했다. 긴 슬럼프에 과도한 정신적 스트레스로 정신과 치료까지 받아야 했다.

'운동을 그만둬야 할까?'

심한 불안함과 좌절감에 빠져 심각하게 고민하고 있을 때 자신과 같이 땀 흘렸던 선수들이 스타가 된 모습을 보게 되었다. 열심히 땀 흘리며 운동에 매진하는 그들의 모습을 보며 임수정은 생각했다.

'그래, 노력하는 사람에게는 보상이 따르는 법이야. 포기하지 말자.'

임수정은 자신을 되돌아보고 이를 악물며 훈련했다. 그렇게 흘린 땀방울은 그녀를 배신하지 않았다.

2006년 세계 대학 선수권 대회에 출전하게 된 임수정은 다시 찾아온 기회를 놓치지 않았다. 우승을 차지한 데 이어 다음 해에 유니버시아드 대회에서도 우승하며 꿈에 그렸던 올림픽 출전권을 따냈다. 이후 출전한 세계 대회들에서 우승하며 세계 최고 선수로 명성을 떨치고 있다.

자신감으로 슬럼프를 극복하고 세계 최고의 자리에 오른 임수정은, 가장 유력한 올림픽 금메달리스트 후보가 되었다.

대한 태권도 협회
대한 태권도 협회는 태권도를 널리 보급해 국민 체육 발전에 기여할 목적으로 1961년 9월 16일에 창립되었다.

암과 싸우면서도 희망을 잃지 않다

◉ 장영희 (1952~2009)

끈기
51

《살아온 기적 살아갈 기적》
장영희가 지은 이 책은 암 투병과 장애 등 암울해지기 쉬운 소재들을 긍정적인 유머와 위트로 펼쳐내고 있다.

1952년에 영문학자의 딸로 태어난 장영희는 생후 1년 만에 소아마비를 앓아 두 다리를 쓰지 못하는 장애아가 되었다. 자라면서는 아이들의 놀림감이 되어야 했고, 사춘기가 되자 자신의 모습에 한없이 절망하기도 했다.

하지만 그녀는 역경을 딛고 대학교, 대학원, 그리고 미국 유학까지 마치며 박사 학위를 취득했다. 그리고 모교인 서강대학교에서 교수로 활동하며 번역가와 수필가로 활동하고 있었다.

그런데 그녀에게 또 다른 시련이 닥쳤다.

"유방암입니다."

그때부터 암과 싸우기 시작했다. 하지만 2004년에 척추암까지 선고받았다. 그녀는 신을 원망했다.

'도대체 왜 저에게 이런 시련을 주시나요. 당신이 원망스럽지만 그래도 믿습니다. 내가 이겨 낼 수 있을 만큼의 시련을 주신 것을!'

그녀는 포기하지 않았고 암을 이겨 낸 뒤 다시 강단에 서는 기적을 보여 주었다. 그런데 이번에는 간암이 그녀를 괴롭혔다.

여러 권의 수필집과 중학교 영어 교과서를 집필하며 끝까지 역경과 싸웠지만 2009년에 끝내 세상을 떠나고 말았다.

장영희는 목발에 의지하지 않으면 한 걸음도 옮길 수 없는 장애와 세 차례의 암에 시달리면서도 사람들에게 희망을 전하는 따뜻한 글을 썼다. 그녀의 삶은 어떤 책과 드라마보다도 사람들에게 감동과 희망을 주고 있다.

연주를 포기하지 않은 연주자

○ 장한나 (1982~현재)

장한나가 처음으로 무대에 오를 때 관객들은 첼로가 걸어 들어오는 줄 착각할 만큼 그녀는 어렸다. 장한나는 어릴 때부터 음악 신동으로 인정받았다. 세월이 흘러 그녀는 세계적인 음악가가 되었다.

그날, 시카고의 겨울은 무척 추웠다. 추운 날씨에도 관객들은 자리를 가득 메우고 있었다. 장한나는 멋진 무대로 만들겠다는 다짐을 하고 무대 위에 올랐다. 2악장을 2분 정도 연주했을 때, 그녀는 자리에서 벌떡 일어났다. 관객들은 놀라서 눈을 크게 떴다. 그녀는 기죽지 않고 지휘자와 관객을 향해 나지막하지만 또렷한 목소리로 말했다.

"첼로 줄이 끊어졌어요."

무척 떨렸지만 그녀는 차분하게 무대에 앉아 익숙하게 줄을 갈았다. 2악장 초반에 집중적으로 사용되는 가장 높은 음의 선이 끊어져 있었다.

"첼로가 많이 긴장했나 봐요."

그녀의 가벼운 농담에 관객들은 모두 너그럽게 웃었다. 연주자인 그녀에게는 집중력이 매우 중요했다. 관객들에게는 웃고 넘어갈 수 있을 일일지 몰라도 집중력이 생명인 그녀에게는 큰 시련이 닥친 것이었다.

"자, 다시 시작합니다."

그녀는 언제 연주가 멈추었냐는 듯 몰입했다. 그러자 관객들도 모두 침묵했다. 모두가 소리 하나 놓치지 않으려고 집중했다. 그녀 또한 단 하나의 음까지 관객에게 정확히 전달해 주려고 온 힘을 쏟았다.

20여 분이 흐르고 연주를 마쳤다. 관객들은 누가 먼저랄 것도 없이 자리에서 일어나 박수를 쳤다.

첼로
바이올린보다 큰 현악기인 첼로는 현이 네 개이며, 의자에 앉아 연주하는 악기이다. 차분한 음색을 갖고 있어 독주 또는 합주 악기로 쓴다.

처절한 고통을 연기한 칸의 여왕

◎ 전도연 (1973~현재)

끈기
53

"전도연!"

사회자가 자신의 이름을 부르자 그녀는 이내 머릿속이 하얘졌다. 정말로 방금 불린 이름이 자신의 이름이 맞는지 의심스러웠다. 그녀가 출연한 영화 〈밀양〉을 본 외국 관객들의 반응은 매우 좋았다. 문화는 다르지만 그들은 한국인들과 마찬가지로 영화에 공감했다.

"자신이 없어요. 주인공의 감정이 느껴지지 않아요."

칸 영화제의 시상대에 오르면서 그녀는 영화 시나리오를 받고 거절했던 순간이 떠올랐다. 몇 번이나 거절했지만 감독은 계속해서 그녀를 찾아와 시나리오에 대한 얘기, 주인공의 감정과 고통에 대해 이야기해 주었다.

'그래, 열심히 하다 보면 멋진 연기를 할 수 있을 거야!'

마침내 주인공이 되었을 때, 그녀는 자신이 느끼지 못한 고통의 감정을 끝까지 느껴 보고 싶었다.

"월드 스타 전도연! 칸의 여왕이 되어 돌아왔습니다!"

아직도 상을 받았다는 사실이 실감 나지 않았지만 공항에서 자신을 기다리는 기자들을 만나자 그녀는 자신이 여우주연상을 받았다는 사실을 깨닫게 되었다. 세계 최고 영화제인 칸 영화제에서 여우주연상을 받게 되자 '월드 스타'라는 별명을 얻게 되었지만 그녀는 부끄러웠다.

그녀는 상을 타기 위해서도 사람들에게 칭송을 받기 위해서도 아닌, 오직 주인공의 감정을 이해하고 생생하게 전달하기 위해 연기를 하고 있다.

영화 〈밀양〉
〈밀양〉은 2007년 5월 23일에 개봉한 이창동 감독의 영화이다. 전도연은 이 영화로 2007년 칸 영화제 여우주연상을 수상했다.

메달보다 기록에 도전하는 선수

● 정다래 (1991~현재)

정다래는 2010년 광저우 아시안 게임 여자 평영 200미터에서 금메달을 획득하며 일약 스타로 떠올랐다.

수영 선수인 그녀는 어렸을 때 물을 무서워하는 소녀였다.

"어머니께서 물과 친해지라고 초등학교 1학년 때부터 취미로 수영을 시키셨어요. 그러다가 5학년 때 언니 오빠들을 따라 운동을 시작했죠. 고등학교 때는 모두가 놀랄 정도로 열심히 훈련했었어요."

그렇지만 정작 시합 때는 기록이 부진해서 그만두고 싶은 생각도 여러 번 들었다.

"잘하고 싶은 마음은 가득한데 몸이 따르지 않을 때 정말 많이 힘들었어요. 심지어 연습용 선수라는 소리를 수도 없이 들어야 했으니까요."

광저우 아시안 게임에 출전할 때 그녀는 몸 상태가 좋지 않았지만 스스로에게 다짐했다.

'그래, 메달을 떠나 내 기록에 도전하자!'

이런 다짐은 금메달로 이어졌고, 그녀의 메달은 12년 만에 한국 여자 수영에서 나온 금메달이었다. 국제 무대에서 생애 첫 메달을 아시안 게임 금메달로 장식한 정다래는 기쁨의 눈물을 감추지 못했다.

금메달을 따고 유명해지자 정다래는 '얼짱 수영 선수'라는 별명을 얻게 되었다. 그녀는 그 같은 관심이 부담스럽지 않느냐고 기자가 묻자 이렇게 대답했다.

"나는 운동을 열심히 하기 위해 노력하는 수영 선수이지 연예인이 아니에요. 관심을 받기 위해서가 아니라 목표를 이루기 위해 운동할 겁니다."

광저우 아시안 게임
2010년에 중국 광저우에서 열린 아시안 게임에서 우리나라는 금메달 76개를 따서 중국에 이어 종합 2위의 성적을 올렸다.

사후에 세계적인 작가로 떠오른 소설가

○ 제인 오스틴 (1775~1817)

끈기
55

영국의 소설가 제인 오스틴은 어려서부터 친구나 가족에게 이야기를 읽어 주고, 들려주는 것을 좋아했다. 그녀는 14살 때 단편 소설을 쓰기 시작해 21살 때부터는 장편 소설을 쓰기 시작했다.

그녀는 첫 소설 〈첫인상〉을 완성한 후 출판사를 찾아갔다.

"출판은 어렵겠습니다. 이야기가 엉성하고, 요즘 사랑 이야기는 별로 인기가 없어요."

출판사가 거절했지만 그녀는 포기하지 않았다. 몇 년 뒤, 그녀의 책 《오만과 편견》이 세상에 나왔다.

18세기 후반의 중류 계급 남녀의 결혼을 둘러싼 문제를 사실적으로 묘사한 이 책은 인물에 대한 섬세한 묘사와 재치 있는 대화로 읽는 재미를 더했다.

하지만 이번에도 그녀의 작품은 외면을 당하고 말았다. 영국과 프랑스가 전쟁을 벌이자 사회는 혼란스러웠고, 젊은이들의 연애를 그린 그녀의 소설은 사회성이 없다는 비판을 받았다. 그 후에도 몇 권의 소설을 출판했지만 역시 주목받지 못했고, 그녀는 생전에 인정을 받지 못한 채 세상을 떠나고 말았다.

하지만 그녀의 작품은 20세기에 들어오면서 주목받기 시작했다.

'오스틴은 누구보다도 세밀한 관찰력으로 당대의 세태를 예리하게 표현했다.'

그녀는 생전에는 그리 유명하지 않았으나, 20세기 후반에 이르러 그녀의 소설들은 큰 인기를 얻었다.

영화 〈오만과 편견〉
제인 오스틴의 소설은 수백만의 독자들을 열광시키며 영화, 연극, 드라마로 재탄생했다.

우리나라 최초의 프로 배구팀 여성 감독

○ 조혜정 (1953~현재)

조혜정은 초등학교 5학년 때부터 배구를 시작했다. 그녀의 키는 배구 선수 치고는 작은 165센티미터였다. 하지만 60센티미터에 달하는 점프력으로 자신의 단점을 극복하려고 노력했다.

"나는 키가 작았지만 점프력이 좋았고 공을 정점에서 강하게 때리는 기술이 남보다 뛰어나 공격수로 활약할 수 있었어요. 나만의 이런 기술을 익히기 위해 팀 훈련을 마치고 혼자 남아서 수백 번씩 공을 때리는 훈련을 했어요."

피나는 훈련으로 만들어진 엄청난 강타를 날리며 아시아 최고의 공격수로 활약한 그녀에게 외국 기자들은 '날아다니는 작은 새'라는 별명을 지어 주기도 했다.

그녀는 한국 구기 종목 사상 처음으로 1976년에 올림픽 메달을 획득하고, 1977년에 이탈리아에서 선수로 활약했다. 그리고 선수 생활을 은퇴한 후 2010년에 감독으로 돌아왔다.

우리나라 최초의 프로 배구팀 여성 감독이 된 그녀는 이렇게 포부를 밝혔다.

"무조건 힘든 훈련만 해서는 안 됩니다. 왜 힘든 훈련을 해야 하는가를 선수들 스스로 깨닫게 하고, 코치와 선수들이 목표 의식을 공유해 훈련 효과를 높이겠습니다."

조혜정은 선수 생활을 하면서 느낀 경험을 선수들에게 차근차근 가르쳐 주었다. 그녀는 선수가 실수를 하면 불호령을 내리는 대신 따뜻하고 진지하게 잘못을 지적해 주었다. 그래서 많은 선수들이 그녀를 잘 따르게 된 것이다.

GS칼텍스 KIXX 배구단
조혜정은 2010년에 GS칼텍스 KIXX 배구단의 감독이 되면서, 우리나라 최초의 프로 배구단 여성 감독이 되었다.

한국이 배출한 LPGA 골프 선수

● 최나연 (1987~현재)

끈기
57

말레이시아 쿠알라룸푸르 골프장에서 열린 LPGA 사임다비 대회가 열리고 있었다. 이날 경기에서 한국의 최나연이 세계 랭킹 1위인 대만의 청야니 선수와 막판까지 혼전을 거듭한 끝에 우승을 차지했다. 그로 인해 최나연은 LPGA투어 통산 5승과 한국인 통산 100승의 위업까지 달성하게 되었다.

신지애와 더불어 한국을 대표하는 최나연은 얼짱 골퍼로 불리는 스타이다. 2008~2009년 시즌에 우승 횟수는 적었지만 그녀는 준우승과 상위권에 가장 많이 올라 100만 달러가 넘는 상금을 거머쥐었다. 그만큼 고르고 뛰어난 성적을 올린 것이다.

귀여운 외모와 약해 보이는 체격과는 달리 그녀는 어릴 때부터 골프 선수가 되기 위해 고된 체력 훈련을 받았다. 기자가 그녀에게 우승 비결을 묻자 이렇게 답했다.

"엄청난 거리를 이동하는 LPGA의 특성상 강한 체력이 필요합니다. 그래서 체력 훈련을 게을리하지 않았어요."

기자가 이미 많은 것을 이룬 그녀에게 앞으로의 꿈을 물었다.

"2016년 리우데자네이루 올림픽에서 골프 금메달을 따는 거예요. 아직 부족한 점이 많지만 남아 있는 시간 동안 저는 분명히 발전할 거니까 현재의 결과 때문에 실망하거나 좌절하지 않을 겁니다."

최나연은 올림픽을 향해 정신력과 체력, 그리고 꿈을 키우고 있다.

골프
골프는 일정한 장소에서 골프채로 공을 쳐서 가장 적은 타수로 홀에 넣는 경기이다.

평생 하나의 작품만 쓰다

○ 최명희 (1947~1998)

최명희는 10대 때부터 백일장을 휩쓸며 장안의 화제를 몰고 다녔다. 대학생이 된 그녀는 문예공모에서 소설 《혼불》(제1부)로 당선되었다. 그녀는 한국 문학계에 혜성과 같이 나타난 이후 줄곧 한 작품만 계속해서 썼다. 《혼불》의 제5부 집필이 끝나가던 날 그녀가 주위 사람을 불러 어렵게 말을 꺼냈다.

"내가 이제 곧 세상을 떠날 것 같아요."

"네? 무슨 말씀이세요, 선생님!"

"암에 걸렸습니다."

담담하게 말하는 그녀의 말에 상대방은 한동안 말을 잇지 못했다. 건강이 좋지 않아 보였지만 말기 암에 걸렸다는 소식은 너무나도 충격적이었다. 그녀는 2년 전에 암을 발견했지만 그 사실을 주위에 알리지 않은 채 소설을 완성시키며 2년 가까운 세월을 홀로 투병해 왔던 것이다.

뒤늦게 몇몇 가까운 사람들에게만 자신의 병을 알렸지만 어느새 그녀가 암과 싸우고 있다는 소문이 퍼져 나갔다.

기자들 역시 그 사실을 알게 되었지만 기사로 쓰지 않았다. 기사거리에 목말라 있는 기자들마저 작가 최명희를 존경했기 때문이었다.

"평생 소설을 쓰렵니다. 줄 타는 광대가 광대로 사는 것은 그의 몸에서 돌아가는 피가 그를 부르기 때문이지요. 나도 내 몸에 도는 피가 나를 부르기 때문에 소설을 쓰는 겁니다."

평생 오로지 하나의 작품을 17년 동안 집필하던 최명희는 '참으로 아름다운 세상을 살았다.'는 마지막 말을 남긴 채 눈을 감았다.

혼불 문학관

혼불 문학관은 1981년부터 1996년까지 5부작 소설 《혼불》을 완성한 최명희의 업적을 기리기 위해 세운 문학관이다.

전 세계를 사로잡은 무용가

◉ 최승희 (1911~1969)

끈기
59

총명했던 소녀 최명희는 누구보다도 공부에 재능을 보였다. 그러던 어느 날, 그녀는 하늘하늘한 손짓으로 추는 춤에 마음이 사로잡혔다.

"너 하나 공부 안 한다고 우리 집이 무너지겠니. 그래, 넌 얼굴이 예뻐서 춤을 추면 아주 잘 어울릴 거야. 하지만 네가 한국인이라는 것을 잊으면 안 된다. 알았지?"

부모님은 그녀의 선택에 두 팔 벌려 환영해 주었다. 가족들의 축복 속에서 그녀는 현대 무용가인 일본인 스승 이시이 바쿠의 수제자로 들어갈 수 있었다. 머리가 좋고, 예술적 감각이 누구보다 뛰어났던 그녀는 이시이의 무용단에서도 단연 돋보이는 존재가 되었다.

"더 이상 가르칠 게 없구나. 네가 추고 싶은 것을 추거라."

그녀는 현대 무용가인 잘사는 부자들을 위한 춤도, 아름답게만 보이기 위한 춤도 아닌 자기만의 감정과 감각으로 모두가 사랑하는 춤을 추었다. 하지만 일제 강점기라는 어두운 시대가 그녀의 열정을 가로막았다.

"더 이상의 해외 활동은 금지입니다. 일본 군인들을 위해 춤을 추시오."

일본은 세계를 무대로 춤을 추던 그녀의 발을 붙잡았다. 일본은 그녀가 세계인의 마음을 사로잡는 춤을 추는 것을 못마땅해 했다. 그래서 일본 군인들 앞에서 강제적으로 춤을 추게 한 것이다.

해방 이후에 그녀는 친일(일제 강점기에 일본을 지지하는 것) 행위를 했다는 오해를 받았고, 사람들의 차가운 눈총을 받기에 이르렀다. 하지만 그녀의 열정은 사그라지지 않았다. 세상을 떠나기 전까지 그녀는 한국적인 춤을 매번 새롭게 만들어 냈다.

최승희 춤 축제
최승희의 고향인 강원도 홍천에서는 한국 무용을 개척한 그녀를 기념하는 축제가 해마다 열리고 있다.

한국 수영을 발전시킨 수영 선수

○ 최윤희 (1967~현재)

최윤희는 수영 국가 대표였던 언니를 따라 8살 때부터 수영장에 드나들었다. 수영하는 언니의 모습이 너무도 멋있어 보였기 때문이었다.

그러던 어느 날이었다.

"윤희야, 전국 수영 대회에 참가해 보지 않을래?"

"내가? 나가도 될까?"

"그럼, 언니가 보기엔 넌 충분히 잘할 수 있어!"

"좋아! 열심히 연습해서 언니보다 훌륭한 선수가 될 거야!"

그렇게 언니의 권유로 전국 수영 대회에 참가하면서 선수 생활을 시작하게 되었다.

최윤희는 1982년부터 주목을 받기 시작했다. 언니 최윤정이 세운 한국 신기록을 단축하며 생애 첫 대한민국 신기록을 세우더니, 연거푸 한국 신기록을 깨기 시작했다. 그리고 아시안 게임에서도 금메달을 목에 걸었다.

'여자 배영 200미터에서 2분 21초 96으로 아시아 신기록을 세우며 금메달!'

'배영 100미터와 개인 혼영 200미터에서도 각각 아시아 최고 기록을 세우며 우승!'

'아시아의 인어, 수영 사상 최초로 3관왕에 오르다!'

최윤희는 1982년부터 5년 동안 모두 25개의 한국 신기록을 기록했다. 이 기록은 12년 동안 지구 한 바퀴에 이르는 4만 킬로미터 거리를 연습한 결과였다. 또한 1982년에 세운 그녀의 기록은 현재까지 깨지지 않고 있다.

체육 훈장 청룡장
최윤희는 1982년 뉴델리 아시안 게임 때 3개의 금메달을 딴 데 이어 1986년 서울 아시안 게임 때 2개의 금메달을 따서 대한민국 정부로부터 체육 훈장 청룡장을 받았다.

국립발레단의 단장이 된 발레리나

⦿ 최태지 (1959~현재)

재일 교포였던 최태지의 아버지는 일본에서 크게 성공했다. 그녀는 아버지의 든든한 지원을 받으며 발레를 배울 수 있었다.

일본 무용학교를 졸업하고 발레단 단원이 된 그녀는 일본 정부에서 지원하는 장학금을 받고 해외 유학을 떠나려던 순간에, 일본인이 아니라서 해외 유학을 할 수 없다는 말을 듣고 좌절감에 빠졌다.

"그냥 일본 국적으로 바꾸지 그러니?"

"그래, 네 실력이면 충분히 가능하잖아."

주변의 권유에도 그녀는 일본 국적으로 바꾸지 않고 프랑스로 발레를 공부하러 떠났다.

그러던 중 국립발레단의 초대 단장이었던 임성남의 초청을 받아 '세헤라자데'의 주역을 맡게 되었다. 그리고 고국인 한국에 정착하게 되었다. 국립발레단을 대표하는 발레리나로 성장한 그녀는 지도력도 인정을 받아 국립발레단의 단장이 되며 승승장구하게 되었다.

하지만 힘든 날도 많았다.

"한국말도 제대로 못하는 재일 교포가 국립발레단의 단장이 된 것을 안 좋게 보는 사람들이 많았습니다. 그래도 절 믿어준 선생님과 동료들을 떠올리며 열심히 했습니다. 그래서 지금 이 자리에 있게 되었습니다."

국립발레단은 전 세계의 초청을 받아 공연을 다니고 있다. 이제 국립발레단은 세계적인 발레단이 된 것이다. 또한 국립발레단은 발레를 접하지 못한 사람들을 위해 전국 곳곳을 찾아가 공연하고 있다.

국립발레단
국립발레단의 발레리나들이 서울 예술의 전당 오페라 극장에서 제135회 정기 공연을 하고 있다.

프랑스가 사랑하는 작가

○ 프랑수아즈 사강 (1935~2004)

소설 《슬픔이여 안녕》의 저자인 프랑수아즈 사강은 마약을 복용해 경찰에 체포되었다. 법정에서 판사는 그녀에게 마지막으로 자기주장을 할 시간을 주었다.

그러자 그녀는 당당히 일어나 판사를 바라보며 말했다.

"타인에게 피해를 주지 않는 한, 나는 나 자신을 파괴할 권리가 있습니다!"

그녀의 말은 사람들에게 충격을 안겨 주었다. 프랑수아즈는 프랑스에서 가장 많은 독자를 가진 작가였다. 18살 때 발표한 《슬픔이여 안녕》이 베스트셀러가 되어 그해에 문학 비평상을 받으며 작가로 데뷔했다. 남녀 간의 섬세한 심리를 잘 표현하며 세계 각국에서 큰 사랑을 받았다.

그러던 어느 날, 그녀는 교통사고를 당했다. 그러나 죽음의 위기에서 기적적으로 소생한 그녀는 말했다.

"지난 3개월간의 병상 생활은 나에게 죽음과 인생, 사랑에 대한 깊은 반성의 기회를 갖게 했다. 나는 작품 활동을 멈추지 않을 것입니다!"

이후 작품 활동에 매진한 그녀는 《어떤 미소》, 《한 달 후 일 년 후》, 《브람스를 좋아하세요》, 《신기한 구름》, 《뜨거운 사랑》 등 수많은 작품을 발표했다.

그녀가 사망했을 때 프랑스 대통령은 이렇게 말했다.

"프랑스는 가장 훌륭하고 감수성이 풍부한 작가 중 한 사람을 잃었습니다."

프랑수아즈 사강
프랑수아즈 사강이 자신이 쓴 작품을 꼼꼼히 읽어 보고 있다.

기적을 이룬 집필가

● 헬렌 켈러 (1880~1968)

"**다른** 사람들이 눈과 귀로 얻은 지식을 저는 책을 통해 얻었습니다."
이 말은 한 사람은 헬렌 켈러이다.

헬렌 켈러는 태어난 지 19개월 만에 시력과 청력을 잃었다. 그래서 글을 읽을 수도 쓸 수도 없었다. 사람들은 그런 그녀가 정상적인 학교 생활을 못할 거라고 믿었다. 그녀 역시 절망스러운 나날을 보내야 했다. 그러나 그녀의 인생은 1887년 3월에 가정 교사 설리번 선생님을 만나면서 달라지기 시작했다.

"헬렌, 포기하지 마. 너도 책을 읽을 수 있어!"

설리번 선생님은 헬렌이 시력과 청력을 잃었지만 어학적인 재능이 있다고 굳게 믿었다.

헬렌은 손가락 끝으로 점자(손가락으로 더듬어 읽도록 만든 시각 장애인용 문자) 책을 만지며 독서를 시작하게 되었다. 그녀는 일반 사람들이 눈이나 귀로 얻는 지식을 책을 통해 모두 얻었다.

그렇게 해서 그녀는 시각 장애인 최초로 대학교에서 학사 학위를 받았고, 5개 국어를 구사하게 되었다. 이에 그치지 않고 법학 박사와 문학 박사 학위까지 받을 정도로 열심히 공부했다.

그녀는 힘들게 얻어 낸 지식을 사회를 위해 펼쳐 냈다. 헬렌 켈러는 많은 집필 활동을 하는 작가가 되었다. 또한 여행을 자주 다녔고 미국이 전쟁에 참전하자 반전 운동을 벌였다. 그리고 여성의 선거권과 비참한 노동 환경에서 일하던 노동자의 인권을 위해 일했다.

헬렌 켈러
미국 앨라배마 주에서 태어난 헬렌 켈러는 레드클리프대학교를 졸업하면서 최초로 학사 학위를 받은 시각 장애인이 되었다.

혼자만의 힘으로 정치에 뛰어들다

● 힐러리 클린턴 (1947~현재)

"**엄마**, 제 생각에는 배리 골드 워터가 대통령으로 적격인 것 같아요."

"넌 아직 선거를 할 수도 없는데 왜 정치에 관심이 많니?"

힐러리는 어렸을 때부터 정치에 관심이 많았다. 공화당의 대통령 후보인 배리 골드 워터를 지지할 정도였다. 선거를 할 수 없는 나이임에도 그녀는 대통령 선거 방송을 지켜보면서 자신이 지지하는 후보에게 편지를 쓰기도 했다.

그녀는 대학교에서 정치를 공부하면서 청년 공화당 단체에 가입을 했다. 하지만 공화당은 그녀가 꿈꾸던 단체와는 거리가 멀었다. 그래서 그녀는 공부에 전념했다. 예일대학교 대학원에 들어가 법 공부를 시작했다.

"우리 함께 아칸소로 가지 않을래?"

그녀는 대학원에서 빌 클린턴과 만나 아칸소로 떠났다. 그녀는 탄탄대로를 걸을 수 있을 기회를 저버리고 빌 클린턴을 따랐다. 그리고 그와 결혼했다.

빌 클린턴이 의원이 되려고 하자 그녀는 현명한 동반자로 함께했다. 빌 클린턴이 주지사가 되었을 때도 그의 곁에는 그녀가 있었다. 사람들은 대통령이 된 빌 클린턴보다 그 옆에 서 있는 한결같은 그녀를 주목했다. 그녀는 그 기회를 놓치지 않았다. 그녀는 정치인으로 활동하기 시작했다.

어떤 사람들은 그녀가 대통령을 지냈던 남편인 빌 클린턴을 이용했다고 손가락질하지만, 그녀는 혼자서 정치 세계에 뛰어든 여인이다. 그녀의 영향력은 미국뿐만 아니라 세계를 움직일 만큼 커지게 되었다.

힐러리 클린턴
힐러리 클린턴은 미국의 제42대 대통령을 지낸 빌 클린턴의 부인이다. 남편의 대통령 재직 중 활발한 활동을 하며 세계적으로 관심을 모았고, 2001년부터 국무부 장관으로 활동하고 있다.

3

세상에 나를 알리는 힘,

순탄한 삶을 버리고 독립투사가 되다

○ 김마리아 (1891~1944)

용기
01

그녀는 일본 유학 생활을 하는 동안 자신의 삶에 만족했다. 가끔 마주치는 일본인들의 부당한 행동에 화가 났고, 맞서 싸울 수 있는 힘을 가지지 못해 억울하기도 했지만, 그녀의 생활은 순탄했다. 가끔 한국인 친구들과 만나 몰래 일본인들을 욕하며 조선에서 무엇이 유행하는지, 사람들은 어떻게 사는지를 이야기하며 지냈다.

"지금 시내에서 독립 선언을 했대! 빨리 가 보자!"

졸업을 하면 조선으로 돌아가 집안일을 도우려고 했던 그녀는 친구들과 함께 독립운동에 참가하게 되었다. 도쿄에 사는 유학생들이 중심이 되어 2·8 독립 선언이 일어났다. 그녀는 3·1운동이 일어나기 전에 미리 조선으로 돌아갔다.

"독립? 조선인들이 독립을 할 수 있을 것 같으냐?"

"당연하지요. 조선은 엄연한 독립된 나라입니다. 일본인들이 아무리 우리나라를 당신들의 것이라 우겨도 바꿀 수 없는 사실입니다!"

독립운동에 참여했다가 체포를 당한 그녀는 심한 고문을 당했다. 평생 동안 고생할 만큼 심한 상처를 입었지만 그녀는 감옥을 나와서도 독립을 위해 힘을 썼다.

"나는 대한의 독립과 결혼했습니다."

그녀는 결혼도 하지 않고, 중국과 미국, 조선을 떠돌며 독립을 위해 발 벗고 나섰다. 그녀는 고문을 두려워하지 않고, 꺾이지 않는 신념으로 우리나라를 독립시킨 한 명의 독립투사가 되었다.

수피아여학교
전라남도 광주에 있는 수피아여자고등학교는 일제 강점기 때는 수피아여학교였다. 김마리아는 이 학교에서 교사로 활동하기도 했다. 그녀는 1962년에 건국 훈장 국민장을 받았다.

자신의 뜻을 솔직히 밝히는 여배우

● 김여진 (1972~현재)

영하 10도의 날씨에 배우 김여진과 40여 명의 사람들이 홍익대학교 앞에 모였다. 홍익대학교 노동자들을 집단 해고해서 이에 반발해 학교 본관을 점거하고 농성을 벌이는 이들을 지지하는 모임이었다. 김여진은 대학 시절에도 사회 문제에 관심이 많아서 배우가 된 뒤에도 문제가 불거진 곳으로 달려갔다. 홍익대학교에서 그녀는 말했다.

"밥 먹을 공간도 없고, 청소를 마쳐도 손 씻을 곳이 없어서 지저분한 손으로 지하철을 타고 귀가하는 사람들의 소식을 들었어요. 정말로 마음이 아프더군요. 그런데 끝까지 침묵을 지키는 학교, 그리고 교수들의 비겁한 모습에 화가 났어요."

그녀는 4대 강 사업 반대, 반값 등록금 시위 등에도 참여했다. 영화나 드라마에 한 번이라도 더 출연하는 것보다는 사회의 문제를 해결하는 것이 더 중요하다고 생각해서였다. 그녀는 계속 말했다.

"등록금이 비싸서 젊은이들이 꿈을 꿀 수 없는 현실이에요. 등록금을 반으로 줄어야 합니다. 젊은이들의 꿈이 '대기업에 입사하는 것'이 되어서는 안 됩니다."

이렇게 자신의 뜻을 당당히 밝히는 배우 김여진은 앞으로도 자신의 도움이 필요한 곳에 언제라도 달려갈 것이다.

김여진
배우 김여진이 정부를 상대로 '반값 등록금 공약을 지키라.'는 팻말을 들고 시위하고 있다.

노동자를 위해 크레인 위에 오르다

● 김진숙 (1960~현재)

2010년 12월, 한진중공업이 생산직 근로자 400명을 퇴직시키기로 결정했다. 이 같은 회사의 결정에 노동조합(노동 조건의 개선 및 노동자의 사회적·경제적인 지위 향상을 목적으로 노동자가 조직한 단체)이 반발하며 농성을 벌이기 시작했다.

하지만 문제가 해결될 기미가 보이지 않자 2011년 1월에 전국 민주 노동조합 총연맹 지도위원인 김진숙은 노동 조건 개선을 요구하며 크레인(기중기) 위에 올라갔다.

"기업의 부당한 해고와 비정규직(근로 방식 및 기간, 고용의 지속성 등에서 정규직과 달리 보장을 받지 못하는 노동자)을 없애라."

그러자 한진중공업은 김진숙을 막기 위해 시위 현장에 전기를 비롯해 식품, 의약품, 의복 등을 공급하지 않았다. 그리고 크레인 주변에 추락 방지용 그물을 치려고 하면서 강제 진압을 준비했다.

그러나 김진숙은 이 같은 압력에도 굴하지 않고 시위를 멈추지 않았다.

"매일 유서를 쓰는 심정으로 살고 있다!"

그녀는 9개월이 넘는 기간 동안 연약한 여성의 몸으로 추위와 배고픔에 떨면서 회사의 압박에 맞서 싸웠다. 그래서 많은 사람들의 지지를 받았다.

전국 각지에서 버스를 타고 그녀를 응원하기 위해 사람들이 찾아왔다. 한진중공업의 문제가 사회적으로 큰 관심을 끌자 국회의원들이 한진중공업을 방문하기도 했다. 결국 2011년 11월 10일, 회사와 노동조합의 합의가 이루어졌다. 김진숙은 309일간의 시위를 마치고 크레인에서 내려왔다.

한진중공업 크레인
김진숙은 2011년 1월 6일부터 2011년 11월 10일까지 한진중공업 내의 85호 크레인에서 309일간 크레인 위에서 시위했다.

대한민국 최초의 여성 박사

● 김활란 (1899~1970)

일본이 한국을 부당하게 점령하던 시대였다. 그런 그녀가 이화학당(오늘날의 이화여자대학교)의 교사로서 학생들 앞에서 역사를 가르치는 것은 힘든 일이었다. 그녀가 조선의 역사를 자세히 가르쳐 주면 일본 사람들은 그녀에 대해 수군거렸다. 그리고 남성 위주의 사회에서 여성의 권리를 인정해 주어야 한다고 말해도 사람들은 못마땅해 했다.

"한국이 독립하지도 못했는데, 어떻게 여성 해방을 외칠 수 있소?"

여성의 한 사람으로서 여성이 불평등한 대우를 받지 말아야 한다는 그녀의 생각은 사람들에게 전해지지 않았다. 일본에 대항해 왜 나라를 독립으로 이끌어야 하는지, 여성이 왜 권리를 인정받아야 하는지를 알지 못하는 사람들을 가르치기 위해 그녀는 누구보다도 앞장섰다.

'누군가를 가르치려면 더 많이 알아야 해.'

그녀는 더 많은 지식을 쌓기 위해 미국으로 건너가 박사 학위를 받았다. 그녀의 박사 학위는 그녀만의 학위가 아니었다. 그녀는 우리나라 최초의 여성 박사가 되었기 때문이었다.

"내가 떠나기 전보다 많이 변했어. 이제 앞장서서 사람들을 이끌어 준다면 분명히 변할 거야."

비록 일본이 허락하는 내에서만 펼쳐진 교육 활동이었지만, 그녀는 누구보다도 앞장서서 사람들에게 지식을 나누어 주기 위해 노력했다.

이화학당
이화학당은 1886년에 미국 선교사 스크랜턴이 설립한 우리나라 최초의 여성 교육 기관이다. 이화학당은 오늘날에 이화여자대학교로 바뀌었다.

하원의장이 된 여성

○ 낸시 펠로시 (1940~현재)

미국의 오바마 대통령이 자신의 모든 것을 걸고 건강 보험을 개혁하려고 했다. 이 개혁안이 통과되면 건강 보험의 혜택을 받는 사람들이 3,600만 명으로 늘어날 수 있었다. 그리고 이 개혁안은 가난해서 건강 보험료를 내지 못하는 이들에게 국가가 보조금을 지급함으로써, 많은 사람들에게 혜택을 주기 위해 만들어졌다.

하지만 야당의 반대로 이 정책은 난관에 부딪치고 있었다.

"건강 보험을 개혁하려면 많은 돈이 듭니다. 그 비용을 어디에서 마련할 건가요?"

이때 낸시 펠로시 하원의장(미국의 의회는 상원의회와 하원의회로 나뉘는데, 하원의회를 이끄는 사람이 하원의장이다.)이 나섰다. 그녀는 개혁안에 반대하는 의원들을 한 사람씩 만나 대화와 설득을 통해 이들의 마음을 움직여 개혁안을 통과시켰다. 이런 그녀에 대해 오바마 대통령은 '이번 개혁안이 통과된 것은 펠로시 의장의 탁월한 지도력 덕분'이라고 칭찬을 아끼지 않았다.

낸시 펠로시
낸시 펠로시는 2007년부터 2011년까지 미국에서 여성으로는 처음으로 하원의장으로 재직했다. 그녀는 5명의 아이를 둔 어머니이기도 하다.

펠로시 의장은 47살 때 하원의원이 되어 19년 만에 하원의장이 되었다. 사실, 여성이 하원의장이 되는 것은 매우 드문 일이었다. 대통령과 부통령 다음의 자리에 오른 것이기 때문이었다.

그녀는 하원의장에 당선된 후 이렇게 말했다.

"제가 하원의장이 된 것은 개인적인 성취가 아니라 모든 여성들에게 매우 중요한 일입니다! 앞으로는 여성이 이끄는 사회가 되어야 합니다!"

펠로시 하원의장은 뛰어난 리더십을 발휘하고 있다.

여성의 권리를 주장한 언론가

⬤ 도리스 앤더슨 (1921~2007)

도리스 앤더슨은 어릴 적부터 사람들에게 정보와 의견을 제공하는 저널리스트(신문이나 잡지 일에 종사하는 사람)가 되고 싶었다. 그녀는 시골 학교에서 아이들을 가르치며 학비를 모아 대학을 졸업한 뒤 잡지사에서 보조 기자로 활동하기 시작했다. 그녀는 여러 가지 보조 업무를 하면서 캐나다 여성들의 권리를 드높이는 데 관심을 갖게 되었다.

'남자와 여자는 평등해야 하는데도 지금 이 사회는 전혀 그렇지 못해.'

앤더슨은 누구보다 열심히 일하기 시작했다.

"도리스 앤더슨은 여자이지만 일하는 모습은 남자를 뛰어넘는다."

이렇게 평가받을 정도로 일에 매진한 그녀는 6년 뒤 잡지사의 정식 편집자가 되었다. 남성들이 독차지하던 직업인 편집자가 된 그녀는 다른 언론인들은 상상하지 못한 파격적인 기사를 내보냈다.

'국회의원이 될 만한 여성 50명!'

당시에는 여성이 정치에 진출하는 것을 상상도 하지 못했다. 하지만 앤더슨은 좋은 정치인으로 성장할 만한 여성들을 위해 그들을 소개하는 기사를 썼다. 그래서 사람들은 그녀를 이렇게 평가했다.

"그녀는 바위와 같은 뚝심을 가졌어요. 지난 40년 동안 캐나다에서 벌어졌던 여성 운동의 리더였고 그녀만 한 인물은 아무도 없었죠."

캐나다 최고의 여성 운동가이자 영향력 있는 언론인이었던 도리스 앤더슨은 실천하는 지식인이었다.

세계 여성의 날
세계 여성의 지위 향상을 위해 매년 3월 8일은 '세계 여성의 날'로 지정되었다. 우리나라에서도 이날에는 '한국 여성 대회'가 열리고 있다.

오랜 세월 핍박을 받았던 작가

○ 딩링 (1904~1986)

딩링은 중국 후난 성에서 태어났다. 1952년에 《태양은 쌍간 강 위에서 빛난다》로 스탈린 문학상을 수상하며 세계적인 작가가 된 딩링은 중국 여성들의 이야기를 주로 다루며 인기를 얻고 있었다.

그러던 어느 날 문학 연구소에서 학생들을 가르치던 딩링이 말했다.

"내 경험에 비추어 보면 작가라면 자기만의 대표적인 작품을 갖는 것이 중요한 것 같아. 그러니 너희도 너희만의 작품을 만들었으면 좋겠구나."

그런데 그 말이 딩링을 고통의 나락으로 빠뜨리고 말았다. 공산 정권이었던 중국 정부는 작가들에게 정부를 위해 글을 쓰라고 강요했다. 그런데 그녀가 자기만의 작품을 쓰라고 주장하니 그녀를 사회에 문제를 일으키는 작가로 몰아세운 것이다. 그녀는 20년 동안 글을 쓰고 발표할 권리를 박탈당했다.

그리고 세월이 흘러 딩링은 오랜 수감 생활로 인해 주름진 모습으로 돌아왔다. 그 모습을 본 미국의 한 기자가 딩링에게 질문을 던졌다.

"핍박받은 것이 억울하지 않습니까?"

"내가 국내에서도 아무런 불평을 하지 않았는데. 하물며 밖에 나와서 하겠소?"

노년의 딩링은 잃어버린 20년의 세월에 대한 회한을 자신의 삶 전체에 대한 자긍심과 바꾸지 않았던 것이다. 그녀는 공산 정권에 오랜 세월 핍박받았지만 중국 현대 문학사에서 가장 뛰어난 여성 작가로 평가받고 있다.

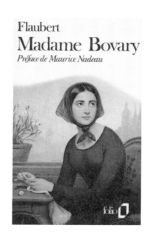

Flaubert
Madame Bovary
Préface de Maurice Nadeau
folio

《보바리 부인》의 원서
딩링은 플로베르의 소설 《보바리 부인》의 영향을 받아 작가가 되었다.

숨어서 연구한 학자

● 리타 레비 몬탈치니 (1909~현재)

이탈리아에서 태어났지만 리타는 마음 놓고 공부할
수 없었다. 파시즘(자유주의를 부정하고 폭력적인 방법에 의한 일당 독재를
주장해 지배자에 대한 절대적인 복종을 강요하는 사상)이 한창 세계에 퍼져
있었고, 리타는 파시즘을 주장하는 사람들이 싫어하는 유대인이었기 때
문이었다. 이탈리아 정부에서는 유대인이 병원을 열거나 과학자가 되는 것
을 금지했다.

무장한 군인들이 하루에도 몇 번씩 대학과 병원, 과학실 등을 뒤졌다. 그
들에게 붙잡힌 유대인들은 광장에서 곧바로 처형을 당했다. 무시무시한 차
별을 견딜 수 없었던 유대인들은 도망을 가거나, 학업을 그만두었다.

그러나 과학자가 되고 싶었던 리타는 쉽게 포기하지 않았다. 병아리의
세포를 연구하고 있던 그녀는 숨어서 연구를 계속하기로 결심했다.

'연구를 꼭 연구실에서만 하라는 법은 없잖아!'

동료들은 위험한 일이라고 말렸지만 그녀의 결심은 바뀌지 않았다. 곧바
로 연구실의 기구들을 자신의 침실로 옮긴 뒤, 밤이면 촛불을 켜 놓고 조심
스럽게 연구를 계속했다.

하지만 그녀는 점점 지치기 시작했다. 언제 발각될지 몰랐기 때문이었다.
초조해 하는 그녀를 친구들이 위로해 주었다.

"리타, 지금은 세상이 이렇지만 언젠가 네 연구는 많은 빛을 발할 거야.
그때를 생각하며 힘을 내."

용기를 얻은 그녀는 연구를 계속할 수 있었고, 열악한 환경 속에서도 생
물의 신경 세포에 대한 새로운 발견을 할 수 있었다.

리타 레비 몬탈치니
리타 레비 몬탈치니는 신경 세포의 성장을 촉진
시키고 영향을 주는 체내 물질을 발견한 공으로
스탠리 코언과 함께 1986년 노벨 생리 의학상을
공동 수상했다.

우주로 나간 최초의 흑인 여성

◉ 매 제미슨 (1956~현재)

용기
09

1992년 9월 12일, 미국 케네디 우주항공센터를 떠난 우주선에 아주 특별한 인물이 타고 있었다. 흑인 여성으로는 처음으로 우주 비행사가 된 매 제미슨이었다.

"나의 꿈이 이루어지는 순간이에요!"

우주선이 지구 궤도를 벗어난 것을 느끼며 그녀는 함께 있던 동료들에게 말했다. 그때까지의 우주 비행사 중에 흑인은 세 명밖에 안 되었으며, 그것도 남성들뿐이었다.

"제미슨 박사, 당신은 새로운 개척지로 발을 들여놓은 것과 다름없소."

동료들은 진심으로 그녀의 성공을 축하해 주었다. 의사였던 제미슨은 우주 여행을 통해 무중력 상태가 인체에 미치는 영향을 연구하려고 했다. 그녀는 무사히 연구를 마친 뒤, 지구로 돌아올 수 있었다.

"우주 여행을 결심하게 된 특별한 이유라도 있나요?"

기자들이 제미슨에게 질문을 던졌다. 흑인 여성이 우주에 나갔다는 것 자체가 미국에서는 큰 화젯거리였다.

〈스타 트렉〉
미국의 드라마 〈스타 트렉〉은 우주선인 엔터프라이즈 NX-01의 선원들이 은하계를 모험하는 이야기를 담고 있다.

"어렸을 때 텔레비전 드라마 〈스타 트렉〉에서 보았던 우주선이 많은 영향을 끼쳤죠. '나도 저 우주로 갈 거라고 생각했거든요. 제가 이런 얘기를 하면 사람들은 절 비웃었지만 저는 해냈어요. 꿈을 이루는 데는 백인이냐 흑인이냐는 중요하지 않습니다. 중요한 건 꿈을 이루기 위해 얼마나 열정적으로 살았는가라는 거죠."

그녀는 미래를 준비하는 젊은이들에게 용기와 희망을 불어넣어 주었다.

SEC 최초의 여성 위원장

○ 메리 샤피로 (1955~현재)

세계 금융 시장의 중심인 미국 뉴욕 월가에서 5백억 달러 규모의 사기 사건이 발생했다. 사건이 발생하자 사기 사건을 미리 알아내지 못한 미국 증권거래위원회(SEC)에 비난이 쏟아지기 시작했다. 금융 시장을 감독하는 그들이 제 역할을 못한 것에 대한 비난의 목소리가 여기저기서 흘러나왔다.

이때 SEC의 새 위원장으로 매리 샤피로가 지명되었다. 1988년부터 SEC 감독관을 지낸 그녀가 위원장에 임명됨으로써 SEC의 최초의 여성 위원장이 탄생하게 되었다.

'최근 역사적으로 혹독한 위기를 겪고 있는 SEC에 필요한 것은 리더십이며, 샤피로 회장은 리더십이 뛰어난 인물이다!'

이런 기대를 받으며 위원장이 된 샤피로는 다음과 같이 말했다.

"사기 사건은 더 이상 일어나서는 안 됩니다. 투자자를 보호하고 신뢰성을 높이기 위해 노력할 것입니다."

이처럼 그녀는 금융 시장의 부정을 뿌리 뽑겠다고 말했다. 실제로 샤피로 위원장은 골드만삭스(세계적인 은행 겸 증권 회사)를 상대로 리비아 사람들에게 뇌물을 받았는지 조사했다. 또한 투자자들에게 손실을 입힌 JP모건(세계적인 금융 회사)에게 약 1,650억 원을 벌금을 부과해 국민과의 약속을 지켜 나갔다.

SEC의 위상을 회복시킨 샤피로 위원장은 월가를 비롯한 금융 시장의 규제와 개혁을 위해 싸우고 있다.

골드만삭스 본사
골드만삭스는 모건 스탠리, 메릴린치와 함께 국제 금융 시장을 주도하는 대표적인 투자 은행 겸 증권 회사이다.

남녀 불평등에 맞선 여인

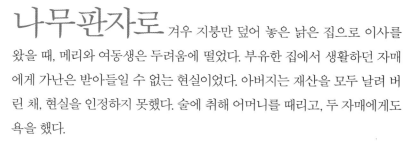

○ 메리 울스턴크래프트 (1759~1797)

용기
11

나무판자로 겨우 지붕만 덮어 놓은 낡은 집으로 이사를 왔을 때, 메리와 여동생은 두려움에 떨었다. 부유한 집에서 생활하던 자매에게 가난은 받아들일 수 없는 현실이었다. 아버지는 재산을 모두 날려 버린 채, 현실을 인정하지 못했다. 술에 취해 어머니를 때리고, 두 자매에게도 욕을 했다.

"메리, 방으로 들어가 있어."

아버지가 술에 취하면 어머니는 두 딸을 방 안으로 피신시켰다. 얇고 낡은 벽은 어머니의 울음소리와 아버지의 고함을 막아 줄 수 없었다. 여자는 남자의 소유물이고, 하나의 인간으로 대접받지 못하던 시절이었다. 메리는 이러한 현실을 받아들일 수 없었다.

'왜 어머니가 맞아야 하고, 아버지는 죄책감 없이 어머니를 때릴 수 있는 것인가?'

메리는 항상 의문을 품었다.

'세상의 반은 여자야. 남자와 여자는 똑같은 인간이야!'

어른이 된 메리는 남녀평등에 대한 자신의 생각을 책으로 썼다. 모든 사람들이 읽고 변화할 수 있었으면 좋겠다는 마음으로 쓴 책이었다. 하지만 사람들은 그녀의 책을 비웃었다. 여자가 남자보다 뛰어날 수 없다고 생각해서였다. 하지만 그녀는 물러서지 않았다.

'내 딸이 살아갈 세상을 좀 더 평등하게 만들 거야.'

그녀는 두 딸에게 남녀평등에 대해 교육했다. 그녀의 교육 덕에 두 딸들은 남자가 여자보다 우수하다는 편견을 깰 만큼 훌륭하게 자라났다.

메리 울스턴크래프트
메리 울스턴크래프트는 18세기 영국의 작가이자, 철학자, 여성주의자이다. 《여성의 권리 옹호》를 집필했다.

정정당당한 정치인

● 박영선 (1960~현재)

박영선 의원은 국회에서 분을 삭이지 못할 때면 당당하게 소리쳤다. 대기업들이 세금을 내지 않고 부패로 얼룩진 것을 알기 때문이었다. 그녀는 늘 이렇게 외쳤다.

"많이 가진 자는 세금을 더 내야 합니다. 대기업들은 세금을 덜 내기 위해 각종 불법을 저지르고 있습니다. 저는 분개합니다!"

2005년 5월, 점심시간이었다. 국회 식당에서 국회의원들이 서로 말을 주고받았다.

"요즘 대기업에선 박영선 의원을 가장 겁낸다지?"

"왜 그런데?"

"여자 호랑이 아닌가. 한 번 물면 끝까지 놓지 않는데."

"내 친구가 박영선 의원에게 국회에서 조사를 받는다는데, 봐 달라고 부탁 좀 해야겠네. 혹시 박영선 의원 연락처를 아는가?"

"전화를 걸었다가는 혼날 거야."

방송국 기자 출신인 그녀는 악바리로 불렸다. 그리고 국회에 들어와서도 '여자가 뭘 하겠어.' 라는 주변의 시선을 뒤로 한 채 늘 앞장서서 대기업들의 부정과 부패를 파헤쳤다. 그래서 2011년에는 야당의 최고위원이라는 중요한 직책을 맡았으며 맹활약을 하고 있다. 그녀는 여야를 통틀어 가장 정정당당한 정치인으로 통한다.

국회 의사당
국회 의사당은 대한민국 국회의 회의가 개최되는 건물로, 서울시 영등포구 여의도동에 있다.

10대 소녀, 한류를 이끌다

○ 보아 (1986~현재)

용기
13

소녀 보아는 가수가 되기 위해 3년 동안 하루도 연습을 거르지 않았다. 하루에 12시간 넘는 노래와 춤 연습을 통해 누구보다도 뛰어난 실력을 지니게 되었다. 그래서 그녀는 누구보다 이른 나이에 가수로 데뷔했다.

"보아는 물러가라!"

어린 자신을 시샘하는 같은 나이 또래의 여자 아이들이 질투해서 그녀의 첫 음반은 성공을 거두지는 못했다. 방송에도 출연했지만 자신을 진정으로 사랑해 주는 팬을 만나기는 힘들었다.

"일본에서의 데뷔를 준비해. 이제 시작이야."

기획사에서는 그녀를 격려했고, 더욱 혹독한 훈련을 시작했다. 정확한 발음의 일본어를 구사하기 위해 일본어도 공부했다. 한국에서 데뷔를 성공적으로 못 해서 그녀는 일본 데뷔에 대해서도 두려움을 느꼈다.

그녀의 우려와 달리 그녀는 일본에서 빛을 발했다. 그녀는 사람들의 관심을 모았다. 일본 최고의 인기 가수가 된 것이다.

하지만 인정할 수밖에 없는 사실은 그녀가 한국인이라는 것이었다. 자신을 무조건 비난만 하던 한국 사람들은 그녀를 따뜻하게 맞아 주었다. 일본에서 성공한 덕분이었다.

그녀는 일본의 큰 무대에서 겉옷에 그려진 일장기를 떼고 태극기를 붙이고 노래하며, 일본 팬들에게 자신이 한국인이라고 당당하게 밝혔다. 자신이 한국인이라는 사실에 자부심을 느끼는 한류 가수의 선구자가 되었다.

보아의 음반
보아는 한국 가수로는 처음으로 일본 오리콘 차트 1위를 달성했는데, 지금까지 6개의 음반을 연속으로 오리콘 차트 1위에 올려놓았다.

힘든 현실을 노래로 표현하다

◉ 빌리 홀리데이 (1915~1959)

'재즈를 부를 때만큼은 너무 행복해.'

가난한 흑인으로 태어나 어린 시절을 보내던 소녀가 있었다. 11살에는 백인 남자에게 성폭행을 당하고도 오히려 2년 동안 감옥살이를 해야 했고, 그 후에도 많은 멸시와 차별을 받아야 했다.

그러던 어느 날, 음반 가게 앞을 지나는 소녀의 귀에 구슬픈 노래가 들렸다. 아프리카 흑인의 토속적인 리듬에 트럼펫과 피아노 반주에 맞춰 한 남자가 노래를 부르고 있었다.

'누가 부르는 걸까?'

소녀는 그의 음악에서 왠지 자신과 같은 슬픔이 느껴졌다.

"루이 암스트롱!"

그날부터 루이 암스트롱의 음악은 끼니를 위해 온갖 허드렛일을 하는 소녀의 유일한 안식처가 되었다. 그리고 그녀는 재즈 가수가 되고 싶다는 꿈을 갖게 되었다. 어렵게 가수가 되어서도 홀리데이는 흑인이라는 이유로 온갖 차별을 받았다. 그러나 자신의 현실을 노래에 담아냈다. 힘겨운 삶이 그대로 묻어나는 그녀의 노래는 많은 사람들을 감동시켰다.

이 소녀가 바로 천재 재즈 가수 빌리 홀리데이였다. 그녀의 음악은 이런 평가를 받았다.

"미국의 재즈를 완벽하게 바꿔 놓았다."

그녀는 모든 재즈 가수에게 큰 영향을 주었다.

빌리 홀리데이
빌리 홀리데이는 미국의 재즈 역사에서 가장 영향력 있는 가수로 평가받고 있다.

나치의 만행에 저항한 대학생

● 소피 숄 (1921~1943)

"**어떻게** 그런 짓을 할 수가 있죠?"

1941년 나치를 비난하는 주교(천주교에서 한 교구를 관할하는 교직)의 설교를 듣게 된 소피 숄과 친구들은 경악했다.

"주교님의 설교문을 복사하게 해 주세요. 이런 만행을 세상에 알리고 싶어요."

소피는 친구들과 함께 설교문을 복사해 뮌헨대학교에 뿌렸다.

'폴란드를 점령한 이래 30만 명의 유대인들이 잔혹하게 학살당했습니다. 이 글을 읽는 독일인은 나는 이러한 죄와 아무런 관견이 없다고, 양심에 꺼릴 것이 없다고 할지 모릅니다. 그러나 누구도 벗어날 수가 없는 것입니다. 모두가 유죄입니다.'

소피는 여기서 멈추지 않고 '백장미단'이라는 조직을 만들었다. 이 조직은 뮌헨의 대학생들과 그들을 가르치는 교수로 구성되어 나치의 만행을 알리기 위한 비폭력 저항 단체였다. '백장미단'을 결성한 후 전쟁의 잔혹함과 비인간적인 나치에 저항하는 일을 멈추지 않았다.

"나치는 더 이상 유대인을 학살해서는 안 됩니다!"

그러나 6번째 전단을 뿌리던 소피 일행은 학교 경비에게 발각되고 말았다. 그리고 소피를 비롯한 일행 모두가 사형을 당했다.

그녀의 행동은 독재와 만행이 가득한 절망의 시대에 존재한 희망의 빛이었다.

뮌헨대학교
뮌헨대학교는 학생 수가 44,000명 이상으로, 독일에서 두 번째로 큰 대학교이다.

여성의 투표권을 얻어 내다

● 수잔 B. 앤소니 (1820~1906)

대통령을 뽑기 위해 남자들은 거리로 나섰다. 투표를 하러 가는 날 아침에 여자들은 아이들을 깨우고, 아침밥을 준비하느라 분주했다. 여자들에게는 투표권이 없었기 때문에 집안 일만 해야 했다. 앤소니는 너무 분했다.

'왜 여자들은 투표를 할 수 없을까?'

그녀는 세상과 맞서 싸우기 시작했다.

"대통령은 이 나라를 이끌어 갈 사람입니다. 나라를 이끌어 갈 사람을 뽑는 것은 국민이지요. 그럼, 국민은 누구입니까? 남자들만 국민이 아니지 않습니까?"

앤소니는 남자들의 힘이 강한 미국 사회와 싸우기 위해서는 여성들의 생각부터 바꿔야겠다고 생각했다. 작은 강당에서 여성들과 모여 이야기를 나누었다.

"여자들은 집에서 살림이나 하면 그만이야."

남자들이 여성들을 업신여기는 말에도 굴하지 않고, 앤소니는 점점 많은 수의 동료들을 얻었다. 전 세계의 많은 여성들이 그녀의 운동에 동참했다. 그녀는 많은 사람들에게 서명을 받았고, 마침내 사람들의 생각을 바꿀 수 있었다. 여성들이 투표를 할 수 있게 된 것이었다.

그녀가 이 세상을 떠나기 한 달 전, 여성들에게 힘을 주기 위해 강단 앞에 섰다.

"실패는 없다!"

그녀가 남긴 이 말은 사람들의 가슴속에 영원히 남았다.

미국 1달러 화폐
1979년에 발행한 미국의 1달러 화폐에는 수잔 B. 앤소니의 얼굴이 새겨 있다.

다양한 분야에서 활동한 여성

○ 수잔 손택 (1933~2004)

미국 애리조나 주 투산에서 태어난 수잔 손택은 어려서부터 사회 문제에 관심이 많았고, 글재주도 좋았다. 세월이 흘러, 수잔 손택은 미국을 대표하는 지식인이 되었다. 그녀를 인터뷰하던 기자가 질문했다.

"당신이 쓴 글들의 주제는 무엇입니까?"

기자의 질문에 그녀는 망설임 없이 대답했다.

"문학과 사회죠. 그것 말고 또 뭐가 있겠어요?"

'뉴욕 지성계의 여왕', '대중 문화의 퍼스트레이디' 등으로 불렸던 그녀는 독창적인 안목과 간결하고 명쾌한 문장으로 소설가와 극작가, 예술 평론가, 연극 연출가 등 다양한 분야에서 활동하고 있었다.

전통이나 관습에 얽매이지 않는 자유로운 사고를 지녔지만 '타인에 대한 배려'를 중요하게 생각했던 수잔 손택은 작품 활동뿐만 아니라 인권 운동을 실천하는 삶을 살았다.

그녀는 9·11테러 이후 이라크 전쟁이 발발하자 대중을 향해 열렬히 호소했다.

"미국의 정치인들이 대중을 바보로 만들려고 합니다. 우리 모두 슬퍼합시다. 그러나 바보는 되지 말아야 합니다."

그러면서 부시 정권의 정책을 신랄하게 비판했다. 그녀는 그릇된 국가의 정책보다 개인의 양심이 더 옳고 강할 수 있음을 보여 주었다.

미국에서 출간된 《해석에 반대하여》
수잔 손택은 이 책을 비롯해 《사진에 관하여》, 《사투르누스의 별자리》 등의 책을 발표했다.

불모지에서 태어난 노벨상 수상자

○ 시린 에바디 (1947~현재)

아침부터 그녀의 사무실에서 히잡(이슬람의 전통 의상으로, 여성들이 머리와 상반신을 가리기 위해 쓰는 가리개)을 쓴 여인이 엉엉 울고 있었다. 여인의 얼굴은 멍이 들어 있었고, 밥을 제대로 먹지 못해 마른 상태였다. 그녀는 그 여인에게 차를 한 잔 권했다.

"히잡을 벗으시겠어요? 불편하실 텐데요."

"변호사님은 아시죠? 이란에서 이혼한 여자가 혼자 살기 힘든 것을요. 위자료 한 푼도 못 받고, 딸은 일곱 살 때까지 아들은 두 살 때까지만 만날 수 있어요. 저는 아들밖에 없어요. 이제 두 아들을 다시는 만날 수 없으니 어쩌면 좋아요. 남편은 부인이 저 말고도 세 명이나 더 있어요. 남편이 저를 매일 때려서 도망쳤을 뿐인데, 제가 바람을 피웠다며 이혼을 하려고 해요. 너무 억울해요!"

여인의 사연을 들은 에바디는 입술을 깨물었다. 처음 판사가 되었을 때, 여성은 너무 감정적이라 재판권을 줄 수 없다고 내쫓겼던 기억이 났다. 그녀는 자신 앞에 앉아 있는 그 여인을 도와주고 싶었다.

에바디는 여성들의 삶을 지켜 내기 위해 몸을 던졌다. 20년 동안 노력해 가족법을 개혁하게 만들었다. 그래서 그녀는 이슬람 여성 중 최초로 노벨 평화상을 받았다.

"이슬람이 문제가 아니라 남성 중심의 사회가 문제다! 이슬람의 경전인 《코란》에는 부정한 여성에게 돌을 던지는 형벌은 나오지 않는다!"

여성들을 위해 싸워 온 그녀는 진정한 혁명가이다.

시린 에바디
2003년 노벨 평화상 수상자 시린 에바디는《아동의 인권》,《이란의 인권 역사와 고증》등의 책을 집필했다.

누구보다도 중국을 사랑한 여인

● 쑹칭링 (1892~1981)

용기
19

쑹칭링은 어려서부터 자기주장이 강했고, 똑똑한 아이였다. 미국에서 공부했던 그녀는 일본에서 쑨원(중국 국민당을 조직해 혁명을 추진한 정치가)의 비서 일을 시작했다. 어린 나이에 미국에서 공부를 시작했지만 중국에 대한 애국심은 식지 않았다.

"그와 결혼하는 것은 위험한 선택이다!"

"그는 진정으로 중국을 사랑하는 애국자예요. 그와 결혼해 중국을 위해 살 거예요!"

아버지의 반대에도 불구하고 그녀는 쑨원의 손을 잡고 결혼식을 올렸다. 아버지의 말처럼 혁명가로 활동하는 쑨원은 항상 어려움에 처했다.

"몸을 좀 더 숙이세요. 들키겠습니다."

그녀는 자칫하면 목숨을 잃을 수도 있다는 사실을 잘 알고 있었다. 하지만 이제 돌이킬 수 없는 걸음이었다. 쑨원을 구하기 위해 위험한 발걸음을 옮긴 그녀는, 쑨원 없이 돌아가지 않을 것이라고 다짐했다. 아수라장이 된 건물 안을 잽싸게 뛰어 쑨원이 있는 곳으로 향했다.

"이쪽으로 오세요! 여기에 나가는 길이 있어요."

그녀는 누구보다 앞장서서 쑨원을 이끌었다. 그녀의 행동은 거침없었다. 옳다고 생각하는 일에 가장 먼저 몸을 던지는 사람이었다. 지금의 중국인들은 그녀를 누구보다도 중국을 사랑한 여인이라고 부른다.

쑹칭링이 살았던 집
중국 베이징에 있는 이 집은 쑹칭링이 살았던 곳이다. 이 집은 현재 기념관으로 사용되고 있다.

사회 문제에 주목한 작가

○ 아룬다티 로이 (1961~현재)

아룬다티 로이는 기독교인인 어머니와 힌두교인인 아버지 사이에서 태어났다. 그녀는《작은 것들의 신》이라는 한 편의 소설로 무명의 작가에서 유명 작가가 되었다. 이 소설로 1997년 부커상을 수상했다. 그녀는 아름다운 문장으로 진정한 지식인의 모습을 보여 주며 독자들의 관심을 받았다.

그런데 로이를 세계적인 작가로 만들어 준 것은, 미국에 대해 비판하는 수필들이었다. 스무 권이 넘는 그녀의 책 가운데 소설은 단 한 편이고 나머지는 모두 수필이다. 로이는 2001년 9·11테러 직후 미국이 아프가니스탄을 침공하는 것을 지켜보며 비판의 목소리를 내기 시작했다.

"미국은 당장 전쟁을 중지해야 한다. 아프가니스탄 공습은 뉴욕과 워싱턴 참사에 대한 정당한 복수가 아니라, 그 자체가 세계인에 대한 테러이다."

로이의 생각은 힘차고 아름다운 문장에 실려 독자들의 마음을 뒤흔들었다.

"나는 유혈이 낭자한 지붕 위에서 소리 지르고 있다. 내 이웃들을 깨우치게 하고 싶기 때문이다. 나는 모든 사람들이 눈을 뜨기 바란다."

그녀는 지금도 사람들로 하여금 사회 문제를 정확하게 바라보는 눈을 뜨게 하기 위해 여러 가지 활동과 강연에 참여하고 있다.

아룬다티 로이
아룬다니 로이는 인도 남단의 케랄라 주의 아예 메넴에서 성장했다. 건축학을 공부한 그녀는 세계적인 작가가 되었다.

노래와 함께 어려움을 이겨 내다

○ 아이유 (1993~현재)

배가 고프다며 그녀에게 칭얼대던 동생은 이내 할머니 다리에 머리를 기대고 잠들어 있었다. 부모님과 연락이 닿지 않은 지 며칠이 지났다. 화장실로 향했지만 벌레가 여기저기 붙어 있어서 세수를 하고 싶은 생각이 싹 가셨다.

"잠깐 나갔다 올게요."

그녀는 좁은 동네 골목길에 쭈그리고 앉아 흐르는 눈물을 닦았다. 오늘 오디션까지 벌써 열 번 넘게 떨어졌다. 자신에게 가수라는 꿈은 너무 커 보였다. 중학교 1학년 때 교내 축제에서 노래를 부른 것이 화근이었다. 무대에서 노래를 부를 때 그녀는 날아오를 듯 기뻤다. 그것이 이 모든 것의 시작이었다.

늙고 힘없는 할머니에게 계속 신세 질 수는 없었다. 그래서 친척 집에 머물게 된 그녀는 뒤척이는 동생 때문에 잠결에 눈을 떴다. 방문 사이로 새어 들어오는 목소리가 들렸다.

"어린애가 공부는 안 하고 노래 바람이 났어. 저러다가 커서 뭐가 되려는지."

눈물이 왈칵 났다.

'보란 듯이 가수로 꼭 성공할 거야!'

그녀는 오디션에 당당히 합격했고 유명 가수들의 지지를 받으며 정식으로 데뷔하게 되었다. 그녀는 달콤한 음색으로 누구보다도 사랑받는 가수 '아이유'로 거듭났다.

아이유의 음반
아이유는 제1회 K-POP 어워드 12월 음원 부문 올해의 가수상을 수상했다. 그녀는 학교 폭력 예방 홍보 대사로도 활동하고 있다.

일기장에 모든 것을 털어놓다

○ 안네 프랑크 (1929~1945)

'**키티**, 내가 왜 일기를 쓰기 시작했는지 말해 줄까? 그건 바로 내게 마음을 털어놓을 만한 친구가 없기 때문이야.'

나치가 유대인을 학살하자 숨어서 생활하던 안네는 매일 일기를 썼다. 그녀는 자신의 일기장에 '키티'라는 이름을 붙여 마치 사람에게 편지를 쓰듯 모든 것을 털어놓았다. 안네의 일기 속에는 날이 갈수록 성숙해져 가는 안네의 모습이 고스란히 담겨 있었다.

'아마 너도 1년 반이나 갇혀서 지낸다며 종종 견딜 수 없을 때가 있을 거야. 나는 자전거를 타고, 춤을 추고, 청춘을 맛보고, 자유를 만끽하고 싶어.'

안네는 일기에 나치의 만행으로 고통받는 유대인의 모습과 전쟁에 대한 공포, 은둔처에서 발각될까 걱정하는 모습들과, 어머니에 대한 불만, 첫사랑 소년에 대한 그리움들을 차곡차곡 기록했다.

그리고 얼마 후, 연합군이 노르망디 상륙 작전에 성공하자 안네는 은신처를 떠나 자유를 만끽할 희망에 부풀게 되었다.

그러나 누군가의 밀고로 나치에게 은신처가 발각되었고 안네와 가족들은 베르겐 벨젠으로 끌려갔다. 그리고 세상을 떠나고 말았다.

유일하게 살아남은 그녀의 아버지에 의해 출판된 《안네의 일기》는 전 세계인의 눈물을 적셨다.

안네 프랑크의 무덤
《안네의 일기》의 지은이 안네 프랑크는 16년의 짧은 생애를 살다가 세상을 떠났다.

여성의 인권을 위해 행동한 운동가

◉ 알리스 슈바르처 (1942~현재)

용기
23

독일의 한 광장에서 캠페인이 벌어졌다. 외설(사람들의 성욕을 자극하는 것)에 반대하는 캠페인이었다.

"외설이 여성의 존엄성을 해치고 있습니다. 그것은 결국 여성에 대한 폭력을 부추기게 됩니다."

지나가는 사람들 앞에서 외치는 여자는 독일의 여성 운동가 알리스 슈바르처였다. 그녀는 성매매(성을 사고파는 것)를 합법적으로 인정한 독일 정부에도 항의했다.

그러면서 여자들에게도 다음과 같이 충고했다.

"이 시대 여자들은 '남들의 손가락질'에 움츠러들지 않는 연습을 해야 해요."

그녀는 책을 통해서도 자신의 의견을 외쳤는데, 그녀가 쓴《아주 작은 차이》라는 책은 세계적으로 큰 인기를 얻었다.

"여성들이 겪고 있는 갈등과 고통은 절대로 자신만의 문제가 아닙니다. 몹시 중요한 사회적인 문제임을 깨닫고 이를 공공연히 드러낼 수 있는 사회 분위기가 만들어져야 합니다. 그래야만 모든 문제를 해결할 수 있습니다."

알리스 슈바르처는 1977년에 여성을 위한 잡지 〈엠마〉를 창간해 지금까지 여성 운동을 대중적으로 퍼트렸다. 그녀는 수많은 책들을 발표하고 강연을 하고 있다. 유럽에서 가장 영향력 있고 유명한 여성 운동가로 활동 중이다.

알리스 슈바르처
독일의 여성 운동가 알리스 슈바르처는 독일 정부로부터 무공 훈장을 받기도 했다.

인권 운동을 펼치는 흑인 작가

● 앨리스 워커 (1944~현재)

앨리스 워커는 소설가이자 인권 운동가, 평화 운동가로 활동하고 있다. 그녀는 토니 모리슨과 함께 미국 흑인 문학을 대표하는 여성 작가로, 1982년에 출간한 소설《칼라 퍼플》로 퓰리처상을 수상했다.

그녀에게 독자가 물었다.

"어릴 때부터 글 쓰는 걸 좋아하셨나요?"

"그런 건 아니었어요. 8살 때 오빠가 쏜 장난감 총에 맞아 한쪽 시력을 잃게 되면서 혼자 있는 시간이 많았죠. 책이 유일한 친구였습니다."

"《칼라 퍼플》이 미국 사회의 폭력, 동성애 등을 소개하며 커다란 파장을 일으켰는데, 그런 파장을 예상하셨나요?"

"파장을 기대하기보다는 미국 사회의 문제를 드러내고 싶었어요. 책을 내놓은 뒤 남성들에게 자신들의 고민을 담은 편지를 받았는데, 남성들도 여성과 마찬가지로 고통받고 있다는 걸 알았어요. 내 글이 그 사람들에게 조금이나마 위안을 주기를 바랐습니다."

앨리스는 실천하는 운동가로도 유명했다. 흑인과 여성들의 권리를 위해서도 앞장서고 있었는데, 백악관 앞에서 시위를 하는 그녀를 잡아가던 흑인 경찰이 이렇게 말했다.

"내가 오늘 앨리스를 체포한 걸 알면 아내가 나와 안 살 거요."

그녀는 그만큼 흑인 여성들의 우상이었다. 흑인 여성들은 앨리스 워커의 글을 읽으며 자신들의 고통을 치유받았다.

앨리스 워커
1982년에 출간한 소설《칼라 퍼플》로 퓰리처상을 받은 작가 앨리스 워커가 대중 앞에서 강연하고 있다.

한국 최초의 여성 장군

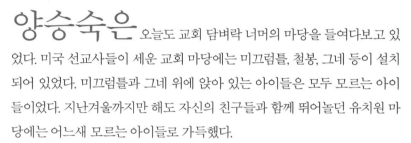

○ 양승숙 (1950~현재)

용기
25

양승숙은 오늘도 교회 담벼락 너머의 마당을 들여다보고 있었다. 미국 선교사들이 세운 교회 마당에는 미끄럼틀, 철봉, 그네 등이 설치되어 있었다. 미끄럼틀과 그네 위에 앉아 있는 아이들은 모두 모르는 아이들이었다. 지난겨울까지만 해도 자신의 친구들과 함께 뛰어놀던 유치원 마당에는 어느새 모르는 아이들로 가득했다.

"엄마, 나는 왜 초등학교에 입학 안 해요?"

친구들은 모두 초등학교에 입학해 유치원을 떠났다. 올해에는 반드시 초등학교에 가겠다고 다짐을 했지만 어머니는 그녀의 손을 잡고 유치원으로 왔다. 아무 말 없이 자신을 유치원 마당으로 이끄는 어머니가 야속했다. 친구들을 따라가겠다고 울고 떼를 써 봐도 소용이 없었다.

"내년엔 꼭 초등학교에 들어갈 거야. 조금만 참아."

며칠 뒤, 집안 식구이 모두 나들이를 나갔다.

"승숙아, 엄마는 화장실 갔다 올게. 기다리지 말고 차에 타. 숙모님한테 말해 놓을 테니까."

그러나 어머니도 숙모님도 까맣게 잊어버리고 그녀를 그곳에 둔 채 차가 출발했다. 그녀는 한참을 기다려도 오지 않는 트럭을 기다렸다.

'겁먹지 말고 경찰 아저씨한테 엄마를 찾아 달라고 해야겠다.'

그녀는 씩씩하게 경찰서로 들어가 집주소를 댔다. 그래서 집으로 무사히 돌아올 수 있었다.

홀로 남겨진 길 위에서 두려워하지 않았던 그녀는 훗날 한국 최초의 여성 장군이 되었다.

국군간호사관학교
국군간호사관학교는 간호 장교를 양성하는 사관학교이다. 양승숙은 2002년부터 2004년까지 이 학교의 교장을 지냈다.

남자들의 세상에 돌을 던지다

⦿ 에멀린 팽크허스트 (1858~1928)

"여성도 투표할 수 있어야 합니다!"

아직 봄은 오지 않아서, 영국 런던의 공기는 차가웠다. 거리에서는 여성들이 피켓과 돌을 쥐고 소리를 지르고 있었다. 200여 명의 여성이 원하는 것은 여성들도 투표를 하게 해 달라는 것이었다.

그녀들의 발걸음은 영국 국회 의사당에서 시작해 거리로 뻗어 나간 것이었다. 10년 동안 '투표를 할 수 있게 해 달라.'고 목청껏 외쳤지만 영국 정부는 그 요구를 들어주지 않았다. 여성들의 맨 앞에는 에멀린이 있었다.

"돈이 있는 남성들만 정치를 할 수 있다는 것은 말이 안 된다! 우리도 정치에 참여할 수 있도록 해 달라!"

변호사 남편을 따라 남녀 불평등을 해결하고자 나섰던 그녀는 이제 세 딸들과 함께 길 위에 섰다. 남편은 이미 저세상으로 먼저 떠났고, 그녀와 세 딸들이 불평등한 영국 사회와 싸움을 시작한 것이었다.

영국에서는 '여성은 정치에 참여할 수 없다.'는 것을 법으로 정해 놓았다. 그래서 그녀들은 법과 남성들의 정치에 맞서 돌을 집어 들게 되었다.

"30세 이상의 여성에게만 선거할 수 있는 권리를 주겠다!"

영국 정부는 여성이 남성과 똑같이 21세부터 선거권을 가지게 되는 것을 원하지 않았다. 그녀들은 선거권을 얻었지만 또다시 길 위에 나섰다. 완전하지 않은 평등은 그녀들이 원하는 것이 아니었기 때문이다.

그녀는 마침내 완전한 선거권을 얻어 냈고, 그녀가 세상을 떠나고 난 후 사람들은 그녀를 기리기 위해 동상을 세웠다.

에멀린 팽크허스트의 동상
영국에서는 여성과 남성의 동등한 투표권을 인정한 법이 1928년에 에멀린 팽크허스트가 죽기 한 달 전에 통과되었다.

맑고 순수한 목소리로 노래한 가수

● 엘라 피츠제럴드 (1917~1996)

1934년에 미국 뉴욕의 아폴로 극장에서 노래 콘테스트가 열렸다. 많은 사람이 참가한 가운데 16살 흑인 소녀가 무대에 올랐다. 촌스러운 모습에 잔뜩 긴장한 소녀는 첫 소절에서 실수하고 말았다. 청중들은 그런 소녀를 보며 수군거리며 말했다.

"어이, 촌닭! 그렇게 긴장해서 제대로 노래하겠어?"

"그냥 그 무대에 서 본 것만으로 만족해!"

콘테스트가 있던 아폴로 극장은 당시 최고의 재즈 극장으로 그 무대에 서는 것만으로 자랑거리가 될 만큼 유명한 곳이었다. 청중들의 야유에 아무 말도 못하고 고개만 숙이고 있던 소녀가 다시 마음을 다잡고 노래를 시작했다.

그리고 잠시 후, 그녀의 순수하고 아름다운 목소리에 모든 청중들은 감동하고 말았다. 결국 이날 그녀는 금상을 수상했고 뉴욕에서 유명세를 떨치기 시작했다. 이 소녀의 이름은 엘라 피츠제럴드이다.

사람들은 우울함을 노래하는 여느 재즈 가수와는 달리 밝고 유쾌하게 노래하는 그녀를 좋아했다. 그런 그녀를 가리키며 누군가는 이렇게 말했다.

"아마도 검푸른 하늘 위에서 반짝반짝 빛나는 투명하고 아름다운 별이 노래를 한다면, 그 소리는 엘라 피츠제럴드의 목소리와 똑같을 것이다."

뛰어난 가창력과 항상 밝고 여유로운 미소를 지녔던 그녀를 사람들은 '재즈의 여왕'이라고 불렀다.

엘라 피츠제럴드
엘라 피츠제럴드는 가수로 활동하는 59년 동안 13차례의 그래미상, 자유의 메달, 국립 예술 훈장을 받았다.

과감한 투자로 회사를 살린 최고 경영자

○ 엘런 쿨먼 (1956~현재)

세계적인 회사인 듀폰이 어려운 시기를 버티고 창립 208주년을 맞았다. 듀폰에서 처음으로 여성 최고 경영자에 오른 엘런 쿨먼이 창립 기념을 맞아 인터뷰를 했다.

"당신이 최고 경영자 자리에 올랐을 때 듀폰은 사상 최악의 위기를 겪고 있었는데, 그동안 가장 관심을 둔 것은 무엇이었습니까?"

"금융 위기의 여파로 회사가 매우 어려웠어요. 하지만 최악의 위기를 이겨 내고 경쟁력 있는 회사로 만드는 기회로 삼기로 했죠."

"생각보다 빨리 위기를 극복했는데 특별한 비결이 있었나요?"

"대다수의 기업이 투자를 줄일 때 우리는 그렇게 하지 않았어요. 덕택에 작년 한 해에만 2천여 건이 넘는 특허를 올렸고, 1,400개가 넘는 신제품을 출시했죠. 듀폰 역사상 최대 실적이었어요."

쿨먼 회장은 부사장 시절에도 듀폰의 실적을 두 배로 올릴 만큼 뛰어난 사업 능력을 발휘했다.

"당신을 '뛰어난 리더'로 평가하는 사람들이 많은데, 당신이 생각하는 리더의 요건은 무엇이라고 생각하는지 알고 싶습니다."

잠시 생각에 잠긴 쿨먼이 말했다.

"원활한 의사소통이라고 생각해요. 의사소통은 회사의 성장에 가장 중요한 요인이라고 믿거든요."

가장 어려운 시기에 인력을 줄이지 않았던 엘런 쿨먼 회장은 세계 100대 여성 리더 중 한 명으로 뽑히기도 했다. 그녀의 과감한 판단과 리더십으로 듀폰은 큰 이익을 얻게 되었다.

듀폰
미국의 기업 듀폰은 1802년에 창업했으며, 자본금은 111억 3,600만 달러이다. 안전 및 보건, 환경 보호, 윤리 준수, 인간 존중을 기업 이념으로 삼고 있다.

사회 운동에 앞장선 여성 운동가

◉ 옘마 골드만 (1869~1940)

용기
29

여성 운동가였던 옘마 골드만은 인간을 고통스럽게 하는 모든 것에 의문을 제기하고 있었다.

'왜 극소수만이 부자이고 나머지는 찢어지도록 가난한가? 왜 억압받으며 고통 속에 살고 있는가?'

이러한 그녀의 의문은 미국 정부의 관리들을 화나게 했다.

"전쟁에 대비해야 한다고 말하지만 결국 폭력은 폭력을 낳을 것이다."

그녀는 이렇게 비판했다. 또한 그녀는 이런 주장을 펼쳤다.

"결혼은 사랑과는 아무 상관없는 하나의 보험 계약이다. 자유롭지 못하다면 그게 무슨 사랑인가?"

이렇게 그녀는 20세기 초에 자유롭지 못한 결혼을 비판하며 자유연애를 주장했다. 또한 그녀는 여성은 자신이 아기를 원하는지 아닌지를 스스로 결정해야 한다는 생각을 가졌다. 그래서 정치인들의 미움을 받았다.

그러던 중 미국이 제1차 세계 대전에 참전하려 하자, 참전을 반대하는 일에도 앞장서기 시작했다.

"왜 우리와 상관도 없는 전쟁에 미국의 젊은이들이 희생되어야 합니까? 정부는 청년들의 징집(병역 의무자를 군대에 불러 모으는 것)을 멈추어야 합니다."

그녀는 결국 2년간 감옥에 투옥된 후 추방당하고 말았다. 그 후에도 옘마의 여성 운동은 멈추지 않고 계속되었으나, 미국에 돌아오지 못하고 외국에서 생을 마감했다.

옘마 골드만
리투아니아에서 태어나 미국에서 여성 운동을 펼친 옘마 골드만의 모습이다.

세계적인 모델이 된 유목민 소녀

● 와리스 디리 (1965~현재)

"**저는** 아프리카에 사는 많은 사람들이 자신감을 잃어버렸다고 생각합니다."

와리스 디리는 계속 말을 이어 나갔다.

"용기를 내십시오. 우리에게는 아프리카의 운명을 고민하는 젊은이들이 필요합니다. 우리는 변할 수 있습니다. 아프리카는 새로운 정신이 필요합니다."

그녀는 수상 소감을 마쳤다. 와리스 디리는 2007년 프랑스 정부가 수여하는 '레지옹 도뇌르 훈장'을 수상했다. 세계적인 모델이 된 그녀는 인권 운동가로 활동하면서 여성 할례(여성의 생식기를 제거하는 행위)를 반대했다. 그래서 그녀의 삶을 다룬 영화 〈사막의 꽃〉이 2009년 이탈리아 베니스 국제영화제에서 상영되었다.

아프리카 출신의 그녀는 13살 때에 고향의 관습대로 비위생적이고 고통스러운 할례 의식을 받아야 했다. 그리고 낙타 다섯 마리를 받고 어느 노인의 신부로 팔려 가야 했다.

'아직 난 어린데 남의 신부로 팔려 갈 수는 없어. 내 인생은 내 힘으로 개척하고 싶어!'

그녀는 이모 집에서 허드렛일을 하다가 얼마 후 영국으로 갔다. 불법 체류자로 남아 맥도널드에서 청소와 주방 일을 하며 하루하루를 살았다. 그러던 어느 날 기적이 일어났다. 한 사진사의 눈에 띈 것이다.

"모델이 되지 않겠어요?"

이렇게 해서 그녀는 세계적인 패션 잡지의 모델이 되었다.

레지옹 도뇌르 훈장
레지옹 도뇌르 훈장은 나폴레옹 보나파르트가 1802년 5월 19일에 만든 훈장이다. 이 훈장은 프랑스의 발전에 기여한 사람에게 수여된다.

맨해튼 계획에 참가한 중국 과학자

○ 우젠슝 (1912~1997)

용기
31

미국 정부에 맨해튼 계획에 참가할 최종 인물들의 이름이 보내졌다.

"이봐, 이거 뭔가 착오가 있는 것 아닌가?"

맨해튼 계획은 원자탄을 개발하는 일이라서 비밀스럽게 진행하고 있었다. 그만큼 중요한 일이었기에 모두의 신경이 날카로워져 있었다.

"우젠슝, 이 사람 중국인 아닌가? 게다가 여자인 것 같은데?"

"중국인이긴 하지만 미국에서 학위를 받은 사람이라네."

"아무리 그래도 그렇지 이런 중요한 계획에 어떻게 여자를 참가시켜?"

우젠슝이 동양 여자라는 이유 하나만으로 그녀를 무시했다.

드디어 맨해튼 계획이 실행되던 날, 과학자들이 속속들이 모였다. 작은 체구의 동양 여자였던 우젠슝은 단박에 눈에 띄었다.

"실험에 방해만 되지 않았으면 좋겠는데."

과학자들 역시 우젠슝을 못 믿는 눈치였다. 그러자 그때까지 잠자코 있던 우젠슝이 자리에서 일어나 말했다.

"정말 한심해서 봐줄 수가 없군요. 지금 이 자리에 우리가 모인 이유는 따로 있지 않나요? 모두가 협력해도 제대로 될까 말까 한 중요한 일을 놔두고 당신들은 내가 여자라는 이유만으로 벌써부터 흔들리고 있으니 이번 일이 제대로 이루어질지 의문이 드는군요."

그녀의 따끔한 말에 모두 입을 다물었다. 그리고 실험이 진행되는 내내 더 이상 아무도 불평하지 않았다. 원자탄에 관한 새로운 공식을 개발한 우젠슝은 맨해튼 계획에서 가장 큰 공을 세운 과학자가 되었다.

맨해튼 계획
1946년 7월 1일에 태평양 비키니환초에서 원자폭탄을 실험하는 모습이다.

나라를 위해 독립 만세를 부르다

○ 유관순 (1902~1920)

유관순은 충청남도 천안 병천면에서 5남매 중 둘째 딸로 태어났다. 이화학당에 다니던 그녀는 3·1운동이 일어났다는 소식을 들었다.

'학교에서 공부하는 것보다 독립 만세를 부르는 게 더 중요해!'

1919년 3월 5일, 그녀는 거리로 달려 나가 독립 만세를 불렀다.

3월 8일에 그녀는 고향으로 돌아왔다. 이때 고향에서는 이종성이 시위 운동을 계획했지만 사전에 일본 경찰에 들켜서 실행하지 못했다. 유관순은 3월 9일 밤에 조인원·이백하 등 20여 명이 모인 자리에서 사촌언니와 함께 서울의 상황을 설명하면서 4월 1일에 아오내 장날 때 만세 시위를 하자고 주장했다.

그녀는 안성·목천·연기·청주·진천 등의 사람들과 힘을 합치기 위해 연락원으로 선출되어 20일 동안 수십 킬로미터를 왕복했다.

4월 1일, 수천 명의 군중이 모인 가운데 독립 만세 시위가 벌어졌다. 일본 경찰의 무력 진압으로 시위 도중 유관순의 아버지와 어머니가 죽고, 유관순은 주동자로 잡혀 징역 3년형을 받았다.

"네 잘못을 인정하지 않으면 이 감옥에서 절대 나갈 수 없다!"

일본 간수들의 설득을 뿌리친 그녀는 감옥에서도 투쟁을 계속했다. 일제의 모진 고문으로 몸이 상했지만 감옥에서도 독립 만세를 외쳤고, 더 가혹한 형벌을 당했다. 이 때문에 건강이 더욱 악화되었다.

유관순은 1920년에 감옥에서 생을 마쳤다. 이후 유관순의 영정을 모신 추모각이 건립되었다.

유관순 추모각
충청남도 천안시 병천면에 있는 유관순 추모각이다. 유관순은 1962년에 건국 훈장 독립장을 받았다.

파리에서 활동한 서양화가

● 이성자 (1918~2009)

1930년대 중반에 일본에서 대학교에 다니던 이성자는 귀국해 평범한 결혼 생활을 하고 있었다. 그런 그녀가 평범한 주부의 삶을 접고 프랑스 파리로 갔다.

한국 전쟁 당시에 홀로 파리로 건너간 그녀는 미술 공부를 시작하며 화가의 길로 들어섰다.

어린 시절에 고향의 산과 들을 뛰어다녔던 추억들을 되살린 그녀의 첫 작품 전시회는 동양적인 향취가 담긴 작품으로 큰 주목을 받았다.

그 후 이응노, 김환기 화백 등과 함께 활동하면서 유럽에서 수백여 회의 전시회를 열었다. 또한 유화, 목판화 비롯한 작품에 동양적인 향취를 담은 전시회로 프랑스에서 큰 인기를 끌었다.

그녀는 '동녘의 대사'로 불릴 만큼 한국과 프랑스 양국의 문화 교류에 앞장섰다. 그 공로를 인정받아 프랑스 정부로부터 문화예술 훈장도 받았다.

파리 시립 현대 미술관장이었던 J. 라세뉴는 말했다.

"이성자 씨는 자신의 동양적인 유산에서 나온 오묘한 성격을 서양 미술과 합쳤습니다."

또한 그는 그녀가 프랑스 파리가 공식적으로 인정하는 동양의 예술가였다고 평가했다.

시대를 앞서 살았던 여성 화가로 활동한 이성자는 58년간 이국 생활을 하면서 동양의 자연을 화폭에 담아낸 예술가였다.

파리 시립 현대 미술관
파리 시립 현대 미술관은 20세기 미술 작품들을 전시하고 있다. 파리 16구 우드로 윌슨가 11번지에 있다.

교통사고로 외모를 잃었지만 사랑을 얻다

⬤ 이지선 (1978~현재)

순식간에 당한 교통사고로 그녀는 모든 것을 잃었다. 심각한 전신 화상 때문에 아무것도 할 수 없었다. 많은 수술을 받았지만 그녀의 얼굴에 남은 화상 자국은 참혹했다.

"눈을 제대로 뜰 수가 없어요."

수술을 마치고 붕대를 풀던 날, 그녀가 힘없이 말했다. 속눈썹이 모두 타 버렸기 때문에 눈을 깜박이는 작은 동작조차 그녀에게는 몹시 힘들었다. 조금만 눈을 움직여도 미세한 먼지가 들어가 시야를 흐리게 했다.

화상으로 손가락도 잃었기 때문에 물건을 집는 데 어려움을 겪었다. 그나마 다행이었던 것은 엄지손가락이 남아 있다는 것이었다. 그녀는 엄지손가락의 힘을 이용해 물건을 집었고, 일상생활을 하려고 노력했다.

"어머나, 눈썹이 조금 자랐어요."

기나긴 치료 생활을 하던 어느 날, 간호사가 그녀에게 거울을 보여 주었다. 짓물러진 눈가에 새로 난 속눈썹이 보였다. 그녀는 순간 말을 잇지 못했다. 이제는 마음껏 눈을 깜박일 수 있었고, 먼지가 들어갈까 봐 걱정하지 않아도 되었다.

"고통을 겪고 보니 눈과 코, 입 등 모든 것들이 얼마나 소중했는지 깨달았어요. 내 변한 외모를 보고 앞으로 어떻게 살아갈 거냐고 걱정하는 사람들도 있지만, 나는 아무렇지 않아요. 이렇게 온전히 살아난 것만으로도 행복하거든요. 앞으로는 내 자신을 더욱 소중히 사랑할 거예요."

교통사고로 많은 것을 잃었지만, 사랑의 소중함을 깨달은 그녀는 좌절하지 않고 밝고 꿋꿋하게 나아갔다.

《지선아, 사랑해》
2003년에 이지선이 자신이 겪은 일들과 삶에 대한 희망을 담은 이 책은 베스트셀러가 되었다.

투병 생활 중 삶의 아름다움을 깨닫다

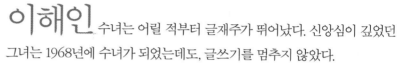

◉ 이해인 (1945~현재)

용기
35

이해인 수녀는 어릴 적부터 글재주가 뛰어났다. 신앙심이 깊었던 그녀는 1968년에 수녀가 되었는데도, 글쓰기를 멈추지 않았다.

2008년 어느 날, 이해인 수녀는 청천벽력 같은 소식을 들었다. 그녀의 몸속에서 암세포가 자라고 있다는 것이었다. 하지만 글쓰기를 멈추지 않았다.

"다른 환자들은 치료에 전념하느라 하던 일도 그만두는데, 수녀님은 변함이 없으시네요."

사람들은 이해인 수녀의 꿋꿋함에 감탄하며 응원을 보냈다. 그녀는 투병 생활 중에도 여러 권의 시집을 냈고, 어려운 사람들을 돕는 봉사 활동을 벌였다.

그녀를 치료하고 있던 의사가 항상 밝은 표정을 짓고 있는 그녀에게 물었다.

"수녀님, 투병 생활이 힘드시지 않으세요?"

"물론 힘들죠. 너무 지쳐서 꼼짝 못할 때도 있답니다."

"그런데 어떻게 밝게 웃으실 수 있나요?"

"왜냐하면 내 병이 신이 주신 또 하나의 선물이라고 생각하기 때문이랍니다. 병에 걸린 뒤 나는 내 몸을 소중히 아끼는 법을 배웠어요. 그리고 함부로 말하는 버릇도 고치게 되었지요. 사람들에게 삶의 소중함을 일깨워 주게 되었고요. 병에 걸림으로서 삶의 아름다움을 더 많이 배웠으니 이게 선물이 아니고 무엇이겠어요?"

《꽃이 지고 나면 잎이 보이듯이》
암 투병 생활로 신체적인 고통은 물론이고, 정신적으로도 만만치 않은 시간을 보내야 했던 이해인 수녀는 이 책을 통해 살아 있는 순간을 기뻐하며 살아가라고 말했다.

불법 체류자 문제를 해결한 정치인

○ 재닛 나폴리타노 (1957~현재)

용기
36

재닛 나폴리타노는 2009년에 미국의 국토안보부 장관이 되었다. 장관이 되기 전에 그녀는 멕시코와 국경을 접한 애리조나 주의 주지사로 일하면서 불법 이민 문제에 대해 많은 관심을 기울이고 있었다.

그러던 어느 날 나폴리타노는 미국 내의 불법 체류자의 추방에 관한 계획을 발표했다.

"국토안보부는 앞으로 불법 체류자들이 언제 미국에 왔는지, 미국에서 고등학교를 졸업했는지, 범죄 기록이 있는지, 미군에서 복무를 했는지 등을 종합적으로 판단해 추방 여부를 결정할 계획입니다."

이 말은 곧 미국에 체류 중인 30만 명 이상의 불법 체류자의 추방을 보류(어떤 일을 당장 처리하지 아니하고 나중으로 미루는 것)하겠다는 말이었다. 그녀의 말에 많은 사람이 불만을 나타냈다.

"그렇다면 국토 안보에 위험이 따르지 않겠습니까?"

그러자 나폴리타노가 말했다.

"범죄를 저지르거나 이민법을 위반하지 않고 불법 체류 기한만 넘긴 사람은 추방하지 않을 겁니다. 국토 안보를 위한 우리의 정책은 변함이 없으며 이번 결정은 무고한 이민자들을 위해 내려진 것임을 밝힙니다."

그녀는 이밖에도 많은 문제들을 해결하며 오바마 대통령의 든든한 버팀목으로 평가받고 있다.

재닛 나폴리타노
재닛 나폴리타노는 2003년부터 2009년까지 제21대 미국 애리조나 주의 주지사로 활동했고, 2009년에 제3대 미국 국토안보부 장관이 되었다.

용기 있는 목소리를 내다

◉ 재닛 플래너 (1892~1978)

미국 뉴욕에서 문학인의 모임이 열렸다. 〈뉴요커〉라는 잡지에 글을 싣고 있던 재닛 플래너가 연설하기 시작했다.

"저는 기자일 뿐 글재주는 부족할 뿐인데 이렇게 불러 주어서 감사합니다."

자신을 낮추며 겸손히 말하고 있지만 사람들은 그녀를 가장 영향력 있는 작가라고 생각했다. 재닛은 파리에서 활동하던 시절에 유럽과 미국을 오가며 세계 대전을 생생하게 증언해 주었던 기자였다.

"우리는 편견과 맞서 싸우던 당신의 활약들을 기억하고 있습니다. 그 시절이 기억나시나요?"

"오, 그럼요. 당시에 세상은 세계 대전이라는 전쟁의 소용돌이 속에서 남성 우월주의(남성이 여성보다 낫다고 여기는 태도)라는 편견에 사로잡혀 있었습니다. 이런 상황에서 여성 언론인이라는 이름으로 활동하기는 쉽지 않았죠."

하지만 재닛 플래너는 그러한 편견에 맞서 싸웠다. 재닛은 여성 예술가들의 작업을 소개하면서 그들이 남성보다 전혀 뒤처지지 않다고 주장했다. 그 시절의 추억을 떠올리며 그녀는 말했다.

"나는 그들과 항상 긴밀한 관계를 유지했습니다. 그들과 같은 여성으로서 그들을 이해하고 함께하고자 노력했습니다."

여성에 대한 편견을 깨고자 사회와 맞서 싸우던 그녀는 세상을 바라보고 용기 있는 목소리를 내는 진정한 언론인이었다.

〈뉴요커〉
〈뉴요커〉는 미국의 주간 잡지이다. 이 잡지는 문화, 예술, 유머, 에세이 등의 기사를 싣는다.

연세대학교 최초의 여성 총학생회장

● 정나리 (1977~현재)

2000년 연세대학교에서 한 여학생이 화제를 일으켰다. 바로, 연세대학교가 개교한 이후 처음으로 여학생인 정나리가 총학생회장으로 선출되어서였다.

'민주적인 방법으로 총장(대학교를 대표하는 최고 책임자)을 선출하고, 합리적으로 등록금을 책정할 것이며, 학생을 위한 교육' 등을 총학생회장 선거 공약으로 내세웠던 정나리는 모두의 예상을 뒤엎고 연세대학교 최초로 여성 총학생회장이 된 것이다.

"최초의 여성 총학생회장이라기보다는 학우들이 뽑아 준 총학생회장이라고 생각하며 당당하게 일하겠습니다"

이렇게 소감을 밝힌 그녀는 연이어 말했다.

"현재 학생 운동의 가장 큰 문제는 실제 학교생활에서 올바른 실천이 이루어지지 않고 있어서라고 생각합니다. 등록금 문제를 해결하고 좋은 교육환경을 만들어 내기 학생회의 역량을 집중하겠습니다."

이렇게 그녀는 자신 있게 포부를 밝혔다.

총학생회장이 되기 전에 그녀는 백혈병 환자를 위한 노래 동아리에서 활동하기도 했으며 사회과학대학 학생회장을 지내기도 했다. 그녀는 '남녀공학 대학교에서 나온 최초의 여성 총학생회장'이라는 언론의 관심을 받으며 연세대학교 총학생회를 이끌었다.

그리고 활발한 학생 복지 사업을 벌이며 많은 결실을 거둔 총학생회장으로 평가받았다.

연세대학교 연희관
연세대학교 연희관은 사회과학대학의 건물이다. 사회과학대학에서는 인간 사회의 여러 현상을 과학적, 체계적으로 연구하는 사회학, 경제학 등을 공부한다.

행복을 전하던 행복 전도사

○ 최윤희 (1947~2010)

용기
39

전업주부였던 최윤희는 남편이 사업에 실패하자 사회 생활을 시작했다. 38살의 나이에 카피라이터(광고의 글귀를 만드는 사람)가 되어 첫 사회생활을 시작하게 되었다.

"두려웠죠. 정말 다행스럽게도 말과 글에는 소질이 있었던지 카피라이터로 취직이 되긴 했지만 과연 내가 직장에서 한 달을 채울 수 있을까 싶었어요."

최윤희는 어렸을 때부터 이야기를 지어내는 것을 좋아하던 소녀였다. 하지만 기발하거나 특이한 이야기를 하면 사람들은 그녀를 비웃기 일쑤였다.

"그런데 회사에서는 다르더군요. 내가 무슨 말을 할 때마다 웃어 주더라고요. 그러다 보니 위축되고 소심하던 제가 점점 더 활달해지고 회사에서도 인정을 받게 되었죠."

차츰 그녀의 실력이 소문나기 시작했고 방송과 강의, 집필 활동까지 하느라 전국 방방곡곡을 두 발로 뛰어다닐 만큼 유명 인사가 되었다.

그녀의 강의 주제는 대부분 '일상 속에서도 찾을 수 있는 행복'이었다.

"일류 대학을 나오고 일류 회사를 다니고 월급을 많이 받고 넓은 집에 살면서 좋은 차를 모는 것, 그게 성공은 아니에요. 별것 아닌 일에도 흔쾌히 웃을 수 있고 사소한 것에도 감사하고 나보다는 남을 먼저 배려하는 사람이 진짜 성공한 사람이죠."

'당신도 행복할 수 있다.'를 외친 행복 전도사였던 그녀가 세상을 떠난 지금도, 많은 이들이 그녀를 기억하고 있다.

《행복이 뭐 별건가요?》
2007년에 최윤희가 지은 이 책은 지은이가 만난 행복한 사람들의 이야기를 담고 있다.

정부와 싸워 이긴 AT&T 부사장

● 칼리 피오리나 (1954~현재)

용기
40

칼리 피오리나는 대학원을 졸업한 뒤, AT&T라는 통신 회사에 들어갔다. 그곳에서 그녀는 누구보다 일찍 출근하고, 누구보다 늦게 퇴근하는 직원이었다.

그녀는 회사에 들어온 지 10년 만에 부사장이 될 수 있었다. 높은 직책에 올랐음에도 게으름을 피우지 않았다. 오히려 전보다 더 열심히 일했고, 직원들 역시 항상 자신만만한 태도로 일하는 그녀를 잘 따랐다.

그러던 어느 날, AT&T는 가장 큰 고객을 맞게 되었다. 바로 미국 정부였다. 정부는 통신 장비를 AT&T에서 지급받기를 원했고, 칼리는 열성적으로 계약을 맺었다. 그러나 어찌된 일인지 회사의 가장 중요한 비밀이 경쟁 회사에 알려지는 사고가 발생했다. 정부는 이 일을 계기로 계약을 파기하기를 원했다.

"우리 회사 비밀이 그렇게 쉽게 누출되다니, 말도 안 돼! 분명 뭔가 원인이 있을 거야."

문제의 원인을 조사하던 칼리는 곧 정부의 실수 때문에 비밀이 누출되었다는 것을 알아냈다. 그녀는 정부에게 피해 보상을 요구했다.

"정부를 상대로 피해 보상을 요구하다니, 계란으로 바위를 치는 격이에요. 우리가 질 거라고요."

"상대가 누구든 당당하게 맞설 겁니다. 아무도 저를 도와주지 않는다면 혼자서라도 승리할 거예요!"

그녀의 신념 덕분에 회사는 승리를 거둘 수 있었다. AT&T는 정부를 상대해 이긴 첫 회사가 되었다.

AT&T
AT&T는 1983년에 설립되었다. 미국 내에 포괄적인 통신 서비스와 제품을 제공하고 20개국 이상에 투자하고 있다.

필리핀 민주화 운동의 어머니

● 코라손 아키노 (1933~2009)

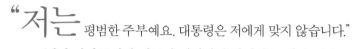

용기
41

"저는 평범한 주부예요. 대통령은 저에게 맞지 않습니다."

1986년에 사람들에게 대통령 선거에 출마하라는 말을 들은 그녀는 고개를 절레절레 저으며 사양했다. 그러나 그녀는 전 국민적인 지지를 받자 어쩔 수 없이 대통령 선거에 출마하기로 결심했다.

1983년에 남편인 아키노 상원의원이 암살당하자 코라손 아키노는 반독재 운동에 참여했다. 거리는 독재에 반대하는 민중들로 가득했다. 그녀는 그 중심에 있었다. 그리고 "독재자는 물러가라!"고 외쳤다. 그녀가 보여 준 용기는 한국과 동유럽, 남미 등지의 민주화 운동가들에게 크나큰 귀감이 되었다.

독재자 페르디난드 마르코스는 결국 1986년에 정정당당하게 대통령 선거를 치르라는 국민의 요구를 받아들였다. 투표를 조작한 부정 선거로 마르코스가 대통령으로 당선되기는 했지만 영광은 오래가지 않았다. 부정 선거에 성난 민심이 그를 대통령 자리에서 끌어 내렸다. 아키노 여사는 대통령이 된 이후에 필리핀의 민주화를 위해 여러 가지 노력을 했다.

"아이들에게 독재가 얼마나 나쁜 것인지 깨닫게 합시다. 자유와 평화를 물려줍시다!"

그녀는 대통령 임기를 6년으로 제한해 독재가 다시 뿌리내리지 못하게 쐐기를 박았다. 8번의 쿠데타와 암살 위협으로 고생했지만 그녀는 대통령의 임기를 무사히 마쳤다.

대통령에서 물러난 후에도 여러 나라를 돌아다니며 민주주의의 가치에 대해 강연했다.

코라손 아키노
코라손 아키노는 1986년에 마르코스와 대통령 선거에서 대결해 부정 선거를 이겨 내고 민중의 절대적인 지지로 대통령이 되었다.

강한 여성은 아름답다

● 콘돌리자 라이스 (1954~현재)

미국이라는 나라는 겉으로 드러난 이미지와는 다르게 상당히 보수적이다. 특히 고위 관직에 오를수록 더 심하다.

정치인 중에는 흑인을 찾아보기 어렵다. 하지만 보수적인 성향이 강했던 조지 부시 정부에서 국무부 장관(우리나라 국방부 장관)을 한 흑인 여성이 있었다. 그녀의 이름은 콘돌리자 라이스이다. 강직하기로 유명한 그녀가 기자와 인터뷰를 했다.

"가장 훌륭한 작곡가가 누구라고 생각합니까, 장관님?"

"당연히 브람스죠. 그의 음악은 열정적이에요."

보통 여성이라고 하면 부드러운 이미지를 떠올리기 마련이지만 그녀는 그렇지 않았다. 그렇게 때문에 그녀는 보수적인 미국 정치계에서 살아남았다. 그녀는 미국 부시 정부에서 국무부 장관을 지내는 동안 북한을 압박해 굴복시켰다.

"북한이 핵무장을 버리지 않는 한 어떠한 지원도 하지 않을 것이다!"

그녀는 남성 백인 정치가들도 함부로 내뱉지 못할 말을 했다. 그녀는 '용맹한 흑인 여전사'라는 수식어를 달고 다니며 전 세계 독재자들을 향한 독설을 멈추지 않았다.

그녀의 어릴 때 신념은 '남보다 두 배 열심히'였다. 인종 차별이 심한 미국 사회에서 그녀의 흑인 부모는 그녀를 엄하게 가르쳤다. 부모의 기대에 부응한 그녀는 결국 미국 국무부 장관이 되었다.

그녀의 신념은 불확실한 미래를 걱정하는 미국 여성들에게 큰 교훈을 남겼다.

콘돌리자 라이스
콘돌리자 라이스는 미국의 제66대 국무부 장관이다. 2005년 1월 26일, 미국 대통령 조지 부시 정부에서 콜린 파월의 뒤를 이어 두 번째 국무부 장관을 지냈다.

흑인 여성 문제를 파헤친 작가

○ 토니 모리슨 (1931~현재)

미국의 작가이자 교수였던 토니 모리슨은《재즈》로 1993년에 노벨 문학상을 수상했다. 그녀는 작품 속에서 흑인과 백인의 인종과 문화의 충돌을 다루는 것으로 유명했다.

풀리처상 수상작인《빌러비드》에서도 흑인 여성의 문제를 다루자 기자들이 그녀에게 물었다.

"어째서 흑인 여성의 문제만 다루는 겁니까? 당신은 그보다 훨씬 폭넓은 예술가가 아닌가요?"

그러자 토니 모리슨은 이렇게 대답했다.

"우선은 흑인 여성 문제는 내가 가장 잘 아는 것이기 때문입니다. 그리고 흑인 여성의 문제는 결코 작거나 사사로운 주제가 아닙니다."

이렇듯 토니 모리슨은 자기가 꼭 써야 할 이야기를 아는 작가였다. 그녀가 이야기하는 흑인 여성의 문제는 인류 모두가 생각해 볼 문제였던 것이다.

"그렇다면 당신은 소설을 통해 흑인을 억압하는 백인을 고발하고자 하는 건가요?"

그러자 토니는 미소를 지으며 대답했다.

"백인의 문제점만 말하는 것은 아닙니다. 흑인들은 자신의 문화를 바로 보고 삶의 주체가 되어 살아가야 합니다."

그녀는 작품을 통해 슬프고 참혹한 상황 속에서도 희망을 이야기했다. 자신의 글을 통해 문제점의 해결 방법을 제시하며 독자들의 큰 공감을 일으켰다.

토니 모리슨
토니 모리슨은 1970년 소설 《가장 푸른 눈》으로 작가가 되었다. 그녀는 1989년에 프린스턴대학교에서 교수로도 활동했다.

'초록 미래'를 꿈꾼 여성 운동가

◉ 페트라 켈리 (1947~1992)

용기
44

'**만약** 우리에게 미래가 있다면 그것은 녹색입니다.'

이런 구호를 외치며 반핵 운동과 평화 운동에 앞장섰던 페트라 켈리가 정치인이 되겠다고 선언했다.

"권력이 판치는 세상입니다. 권력을 위해서가 아니라 오직 정직과 성실함으로 일하겠습니다."

페트라 켈리는 탁월한 화술과 뜨거운 열정, 뛰어난 능력으로 대중의 이목을 끌었던 평화 운동가였다. 아무리 사소한 일이라고 하더라도 가난하고 소외받는 이들의 일이라면 앞장서서 도와주었다. 때문에 그녀의 사무실에는 전 세계에서 도움을 요청하는 우편물로 가득했고, 그녀는 사무실에서 밤을 새며 수많은 문서들을 읽고 답장을 보냈다.

하지만 정치인들은 그녀를 눈엣가시처럼 여겨서 그녀는 좌절하는 일이 많았다. 그러자 그녀는 환경과 평화를 중요시하는 녹색당을 만들어 정치계에 진출했다.

'정치인이 되어서 세상을 바꾸고 말겠어.'

이후, 그녀는 국민들과 약속한 대로 의회에서보다는 거리에서, 더 많은 사람들과 함께 호흡했다. 이렇게 해서 정치를 불신하는 무수한 이들에게 초록 들판처럼 밝은 미래를 제시했고, '초록 미래'의 꿈을 심어 주었다.

《희망은 있다》
《희망은 있다》는 페트라 켈리의 꿈과 희망을 담은 책이다. 2000년에는 그녀의 정신을 기리기 위해 페트라 켈리 평화상이 제정되었다.

정열적이고 독립적인 사상가

○ 한나 아렌트 (1906~1975)

용기
45

제2차 세계 대전이 일어나자 전 세계가 전쟁의 소용돌이에 휘말렸다. 남편과 함께 미국의 뉴욕으로 망명한 한나에게 충격적인 소식이 전해졌다.

"지금 저들이 유대인을 무참히 학살하고 있어요."

"이미 30만 명 이상이 희생됐어요."

"지금 아우슈비츠 수용소에서는 하루 종일 유대인을 태우는 연기가 멈추질 않는답니다."

이 같은 소식에 한나 아렌트는 경악하고 말았다. 독일에서 태어났지만 유대인의 피가 흐르고 있던 그녀에게 이러한 학살은 남의 일이 아니었다.

그녀는 나치가 앞세우는 '전체주의(개인의 모든 활동은 민족·국가와 같은 전체의 발전을 위해서만 존재한다고 생각해 개인의 자유를 억압하는 사상. 이탈리아의 파시즘과 독일의 나치즘이 대표적이다.)'와 그것에 호의적인 독일의 지식인들을 비판했다.

"어떻게 지식인들이 나치 정권의 전체주의를 환영할 수 있죠? 지식인이라면 정권의 잘못을 지적할 줄 알아야 합니다!"

그녀는 《전체주의의 기원》이라는 책을 집필해 독일의 전체주의가 잘못되었음을 비판하고 나섰다. 그녀의 책은 단번에 세계적으로 알려지게 되었다. 그녀는 그 후로도 계속 많은 저서를 통해 자신의 사상과 철학을 널리 알렸다.

한나 아렌트
한나 아렌트는 미국 컬럼비아대학교와 프린스턴대학교, 캘리포니아대학교에서 교수로도 활동했다.

다다를 대표하는 예술가

● 한나 회흐 (1889~1971)

용기
46

독일 고타에서 태어난 한나 회흐는 미술에 재능이 많았다. 그녀는 1912년부터 1914년까지 베를린 미술공예대학교에서 공부했고, 다다이즘(모든 예술적 전통을 부정하고 반이성, 반도덕을 표방한 예술 운동)에 관심을 갖게 되었다.

하지만 사람들은 그녀의 작품을 진지하게 바라보지 않았다. 전통에 따라 지켜야 할 모든 규칙들을 벗어던지고 자유를 나타내는 다다이즘은 환영받지 못했다. 당시에 독일 사람들은 정치적인 이야기나 사회적인 메시지를 담아내는 것 외에는 관심을 갖지 않았다. 그런데 그녀는 여성이라는 이유로 다다이즘 예술가들로부터도 환영받지 못했다.

그녀는 예술가들에게 자신의 그림을 평가받고 싶었지만, 그들은 그녀의 그림을 거들떠보지도 않았다.

'남녀가 다르다는 고정관념도 바꾸지 않았으면서, 규칙에 반항하는 척하는 다다이스트들! 내가 그들을 마음껏 비웃어 주겠어.'

그녀는 제1회 국제 다다 전시회에서 모두가 깜짝 놀랄 만한 작품을 내놓았다. 그 작품을 통해 그녀는 남성 다다이스트들의 가식적인 행동을 마음껏 비웃었다. 사람들은 수많은 사진이 겹쳐진 그녀의 작품에 놀라워했다. 작품 속에는 남녀평등을 향한 그녀의 열정이 담겨 있었다. 남녀가 불평등한 사회를 향해 당당하게 자신의 의견을 표현한 것이었다.

그녀는 누구도 무시하지 못하는 다다이스트가 되었다. 아무도 인정하지 않은 여성 다다이스트가 다다이즘을 대표하는 예술가 중 한 사람이 된 것이다.

한나 회흐의 작품
한나 회흐는 당대의 정치적인 사건들과 여성의 역할과 지위에 대해 특유의 재치 넘치고 세련된 풍자로 표현했다.

최연소 EA 코리아 지사장

○ 한수정 (?~현재)

용기
47

EA
EA는 세계적인 게임 소프트웨어 회사이다. 이 회사는 야구, 축구, 농구 등 스포츠 게임을 개발하고 있는데, 한수정은 이 회사에서 한국 지사장을 맡고 있다.

한수정은 어릴 적부터 음악에 관심이 많았다. 그녀는 뉴잉글랜드음악원에서 피아노를 공부하고 하버드대학교 대학원에서 경영학 석사 학위를 받았다.

그녀는 32살의 젊은 나이에 소니 뮤직코리아의 사장이 되었고, 몇 년 후에는 EA 코리아 한국 지사장이 되었다.

그런데 그녀는 언론에 자신이 노출되는 것을 꺼리는 것으로도 유명하다. 그래서 '은둔의 경영자'로 불리기도 한다.

"남들은 저에게 너무 일찍 성공했다고 해요. 언론사와 인터뷰를 하면 제가 앞으로 해야 할 일보다는 주로 과거를 주목해서 기사를 쓰죠. 전 그게 싫어요."

그녀는 자신을 나이 어린 CEO로 바라보는 세상의 시선을 부담스럽게 느낀다. 그렇다고 해서 그녀가 일처리까지 미숙한 것은 아니다. 사업을 계획할 때는 누구보다 신속하고 과감하게 결단을 내린다. 마치 노련한 장수가 병사들을 지휘하듯이 말이다.

2011년에 그녀는 축구 게임을 보란 듯이 성공시켰다.

"한국 시장은 무궁무진해요. 빠른 인터넷 환경과 게임을 하는 인구가 계속 늘고 있어요. 앞으로도 적절한 시기에 투자와 서비스를 계속할 것입니다."

조용한 성격이지만 결정을 할 때는 과감한 그녀는, 현재보다 미래가 더 기대되는 경영인이다.

모든 노예들에게 자유를

● 해리엇 터브먼 (1820~1913)

"**빨리** 일하지 못해! 또 채찍질을 당하고 싶어?"

그녀는 셀 수 없이 많은 주인들의 손을 거치면서 매일매일 맞았다. 살갗에서는 피가 나고 등과 허리는 퉁퉁 부었다. 어렸을 적에 생긴 상처로 그녀는 두통에 시달렸다.

"이렇게 맞으면서 살 수 없어. 도망쳐야 해!"

그녀는 평소에 해 왔던 다짐을 그날 밤에 실행하기로 마음먹었다. 아무도 볼 수 없는 곳까지 오로지 달리기만 했다. 몇 달 동안 이 길을 봐 왔고, 주인이 이곳을 모른다는 것도 알고 있었다. 그녀는 노예가 아닌 사람으로 살기 위해 도망쳤다.

'나만 잘살려고 부모님을 내버려 둘 수 없어!'

하지만 그녀는 자신의 가족을 구하기 위해 돌아왔다. 위험을 무릅쓰고 자신의 가족들과 친척들을 하나둘 데리고 탈출했다. 그러다 결국 그녀는 '지하 철도'라는 비밀 장소를 만들었고, 300명이 넘는 흑인들을 미국 북부로 탈출시켰다.

"이제 자유입니다. 우리의 삶을 스스로 살아가야 해요."

주인의 지시에 따라 움직이던 흑인 노예들은 그녀의 도움으로 독립적인 삶을 살아갈 준비를 했다. 그녀는 도망친 노예들을 캐나다까지 갈 수 있게 도와주었으며, 동시에 그들에게 직업을 찾아 주었다. 또한 그녀는 여성의 참정권을 위해서도 노력했다.

인종 차별에 맞선 그녀의 삶은 미국의 흑인들에게 많은 영향을 미쳤다.

해리엇 터브먼
해리엇 터브먼은 미국에서 남북 전쟁이 벌어지던 때에 노예 해방 운동을 실천한 인권 운동가이자 남북 전쟁 때 활동했던 스파이이다.

계란으로 바위를 치다

◉ 현정은 (1955~현재)

용기
49

남편이 갑자기 죽자 그녀는 망연자실했다. 남편 정몽헌이 스스로 삶을 포기해서였다. 그는 아무 말도 없이 그녀의 곁을 떠나가 버렸다.

"당신 뒤를 이을 사람을 정해 주지 못하시고 이렇게 가시다니."

흐르는 눈물을 닦으며 병원 문을 나섰지만 이대로 무너지는 모습을 보이기는 싫었다. 이제부터가 싸움의 시작이었다. 아버지에서 남편으로 이어져 온 사업을 그녀 자신이 이어 가기 위해서였다. 그런데 생전에 남편의 자리였던 회장 자리에 남편의 형 정몽구가 오르려고 했다.

'현대 자동차가 정몽구의 손에 있는 한 새로운 회장은 그가 될 거야. 하지만 우리 현대 건설이 현대 자동차를 끌어안아야겠어. 아버지께서 일으킨 사업과 남편이 북한에 세운 일들을 나 말고는 할 사람이 없어.'

돈과 힘, 두 가지 면에서 정몽구에게 뒤진 그녀는 돌파구를 뚫을 방법을 생각했다. 이미 남편의 형은 자신이 현대 그룹의 회장이 된 것처럼 생각했다. 그만큼 현대 자동차는 현대 그룹 내에서 가장 힘이 센 회사였다.

하지만 그녀는 현대 자동차의 부도덕성을 알리는 광고를 펼치며 국민들이 자신의 편에 서도록 만들었다. 그런 노력으로 마침내 그녀는 회장 자리에 오를 수 있었다.

"이제 현대 그룹의 회장이 된 저는 예전의 영광을 다시 일으키겠습니다."

그녀는 누구보다도 현대 그룹에 대한 애정을 가지고, 단단한 기업으로 이끌고 있다. 남편이 통일을 위해 힘써 놓은 모든 것들도 함께 이어 가고 있다.

현대 그룹
현대 그룹은 1950년에 출범한 현대 건설을 모태로 정주영 회장이 창업한 대기업이다. 지금의 현대 그룹은 현대 상선(주), 현대 증권(주), 현대 엘리베이터(주), 현대 아산(주) 등으로 구성되어 있다.

4

마음을 사로잡는 힘,

배려

신에게 감사해 하는 법무부 장관

● 강금실 (1957~현재)

배 려
01

"**나에겐** 가장 큰 야망이 있어요."

노무현 정부 시절에 법무부 장관이 된 강금실은 이 말을 입버릇처럼 했다. 사람들은 그녀의 '야망'이 무엇인지 궁금해 했다. 그러나 누가 물어볼라치면 그녀는 빙긋 웃으며 얼버무리기 일쑤였다.

"얼마나 큰 야망이길래 그러십니까?"

"나중에 제가 이 자리에서 물러나게 되면 말하도록 하죠."

법무부 장관으로 활동하던 그녀는 혁신적인 정책을 폈다. 검찰을 새롭게 바꾸려 했고, 항상 사회의 목소리를 들으려고 애썼다.

그러다 마침내, 그녀가 머물던 자리에서 물러나는 날이 왔다. 그녀가 했던 말을 늘 기억하고 있던 한 기자가 물었다.

"퇴임하셨는데, 이제 그 야망에 대해 밝히셔도 되지 않겠습니까?"

그러자 강금실이 웃으며 대답했다.

"좋아요, 말해 주죠. 나의 가장 큰 야망은 이탈리아로 순례(종교의 발생지, 성인의 무덤이나 거주지와 같이 종교적인 의미가 있는 곳을 찾아다니는 것) 여행을 떠나는 거예요."

뜻밖의 대답에 기자는 할 말을 잃고 말았다. 강금실은 행복한 표정으로 말을 이었다.

"저는 아주 독실한 천주교 신자예요. 신께 기도하며 신의 응답을 듣는 신앙생활이 제게 얼마나 큰 도움이 되는지 모를 겁니다. 신에게 감사하는 마음으로 순례 여행을 떠나겠다는 것은 제 오랜 꿈이자 야망이었죠. 그런데 이젠 그 일을 실행할 수 있게 되어 무척 기쁘답니다."

법무부
법무부는 법무 행정을 관장하는 중앙 행정기관이다. 법무부 청사는 경기도 과천시에 있다.

남편의 배려로 노벨상을 받다

● 거티 코리 (1896~1957)

"**여보**, 당신 앞으로 편지가 왔어요."

밖에 나갔던 거티가 남편 칼에게 우편물을 갖고 돌아왔다. 편지를 받아든 칼이 봉투를 살펴보더니 획 던졌다. 깜짝 놀란 거티가 물었다.

"아니, 편지를 왜 뜯어보지도 않아요?"

"저번에도 똑같은 편지가 왔었는데, 쓸모없는 내용이었소."

궁금해 하며 편지를 살펴본 거티는 깜짝 놀라고 말았다. 이름만 들어도 알 수 있는 미국의 유명한 연구소에서 남편을 채용하고 싶다는 내용이 적혀 있었던 것이다.

"당신, 제정신이에요? 이런 좋은 자리를 왜 거절하는 거예요?"

"그야 물론 당신이랑 하고 있던 연구를 마치고 싶어서지."

몇 년째 부부는 연구에 몰두하고 있었다. 인간의 세포가 음식을 이용해 에너지를 만드는 과정을 알아내는 것이었다. 연구를 처음 시작한 사람은 거티였지만 남편 역시 흥미를 보였기 때문에 함께 연구한 것이었다.

거티는 남편에게 연구소에 갈 것을 주장했지만, 남편은 막무가내였다. 결국 그녀는 남편을 설득하기를 포기했고, 다시 연구에 매달렸다. 부부가 함께한 연구는 곧 좋은 결과를 거두었고, 거티는 이로 인해 노벨상을 받을 수 있었다. 그녀는 수상 소감을 발표하는 자리에서 남편에게 고마움을 전했다.

"제가 이 상을 받을 수 있었던 것은 모두 제 남편의 배려 덕입니다. 남편의 도움이 없었다면 이 연구는 절대로 완성되지 않았을 거예요."

부부는 그 후에도 인체의 세포를 연구했고, 많은 발견을 이루었다.

코리 부부
거티 코리(왼쪽)가 남편 칼 코리(오른쪽)와 함께 연구하고 있다. 코리 부부는 1947년에 노벨 생리의학상을 받았다.

이웃을 사랑하는 편집장

○ 구현지 (1974~현재)

'빅 이슈 코리아'의 편집장 구현지는 사회의 약자들이 건강해야 사회 전체가 행복해진다고 생각한다. '빅 이슈 코리아'는 노숙자를 위해 만든 잡지로 1991년 영국에서 처음 발간되었다. 노숙자들만 판매할 수 있는 이 잡지는 노숙자들이 잡지 한 권을 1,400원에 사서 3,000원에 팔도록 했다. 그들이 1,600원의 수입으로 자립할 수 있는 기반을 마련해 주는 것이다.

"노숙자라고 해서 자존심이 없는 건 아니에요. 그들에게 구걸이 아닌 당당한 거래를 하게 해서 현재의 상황을 극복할 수 있게 도와주는 것입니다."

그녀는 대학교 때 봉사 활동 동아리에서 활동했다. 그만큼 학생 시절부터 따뜻한 마음을 가졌다. 그런데 그녀는 자신을 칭찬하는 기자와 만나자 겸손해 했다.

"솔직히 말하면 저는 이기적인 마음으로 이 일을 하는 거예요. 내 마음이 불편하지 않기 위해 이 일을 하는 것일 수도 있어요. 이웃이 평화로우면 나도 평화롭다고 믿거든요. 그리고 우리 잡지사에서 일하는 사람들은 대부분 20대예요. 문화와 예술, 영상 등에 재능이 있는 친구들이 남을 돕겠다는 따뜻한 마음을 가지고 일하는 모습을 보면 우리의 미래가 밝다는 희망이 보여 오히려 제가 행복해진답니다."

"노숙자들이 사라지면 '빅 이슈'라는 잡지도 사라지는 것인가요?"

이 물음에 구현지 편집장은 밝게 웃으며 대답했다.

"그렇죠! 저희가 바라는 세상이 바로 그거예요. 빅 이슈가 노숙자와 함께 사라지는 거예요."

〈빅 이슈〉
〈빅 이슈〉는 40개국에서 발행하는 대중문화 잡지로, 노숙자들이 판매하도록 해서 경제적으로 자립할 수 있도록 돕는 사회적 기업이다.

약자의 편에 선 대법관

● 김영란 (1956~현재)

대법관은 대법원의 법관으로 중요한 인물이다. 그래서 대부분의 사람들은 대법관 하면 근엄한 얼굴로 판결을 내리는 모습을 떠올린다. 그러나 김영란 대법관의 모습은 사뭇 달랐다. 수수한 모습에 인자한 미소를 짓는 그녀는 사회적인 약자의 편에 서는 것으로 유명했다.

"법관의 역할이란, 사회적으로 보호받지 못한 사람들의 목소리에 귀 기울이는 거라고 생각합니다."

그녀는 열악한 환경에서 일하는 노동자들의 손을 들어주었다. 정치적인 일이 얽혀 있던 새만금 간척 사업에 대해서도, 그녀는 자신의 의견을 당당히 밝혔다.

"아무리 나라에 도움이 되는 사업이라고 해도 주민들에게 막대한 피해를 일으키게 된다면 저는 절대로 나라의 손을 들어줄 수 없습니다."

그녀는 사회적으로 항상 그늘 속에 머물러야 했던 사람들도 도와주었다. 성별을 수정할 수 있도록 도와 달라던 성전환자(태어날 때와 다른 성별로 바꾸는 사람)를 만나자 그녀는 두 말 없이 그의 손을 들어주었다.

"언제까지 여성과 어린이, 성전환자들이 약자로 취급받아야만 합니까? 약자가 외면당하는 일은 이 나라에서 더 이상 일어나서는 안 됩니다."

이제껏 볼 수 없던 새로운 대법관의 모습에 국민들의 마음이 움직였다. 약자를 사랑하는 그녀의 판결에 많은 사람들이 박수를 보냈다.

대법원
대법원은 서울시 서초구 서초동에 있다. 대법관으로 활동하던 김영란은 국민의 권리를 보호하는 기관인 국민 권익 위원회의 위원장을 맡고 있다.

어려운 친구를 조건 없이 도와주다

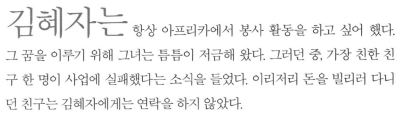

◉ 김혜자 (1941~현재)

배려
05

김혜자는 항상 아프리카에서 봉사 활동을 하고 싶어 했다. 그 꿈을 이루기 위해 그녀는 틈틈이 저금해 왔다. 그러던 중, 가장 친한 친구 한 명이 사업에 실패했다는 소식을 들었다. 이리저리 돈을 빌리러 다니던 친구는 김혜자에게는 연락을 하지 않았다.

그러자 김혜자가 그 친구에게 먼저 연락했다.

"사업에 실패했다면서? 왜 나한테 얘기를 안 했니?"

"네가 내 가장 친한 친구인데, 어떻게 너한테 얘길 하겠니?"

친구의 마음을 모르는 것은 아니었지만, 김혜자는 서운한 표정을 지었다. 그러더니 곧 통장 하나를 꺼내 친구에게 건넸다.

"지금 돈이 많이 필요하지? 필요한 만큼 꺼내 써."

"내가 정말 이 돈을 써도 되겠니, 혜자야?"

"사실 다음 달에 아프리카에 가려고 했어. 거기서 어려운 아이들을 돕고 싶어서 이 돈을 모은 거야. 그런데 지금 보니까 아프리카가 여기에 있는 것 같아."

"네가 어렵게 모은 돈인데……."

친구가 어쩔 줄 몰라 하자, 김혜자가 말했다.

"나중에 사업이 잘되더라도 갚지 마. 우리 사이가 돈에 휘둘리지 않았으면 좋겠어."

결국 친구는 고마워하며 그녀의 통장을 가져갔다. 몇 년 후, 다시 돈을 모은 김혜자는 아프리카로 떠났다.

영화 〈마더〉
김혜자는 영화 〈마더〉에 주연 배우로 출연했다. 그녀는 이 영화로 미국 LA 영화비평가협회 여우 주연상을 수상했다.

세계인을 설득한 더반의 승부사

● 나승연 (1973~현재)

딸을 데리러 학교에 온 아버지는 자신의 딸이 보이지 않자 찾기 시작했다.

"승연아, 어디 있니? 나승연!"

"아빠, 나 여기 있어!"

아버지의 눈에는, 주위에 있는 쓰레기를 치우며 자신을 향해 손을 흔드는 딸의 모습이 보였다.

이처럼 남을 어렸을 적부터 배려하는 것이 몸에 밴 나승연은 외교관인 아버지를 따라 외국에서 자랐다. 12년간 외국 생활을 하면서 2, 3년마다 새로운 나라에서 적응해야 했기 때문에 혼란스럽기도 했지만, 덕분에 나승연은 영어와 불어에 능통하게 되었다.

그리고 2011년에 그녀의 진가가 발휘되는 일이 일어났다. 남아프리카 공화국 더반에서 열린 제123차 국제 올림픽위원회(IOC) 총회에서 강원도 평창을 올림픽 개최지로 만들기 위해 그녀가 등장한 것이다.

유창한 영어와 프랑스어 실력과 단정한 외모로 시청자들의 눈길을 사로잡은 그녀는 단 5분의 연설로 세계인의 이목을 집중시켰다. 많은 사람들이 숱한 카메라 앞에서도 능숙하게 연설했던 그녀를 칭찬했다. 그러자 그녀는 오히려 국민들이 응원해 주는 한마디 한마디가 고맙고 감사했으며, 그 힘이 좋은 결과를 냈다고 말했다.

신문 기자가 그녀에게 앞으로의 계획을 물었다.

"앞으로 7년이 더 중요해요. 우선 성공적인 평창 동계 올림픽의 개최를 위해 남은 7년 동안 정성을 쏟을 것입니다."

체육 훈장 맹호장
나승연은 평창 동계 올림픽을 유치하는 데 크게 공헌해 2012년에 체육 훈장 맹호장을 받았다.

해외에서 더 유명한 재즈 가수

◉ 나윤선 (1969~현재)

배 려
07

음악가 부모님을 둔 나윤선은 어린 시절부터 음악을 가까이했지만 큰 관심은 없었다. 착실하게 대학교를 졸업해 회사를 다니던 나윤선이 어느 날 음악을 하는 친구에게 물었다.

"노래를 공부하고 싶은데 어떡하면 좋을까?"

"갑자기 웬 노래?"

"노래를 하고 싶어. 할 수 있는 것도 음악밖에 없어."

나윤선의 말이 진심임을 느낀 친구가 말했다.

"솔직히 지금 네 나이로는 클래식은 너무 늦었고, 재즈를 해 보는 건 어때?"

"재즈?"

대학에서 불문학을 전공했던 나윤선은 친구의 권유로 재즈의 세계에 들어서게 되었다. 그리고 몇 년 후 그녀는 콧대 높기로 소문난 프랑스 잡지 〈재즈 맨〉으로부터 '별점 다섯 개가 부족하다.'라고 극찬을 받는 재즈 가수가 되었다.

한국보다 외국에서 더 유명한 재즈 가수가 된 그녀는 예술 활동에 큰 업적을 남긴 인물에게 주는 프랑스 문화 예술 공로 훈장을 수상했다.

2008년, 그녀는 국내 가수로서는 최초로 유럽 재즈를 대표하는 독일 재즈 음반사와 계약하고, 음반이 출시된 지 2주 만에 판매 1위를 기록했다. 그녀는 오늘의 젊은 예술가상(대중음악 부문)을 수상하며 유럽과 아시아를 넘어 전 세계를 대상으로 거침없는 꿈을 펼쳐 나가고 있다.

나윤선
나윤선은 '독일의 그래미상'으로 통하는 재즈 시상식 '에코 재즈 2011'에서 해외 아티스트 부문 올해의 여성 가수로 선정되었다.

아동 구호에 앞장서는 왕비

● 라니아 알 압둘라 (1970~현재)

2009년 1월 5일, 요르단 암만에서 요르단의 왕비이자 유니세프(국제 아동 기금)의 특별 대표인 라니아 알 압둘라 왕비의 기자 회견이 열렸다.

라니아는 다음과 같이 호소했다.

"세계 인권 선언은 제1조에서 '모든 인간은 태어날 때부터 자유로우며 평등한 존엄과 권리를 갖는다.'고 명시하고 있으며 제3조에서 '모든 사람은 삶의 자유와 안전할 권리를 가진다.'고 말하고 있습니다. 하지만 이 선언에 명시한 인권은 여전히 지켜지지 않고 있습니다."

부유하고 아름답다고 평가받던 이 여인은, 전 세계 언론을 향해 아동의 인권에 관심을 가져 줄 것을 발표한 것이다. 그러자 전 세계 사람들은 곧바로 반응했다. 그녀가 전 세계를 누비며 전쟁과 기아 등으로 고통받는 아이들을 어루만지며 밥을 먹이는 사진들은 인터넷을 통해 퍼져 나갔다. 그리고 사람들에게 큰 영향을 미쳤다.

"동화 속의 왕비처럼 화려한 줄로만 알았는데, 라니아 왕비도 평범한 아이들을 키우는 엄마였구나."

세계 명작 동화 속에서나 나올 법한 왕비가 사람들 속으로 걸어 들어가 그들의 아픔에 귀 기울이고 상처를 어루만지는 사진들은 사람들에게 감동을 주었다. 그녀가 다친 아이들을 보살피는 모습을 담은 사진들에는 전 세계 누리꾼들의 감동에 찬 댓글이 수백 건씩 달리게 되었다.

그녀는 앞으로도 동화 속의 왕비가 아닌, 사람들 속의 천사로 남을 것이다.

라니아 알 압둘라
요르단의 왕비 라니아 알 압둘라는 2006년에 〈타임〉 지가 선정한 '세계에서 가장 영향력 있는 100인'에 선정되었다.

최초의 여성 물리학 교수

○ 라우라 바시 (1711~1778)

"**라우라!** 얘가 또 어딜 간 거지?"

어머니가 부르는 소리에 라우라는 화들짝 놀라 읽고 있던 책을 덮었다.

"물을 떠 오라고 했는데, 여기서 뭐 하는 거니?"

책을 치마 아래로 숨기며 허둥대는 딸을 보고 어머니가 말했다.

"또 책을 읽고 있었던 거니? 라우라, 몇 번이나 말했지만 여자에게 지식은 쓸모없는 거란다. 여자는 그저 좋은 집안에 시집가서 사랑받으며 사는 게 최고인 거야."

라우라가 책에 푹 빠져 지낼 때마다 어머니는 늘 훈계를 늘어놓았다. 14살이 된 딸이 집안일도 제대로 하지 않고 책만 읽는 것이 어머니로서는 못마땅했기 때문이었다.

"하지만 어머니, 저는 책 읽는 걸 그만둘 수가 없어요. 읽으면 읽을수록 새로운 세상이 제 앞에 펼쳐지는 것 같다고요."

그녀가 결혼할 나이가 되자 어머니는 배우자를 찾기 시작했다. 그러나 라우라는 결혼을 하는 대신 대학교에 가고 싶었다. 어머니는 펄쩍 뛰었지만, 아버지는 다른 태도를 보였다.

"라우라, 여자라고 살림만 하던 시대는 지났다. 앞으로는 여성들의 시대가 올 거야."

아버지 덕분에 그녀는 이탈리아 볼로냐대학교에서 과학을 공부할 수 있었다. 유명한 교수의 제자가 된 그녀는 누구보다 뛰어난 성적을 냈고, 최초의 여성 물리학 교수가 되었다.

볼로냐대학교
볼로냐대학교는 11세기에 이탈리아의 볼로냐에 설립된 유럽에서 가장 오래되고 유명한 대학 가운데 하나이다.

조카에게 자연의 아름다움을 선물하다

○ 레이첼 카슨 (1907~1964)

레이첼 카슨은 평생 독신으로 지냈지만, 부모를 잃은 조카를 자식처럼 키우고 있었다. 조카가 7살이 되던 생일에, 그녀가 말했다.

"오늘은 이모랑 잠깐 밖에 나가지 않을래? 너한테 줄 선물이 있단다."

선물이라는 말에 잔뜩 기대한 채 아이는 레이첼을 따라나섰다. 집을 나선 레이첼은 아이를 차에 태운 뒤, 곧 운전을 하기 시작했다. 호기심이 생긴 아이가 물었다.

"선물이 먼 곳에 있나 봐요, 이모?"

"응. 좀 먼 곳에 있단다. 그렇지만 아주 좋은 거니까 받으면 후회하지 않을 거야."

이윽고 그들은 한적한 바닷가에 도착했다. 레이첼은 아이의 손을 잡고 백사장을 걷기 시작했다. 파도가 치는 곳까지 온 뒤 아이에게 말했다.

"눈을 감아 보렴."

아이는 이모가 시키는 대로 순순히 눈을 감았다. 그러자 아이의 귓가에 갈매기가 우는 소리가 들려왔다.

"이제 눈을 뜨렴."

눈을 뜨자, 놀라운 일이 일어났다. 드넓은 바다를 배경으로 아침 해가 막 솟아오르고 있었던 것이다. 아이는 자기도 모르게 탄성을 질렀다.

"이게 바로 그 누구도 받아 볼 수 없는 가장 아름다운 선물이란다, 애야. 이렇게 아름다운 세상 속에서 우리가 살고 있다는 걸 잊지 마렴."

가장 저명한 생물학자였던 이모의 말을 아이는 가슴 깊이 새겼다.

레이첼 카슨
레이첼 카슨은 미국의 해양 생물학자이자 작가이다. 《침묵의 봄》을 발표한 그녀는 환경 운동이 발전하는 데 공헌했다.

정상의 자리에서 물러나다

◎ 로레나 오초아 (1981~현재)

배려
11

로레나 오초아는 미국 LPGA에서 8년간 27승을 올리고 4년 연속 올해의 선수상을 수상했다. 2008년에는 4개 대회 연속 우승을 기록하는 등 상금으로만 총 1,481만 7,850달러(약 190억 원)를 벌어들이며 골프의 일인자로 떠올랐다.

"골프 선수로서 오초아는 지금 기량이 무르익을 대로 익었다. 소렌스탐이 37세에 은퇴한 것을 고려하면 앞으로 10년은 정상급 선수로 활약할 수 있는 기량을 가진 선수이다."

그녀는 실력뿐만 아니라 매너도 훌륭한 선수였다. 그래서 소렌스탐은 그녀를 이렇게 평가했다.

"그녀는 온화한 미소의 소유자다. 오초아가 게임 중 화를 내거나 골프채를 던지는 것을 본 사람은 극소수다. 게임이 안 풀릴 때에도 인상을 찌푸리지 않고, 온화한 미소를 띤다. 자신이 화를 냄으로써 다른 선수들에게 미치는 영향을 생각하는 듯하다. 그는 '골프는 배려의 스포츠'라는 것을 누구보다 잘 알고 실천한 세계적인 선수다."

이처럼 로레나 오초아는 뛰어난 실력에도 상대방을 배려해 소렌스탐을 잇는 새로운 '골프 여제'로 불렸다.

그런데 2010년에 그녀는 결혼과 함께 은퇴를 선언했다. 세계 랭킹 1위라는 최고의 자리에서 물러난 그녀의 경기는 더 이상 볼 수 없지만, 많은 사람들 기억 속에 그녀는 영원한 '골프 여제'로 남을 것이다.

로레나 오초아
로레나 오초아는 2009년에 4년 연속 최고 선수상을 수상하면서 세계 1위 자리를 지켰다. 하지만 2010년 4월에 은퇴했다.

딸을 위해 바비 인형을 발명하다

● 루스 핸들러 (1916~2002)

장난감 제조업자인 루스 핸들러에게는 인형 놀이를 무척 좋아하는 딸이 한 명 있었다.

"엄마, 나랑 같이 인형 놀이해요."

"그래, 오늘은 인형 머리를 빗겨 줄까?"

어느 날, 심심한 표정으로 앉아 있는 딸에게 루스가 말했다.

"왜 그러니? 오늘도 엄마랑 인형 놀이를 하지 않을래?"

"인형 놀이는 이제 지루해서 싫어요!"

"그러면 뭐 할래?"

엄마를 잠시 바라보던 딸이 종이 인형을 갖고 왔다. 종이 인형은 동글동글한 모양의 인형들과 달리, 허리가 잘록하고 긴 머리를 한 성인 여성의 모양새였다.

"인형들이 아기 같은 모양밖에 없어서 지루해요. 이 종이 인형 같은 모양의 인형이 있었으면 좋을 텐데."

그 후로도 딸이 종이 인형만 갖고 노는 것을 본 루스는 생각했다.

'우리 딸을 위해 성인 여성의 모습을 한 인형을 만들어 보면 어떨까?'

그동안 나온 인형들은 아기 같은 얼굴에 단순한 몸통을 갖고 있는 것들이 대부분이었다. 딸의 의견을 받아들인 그녀는 즉시 디자인을 했고, 곧 날씬하고 예쁜 입체 인형을 만들었다. 그렇게 탄생한 인형은 '바비'라는 이름이 붙어 세상에 나오게 되었고, 전 세계 어린이들에게 사랑받았다. 아이들뿐만 아니라 어른들에게도 사랑을 받게 된 바비 인형은 지금도 하루에 178,000개씩 팔리고 있다.

바비 인형
루스 핸들러는 1959년에 바비 인형을 만들어 크게 성공해 마텔사를 설립했다.

원주민의 인권을 위해 나서다

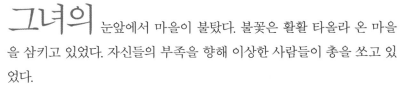

● 리고베르타 멘추 (1959~현재)

배려
13

그녀의 눈앞에서 마을이 불탔다. 불꽃은 활활 타올라 온 마을을 삼키고 있었다. 자신들의 부족을 향해 이상한 사람들이 총을 쏘고 있었다.

"딸아, 투쟁할 때는 남자와 똑같이 맞서야 한다. 물러서면 안 된다!"

어머니는 불타는 마을을 바라보며 그녀에게 가르침을 주려고 했다. 하지만 그녀의 가족들은 모두 낯선 이들에 의해 죽음으로 내몰렸다. 여자의 몸으로 자신의 가족을 구하러 뛰어들다가는 그녀 또한 목숨을 잃을 수 있었다.

겁에 질린 그녀는 한 발도 내딛을 수가 없었다.

"여기서 이러다가 죽을 수 있어! 우리 부족 모두 목숨을 잃을 수는 없어. 누군가에게 도움을 청해야 해!"

친구들은 가족의 죽음에 슬퍼하는 그녀를 내버려 두지 않았다. 위험한 마을로부터 그녀를 멀리 떨어지게 만들고, 안전한 곳에서 자신들의 비극을 알릴 수 있도록 도왔다. 그녀는 마냥 울며 포기하지 않았다. 남아 있는 친구들과 억울하게 죽어 버린 가족을 위해 백인들과 맞서 싸우기로 결심했다.

그녀는 사람들에게 알릴 수 있도록 책을 썼고, 과테말라 원주민들의 인권 운동을 위해 발 벗고 나섰다. 세월이 흘러 그녀는 노벨 평화상을 수상했다.

리고베르타 멘추
리고베르타 멘추는 과테말라 내전 때 과테말라 원주민들의 어려움을 널리 알렸다. 1992년에 노벨 평화상을 수상했고, 1998년에는 스페인의 아스투리아스 왕자상을 수상했다.

약한 사람들의 어머니

● 마더 테레사 (1910~1997)

마더 테레사는 1910년에 오스만 제국(오늘날의 마케도니아 공화국)에서 태어났다. 천주교 신자였던 그녀는 신앙심이 깊었는데, 1928년에 아일랜드로 이주해 로레토 수녀회에 들어갔다. 그해에 그녀는 수녀가 되어 인도로 갔다.

그녀는 인도에서 20여 년간 수녀로 활동하면서 가난과 고통에 시달리는 사람들을 보며 안타까움을 느꼈다. 그래서 이들을 돕기 위해 1950년에 '사랑의 선교회'를 설립했다. 1952년 8월 22일, 그녀는 콜카타 시청의 도움을 받아 '죽어 가는 사람들의 집'을 지었다. 그런데 이 집이 지어지자 힌두교도들이 반대하기 시작했다.

"천주교인들이 선교 활동을 위해 이 건물을 이용하는 거야!"

하지만 힌두교인들은 사랑의 선교회 수녀들이 종교에 상관없이 복지 활동을 하는 모습을 보고 감동했다.

"우리가 생각이 짧았어. 테레사 수녀가 이끄는 사랑의 수녀회는 힌두교인들도 보살펴 주잖아!"

1955년 9월 23일에 그녀는 '때 묻지 않은 어린이들의 집'이라는 어린이 보호 시설도 개설했다. 어린이들의 집에서는 굶주린 아이들을 먹이고 병도 고쳐 주었다. 어린이들은 교육도 받았으며, 해외로 입양되었다.

1975년에 그녀는 '사랑의 선물'이라는 이름의 장기 요양소를 개설했다.

마더 테레사
마더 테레사는 1979년에 노벨 평화상을 수상했고, 1980년에는 인도 최고 훈장을 받았다.

위대한 가수로 만든 한마디

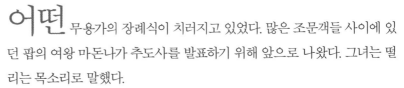

⊙ 마돈나 (1958~현재)

배려
15

어떤 무용가의 장례식이 치러지고 있었다. 많은 조문객들 사이에 있던 팝의 여왕 마돈나가 추도사를 발표하기 위해 앞으로 나왔다. 그녀는 떨리는 목소리로 말했다.

"내가 이분을 만난 건 14살 때였습니다."

친구를 따라 발레 교습소에 간 마돈나가 무용 강습을 받고 있었다. 그때 무용 선생님이 마돈나를 경이로운 눈빛으로 바라보며 이렇게 말했다.

'오! 정말 아름답구나. 고대 로마의 여신상 같아!'

5살 때 엄마가 돌아가시고 난 이후 새어머니와 아버지에게 그녀는 칭찬받지 못했다. 그 누구에게도 들어 보지 못한 따뜻한 말에 마돈나는 가슴이 뛰었다.

"그때까지 아무도 내게 그런 말을 해 준 사람이 없었습니다. 그의 그 한마디가 제 인생을 바꾸었어요."

그는 무용 강습 외에도 마돈나에게 예술적인 감각을 길러 주기 위해 박물관과 갤러리 등에 그녀를 데리고 다녔다.

"그는 내 스승이자 아버지였고, 오빠였으며, 온 세상이었습니다. 그는 나를 이해해 주는 유일한 사람이었습니다."

세계적인 팝 가수로 성공한 마돈나는 한 사람을 이해하고 인정해 주는 것이 매우 중요하다는 것을 사람들에게 알려 주었다.

마돈나
'팝의 여왕'으로 불리는 마돈나의 음반 판매량은 현재 3억 장을 넘기며 여자 가수 중에서 1위를 차지하고 있다. 그녀는 기네스 세계 기록에도 가장 많은 음반을 판매한 여자 가수로 등록되어 있다.

교육 방식을 바꾼 여의사

● 마리아 몬테소리 (1870~1952)

마리아 몬테소리는 이탈리아 최초의 여자 의사였다. 부유한 집 안에서 태어난 그녀는 머리도 똑똑했고, 의사라는 직업까지 갖고 있었다. 그녀의 삶은 늘 풍요롭고 평화로웠다. 그러던 어느 날, 병원으로 향하는 길에 그녀는 길가에 넘어져 있던 아이를 발견했다.

"어디가 아프니?"

아이의 무릎에서는 피가 흘렀고, 여기저기 멍 자국으로 성한 곳이 없었다. 좁은 골목길 입구에서 만난 그 아이는 몬테소리를 낯선 사람으로 생각하고 두려워했다. 아이가 그녀의 손을 뿌리치고 골목길 안으로 달려갈 때, 그녀는 많은 아이들을 바라보았다. 낡은 옷을 입고 있는 그 아이들은 가난한 사람들의 자식들이었다.

공부를 해야 할 시간에 책 살 돈도, 누군가에게 교육을 받을 돈도 없어서 집 안에서 노는 아이들을 보면서 그녀는 자신이 진정으로 해야 할 일이 무엇인지 깨달았다.

로마의 빈민가에 그녀는 '어린이 집'을 열었다.

"누구든지 배우고 싶으면 여기로 오너라."

가난한 집 아이들은 교육을 제대로 받지 못해서 늘 가난한 사람으로 자랄 수밖에 없었다. 그녀는 아이들의 인생을 바꿔 주고 싶었다. 그리고 모든 아이들에게 나름대로 재능이 있다는 것도 부모들에게 깨닫게 해 주었다.

몬테소리는 아이들에게 간단한 도움만 줄 뿐 아이들 스스로 모든 일을 해 나갈 수 있도록 했다. 결과는 성공적이었다. 몬테소리 교육의 우수성이 유럽과 미국까지 알려지게 되었다.

마리아 몬테소리
이탈리아에서 의사였던 마리아 몬테소리는 몬테소리 교육법을 개발해 전 세계에 널리 보급했다.

가족의 헌신으로 세계적인 선수가 되다

◎ 마리아 샤라포바 (1987~현재)

배려
17

러시아 휴양 도시 중 하나인 소치의 어떤 공원에 한 가족이 나들이를 나왔다. 그중 귀여운 꼬마 숙녀가 한쪽에서 테니스를 치고 있는 사람들을 쳐다보자 같이 나들이에 나섰던 아버지의 친구가 웃으며 물었다.

"우리 꼬마 아가씨가 아까부터 어디를 그렇게 보고 있을까?"

"저기요!"

"아, 저건 테니스라는 거야. 너도 해 보고 싶니?"

"네!"

얼마 후 소녀는 테니스 라켓을 선물로 받았다. 이때부터 정기적으로 연습을 시작한 소녀는 자신이 공을 쳐낼 때마다 기쁨의 함성을 질렀다. 그 모습을 지켜보던 체육 관계자가 소녀의 아버지에게 말했다.

"제대로 교육시켜 보시지요? 프로 선수가 될 가능성이 아주 많은 아이입니다."

며칠을 고민하던 아버지는 결정을 내렸다. 스타 선수를 만들기 위해 미국으로 딸을 보내기로 한 것이다. 그리고 접시닦이 등 허드렛일을 하며 딸의 뒷바라지에 온 힘을 쏟았다.

2001년, 17살의 어린 소녀에게 세계의 이목이 집중되었다. 특유의 괴성을 지르며 눈부신 미모까지 갖춘 이 소녀는 윔블던 대회에서 우승을 차지하며 단숨에 스타로 떠올랐다. 이 소녀가 바로 테니스의 요정으로 불리는 '마리아 샤라포바'였다. 외모뿐만 아니라 실력까지 인정받는 샤라포바는 지금의 자신을 있게 해 준 가족에게 고마움을 잊지 않고 있다.

마리아 샤라포바
샤라포바는 세계 랭킹 1위였던 러시아의 여자 프로 테니스 선수이다. 그랜드 슬램 여자 단식에서 총 3회 우승했다.

진정한 사랑을 원했던 여배우

○ 마릴린 먼로 (1926~1962)

금발 미인 마릴린 먼로는 할리우드에서 최고의 스타였다. 수많은 사람들에게 사랑받았지만 정작 그녀는 애정 결핍에 시달리고 있었다. 어릴 적에 어머니의 사랑을 제대로 받지 못했던 먼로는 진정한 사랑을 원하고 있었다.

그러던 중 유명한 프로야구 선수 조 디마지오와 사랑에 빠지게 되었다.

"당신과 평생을 함께하고 싶소. 나와 결혼해 주겠소? 영원히 당신만을 사랑하겠소."

디마지오의 청혼에 마릴린 먼로는 기쁨의 눈물을 흘렸다.

"당신이 나의 진정한 사랑이 되어 주세요."

얼마 후 두 사람은 결혼식을 올렸다. 하지만 영원할 것 같았던 그들의 사랑에 금이 가기 시작했다. 만인의 주목을 받기를 원했던 먼로와 달리 디마지오는 사람들의 시선을 끄는 것을 싫어했기 때문이었다. 결국 두 사람은 파경을 맞이하고 말았다.

그러나 두 사람의 애정이 완전히 식은 것은 아니었다. 디마지오는 먼로가 세 번째 결혼에도 실패하고 슬픔에 빠졌을 때 다시 사랑의 손길을 내밀었던 것이다. 그의 진심을 알게 된 먼로는 이번에는 그에 손을 놓치 않으리라 다짐했다.

하지만 먼로는 재결합을 눈앞에 두고 불의의 사고로 세상을 떠나고 말았다. 먼로를 먼저 보낸 후에도 그녀의 사랑하는 마음이 변치 않은 디마지오는 그 후 결혼도 하지 않은 채 20여 년 동안 매주 장미꽃을 그녀의 무덤에 바쳤다.

마릴린 먼로
마릴린 먼로는 7살 때 어머니가 정신 병원에 수용되면서 보육원과 고아원에서 지내야 했다. 디마지오를 만나 사랑의 결실을 거두려던 순간에 세상을 떠나고 말았다.

고통을 딛고 시인이 되다

● 마야 안젤루 (1928~현재)

배려
19

미국의 시인이자 소설가, 영화배우인 마야 안젤루는 오프라 윈프리와 오바마 대통령의 멘토이기도 하다. 하지만 세계적으로 명성이 자자한 그녀는 결코 평범한 삶을 살지 못한 여성이었다. 안젤루는 7살 때 충격적인 일을 당해 6년 동안 말문을 닫고 지냈다. 그런 그녀에게 유일한 위안이 되어 준 것은 책이었다.

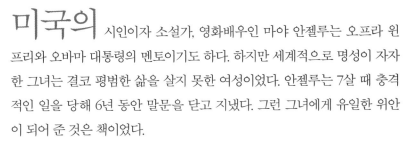

어느 날 선생님이 그녀를 불렀다. 선생님은 소설의 한 구절을 읽어 주고는 그녀에게 말했다.

"마야, 내게 시 한 편 읽어 주겠니?"

처음에는 입을 열지 않던 안젤루도 조금씩 글을 읽고 암송하면서 마음의 문을 열기 시작했다. 안젤루는 그때를 이렇게 회상했다.

"선생님의 고마움을 평생 잊지 못할 거예요. 책 속에 날개 달린 음표가 가득한 것 같았거든요."

그때부터 안젤루는 글을 쓰고 노래를 부르며 춤을 추고 문학과 예술에 대한 사랑을 행동으로 옮기기 시작했다. 그 후 그녀는 자전적인 소설을 발표하며 자신의 지난날을 고백하고 차별과 폭력이라는 응어리를 감싸 안았다.

어느새 소외된 이들의 따뜻한 멘토로 자리 잡은 그녀는 이렇게 말했다.

"힘들고 고통스러운 일이 앞으로의 삶을 지혜롭게 이끌어 가는 데 소중한 밑거름이 된다는 것을 깨닫기 바랍니다."

마야 안젤루
마야 안젤루는《딸에게 보내는 편지》를 집필했으며, 영화 〈굿 헤어〉, 〈런어웨이〉 등에 출연했다.

고객을 존중하는 이베이 CEO

○ 멕 휘트먼 (1956~현재)

이른 아침, 인터넷 경매 회사인 이베이로 항의 전화가 걸려 왔다.

"벌써 사이트가 세 번이나 다운되었어요. 저번에도 항의를 했는데 아직까지 해결하지 않은 건가요?"

"죄송합니다, 고객님. 문제를 찾아 저희가 신속히 대응하겠습니다."

"저번에도 그렇게 말해 놓고 아무런 조치도 취하지 않았잖아요. 이번에도 그렇게 넘어갈 거죠?"

쩔쩔매는 상담원의 모습이 마침 지나가던 멕 휘트먼의 눈에 띄었다. 그녀는 즉시 상담원에게 전화를 넘기라고 지시했다.

"저희가 지금 즉시 사이트 검사를 하겠습니다."

멕은 곧바로 직원들에게 사이트의 문제를 알아보라고 지시했다. 조사를 하던 직원들은 사이트의 다운이 자주 일어났으며, 상당히 많은 수의 고객들이 이로 인해 불편을 겪고 있다는 것을 알아냈다.

"그렇게 많은 고객들이 불편을 겪고 있었는데 우리는 전혀 몰랐단 말인가요? 만약 그 고객의 전화가 없었다면 계속 이 문제를 눈치 채지 못했을 수도 있었겠군요!"

멕은 곧바로 이용자들에게 일일이 사과하고 원한다면 보상해 주겠다는 이메일을 보냈다.

"아주 작은 실수를 우습게 넘겼다가 큰 손실이 생길 수도 있다는 걸 잊지 말아요."

이후 멕은 고객 20명을 본사에 초대해 그들의 의견을 듣는 행사를 빠짐없이 열었다. 그래서 이베이는 가장 믿을 수 있는 경매 사이트로 자리 잡았다.

이베이
미국 인터넷 경매 사이트인 이베이는 세계 최대의 온라인 경매 회사이다.

매일 객실 청소를 하는 호텔 사장

◎ 모토야 후미코 (1947~현재)

배려
21

일본으로 출장 온 한 사업가가 APA 호텔에 투숙하게 되었다. 일본에서 최고로 좋다고 일컬어지고 있던 호텔이었다.

　다음 날 아침, 가볍게 식사를 마치고 짐을 꾸리기 위해 방으로 올라온 그는 깜짝 놀랐다. 제복 차림의 여성이 화장실에서 변기를 닦고 있었던 것이다.

　"어머, 죄송합니다. 금방 끝낼 테니 조금만 기다려 주세요."

　"아니, 이제 나갈 테니까 괜찮습니다."

　여인은 묵묵히 다시 변기를 닦는 일에 몰두하기 시작했다. 그녀를 보고 있던 사업가가 무심코 말했다.

　"항상 이렇게 일찍 청소를 하나요?"

　"네, 일찍 시작해야 모든 객실을 둘러볼 수 있거든요."

　"거참, 고생이 많으시겠군요."

　호텔 청소부들의 열악한 근무 환경을 짐작하며 남자가 중얼거렸다. 그런데, 여자가 뜻밖의 말을 했다.

　"제가 이곳 사장이니 당연히 꼼꼼하게 청소를 해야죠. 제가 APA 호텔의 사장인 모토야 후미코입니다. 혹시 뭔가 불편한 점이 있으셨다면 말해 주세요."

　깍듯이 고개를 숙이는 여자의 모습에 남자는 할 말을 잃고 말았다. 사장인데 왜 이런 번거로운 일을 하느냐는 질문에, 그녀가 말했다.

　"사장인 제가 성의를 보이지 않으면 고객에게 인정받지 못합니다."

　그는 그제야 왜 이 호텔이 일본 최고라고 일컬어지는지 이해하게 되었다.

APA 호텔
일본 도쿄에 있는 APA 호텔의 모습이다. APA 호텔은 최고의 서비스를 자랑한다.

사무실 문을 항상 열어 놓다

○ 미키 매튜스 (?~현재)

부사장에 취임한 뒤, 미키 매튜스는 회사를 이끌 새로운 아이디어를 모집했다.

"직원이든 임원(회사의 중요한 일을 맡아 보는 사람)이든 가리지 않고 모두의 아이디어를 받습니다. 그러니 참신한 생각이 있는 사람은 누구라도 주저하지 말고 저한테 와 주세요."

그러나 며칠이 지나도록 그녀에게 오는 사람은 한 명도 없었다. 미키 매튜스는 실망하고 말았다. 직원들은 모두 열심히 일했지만, 부사장인 그녀를 많이 어려워했다.

'어떡하면 회사의 딱딱한 분위기를 없앨 수 있을까?'

자유로운 환경 속에서 참신한 아이디어가 나온다는 생각을 갖고 있던 그녀는 방법을 궁리하기 시작했다. 우선은 직원들이 부사장을 어렵게 여기는 태도를 고치고 싶었다.

'직원들이 내게 다가올 수 없다면 내가 다가가야 하지 않을까?'

그녀는 오후가 되면 자신의 사무실 문을 활짝 열어 두기 시작했다. 그리고 문 앞에 '누구든지 환영합니다!'라는 팻말을 붙여 놓았다. 그녀에게 용무가 있으면 예전에는 비서를 통해 전달해야 했는데, 이제는 그녀가 직접 사람들을 맞았다. 그러자 그녀에게 인사를 건네는 직원도 있었고, 아이디어를 갖고 오는 직원도 있었다.

직원들이 더 이상 자신을 어려워하지 않게 되었다는 것을 깨닫고, 그녀는 크게 기뻐했다. 그녀가 마이크로소프트의 부사장으로 있는 한, 그녀의 사무실 문은 언제나 열려 있을 것이다.

마이크로소프트
마이크로소프트는 미국 워싱턴 주에 있는 세계 최대의 소프트웨어 및 하드웨어 기업이다.

따뜻한 마음으로 제자를 대하는 작가

○ 박완서 (1931~2011)

배려
23

한가난한 작가 지망생이 박완서에게 문학을 배우고 있었다. 그의 형편이 어렵다는 것을 알고 있던 박완서는 수업료를 한 푼도 받지 않았다.

"나중에 네가 훌륭한 작가가 되면 그게 보답이란다."

그는 어떡해서든 박완서에게 보답을 하고 싶었다.

'돈을 드리지 못하니 다른 것으로 감사를 표하자.'

고민을 하던 끝에 그는 자신의 집 앞에 서 있는 자두나무에서 잘 익은 자두 몇 알을 땄다. 박완서에게 선물하려고 한 것이었다.

그러나 막상 자두를 들고 박완서의 집 앞에 다다른 그는 섣불리 들어가지 못하고 망설였다. 자신의 선물이 너무 초라해 보였기 때문이었다.

'이런 걸 드렸다가는 오히려 선생님이 실망하실지 몰라.'

고민을 하던 그는 우편함에 자두를 넣어 두고 돌아섰다.

'이러면 팬이 넣어 둔 줄 아시고 그냥 드시겠지.'

며칠 뒤, 그에게 조그만 소포 하나가 도착했다. 소포를 열어 보니 시집 한권과 네모난 카드 한 장이 들어 있었다.

'자네가 준 자두를 무척 맛있게 먹었네. 그 고마움에 이 시집을 보내니, 기쁘게 받아 주길 바라네.'

그는 곧바로 박완서에게 전화를 걸었다.

"선생님, 어떻게 제가 자두를 보낸 것을 알고 계셨나요?"

"자두 하나하나에 따뜻한 마음이 담겨 있어서 자네란 걸 알게 되었지."

그는 깊은 감동을 받았다. 훗날 유명 문학상을 타며 작가가 된 그는 수상의 영예를 박완서에게 돌렸다.

《못 가본 길이 더 아름답다》
《못 가본 길이 더 아름답다》는 사람과 자연을 따뜻하게 바라보는 대한민국 대표 작가 박완서의 산문집이다.

남편의 도움으로 작가가 되다

● 버지니아 울프 (1882~1941)

배려
24

20세기 문학을 대표하는 작가 버지니아 울프가 지식인들의 모임인 '블룸스버리'에서 활동하고 있었을 때였다.

많은 지식인들과 대화를 나누던 버지니아는 레오나드 울프를 만나게 되었다. 두 사람은 문화와 사회에 대한 폭넓은 주제에 대해 대화를 나누었다. 레오나드는 전문적인 교육을 받지 않았지만 폭넓은 지식을 소유하고 있던 그녀에게 반해 청혼을 했다.

"당신은 나에게 늘 아름다웠소."

하지만 결혼과 남성에 대해 불신을 가지고 있던 버지니아는 조건을 내걸었다.

"다른 평범한 부부들과 같은 생활을 요구하지 말아 줘요. 그리고 제 작가 생활을 위해 당신의 공무원 생활을 포기해 줘요."

그녀의 제안을 그는 흔쾌히 받아들였다.

결혼 후, 그는 집에 출판사를 만들어서 물심양면으로 버지니아를 도와주었다. 버지니아의 작품은 큰 호응을 얻게 되었다.

하지만 어렸을 때부터 버지니아를 괴롭혀 온 정신 질환이 그녀의 명성이 높아갈수록 그녀를 더욱 괴롭혔다. 하지만 남편은 끝까지 그녀의 곁을 지켰고, 삶의 마지막 순간에 버지니아는 남편에게 감사의 편지를 남겼다.

"아무도 당신만큼 잘해 주지는 못했을 거예요. 처음 그날부터 지금까지……."

위대한 작가 버지니아 울프의 뒤에는 그녀와 모든 것을 함께했던 남편 레오나드가 있었다.

버지니아 울프
버지니아 울프는 1912년에 레오나드 울프와 결혼하고 1915년 《출항》을 출판한 뒤 1919년에는 《밤과 낮》을 간행했다. 그녀는 《댈러웨이 부인》, 《등대로》, 《올랜도》 등을 발표했다.

가족의 도움으로 CEO가 된 여인

○ 브랜다 반스 (1953~현재)

배려
25

세계 500대 기업 가운데 11위인 대형 식품 회사 사라 리를 이끌고 있는 반스는 2005년에 CEO가 되었다. 그녀는 여러 분야에 진출해 있던 사라 리의 기업 구조를 식품 산업에 초점을 맞추도록 했다.

기업을 성공으로 이끈 그녀는 자신이 능력을 발휘하게 된 것은 가족 덕분이라고 말한다.

"아무리 시대가 변해도 여성에게는 일과 가정이라는 두 마리 토끼를 잡아야 하는 어려움이 있어요. 대부분의 여성이 사회적으로 성공하기 어려운 가장 큰 이유가 바로 엄마이기 때문이죠."

하지만 그녀는 성공을 이루었다. 반스는 펩시에서 20여 년 동안 일했다. 그녀는 가족을 위해 펩시콜라 북미 지역의 사장 자리를 버리고 떠난 적도 있었다.

"가족과 더 많은 시간을 보내고 싶어서 결단을 내렸었어요. 하지만 오히려 가족의 힘으로 지금 이 자리에 있게 되었습니다."

가족의 배려와 도움으로 다시 일을 시작하게 된 그녀에게 이런 평가가 내려졌다.

"CEO가 되면서 '사라 리'를 내실 있는 고성장 기업으로 발전시켰고, 미국 식품 산업을 선도하는 유망한 글로벌 기업으로 이끌었다."

이렇게 해서 그녀는 2006년부터 해마다 경제 전문지 〈포춘〉 및 〈포브스〉가 선정한 '세계에서 가장 영향력 있는 여성 경영인 10명'에 이름을 올리고 있다.

사라 리
사라 리는 1960년부터 150개 이상의 기업을 인수해 여러 분야의 사업을 해 왔다. 브랜다 반스가 CEO가 된 이후에 식품 사업에 집중해 성공하고 있다.

맑은 음색으로 세계적인 소프라노가 되다

● 빅토리아 데 로스 앙헬레스 (1923~2005)

스페인 바르셀로나에서 태어난 빅토리아는 어려서부터 노래를
좋아했다. 어느 날 그녀가 노래하는 것을 본 음악 교사가 빅토리아에게 말
했다.

"아주 깨끗한 목소리를 가졌구나, 빅토리아! 지금 네 목소리를 계속 발
전시켜 나간다면 세계적인 가수가 될 거야!"

빅토리아는 선생님의 칭찬에 기분이 좋아졌지만 꿈같은 소리라고만 생
각했다. 그런데 얼마 후 그녀의 고향에서 작은 규모의 콩쿠르가 열리게 되
었다. 그러자 언니가 빅토리아를 졸랐다.

"빅토리아, 상금이 엄청나! 꼭 나가 봐."

"싫어. 사람들 앞에서 노래 부르는 게 너무 떨린단 말이야."

결국 빅토리아는 언니의 성화에 못 이겨 콩쿠르에 참가하게 되었다. 심
장이 터질 것 같았지만 그녀는 차분하게 관객과 심사위원들 앞에서 〈피델
리오의 아리아〉를 불렀다. 그녀의 노래가 끝나자 갑자기 심사위원 중 한 명
이 일어나 말했다.

"여러분, 지금 우리 앞에 미래의 스타가 서 있습니다! 이 소녀를 기억해
두십시오."

그날 빅토리아는 상금과 꽃다발을 안고 집으로 돌아왔다. 그 후 국제 콩
쿠르에서 1등을 하고 방송에 출연했으며, 유명한 오페라 극장을 돌아다니
는 최고의 성악가로 이름을 날렸다.

스페인이 낳은 최고의 소프라노 빅토리아 데 로스 앙헬레스는 50년간
세계적인 소프라노로 활동했다.

빅토리아 데 로스 앙헬레스
빅토리아 데 로스 앙헬레스는 1945년 모차르트
의 〈피가로의 결혼〉에서 백작 부인 역으로 오페
라 가수로 데뷔했다. 이후 그녀는 오페라 무대에
서 많은 역할을 맡았다.

탐험대를 도왔던 인디언 여인

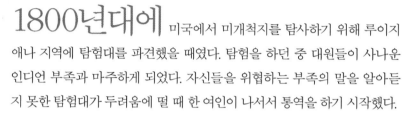

⬤ 사카자웨아 (1786~1812)

배려
27

1800년대에 미국에서 미개척지를 탐사하기 위해 루이지애나 지역에 탐험대를 파견했을 때였다. 탐험을 하던 중 대원들이 사나운 인디언 부족과 마주하게 되었다. 자신들을 위협하는 부족의 말을 알아듣지 못한 탐험대가 두려움에 떨 때 한 여인이 나서서 통역을 하기 시작했다.

"우리는 이 지역을 지나갈 뿐입니다. 당신들과 싸우기 위해 온 것이 아닙니다."

"너희의 말을 어떻게 믿지?"

"이 아이를 보십시오. 만약 전쟁을 하러 왔다면 아이를 데리고 왔겠습니까?"

여인의 말은 인디언들에게 신뢰를 주었고 탐험대는 무사히 지나갈 수 있었다. 이 여인의 이름은 사카자웨아였다. 인디언 여인이었던 그녀는 2살 된 아이와 함께 다니며 탐험대의 통역을 맡고 있었다. 탐험대는 그녀에게 매우 감사해 했다.

'인디언 부족들과 마주칠 때마다 평화적으로 해결해 주었고, 험준한 산을 탐험하는 동안 식량이 바닥나면 그녀가 야생 식물들로 먹을 것을 대체해 대원들이 굶지 않을 수 있었다.'

'익숙하지 않은 환경 때문에 대원들이 병에 걸리는 급박한 상황들이 빈번하게 발생했다. 그럴 때마다 그녀는 인디언 여인의 지혜로 약초를 구해 대원들을 구했다. 생명을 구한 것이다.'

훗날 미국은 그녀의 공로를 기리기 위해 그녀의 모습을 새겨 넣은 주화를 발행했다.

사카자웨아 동상
미국 루이지애나 지역에는 탐험대를 도와준 사카자웨아의 공로를 기리는 동상이 세워져 있다.

미국 최초의 여성 우주 비행사

● 샐리 라이드 (1951~현재)

"**샐리**, 왜 치맛단이 뜯어졌니?"

학교에서 돌아온 샐리의 옷을 살펴보던 어머니가 물었다. 샐리가 쑥스럽게 웃으며 대답했다.

"쉬는 시간에 나무에 올라가다 찢어졌어요. 엄마, 나무에 올라간 건 나 말고도 다른 애들도 있었는데, 선생님은 나만 혼냈어요."

"선생님이 너만 혼냈다고?"

"제가 나무에 올라간 유일한 여자 아이였기 때문이래요. 남자는 나무에 올라도 되지만 여자는 나무에 오르면 안 된대요."

"맙소사, 그런 엉터리 법이 어디 있니? 샐리, 나무에 오르고 싶으면 누구든 오르는 거야."

그 다음부터 샐리는 꿋꿋하게 나무에 올라갔다. 그녀는 여자 아이들과 노는 것보다 남자 아이들과 함께 노는 것을 좋아했다. 샐리가 여자답지 못하다는 이유로 학교에서 나무랐지만, 부모님은 태연했다.

"우리 아이는 그저 다른 아이들보다 좀 더 활동적일 뿐인데 그게 무슨 문제이죠?"

부모님은 샐리가 자유롭게 원하는 일을 하며 꿈을 키울 수 있기를 바랐다. 이처럼 부모님의 넓은 이해심 덕분에 샐리는 뛰어난 운동 실력을 키웠고, 과학에도 관심을 보였다.

대학에서 물리학을 전공한 그녀는 레이저를 연구해 박사 학위를 받았다. 500대 1의 경쟁률을 뚫고 미국 항공 우주국(NASA)에 입사한 뒤, 로봇 팔을 조종하는 미국 최초의 여성 우주 비행사가 되었다.

샐리 라이드
샐리 라이드는 미국 최초의 여성 우주 비행사이고, 세계 최초의 여성 우주 비행사는 발렌티나 테레시코바이다.

사람과 가족을 생각하는 CEO

○ 셸리 라자루스 (1947~현재)

배려
29

학교 학예회에서 캠코더를 들고 딸아이를 찍고 있는 어머니가 있었다. 광고주와 중요한 미팅을 하기로 한 날이었지만 어머니의 본분을 다하기 위해 미팅을 취소한 그녀는, 광고 회사인 오길비&매더의 CEO인 셸리 라자루스였다.

광고 업종은 아이디어와 창의성으로 비즈니스를 이끌어 가는 업종인 만큼 사람을 귀하게 여기는데, 1971년에 입사해 40년간 일하며 회사의 CEO가 된 그녀가 말했다.

"자기보다 작은 사람, 즉 못한 사람을 뽑는다면, 그 회사는 못한 사람들로만 이루어진 회사가 될 것이고, 자기보다 큰 사람을 뽑는 회사는, 유능한 사람들로 이루어진 커다란 회사가 될 것입니다."

그녀는 실제로 이 말처럼 직원들을 대했다. 자신이 하는 일에 자신감을 가지고, 함께 일하는 사람들에 대한 확신으로 회사를 이끈 것이다. 그것은 가족에 대해서도 마찬가지였다.

"엄마! 오늘 나 때문에 일이 취소되어서 어떡해?"

그녀는 팔짱을 끼며 걱정스럽게 묻는 딸아이의 머리를 쓰다듬으며 대답했다.

"걱정 마세요. 공주님! 광고주를 충분히 만족시킬 만큼 자신 있으니까. 그리고 엄마한테 오늘은 내 딸과의 약속이 무엇보다 소중하단다."

라자루스는 광고 회사의 최고 경영자로 그리고 사랑하는 가족의 일원으로, 두 마리 토끼를 잡은 이 시대의 진정한 여성 CEO이다.

Ogilvy & Mather
Advertising

오길비&매더
오길비&매더는 세계 최대의 광고 회사이다. 이 회사는 우리나라에도 지사를 두고 있다.

노동자와 함께한 철학자

● 시몬 베유 (1909~1943)

비가 내리는 날이었다. 어떤 사람이 우산 없이 빗속을 걸어갔다. 손이 부르트도록 일을 해도 밥 한 끼 먹기 힘든 가난한 사람이었다. 시몬 베유는 어려서부터 힘든 사람들의 생활에 관심이 많았다.

그녀는 젊은 나이에 철학 교수가 되었고, 평탄한 삶을 살아왔다. 그렇기에 항상 죄책감을 느끼고 그들을 도와줄 수 있는 일이 없을까 고민했다.

"당신 같은 사람이 왜 여기서 이러고 있는 거요?"

그녀는 노동자들과 함께 일했다. 허드렛일이었고 배가 많이 고팠다. 이제 밥을 먹을 수 있을까 기대해도 밥은 나오지 않았다. 그녀는 노동자들과 함께 앉아 배고픔을 이겨 내기 위해 노력했다.

"저는 계급과 신분이 중요하다고 생각하지 않아요. 저는 지금 제 인생을 걸고 시험해 보는 중이에요."

몇 마디 말로 노동자들의 마음을 돌릴 수는 없었다. 하지만 대가를 원하고 시작한 일이 아니었다. 그저 평소에 가지고 있던 어려운 이들에 대한 동정심과 죄책감 때문에 함께해 보기로 했다.

"당신은 정말 우리를 이해하는 것 같소. 당신이 우리의 생활을 더 행복하게 만들어 줄 수 있소?"

사람들은 그녀를 따르기 시작했다. 그녀는 어려운 이들이 거의 밥을 굶고 있는데 자신이 배불리 먹는 것은 사치라고 생각했다. 그래서 그녀는 그들보다 더 힘든 생활을 한 것이다.

시몬 베유
시몬 베유는 누군가를 정말로 도와주는 것은 비 오는 날 우산을 건네는 것이 아니라, 빗속을 함께 걸어가는 일이라는 것을 몸소 실천한 철학자이다.

작가의 꿈을 키운 공장 소녀

● 신경숙 (1963~현재)

가난한 시골 마을에서 태어난 신경숙은 독서를 좋아했다. 그녀는 중학교를 졸업하고 서울로 올라와 공장에서 일했다. 낮에는 공장에서 일하고 밤에는 고등학교에 다니던 신경숙은 작가가 되고 싶다는 꿈을 키웠다. 그러나 어려운 형편 때문에 작가가 될 길이 보이지 않았다.

어느 날 그녀가 공책에 무언가를 적는 것을 보고 있던 오빠가 다가와 물었다.

"뭘 그렇게 열심히 쓰고 있니?"

"아무것도 아니야."

그녀가 당황해서 공책을 숨겼지만, 오빠는 여동생의 꿈을 알고 있었다.

"작가가 되고 싶은 거니?"

"미안해, 오빠……."

그녀는 어려운 형편에 사치스러운 꿈을 꾸는 것 같아서 오빠를 똑바로 쳐다볼 수 없었다.

"사실 글은 나보다 오빠가 더 잘 쓰는데 소설가가 되고 싶다 생각하니까 우습지?"

"그게 무슨 소리니? 쓰고 싶으면 열심히 써."

오빠의 응원에 힘을 얻은 그녀는 서울예술대학에 입학해 문학을 공부했다. 그녀는 유명 작가의 작품을 틈날 때마다 베껴 썼다. 좋은 문장을 익히기 위해서였다. 그렇게 쓴 원고지는 수천 장이나 되었다.

마침내 그녀는 1985년에 단편 소설 〈겨울 우화〉로 작가가 되었다. 그리고 그녀는 이제 한국을 넘어, 외국에까지 알려진 유명 작가가 되었다.

《엄마를 부탁해》 영어판
신경숙이 2008년에 지은 소설 《엄마를 부탁해》는
미국에 수출되어 베스트셀러에 오르기도 했다.

한국에 귀화한 필리핀 경찰

○ 아나벨 카스트로 (1968~현재)

"아나벨 씨, 경찰관이 되고 싶지 않으십니까?"

아나벨 카스트로는 필리핀에서 태어났다. 성실하고 착한 아이였던 그녀는 생물 교사가 되어 제자들을 가르치던 어느 날, 친구의 소개로 한국인 남자를 만나게 되었다. 곧 그와 사랑에 빠졌고, 1997년에 결혼해서 한국인이 되었다. 그는 남편을 따라 한국의 시골 마을인 전라남도 함평군에 정착해 농사를 지으며 2남 1녀를 낳았다. 그런 그녀에게 주위에서 경찰이 되라고 한 것이다.

"아나벨 씨는 경찰서에서 통역 자원 봉사를 하셨잖아요? 이번 기회에 정식으로 경찰이 되어서 다문화 가정을 적극적으로 돌보는 일을 해 보세요."

그녀는 한국에 귀화한 사람들 중에서 첫 번째 경찰관이 되었다.

'내가 솔선수범해서 한국에 있는 다문화 가족들을 보살펴 주어야겠어. 나 또한 외국에서 한국으로 건너와 살면서 여러 가지 어려움이 많았지. 그들이 한국에서 불편 없이 살 수 있도록 도와줄 거야.'

현재 우리나라에 살고 있는 외국인은 100만 명이 넘고, 날이 갈수록 다문화 가정의 수가 늘고 있다. 외국인이 한국에서 살다 보면, 언어가 통하지 않는 것은 물론 문화가 달라서 여러 모로 불편을 겪을 수밖에 없다. 이런 사정을 잘 아는 아나벨은 그들을 감싸 주고 있다.

2011년에 그녀는 수백 명의 경찰관 앞에서 당당히 말했다.

"다문화 가족이 한국 사회에 잘 적응해 안정적인 생활을 할 수 있도록 다양한 지원 프로그램이 마련된다면 좋겠습니다. 저 또한 힘이 닿는 대로 최선을 다하겠습니다."

멘토리 야구단
프로야구 선수였던 양준혁은 2011년 11월 20일에 다문화 가정의 어린이들로 구성된 멘토리 야구단을 창단했다. 우리 사회에서 다문화 가정에 대한 관심이 갈수록 높아지고 있다.

절망의 끝에서 행복을 찾다

○ 아이리스 머독 (1919~1999)

배려
33

영국이 사랑하던 20세기 최고의 철학자이자 작가였던 아이리스 머독은 옥스퍼드대학교 시절부터 당당한 자태와 뚜렷한 주관을 가졌다. 그녀는 거의 매해마다 신작을 발표하는 등 누구보다도 큰 열정을 가진 여성이었다.

하지만 그런 그녀에게 엄청난 시련이 찾아왔다.

"알츠하이머(치매)입니다."

기억이 사라지는 병이 생긴 것이다.

"기억이 사라지면 생각도 할 수 없고, 글도 쓸 수 없다는 건가요?"

그녀에게 생명과도 같은 글을 못 쓴다는 것은 모든 것을 잃은 것이나 다름없었다. 그 순간 절망하는 그녀의 손을 잡아 주는 사람이 있었다.

"끝났다고 생각하지 말아요. 내가 당신의 기억이 되어 주고 글이 되어 줄게요."

그녀 곁에는 남편 존 베일리가 남아 있었다. 아이리스의 학문적 동지이자 평생의 반려자였던 남편은 점점 기억이 사라져 가는 그녀를 마지막 순간까지 지켜봐 주었다. 마지막까지 남편의 큰 사랑으로 행복을 누린 그녀는 사람들에게 이런 말을 남겼다.

"우리는 오로지 사랑을 함으로써 사랑을 배울 수 있어요. 행복에 이르는 길은 사랑과 상상력에 있습니다."

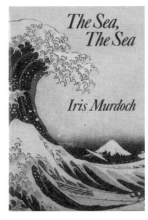

아이리스 머독의 소설
아이리스 머독은 〈소박한 장미〉, 〈잘린 목〉, 〈그물 속〉, 〈모래성〉 등의 작품을 발표했다.

한 사람의 팬을 위해 춤추다

○ 안나 파블로바 (1881~1931)

안나 파블로바는 러시아 발레를 세계로 뻗어 나가게 한 장본인이다. 그녀는 〈빈사의 백조〉에서 불후의 명연기로 명성을 얻었다. 그녀가 자신의 발레단을 만들고 세계 각지를 돌아다니는 순회공연을 할 때였다.

파블로바는 막이 내리는 모양이 마음에 들지 않아 크게 화가 났다.

"이 상태로는 무대에 오를 수 없어요!"

그녀는 무대에 서지 않겠다고 하면서 무대 뒤로 퇴장해 버렸다. 그때 분장실 입구에 한 여인이 어린 소녀의 손을 잡고 서 있었다.

"왜 무대로 올라가지 않으세요?"

소녀가 파블로바에게 물었다. 그러자 파블로바는 무대에 오를 수 없다고 말해 주었다. 그런데 소녀가 갑자기 눈물을 글썽이기 시작했다.

"얘야, 왜 그러니?"

"엄마가 백조의 춤을 보여 준다고 내게 약속했잖아요. 그런데 못 보게 되었어요."

소녀의 어머니는 딸의 생일 선물로 파블로바의 공연 티켓을 사 주었는데 이렇게 되었다며 사정을 설명했다. 그러자 파블로바는 소녀의 이마에 입을 맞추며 말했다.

"네게 최고의 생일 선물을 줄게."

잠시 후 무대로 나온 파블로바는 소녀를 위해 춤을 추기 시작했다. 그녀의 춤에 소녀는 감동의 눈물을 흘리고 말았다.

안나 파블로바
'춤은 다리로 추는 것이 아니라 영혼으로 추는 것'이라고 말하던 안나 파블로바는 죽는 순간에도 백조 의상을 가져다 달라고 할 정도로 발레에 생애를 바친 발레리나였다.

고객을 사로잡은 CEO

● 안젤라 브랠리 (1961~현재)

배려
35

아침부터 울리는 초인종 소리에 마이어 부인이 투덜거리며 자리에서 일어났다. 며칠 전부터 감기 몸살로 계속 고생을 하고 있던 중이었다.

"누구시오?"

"웰포인트에서 온 안젤라 브랠리입니다. 새 보험 상품이 나와서 알려 드리려고 왔어요."

안젤라는 전에도 몇 번 마이어 부인 집에 방문한 보험 회사 직원이었다. 항상 이해하기 쉽게 보험에 대해 설명해 주던 그녀를 부인은 좋아했다.

"미안하지만 오늘은 그냥 돌아가 주시오. 내가 몸이 좀 좋지 않아서 오늘은 이것저것 설명을 들을 기분이 아니라오."

"알겠습니다."

문 저편에서 멀어지는 발자국 소리를 확인한 후, 마이어 부인은 다시 자리에 누웠다. 그런데 몇 분 뒤, 다시 초인종이 울렸다. 부인이 문을 열자, 꽃을 든 안젤라가 서 있었다.

"목소리를 들어 보니 부인께서 많이 아프신 것 같던데 아무래도 그냥 갈 수가 없어서요."

집 안으로 들어온 안젤라는 곧바로 식사 준비를 시작했다. 정성껏 자신을 간호해 주는 안젤라에게 마이어 부인은 깊은 감명을 받았다.

그 후, 마이어 부인은 안젤라의 단골 고객이 되었고, 주위 사람들에게 그녀를 크게 칭찬했다. 안젤라는 웰포인트에서 가장 우수한 사원이 되었고, 몇 년 뒤 CEO의 자리에 올랐다.

안젤라 브랠리
안젤라 브랠리는 2007년에 〈월스트리트저널(WSJ)〉이 선정한 '세계에서 가장 주목할 만한 여성 50인' 중 1위를 차지했다.

난민촌으로 달려가는 여배우

● 안젤리나 졸리 (1975~현재)

배려
36

안젤리나 졸리가 영국에서 영화를 촬영하고 있을 때였다. 그녀는 우연히 텔레비전에서 시에라리온 내전을 접하게 되었는데, 내전(한 나라 안에서 일어나는 싸움)으로 인한 살인, 방화, 약탈 등이 벌어지는 것을 지켜보게 되었다.

안젤리나 졸리
안젤리나 졸리는 부모를 잃은 아시아와 아프리카 아이들을 양자로 입양해 친자식처럼 키우고 있다.

그런데 미국으로 돌아와 보니 이 일이 큰 관심을 끌 줄 알았는데 너무 조용했다.

'지구 한편에서 전쟁과 내전으로 사람들이 무참히 죽어 가는데 이 사람들은 어떻게 무관심할 수가 있지?'

사람들의 이 같은 무관심에 놀란 졸리는 문제의 심각성을 깨닫고 적극적인 활동에 참여하기로 결심했다. 그녀는 당장 시에라리온으로 달려갔고, 이후에 난민이 있는 곳이면 세계 어디를 마다하지 않고 찾아다녔다.

그렇게 전 세계를 돌아다니며 난민 구호 활동을 벌여 그녀는 국제 연합 친선대사가 되었고, 그 후 '세계 인도주의상'을 수상하게 되었다.

"저는 아카데미상을 수상했지만 그것은 저에게 별 의미가 없습니다. 저는 어두운 성장 과정을 겪었지만 지금 나를 필요로 하는 장소나 사람이 있다면 어디든지 달려갈 것입니다. 이것은 연기 외에 나에게 주어진 운명이라고 생각합니다."

안젤리나 졸리는 질병에 걸릴 것을 염려해 아프리카 기아 난민촌에 방문하는 것을 꺼리는 다른 배우들과는 달리 난민촌에 자주 방문했다.

환경과 인간의 조화를 꿈꾸다

○ 애니타 로딕 (1942~2007)

배려
37

자신만의 화장품 회사를 차리겠다고 결심한 후, 애니타는 판매 일을 배우기 시작했다. 그리고 노력 끝에 작은 지점 하나를 차릴 수 있었다. 점원 한 명을 고용한 뒤 그녀는 매일 매장에 출근해 필요한 것들을 챙기라고 지시했다.

그러던 어느 날, 애니타의 눈에 가득 쌓인 쓰레기가 보였다. 포장지와 빈 화장품 병 등이 쓰레기통에 들어 있었다.

"이것들을 모두 버리는 건가요?"

"네, 사장님."

"보기에는 멀쩡한 것들인데……."

그녀는 더 쓸 수 있는 포장지와 병들이 버려지는 것이 안타까웠다. 물건을 사면 포장지는 버리고 제품만 가져가는 손님들도 있었다.

"포장에 들어가는 비용만 줄여도 환경에 큰 도움이 될 거예요."

애니타는 즉시 제품들에 포장 비용을 줄이라고 지시를 내렸다. 또한 화장품을 만들기 위해 동물 실험을 하는 것을 반대하는 운동을 벌였다. 새로운 화장품이 나올 때마다 안전성 검사를 위해 동물들이 실험 대상이 되었던 것이다.

"인간의 이기주의를 조금만 줄이면 살기 좋은 세상을 만들 수 있습니다."

몇 년 사이에 유럽에서 가장 유명한 화장품 판매 회사가 된 '더 바디샵'은 전 세계로 뻗어 나갔다.

더 바디샵
더 바디샵의 창립자 애니타는 유방암과 에이즈 예방, 기아 돕기 등 여러 운동을 벌이고 있다. 그래서 더 바디샵에 정기적으로 후원금을 전달하는 사람과 일부러 더 바디샵의 화장품만 사는 사람도 생겼다.

윔블던에서 우승한 흑인 선수

○ 앨시아 깁슨 (1927~2003)

뉴욕 맨해튼의 빈민가에 앨시아 깁슨이라는 흑인 소녀가 살고 있었다. 어느 날 버디 워커라는 사람이 앨시아가 운동하는 모습을 보게 되었다. 나무 라켓으로 스펀지 공을 치고 있는 앨시아를 보고 버디 워커는 그녀의 재능을 알아보았다.

"얘야, 아주 훌륭한 선수가 될 자질이 있구나."

"정말요?"

"그래, 그 자질을 한 번 키워 보렴!"

버디는 앨시아에게 테니스 라켓을 사 주었다. 앨시아는 테니스 선수의 꿈인 윔블던 대회를 목표로 연습에 매진했다.

윔블던 같은 큰 대회에 참가하기 전에는 우선 그보다 작은 선수권 대회의 초청을 받아야 했다. 그런데 모두 백인으로 구성된 미국 테니스 협회는 흑인인 앨시아가 선수권 대회의 초청을 받지 못하도록 막았다. 앨시아는 좌절하고 말았다.

다행히 앨시아의 사연을 들은 유명한 테니스 선수가 그녀를 지지하는 글을 테니스 잡지에 실어 주었다. 이렇게 해서 그녀는 꿈에 그리던 윔블던 대회에 참가해 눈부신 경기를 보여 주었다. 그리고 테니스 역사상 윔블던에서 우승한 최초의 흑인 선수가 되었다.

그녀는 성공의 비결을 묻는 질문에 이렇게 대답했다.

"내가 성공할 수 있었던 것은 줄곧 나를 따라다니며 괴롭힌 엄청난 비난과 나를 돌보고 도와준 많은 사람들 덕분이었어요."

윔블던 대회
윔블던 대회는 세계 최고의 테니스 대회이다. 앨시아 깁슨은 1958년에 이 대회에서 우승했다.

가난한 이들의 친구

○ 에바 페론 (1919~1952)

배 려
39

"**엄마**, 비가 새요."

에바는 비 내리는 저녁이면 잠을 이루지 못했다. 가난은 그녀를 아무것도 할 수 없게 만들었다. 학교에서는 재능 있고 예쁜 아이였지만 집에서는 가난한 소녀일 뿐이었다. 그녀는 집을 떠나고 싶었다. 그래서 고작 15살밖에 되지 않은 나이에 부에노스아이레스로 향했다.

그녀는 모델로 활동하다 연극과 영화에 간간히 얼굴을 내비칠 수 있게 되었다.

"저는 글을 읽을 줄 모르는데요?"

글은 읽을 줄 모르지만 그녀는 라디오 성우가 되었다. 무작정 시작한 성우 일로 그녀는 점차 유명해졌다. 그리고 경제적으로도 부유해질 수 있었다.

그녀는 첫 번째 부인을 잃고 혼자 살아오던 후안 페론과 함께 살게 되었다. 장관이었던 후안 페론과 결혼한 그녀는 누구보다도 가난한 사람들의 비참한 삶을 잘 알고 있었다. 가난한 이들을 돕기 위해 팔을 걷어붙였다. 그로 인해 후안 페론도 사람들의 지지를 얻었으며 대통령이 될 수 있었다.

"거리에서 만난 아이들이 나를 향해 '에비타'라고 외쳤을 때, 나는 거리의 아이들의 어머니가 된 것 같았어요. 여자들이 나를 향해 '에비타'라고 부를 땐 나는 그들의 언니이자 동생이 되어 그들과 함께 기쁨과 슬픔을 나누는 가족이 된 것 같았어요."

가난한 국민들의 친구 '에비타'였던 그녀는 아르헨티나가 사랑하는 여인이었다.

1페소
영화 〈에비타〉의 주인공이자 여성의 참정권을 위해 일했던 에바 페론을 기념하는 1페소 동전.

미모만큼 마음도 예뻤던 배우

● 엘리자베스 테일러 (1932~2011)

엘리자베스 테일러는 신비로운 보랏빛 눈동자와 아름다운 미모로 '세기의 미인'이라 불렸다. 그녀는 아름다운 미모만큼이나 연기도 잘했지만 마음 또한 아름다운 사람이었다.

1985년에 자신의 동료가 에이즈에 걸리자 에이즈 퇴치 운동에 발 벗고 나서기 시작했다.

"에이즈로 죽음의 문턱에 있는 친구들이 있어요. 내가 할 수 있는 일은 기금을 모으고, 에이즈에 대한 잘못된 인식을 바로잡도록 돕는 것이라고 생각해요."

그녀는 에이즈 퇴치 운동에 열심히 앞장섰다. 또한 자신의 이름을 건 재단을 설립하고 자신의 드레스를 경매에 붙여 그로 인해 생긴 수익금을 에이즈 연구 재단에 전달하기도 했다.

훗날 그녀는 병환으로 몸을 가누지 못하는 상황에서도 에이즈 퇴치 기금 마련 행사에 휠체어를 타고 참석했다. 그녀는 자신이 세상을 떠나는 날까지 에이즈 퇴치 운동에 열성을 보였다.

"그녀는 수백만 명의 삶을 연장하게 만든 훌륭한 유산을 남겼어요."

"그녀는 다른 사람들이 머릿속에 묻어두려고 했던 에이즈 문제를 끄집어내 당당히 맞서는 용기와 사랑을 보여 주었습니다. 그래서 그녀는 사람들의 존경을 받아 마땅합니다."

그녀는 아름다운 외모로, 뛰어난 연기력으로, 그리고 열정적인 봉사로 사람들의 마음속에 영원히 남았다.

엘리자베스 테일러
테일러는 아카데미 여우주연상을 2회 수상했으며, 아메리카 필름 연구소는 전설의 여배우 목록 일곱 번째에 그녀의 이름을 올렸다.

내면이 아름다웠던 세기의 스타

○ 오드리 헵번 (1929~1993)

배려
41

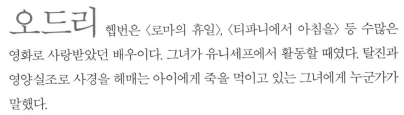

오드리 헵번은 〈로마의 휴일〉, 〈티파니에서 아침을〉 등 수많은 영화로 사랑받았던 배우이다. 그녀가 유니세프에서 활동할 때였다. 탈진과 영양실조로 사경을 헤매는 아이에게 죽을 먹이고 있는 그녀에게 누군가가 말했다.

"아시겠지만, 당신이 하는 일은 정말 어리석은 행동이에요. 언제나 고통을 겪는 사람은 있기 마련이고 앞으로도 그럴 거예요. 그런데 당신이 하는 일은 그들을 도와줌으로써 그들의 고통을 더 연장시키는 것뿐이에요."

그러자 그녀는 이렇게 대답했다.

"좋아요, 그렇다고 하죠. 그럼, 당신의 손자를 예로 들어 볼까요? 독감에 걸리면 항생제를 먹이지 마세요. 사고를 당하더라도 병원에 데리고 가지 마세요."

"내 말은 그런 게 아닌데……."

말을 잇지 못하는 상대방에게 그녀는 단오하게 말했다.

"어려움을 겪는 아이들을 방관하는 것은 인간이기를 포기하는 행동이에요. 나는 이 아이들을 끝까지 포기하지 않을 겁니다."

그녀는 세상을 떠나는 그 순간까지 아프리카 오지의 어린 아이를 품에 안고 진심으로 손을 잡아 주었다. 아름다운 내면을 지닌 그녀는 사람들에게 오래도록 사랑받는 배우가 되었다.

오드리 헵번
영국의 영화배우 오드리 헵번은 아카데미상 외에도 골든 글로브상, 에미상, 그래미상 등을 수상했다.

솔직함으로 세계를 주름잡은 방송인

○ 오프라 윈프리 (1954~현재)

배 려
42

오프라 윈프리가 토크쇼를 진행할 때였다. 초대 손님과 얘기를 나누던 중 자신의 굽 높은 구두가 불편하다며 갑자기 구두를 벗어서 내던졌다. 그러면서 말했다.

"이제 멋지게 보이려고 꾸미는 건 그만둘래요!"

또 폭력으로 고통받은 사람이 사연을 들려주자 이렇게 말했다.

"아니, 그렇게 나쁜 사람을 그냥 두었단 말이에요?"

게다가 자기 자식을 버린 사람과 말할 때는 소리를 질러댔다.

"이 쓰레기 같은 사람!"

오프라는 착해 보이거나 멋져 보이려고 하지 않고 항상 상대방과 공감대를 형성하며 대화를 나누었다.

"오프라 윈프리는 자신의 부끄러운 과거를 고백할 줄 아는 솔직함으로 상대방에게 신뢰감을 줍니다. 그리고 좌절을 극복하면서 배운 따뜻함으로 사람들을 감싸 안죠. 그런 그녀 앞에서는 전 세계 어떤 유명 인사들도 마음을 터놓을 수밖에 없을 겁니다."

오프라는 엄청난 성공과 부를 얻었다. 하지만 성공한 사람들 특유의 거만함을 보이지 않았다. 오히려 자신의 말을 행동으로 실천했다.

오프라 윈프리가 세계를 주름잡는 토크쇼의 여왕이 된 비결은 바로 솔직함과 진실함이었다.

오프라 윈프리
오프라 윈프리는 사생아로 태어났고, 어린 시절을 힘겹게 보냈다. 14살에 미혼모가 되었고, 그녀의 아들이 2주 후에 죽는 고통을 겪었다. 하지만 전 세계에 희망과 감동을 전하는 방송인이 되었다.

성악가가 되는 대신 가수로 성공하다

○ 옥주현 (1980~현재)

배려
43

초등학생이었던 옥주현은 우연히 성악 학원에 다녔다. 옥주현이 부르는 노래를 들어 보던 선생님은 깜짝 놀랐다.

"얘, 아주 좋은 목소리를 가졌구나. 성악을 제대로 공부해 보지 않겠니?"

"하지만 저는 학원비를 낼 수가 없어요."

옥주현은 그녀의 재능을 알아본 선생님의 도움으로 성악을 배울 수 있었다. 몇 년 후, 옥주현에게 유학을 갈 수 있는 기회가 찾아왔다. 바로 세계적인 성악가 조수미가 나온 이탈리아의 산타 체칠리아 음악원에 가게 된 것이었다. 하지만 아버지가 돌아가신 후 홀로 생계를 책임지고 있는 어머니를 생각한 그녀는 유학을 포기했다.

"괜찮아, 엄마! 다음에도 기회가 찾아올 거야. 걱정하지 마세요."

옥주현은 오히려 엄마를 위로하며 맏딸로서 듬직한 모습을 보여 주었다. 비록 유학의 기회는 놓쳤지만 또 다른 기회가 찾아왔다. 옥주현은 고등학교 1학년 때 라디오 방송국에 놀러 가게 되었다. 옥주현이 노래를 잘한다는 소문을 듣고 찾아온 기획사가 그녀를 가수로 데뷔시켰다. 바로 가요계의 요정으로 불리며 엄청난 사랑을 받은 '핑클'의 멤버로 참여한 것이었다.

어려운 환경 때문에 성악가의 길은 포기했지만 가수로 성공한 그녀는 현재 뮤지컬과 라디오 진행자를 비롯한 많은 분야에서 활동하고 있다.

〈나는 가수다〉
옥주현은 매주 7명의 실력 있는 가수들이 나와 자신의 곡이 아닌 새로운 곡을 편곡해 부르는 서바이벌 프로그램 〈나는 가수다〉에 출연했다.

마음의 상처를 치유하는 작가

○ 요시모토 바나나 (1964~현재)

요시모토 바나나는 젊은 여성들에게 인기 있는 소설가이다. 어느 날 그녀는 팬들과 만났다. 한 팬이 그녀에게 물었다.

"작가님의 작품들이 젊은 여성들 사이에서 사랑을 받고 있는데 비결이 뭐라고 생각하세요?"

요시모토 바나나는 웃으며 말했다.

"글쎄요. 친밀감 때문이 아닐까요? 젊은 여자들의 일상 언어를 그대로 옮겨 놓은 듯한 문체나 소녀 취향의 만화 같아서요."

"선생님은 어떤 계기로 작가가 되셨나요?"

"슬픈 일이 생겨서 혼자 여행을 떠난 적이 있었어요. 어떤 여관에 머물게 되었는데 책꽂이에 책이 잔뜩 있는 거예요. 너무 슬프고 괴로웠던 터라 잠도 못 잘 것 같아서 책이라도 읽으려고 손을 뻗었지요. 그런데 그 책이 내가 굉장히 좋아했던 책이었어요."

"그래서요?"

"책을 읽다 보니 내 안에 있던 슬픈 생각들이 점점 약해지면서 마음이 편해졌어요. 그리고 나도 모르게 잠들어 버렸지요. 다음 날에 일어나 보니 내 옆에 그 책이 놓여 있는데, 그 순간 굉장히 행복하다고 느꼈어요. 그래서 사람들의 상처를 치유해 줄 수 있는 글을 쓰고 싶다고 결심했어요."

이처럼 그녀는 누군가의 상처를 치유하고 공감할 수 있는 작품들로 일본뿐 아니라 세계적으로 사랑받는 작가가 되었다.

《그녀에 대하여》
요시모토 바나나는 《그녀에 대하여》, 《키친》, 《도마뱀》, 《암리타》 등의 소설을 발표했다.

피난민들을 위해 글을 쓴 동화 작가

○ 요한나 슈피리 (1827~1901)

배려
45

요한나 슈피리는 스위스의 한 작은 마을에서 아들과 남편을 돌보며 살고 있었다. 그런데 1870년에 프로이센과 프랑스가 전쟁을 일으켰다. 그래서 그녀가 살고 있는 마을에 피난민들이 들어오기 시작했다.

부족한 약품과 식량, 그리고 고통으로 몸부림치는 부상병들을 지켜보던 요한나는 부상병들에게 마음의 상처가 크다는 것을 알게 되었다. 그녀는 기도하며 그들을 도울 방법을 찾았다.

'제가 저들을 도울 방법이 없을까요? 저에게 힘을 주세요.'

그러던 중 그녀의 머리에 좋은 생각이 떠올랐다.

'그래! 저들이 희망을 가질 수 있도록 글을 쓰는 거야!'

어려서부터 시 쓰기를 좋아했던 요한나는 처음에는 어른들을 위한 종교적인 글을 지으며 그들을 위로하기 시작했다. 글을 쓰면서 그녀는 문학에 대한 관심이 점점 커져만 갔다. 그리하여 늦은 나이에 첫 작품을 쓰게 되었다.

그녀는 밝고 건강한 이야기들을 썼다. 그러면서 아이들을 위한 동화도 쓰게 되었는데, 이때 탄생한 동화가 바로 《하이디》였다. 순수하고 아름다운 마음을 가진 소녀 하이디와 알프스의 자연이 어우러진 이 책은, 세계 아동 문학의 고전으로 손꼽히며 지금도 전 세계의 많은 사람들이 그녀의 책을 읽고 있다.

《하이디》
스위스의 소설가 요한나 슈피리가 지은 《하이디》는 전 세계 어린이들의 사랑을 받고 있다.

네 번 연속 총장이 되다

● 이경숙 (1943~현재)

"**총장님**, 21세기 리더십은 무엇인가요?"

"따뜻한 리더십입니다."

"그럼, 따뜻한 리더십은 무엇인가요?"

"상대를 배려하고 이해하는 것이죠."

2004년 일간지와의 인터뷰에서 숙명여대 총장 이경숙은 말했다. 숙명여대는 그녀가 총장으로 임명되기 전까지는 학교 살림을 꾸려 가기가 어려웠다. 그러나 그녀가 총장이 되고 나서 기부금은 엄청나게 늘어났다. 그녀의 신념과 철학에 감동한 졸업생들과 여러 단체들에서 기부금을 제공했기 때문이다. 그녀는 그것을 바탕으로 학생들에게 각종 혜택과 편의 시설, 장학금 제도 등을 만들어 베풀었다.

이경숙은 우리나라 최초로 선거를 통해 총장에 4번 연속으로 오른 인물이다. 그녀는 1994년에 총장이 되어 2008년에 정년을 맞을 때까지 총장을 지냈다. 이러한 점을 인정받아 2008년에 대통령직 인수위원회의 위원장을 맡았다. 그리고 이명박 정부가 들어서자 그녀는 말했다.

"저는 이제 제 본래 자리로 가서 '섬김의 리더십'을 바탕으로 인재 양성에 힘쓰겠습니다."

그녀는 출세가 보장된 공직자의 길을 마다하고 자신의 자리로 돌아갔다.

숙명여자대학교
숙명여자대학교는 서울시 용산구에 있다. 단과대학 9개, 독립 학부 3개, 대학원 13개로 이루어져 있다.

우리 문화를 알리는 국가 브랜드 위원장

○ 이배용 (1947~현재)

배려
47

옛날이야기를 좋아하는 9살 소녀가 있었다. 동화책을 읽고 나서 재미있는 이야기를 누군가에게 들려주고 싶었던 소녀는 매일 밤 할머니의 어깨를 주물러 드리며 옛날이야기를 들려 드렸다. 그럴 때마다 할머니는 칭찬해 주었다.

"우리 배용이는 이야기를 참 재미있게 하는구나."

소녀는 학교에 들어가서도 친구들 앞에서 이야기해 주는 것을 좋아했다. 이런 소녀의 모습을 지켜보던 선생님이 말씀하셨다.

"정말 이야기를 잘하는구나. 나중에 꼭 역사 선생님이 되거라."

할머니와 선생님의 칭찬으로 소녀는 우리나라 최고의 역사학자가 되었다. 그리고 '문화 전도사'로 불리는 국가 브랜드 위원장이 되었다.

그녀는 국가 브랜드 위원장이 된 후 대한민국이 장점은 '문화'라고 생각했다.

"문화란 서로를 마주 보게 하는 힘이라고 생각합니다. 배려하고 나눌 때 사람들이 지갑이 아닌 마음을 열게 되는 것처럼 국제적인 신뢰를 얻는 가장 중요한 힘은 '문화와 봉사'라고 생각했습니다."

그녀는 우리 문화를 알리는 일이 무척 즐겁고 보람된다고 생각한다. 그녀의 나라 사랑은 지금도 계속되고 있다.

국가 브랜드 위원회
국가 브랜드 위원회는 대내외적인 국가 위상과 품격을 높이기 위해 2009년 1월 22일에 설치된 대한민국의 대통령 직속 기관이다.

과학의 발전을 위해 애쓰는 과학자

○ 이연희 (1958~현재)

2005년 6월 21일, 로레알 유네스코가 주최하는 여성 생명 과학자 수상식이 열렸다.

"올해 여성 과학 진흥상 부문 수상자는 서울여대 환경생명과학부의 이연희 교수입니다!"

끊임없는 박수가 쏟아지는 가운데 이연희 교수가 연단 위로 올라갔다. 상패를 받아 든 그녀는 작은 체구에 수수한 외모의 여성이었다. 그러나 그녀가 이루어 낸 연구 성과는 실로 놀라운 것이었다.

1999년, 항생제(미생물이 만들어 내는 항생 물질로 된 약제)를 연구하기 시작한 그녀는 많은 내성균(항생 물질이나 약물에 견디는 힘이 강한 세균)을 발견했고, 이를 토대로 신기능 유산균(당류를 분해해 젖산을 만드는 균의 하나)을 개발했다. 한국인들에게 가장 많이 있다는 헬리코박터균을 강하게 억제할 수 있는 유산균을 발명한 것이었다.

"이연희 교수 덕분에 미생물학 분야의 연구가 한층 발전하게 되었습니다."

그녀는 짤막하게 수상 소감을 밝혔다.

"주위 분들의 도움이 아니었다면 저는 이 자리에 서지 못했을 겁니다. 아무리 요리사의 재주가 뛰어나도 좋은 재료가 없으면 요리를 만들지 못하듯, 과학자도 마찬가지입니다. 많은 인재들이 있지만, 한국의 과학은 아직도 갈 길이 멀다고 생각합니다. 지금부터 제대로 된 연구 환경을 마련해 과학자들이 좋은 연구를 하게 되길 바랍니다."

한국의 과학을 계속 발전시켜 나갈 것이라고 다짐한 그녀는 많은 인재들을 키우기 위해 애쓰고 있다.

서울여대
서울여대는 서울시 노원구에 있다. 1988년에 종합 대학교가 되었다.

월스트리트의 정상에 선 세일즈맨

○ 이정숙 (1959~현재)

배려
49

월스트리트(미국의 증권가)에서 초보 세일즈맨(판매원)으로 일하던 이정숙에게 주어진 일은 모르는 사람들에게 전화를 걸어 자신이 맡고 있는 상품을 선전하는 일이었는데, 당연히 사람들의 반응은 좋지 않았다.

"어제도 걸더니 오늘도 또 걸었군요. 관심 없다고 몇 번이나 말했는지 모르세요?"

"당신, 한 번만 더 전화하면 경찰을 부를 거야!"

이정숙은 하루에도 몇 번씩 사람들의 딱딱한 반응과 냉대에 부딪혀야만 했다. 하루 종일 수화기를 쥐고 있는 손에서는 쥐가 날 지경이었다.

"제 말을 들어 보기도 전에 다들 전화를 끊는다고요."

"그러니까 상품을 설명하기 전에 고객의 마음을 열어 봐."

선배의 조언을 곰곰이 생각한 뒤, 그녀는 방법을 바꿔 보기로 했다.

"안녕하세요, 고객님."

"또 당신이야?"

"아, 오늘은 목소리가 좀 가라앉으셨네요. 혹시 몸이 안 좋으신가요?"

"감기에 걸려서 몸이 좀 무겁긴 한데……."

일상적인 안부를 묻는 것으로 대화를 시작하자 사람들의 반응이 달라졌다. 무작정 전화를 끊는 대신 그녀의 설명을 차분히 들어 주기 시작한 것이다. 이후 그녀는 고객을 가장 따뜻하게 대하는 세일즈맨이 되었고, 훌륭한 성과를 내며 월스트리트의 정상에 오를 수 있었다.

월스트리트
월스트리트는 뉴욕에 위치한 거리이다. 금융 기관이 집중되어 고층 빌딩이 많은데, 이 거리는 식민지 시대에 성벽으로 둘러싸여 있었으므로 월스트리트라는 이름이 생겼다.

한국 여성 과학 기술인 지원센터 소장

⭕ 이혜숙 (1948~현재)

"**과학** 기술 분야에서 여성의 비중이 높아져야 돼요."

이혜숙은 이화여대 수리물리학부 교수이며 한국 여성 과학 기술인 지원센터의 소장이다. 여성이 과학자로 활동하는 데 가장 큰 어려움은 일과 가정을 모두 생각해야 하는 점인데, 그녀는 그 어려움을 슬기롭게 극복한 여성이었다. 그녀는 현재 더 많은 여성들이 과학 기술계에 몸담기를 바랐다.

"미래 첨단 분야에 여성 과학자들의 참여 비율이 늘어나야 합니다."

공학계 여학생의 비율이 점차 높아지고 있지만 과학을 전공해 사회 활동을 하는 여성은 20퍼센트 정도밖에 되지 않았다. 그래서 이혜숙은 많은 여성들이 과학계에 뛰어들기를 바랐다. 가정을 소홀히 할 수 없는 여성이 일과 가사를 모두 소화할 수 있으려면 사회의 도움이 필요했다.

2001년 5월에 이혜숙은 노벨 화학상 수상자인 맥더미드 교수를 만났다. 맥더미드는 그녀에게 말했다.

"과학 분야에서 여성의 참여를 늘리려면 지금 과학자로 활동하는 당신들이 젊은 꿈나무들에게 멘토가 되어 주어야 합니다."

그 얘기를 듣고 이혜숙은 동료 과학자들과 예비 과학자들을 후원해 주기로 약속했다. 그리고 그 자리에 있던 과학 기술부 장관 김영환도 정부의 후원을 이끌어 내겠다고 다짐했다. 정부는 이러한 문제를 해결하기 위해 여성 과학 기술인 육성 및 지원에 관한 법률을 제정했다.

한국 여성 과학 기술인 지원센터
한국 여성 과학 기술인 지원센터는 미래의 노벨상 수상자를 꿈꾸는 여성을 지원하는 기관이다. 이 기관은 서울시 마포구 대현동에 있다.

미국 대학 교수직을 포기하다

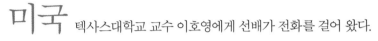

○ 이호영 (1968~현재)

배려
51

미국 텍사스대학교 교수 이호영에게 선배가 전화를 걸어 왔다.

"이번에 서울대학교에서 자네한테 연락이 왔다면서? 교수직을 제안했다던데."

"네, 며칠 전에 그런 연락을 받았습니다."

"당연히 그 제안을 거절했겠지?"

선배의 목소리를 들으며 이호영이 말했다.

"죄송합니다만 저는 한국으로 갈 겁니다, 선배님."

"뭐라고? 자네, 지금 제정신인가?"

"물론 미국 대학교에서 교수가 되는 것은 오래전부터 저의 꿈이었습니다. 그러나 미국이 아닌 한국에서 교수를 하고 싶거든요."

선배가 혀를 끌끌 차며 그녀를 질책했다.

"이보게, 지금 자네가 얼마나 어리석은 선택을 하고 있는 줄 아나?"

"그렇지만 제 생각은 변함없습니다. 저는 한국에 갈 겁니다."

이호영의 결심이 확고하다고 깨달은 선배가 한숨을 내쉬었다. 미국에서 교수 생활을 계속하면 활동 분야도 넓어지고 월급도 많이 받을 수 있었다.

"한국에 가려는 이유가 뭔가?"

"저는 한국인이니 한국에 도움이 되는 사람이 되는 게 당연하다고 생각했거든요. 앞으로 제가 공부한 분야를 살려서 저와 같은 꿈을 갖고 있는 사람들을 열심히 지도해 보고 싶습니다."

이호영의 단호한 말에 선배는 더 이상 아무 말도 하지 못했다.

텍사스대학교
미국 텍사스대학교는 세계 최고의 암 센터가 있는 대학교이며 〈타임〉 지가 발표한 세계 15위 대학교이다. 이호영은 이 대학교의 교수직을 포기하고 한국으로 돌아왔다.

학생들을 위해 책을 만든 교사

● 잔 마리 르프랭스 드 보몽 (?~?)

보몽은 학생들을 가르치는 교사로 일하기 위해 프랑스에서 영국으로 건너갔다. 선생님이 된 뒤 보몽은 교육에 관한 글을 쓰기 시작했다.

그녀는 수업 시간에 자신이 가르치는 학생들에게 물었다.

"오늘은 자신이 좋아하는 책을 말해 보기로 해요. 어떤 책을 재미있게 읽었으며 읽고 난 후 무엇을 느꼈는지 말해 보세요."

그런데 아이들이 자신의 말에 시큰둥한 반응을 보였다.

"왜 그래요? 여러분은 책을 싫어해요?"

"아니요!"

고개를 젓던 한 학생이 말했다.

"재미있는 책이 없어요! 그래서 읽기 싫어요!"

그러자 반 아이들도 그 아이와 같은 생각이라고 말했다. 보몽은 아이들이 재미있게 읽을 수 있는 책을 만들어야겠다고 생각했다.

'우선 아이들에게 친근감 있는 이야기로 만들어 보자.'

그녀는 옛날부터 전해져 온 이야기 하나를 책으로 만들어 냈다. 그 이야기는 바로 마법에 걸려 야수가 된 왕자와 아름다운 소녀와의 사랑을 다룬 《미녀와 야수》였다. 이 동화는 전 세계에 알려지게 되었다.

보몽은 이후에도 다른 작가들과 의견을 모아 '어린이들의 잡지'를 펴내며 활발한 창작 활동을 했다.

뮤지컬 〈미녀와 야수〉
잔 마리 르프랭스 드 보몽은 1756년에 동화《미녀와 야수》를 지었다. 이 동화는 영화와 뮤지컬 등으로도 만들어져 사랑받고 있다.

남을 위해 사는 유니세프 간부

● 전혜경 (?~현재)

주위에서 대학생 전혜경에게 졸업 후에 무엇을 할 거냐고 물으면 이런 대답이 돌아왔다.

"지구촌의 어려운 사람들을 돕는 일을 하고 싶습니다."

그녀는 중학교 시절부터 난민 어린이들에 대해 관심이 많았다. 자신보다는 남을 위한 삶을 살고 싶었던 것이다.

어느 날 그녀는 지도 교수에게 대학교를 졸업한 후에 유학을 가겠다고 말했다. 교수가 어디로 갈 것이냐고 물었더니 이렇게 말했다.

"매사추세츠공대(MIT)로 가겠습니다."

"왜?"

"그곳에 난민 문제를 연구하는 교수님이 있다고 해서요."

그녀는 학벌을 쌓기 위해 명문대학교인 MIT로 가려고 한 것이 아니라 난민들을 돕기 위해 그 학교를 선택한 것이었다.

그리고 유학을 마친 후 그녀는 국제 연합의 아동 구호 기관인 유니세프로 들어가 업무 능력과 성실성을 인정받았다. 항상 너그러운 표정으로 웃으며 대화를 나누는 그녀는 자신을 드러내지 않고 조용히 일했다. 그녀의 마음속에 넘치는 이웃 사랑의 열정은 많은 아이들에게 전달되었다. 그래서 그녀는 유니세프의 간부가 되었다.

유니세프
1946년에 설립된 유니세프는 144개 가난한 국가의 굶주리는 어린이를 위해 활동한다. 긴급 구호, 영양, 예방 접종, 식수 문제 및 환경 개선, 기초 교육 등과 관련된 일을 하고 있다.

가난한 이들을 사랑한 부잣집 모범생

● 제인 애덤스 (1860~1935)

배려
54

제인 애덤스는 한 번에 둘러볼 수 없을 정도로 큰 집에 살았고, 그녀의 방 안에는 그녀가 갖고 싶어 하던 물건들로 가득 차 있었다. 의과 대학을 들어간 그녀는 열심히 공부를 해야만 했다. 정원의 햇살이 그녀의 마음을 어지럽혀 놓아도, 집밖에 나가지 않고 공부에 열중했다. 의사가 되는 것은 부모님과 자신의 뜻이었다.

여름 방학 내내 집에 틀어박혀 공부를 하던 그녀는 등이 너무 아파서 앉아 있을 수 없었다. 태어날 때부터 척추가 휘어 있었기 때문에 오랜 시간 앉아 있을 수 없었다.

"공부를 하기엔 네 몸이 못 견딜 거야. 좀 쉬는 것이 어떻겠니?"

애덤스는 커튼을 치고 방 안에만 머물렀다. 그녀는 자신과 가장 가까운 두 친구에게 편지를 쓰고, 영국으로 떠나기로 결심했다.

애덤스는 영국 런던에 있는 가난한 사람들의 작은 마을에 도착했다. 집이 없는 사람들이 바닥에 몸을 뉘이고 잠을 자고 있었다. 어둑해진 거리에서 낡은 옷을 입고 신음하며 누워 있는 사람들을 본 그녀는 너무나 큰 충격에 휩싸였다.

'가난한 사람들을 도와야겠어. 집을 지어 밥을 먹이고, 깨끗한 옷을 입히고, 병이 걸리지 않게 도와줄 거야.'

미국으로 돌아온 그녀는 '헐 하우스(Hull House)'라는 사회 복지 센터를 지었다. 가난해서 배우지 못하는 아이들을 가르치고, 병이 든 사람들을 간호했다. 그녀는 누구보다도 열정적으로 가난한 사람들의 곁에 남아 그들을 도와주었다.

헐 하우스
제인 애덤스는 미국 시카고에 헐 하우스를 지었다. 그녀는 1931년에 니컬러스 머리 버틀러와 함께 노벨 평화상을 수상했다.

탈북 청소년을 도와주는 여명학교 교감

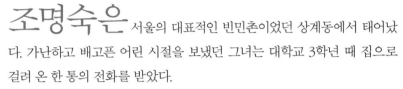

◎ 조명숙 (1970~현재)

배려
55

조명숙은 서울의 대표적인 빈민촌이었던 상계동에서 태어났다. 가난하고 배고픈 어린 시절을 보냈던 그녀는 대학교 3학년 때 집으로 걸려 온 한 통의 전화를 받았다.

"도와주세요……."

서툰 한국말을 쓰는 외국인이 무조건 도와 달라고 사정했다. 다음 날, 그 사람의 친구가 공장에서 일하다 다쳐서 누워 있다는 구로 병원으로 찾아갔다.

그때까지만 해도 그녀는 자신이 세상에서 가장 불행한 사람이라고 생각했는데, 외국인 노동자들을 만난 뒤 생각이 바뀌었다. 그때부터 그녀는 외국인 노동자들을 도와주기 시작했다.

그리고 그녀는 북한에서 탈출해 온 사람들도 도와주었다.

"북한에 큰 흉년이 들어 탈북자들이 하나둘 중국으로 넘어왔어요."

중국으로 달려간 그녀는 탈북자들을 만나 면담을 했다. 그들은 평안도, 함경도 국경 근처에 살다가 먹을 게 없어서 건너온 사람들이었다. 핏기 없는 얼굴에 공포에 질린, 살아 있는 사람이 아닌 유령이라고 느껴지는 사람들이었다.

그녀는 서울로 돌아가지 않고 현장에서 그들을 돕기 시작했다. 2년여 동안 그들과 함께한 뒤 결심했다.

'단기적인 지원 사업보다는 장기적인 일이 필요해. 이들을 위한 학교를 설립해야겠어!'

그녀는 탈북자를 위한 '여명학교'를 설립했다.

여명학교의 교실
여명학교는 2004년 23개 교회와 탈북자 지원 사업을 하던 사람들이 세운 학교이다. 전국 8개 탈북 청소년 대안학교 중 유일하게 중·고교 학력이 인정된다. 지금까지 모두 70여 명의 졸업생을 배출했다.

범죄자와 사형수를 돌보는 수녀

● 조성애 (1931~현재)

조성애 수녀는 30여 년 동안 매주 한 번 서울 구치소에서 사형수들과 이야기를 나누고 그들에게 삶의 소중함을 일깨워 주었다.

"사형수들의 성장 과정은 대부분 매우 불우합니다. 이렇게 자란 아이들은 평생 가슴에 원한이 쌓이게 됩니다. 사람들은 그들을 교화(가르치고 이끌어서 좋은 방향으로 나아가게 하는 것)하는 게 무슨 소용이 있으냐고 말하지만 사형수들을 만나면 생각이 달라질 겁니다."

그녀는 그들이 끔찍한 죄를 저질렀지만, 구치소에 들어와 교육과 사랑으로 점점 달라지고 있다고 말하며, 교화를 통한 회개를 강조했다.

"사형수들에게 그들의 잘못을 일깨워 주면 잘못을 뉘우치게 되고, 잘못을 바로잡겠다는 결심, 결심을 지키기 위한 봉사, 이렇게 점점 회개가 이루어지는 것입니다."

그녀는 사형수들에게 가족을 잃은 피해자 가족들에게도 찾아가 이야기를 나누었다.

"피해자 가족들은 처음에는 제 얘기를 귀 담아 듣지 않았지만 시간이 흐르자 사형수의 생명을 살려두는 게 좋겠다고 생각을 바꾸었습니다. 누군가가 죽기를 바라는 것은 인간의 본심이 아니니까요."

그녀는 사형수를 범죄자나 흉악범이 아닌 마음이 병들고 다친 이로 여기며 그들을 교화시키고 있다. 그녀는 오늘도 그들의 마음을 향해 다가가고 있다.

서대문 형무소 역사관
서대문 형무소 역사관은 서울 구치소의 현재 명칭이다. 1987년, 서울 구치소가 경기도 의왕시로 옮겨 가면서 1998년 이곳에 서대문 형무소 역사관이 개관되었다.

어머니의 꿈을 이루다

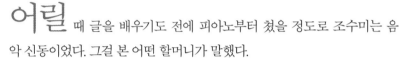

○ 조수미 (1962~현재)

배려
57

어릴 때 글을 배우기도 전에 피아노부터 쳤을 정도로 조수미는 음악 신동이었다. 그걸 본 어떤 할머니가 말했다.

"이 아이는 너무 똑똑해서 일찍 죽을 거야. 나쁜 기운을 없애려면 억지로라도 피아노를 두드리게 해야 해!"

억지로 매일 피아노를 8시간씩 쳐야 했고, 치다 지쳐 밖에 나가려고 하면 문이 잠겨 있어서 나갈 수가 없었다. 피아노는 신물이 났다.

그녀가 집에서 뛰쳐나오자 길거리에는 아이들이 뛰놀고 있었다. 그녀의 집은 가난했지만 부모님이 어렵게 마련한 피아노가 놓여 있었다. 친구들이 모두 부러워하는 피아노였지만 그녀는 지겹고 싫었다. 내리쬐는 햇볕 아래에서 몇 시간을 놀았더니 배도 고팠다.

"배고파서 못 놀겠네."

그녀는 집을 나온 지 6시간 만에 집으로 돌아갔다. 생각해 보니 피아노를 치는 것도 나쁘지 않을 것 같았다. 그녀가 집으로 돌아오자 어머니는 헐레벌떡 뛰어나왔다.

"엄마가 잘못했다. 그러니까 다시는 말없이 나가지 마, 알았지? 너는 나처럼 한 사람의 아내로 살지 말고, 많은 사람들에게 사랑받는 성악가가 되어야 해."

어머니의 어렸을 적 꿈은 그녀의 꿈이 되었다. 그녀가 뱃속에 있을 때부터 24시간 들었던 음악이 고스란히 전해져서 그렇게 되었을까? 그녀는 많은 사람들에게 사랑받는 성악가가 되었다.

선화예술고등학교
선화예술고등학교는 음악부·미술부·무용부가 있는 학교로 서울시 광진구에 있다. 조수미는 이 학교를 졸업했다.

세심함과 꼼꼼함으로 성공하다

● 조윤선 (1966~현재)

"**나의** 첫 영어 선생님은 우리 집 뒷동산에 살던 친구 장혁이의 어머니였어요."

신문사 기자에게 그녀는 그렇게 말했다.

"미국에서 초등학교 선생님을 하셨던 그분은 아들 친구들 여덟 명에게 영어를 가르쳐 주셨어요. 내가 그분께 처음 영어를 배운 것은 초등학교를 졸업하기 한 달 전부터였구요. 여학생 4명과 남학생 4명으로 된 우리는 6개월 넘도록 공부를 했던 것 같아요. 그런데 역시 수다에 강한 여학생이라서인지 8명 중 여학생들이 영어를 잘해서 남학생들은 늘 기가 죽어 있었어요. 그때부터 자신감이 붙었어요. 여학생의 섬세함이 남학생의 끈기를 이긴 겁니다."

조윤선
국회의원이 된 조윤선은 미국 LA에서 영어로만 강연을 했다. 2009년에는 서울 석세스 어워즈 정치 부문 정치인상을 수상했다.

그녀는 여성의 장점인 꼼꼼함과 세심함을 강조했다.

"외국어를 잘하려면 그 나라의 문화를 먼저 이해해야 해요. 세심함과 꼼꼼함이 있어야 합니다. 남의 감정을 이해해야 하니까요."

또한 그녀는 자신의 성공 비결을 어머니의 유별난 교육열이라고 말했다.

"어머니는 친척들이 집에 오면 일단 붙잡고 앉아서 '윤선이한테 공부 좀 가르쳐라.'고 했어요. 어머니는 외사촌 동생들이 많았는데 의학, 기계공학, 동물학, 치의학을 전공했던 삼촌들이 집에 오기만 하면 저한테 공부를 가르치라고 하셨어요."

세심함과 꼼꼼함을 지닌 어머니의 도움으로 그녀는 영어를 잘하게 되었다. 미국 컬럼비아대학교에서 법학 석사 학위를 받은 그녀는 국회의원이 되었다.

브라질의 철의 여인

○ 지우마 호세프 (1947~현재)

지우마 호세프는 감옥이 추운 곳이라는 것을 처음 알았다. 그녀는 대학에 들어가 열심히 정치 공부를 했다. 여성 차별이 심한 브라질 사회에서 노동자들을 가르쳤다. 하지만 그 대가는 감옥이었다.

어린 시절에 그녀는 아버지의 사업 성공으로 넉넉한 삶을 살았다. 집에는 커다란 피아노와 발레 연습을 할 수 있는 연습실이 있었다. 발레복을 입고 거울 앞에 서서 춤을 출 때면 그녀는 행복했다. 하인들이 가져다주는 음식을 먹으며 공부를 하고, 발레리나가 되겠다는 꿈을 가슴에 품으며 아무런 걱정 없이 살았다. 하지만 어느 날 그녀는 깨달았다.

"모두 내 것이 아니야. 세상에는 못 사는 사람들, 힘든 사람들이 얼마나 많은데. 잘사는 사람들은 어려운 사람들과 나누면서 살아야 해!"

그녀는 3년 동안 감옥 생활을 하고, 강력한 여인의 모습으로 돌아왔다. 룰라를 지지해 브라질의 대통령이 되도록 도왔고, 그의 뒤를 이어 브라질의 제40대 대통령이 되었다. 남녀 불평등이 널리 퍼져 있는 브라질에서 그녀의 당선은 기적과 같은 일이었다.

그녀는 '철의 여인'이라는 별명이 붙었다. 그러자 그녀는 이렇게 말했다.

"저는 철의 여인이 아니에요. 감동적인 영화를 보면 울고, 나를 사랑하는 자식과 친구 같은 남편을 둔 한 여인이지요. 저는 제 인생을 사랑합니다."

지우마 호세프
지우마 호세프는 2010년 10월 대통령 선거에 당선되어, 브라질 최초의 여성 대통령이 되었다.

환경 보호를 위해 단식한 스님

● 지율 (1957~현재)

배 려
60

노무현 대통령은 2003년 청와대에서 한 가지 소식을 들었다.

"지율 스님이 터널 공사에 반대하며 단식하기 시작했습니다."

지율은 터널 공사로 인해 도롱뇽 서식지가 사라질 위기에 처하자 단식 농성을 벌인 것이다. 이 소식을 들은 노무현 대통령은 터널 공사를 그만두라는 지시를 내렸고, 공사가 중단되었다.

하지만 2004년에 공사가 다시 시작되자 지율 스님은 단식에 들어갔다. 지율 스님은 말했다.

"천성산이 울고 있다고 느꼈고, 산이 도와 달라고 애원하는 소리를 들었으며, 그래서 당연히 뭇 생명에게 도와주겠다고 약속했습니다."

그러자 청와대에서 사람들이 찾아와 무릎을 꿇었다.

"공사를 멈추겠습니다!"

스님은 단식을 멈추었지만 또다시 공사가 시작되었다. 그 다음 해에는 100일간 단식을 벌여 장관을 비롯한 의원들이 줄줄이 스님에게 찾아갔다. 그리고 다시 한 번 공사가 중단되었다.

스님은 "알면 사랑하고 사랑하면 지키게 된다."고 말했다. 다음 세대가 또다시 어리석은 결정을 내리지 않고 올바른 선택을 할 수 있도록 지금도 여러 환경 문제에 관심을 기울이고 있다.

천성산
천성산은 경상남도 양산시에 있는 높이 922미터의 산이다. 산 정상에는 초원과 습지가 발달해 있으며 습지에는 도롱뇽을 비롯한 희귀한 동식물들이 많이 서식하고 있다. 이 산에 터널을 만들려고 하자 지율은 반대했다.

불우한 어린이들을 위해 소설을 쓰다

○ 진 웹스터 (1876~1916)

배려
61

미국 뉴욕에서 태어난 진 웹스터는 명문대학교에 다니고 있었다. 그녀는 어릴 적부터 경제적으로 불우한 처지에 있는 어린이들에게 관심이 많았다. 어느 날 진 웹스터는 그 아이들에 관한 소설을 쓰기로 마음먹었다.

"고아원에서 생활하지만 밝고 명랑한 성격의 소녀 이야기를 쓰는 거야."

사람들이 자신의 소설을 읽고 불우한 이웃들에게 관심을 갖기를 바라며 글을 쓰기 시작했다. 그렇게 완성된 소설이 바로 《키다리 아저씨》였다. 고아원에서 사는 소녀 쥬디와 그녀를 도와주는 후원자 키다리 아저씨와의 이야기를 다룬 이 소설은 쥬디가 아저씨에게 보내는 편지 형식의 이야기였다.

누군가의 마음을 엿보고 있는 듯한 흥미로운 이야기는 독자들에게 유쾌함을 선사했다. 그녀는 이 작품으로 단숨에 유명해졌고, 미국 사회가 고아들의 복지 문제에 관심을 갖도록 했다. 그녀의 바람이 이루어진 것이다.

'편지 형식을 빌어서 쓴 소설은 예전부터 많이 있었지만 이 소설만큼 재미있고 독자들을 감동시킨 작품은 드물 것이다.'

이런 평을 듣게 된 그녀의 작품은 어린이부터 성인에 이르기까지 폭넓은 사랑을 받고 있다. 그리고 그녀의 작품은 연극, 영화, 또는 뮤지컬로 제작되어 세월이 흘러도 식지 않는 인기를 누리고 있다.

《키다리 아저씨》
진 웹스터는 1912년에 《키다리 아저씨》를 발표했다. 그녀는 《발이 긴 할아버지》, 《패티의 대학 시절》 등의 작품도 남겼다.

웃음으로 인생을 바꾸다

● 진수 테리 (1956~현재)

결혼하자마자 미국으로 건너간 진수 테리는 하루에 12시간씩 일하며 성공하기 위해 노력했다. 그러나 성공의 길은 아득히 멀기만 했다.

그러던 어느 날 그녀는 일하던 직장에서 해고를 당했다. 인종 차별 때문이라고 생각한 진수 테리는 상사에게 전화를 걸어 따졌다. 그러자 상사는 이렇게 말했다.

"당신은 인종 차별 때문에 해고당한 것이 아닙니다. 일도 잘하는 편이지만 너무 잘하려고 늘 긴장해 있기 때문에 당신의 얼굴엔 미소가 없습니다. 그래서 아랫사람이 당신을 따르지 않는 게 문제입니다."

그 말을 듣던 진수 테리는 뒤통수를 크게 얻어맞은 것 같았다. 스스로 생각하기에도 유능한 직원이 되기 위해서만 급급했지 동료들과의 우애를 위해 노력한 적이 없었기 때문이었다.

'그런 점들이 해고의 이유가 된다면 내 자신을 바꿔야겠어!'

자신의 문제점을 인정한 그녀는 얼굴 표정을 부드럽게 바꾸려고 노력했고, 거울을 보면서 다양한 표정과 웃는 연습을 했다. 그렇게 몇 달을 연습하자 딱딱하게 굳어 있던 얼굴 표정이 부드럽게 변했다.

그녀는 회사의 분위기를 밝게 만들어 주는 경영 컨설팅 회사의 CEO가 되었다. 그녀는 말한다.

"나를 비롯해 주위 사람 모두에게 즐거움을 가져다 줄 수 있는 것은 바로 웃음입니다. 웃음을 즐기다 보면 성공은 저절로 옵니다."

부산대학교
'웃음 경영'으로 유명한 진수 테리는 부산대학교 대학원에서 섬유공학을 공부했다. 진수 테리는 미국 기업들과 대학 등에서 웃음 경영을 전파하고 있다.

직원들의 생일을 챙기는 부사장

○ 최인아 (1961~현재)

배려
63

제일기획 부사장 최인아가 신문 기자와 인터뷰 약속을 잡은 날이었다. 신문사 기자가 전화로 말했다.

"몇 시쯤 가면 될까요?"

"9시에 제 사무실로 오세요."

약속대로 기자가 사무실에 방문하자 그녀가 직접 그를 맞았다. 사무실 벽 곳곳에는 오려 낸 신문들과 종이가 빼곡하게 붙어 있었다.

"좋은 글귀를 보면 항상 이렇게 오려서 붙여 둬요. 그러면 광고 기획을 할 때 참고를 할 수 있어서 편리하거든요."

그 외에 눈에 띄는 또 다른 것이 있었다. 바로 달력에 빼곡하게 표시되어 있는 날짜였다.

"거의 한 달 내내 이렇게 약속을 하시는 걸 보면 무척 바쁘신가 보군요?"

"아, 이 달력이요? 이건 제가 개인적으로 우리 회사 직원들의 생일을 적어 놓은 거랍니다."

그녀는 항상 직원들의 생일을 챙긴다. 직접 책을 골라 예쁜 카드와 함께 선물한다. 부사장으로서 할 일이 많을 텐데, 직원들을 일일이 챙기는 그녀의 태도에 기자는 감탄하고 말았다.

"직원 한 사람 한 사람과 대화하며 제가 그들을 얼마나 소중히 여기는지 마음을 표시할 수 있으니 기쁜 것 같아요."

제일기획
제일기획은 1973년 1월 17일에 삼성 그룹의 계열 회사로 설립되었다. 1987년 8월에 국내 최초로 클리오 광고제 본상을 수상했다.

사회 문제에 관심 갖는 디자이너

● 캐서린 햄넷 (1947~현재)

배려
64

<big>영국</big> 켄트에서 태어난 캐서린 햄넷은 데님을 비롯한 캐주얼웨어를 디자인해 실력을 쌓은 후 자신의 이름을 내건 회사를 차렸다. 점차 세계적으로 이름을 알려 나간 그녀는 1987년에 런던 매장을 연 것을 시작으로 세계 각국과 잇달아 계약하며 기업을 성장시켰다.

그러던 어느 날 햄넷은 새로운 사실을 알게 되었다.

"의류 제작 과정에서 노동자들이 많은 피해를 입는다는데 사실입니까?"

"뭐, 그런 일은 다반사 아닙니까? 그런 것까지 신경 쓸 필요는 없잖아요?"

사람들의 무성의한 대답에 햄넷은 흥분하며 말했다.

"무슨 소리죠? 옷을 만드느라 노동자들이 피해를 보는데 어떻게 사람들에게 내 옷이 사랑받길 바라겠어요?"

그녀는 윤리적이고 환경 친화적인 방향으로 사업을 전환하기 시작했다. 사회 문제를 지적하는 구호가 새겨진 티셔츠들을 만들었다. 이라크 전쟁 반대, 아동 노동력 착취 막기, 청소년 선도 캠페인을 펼치는 등 패션을 통해 끊임없이 문제를 제기했다. 또한, 에이즈 환자들을 위해 자신이 디자인한 티셔츠를 입고 직접 모델로 나섰다.

그녀는 2007년에 영국 잡지 〈뉴 컨슈머〉가 발표한 윤리적, 환경적 생활 환경에 가장 큰 영향을 끼친 인물 1위를 차지했다. 햄넷은 이른바 '윤리적 패션 활동'을 활발하게 펼치고 있다.

캐서린 햄넷의 티셔츠
캐서린 햄넷이 디자인한 이 티셔츠는 '바다에 사는 물고기들을 보호하자.'고 말하고 있다.

CBS 뉴스를 단독 진행한 앵커우먼

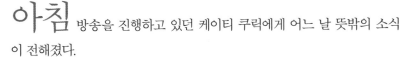

● 케이티 쿠릭 (1957~현재)

배려
65

<big>아침</big> 방송을 진행하고 있던 케이티 쿠릭에게 어느 날 뜻밖의 소식이 전해졌다.

"뭐라고요? 나를 메인 뉴스의 단독 앵커로 뽑으시겠다는 말씀이신가요?"

믿을 수 없다는 듯 되묻는 케이티에게 상사가 미소 지으며 다시 말했다.

"그래, 당신이 지상파 방송 최초의 여성 단독 앵커가 되는 거야. 그리고 연봉이 자그마치 1,500만 달러(200억 원)야! 믿어져?"

1991년에 아침 프로그램의 진행을 맡으면서 '국민 여동생 MC'로 발돋움한 케이티 쿠릭은 미국 시청자를 사로잡은 스타였다. 안타까운 뉴스가 나오면 가끔 눈물을 훔쳐 시청자의 심금을 울렸고, 결혼식에서 도망간 신부를 집중적으로 인터뷰하는 색다른 시도도 했다.

또한, 대장암으로 남편이 사망한 뒤에도 두 딸의 어머니로서 꿋꿋이 가정을 꾸려 가는 그녀는 '전형적인 미국 어머니'로 통했다. 그런 그녀가 드디어 CBS의 메인 뉴스 앵커가 된 것이었다.

"안녕하세요, 여러분. 오늘도 행복한 하루되세요. 그럼, 뉴스를 시작해 볼까요?"

시청자와 대화하듯 진행한 그녀의 뉴스는 시청률 꼴찌였던 CBS 뉴스를 1위로 끌어올렸다.

그녀는 짧은 방송 경력에도 불구하고 각종 상과 특종을 거머쥐었던 리포터로, 그리고 최고의 인기를 얻은 뉴스 앵커로 활약했다. 그녀는 세계에서 가장 영향력 있는 여성 100명에 뽑히기도 했다.

CBS
CBS는 미국 최대의 라디오, 텔레비전 방송사이다. 1927년에 라디오 방송을, 1939년에 텔레비전 방송을 시작했다.

슈만의 곁을 끝까지 지킨 여인

○ 클라라 슈만 (1819~1896)

"**안 된다**. 절대 그놈한테 널 줄 수는 없어!"

"아버지, 우리 두 사람은 서로 사랑해요."

클라라의 아버지는 딸의 사랑을 극구 반대하고 있었다. 바로 자신의 제자인 슈만과 사랑에 빠졌기 때문이었다.

어렸을 때부터 피아노에 대단한 재능을 보여 이미 유럽에서 명성을 날리고 있던 클라라 슈만은 아버지 비크에게 대단한 자랑거리였다. 그런 딸이 무명의 작곡가인 슈만을 사랑한다고 하자 반대하고 나선 것이다.

"팔도 성하지 않고 작곡가로서도 무명이나 다름없는 슈만과 결혼을 하겠다니! 절대 허락할 수 없다!"

하지만 클라라는 슈만과의 사랑을 이어갔다.

"못난 나를 이렇게까지 사랑해 줘서 고맙소. 사랑하오."

"그런 말을 하지 말아요. 당신은 내게 최고의 사람이에요. 슈만!"

그녀는 사랑을 위해 자신의 재능은 물론 모든 것을 포기하며 슈만의 곁에 남아 그를 보살폈다. 클라라의 사랑으로 슈만은 작곡가로 활동하게 되었다. 슈만은 자신의 아내를 모델로 삼아 수많은 작품을 만들어 냈다. 사람들의 슈만의 작품에 감동했다.

훗날 그는 현대 음악사를 빛낸 작곡가가 되었다. 슈만의 이러한 업적 뒤에는 그를 위해 모든 것을 바친 평생의 반려자 클라라가 있었다.

클라라 슈만
클라라 슈만은 어릴 때부터 천재적인 피아노 재능을 보여 유럽에 이름을 널리 알렸다. 그녀는 남편 슈만과 브람스 음악의 해설자로도 활약했다.

진정으로 예술을 사랑한 미술품 수집가

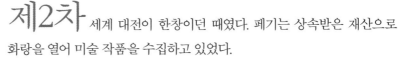

○ 페기 구겐하임 (1898~1979)

배려
67

제2차 세계 대전이 한창이던 때였다. 페기는 상속받은 재산으로 화랑을 열어 미술 작품을 수집하고 있었다.

어느 날 그녀는 직원에게 다음과 같은 말을 듣게 되었다.

"지금 시중에 그림들이 쏟아져 나오고 있습니다. 형편이 어려우니 다들 팔려고 내놓기만 합니다."

그러자 페기가 말했다.

"그 그림들을 하루에 한 점씩 사 모으세요."

"하루에 한 점씩이요? 그렇게까지 할 필요가 있겠습니까? 그냥 돈이 될 만한 그림들만 사들이죠."

"그림은 돈을 투자해서 이윤을 남기는 대상이 아닙니다. 예술품이라는 걸 명심하세요."

페기의 말에 직원은 고개를 숙이고 말았다.

예술에 대한 탁월한 안목을 갖춘 그녀는 재력을 바탕으로 미술품을 수집했다. 그림이 팔리지 않아서 창작을 멈추는 예술가들이 나오지 않게 하기 위해 그들을 후원한 것이다. 그녀의 후원으로 수많은 예술가들이 꿈을 이룰 수 있었다.

진정으로 예술품을 사랑하는 그녀의 열정은 미국의 미술을 세계 중심에 우뚝 세우는 밑거름이 되었다.

페기 구겐하임
페기 구겐하임은 잭슨 폴록, 로버트 머더웰, 마크 로스코, 한스 호프만 등의 예술가들을 후원했다.

직원의 실수를 감싸 주는 CEO

● 페트리샤 루소 (1953~현재)

페트리샤 루소는 알카텔루슨트의 CEO이다. 알카텔루슨트는 미국의 온라인 회사들에 통신 장비를 납부하는 일을 맡고 있었다. 그녀는 항상 고객들에게 문제가 생기지 않도록 직접 회사를 둘러보고는 했다.

그러던 어느 날, 사무실에서 고함 소리가 터져 나왔다. 페트리샤는 소리가 나는 곳으로 다가갔다.

"무슨 일인가요?"

"아, 회장님! 글쎄 이 직원이 그만 실수를 해서 잘못된 장비를 거래처에 보냈지 뭡니까. 방금 거래처에서 엄청난 항의 전화가 걸려 와서 문제가 이만저만이 아닙니다."

"그럼, 그 거래처를 나한테 연결해 줄래요? 내가 해결하겠습니다."

페트리샤는 곧바로 능숙하게 문제를 해결했다. 그녀의 정중한 사과를 받은 거래처는 화를 풀었고, 곧 제대로 된 장비를 보내 달라고 했다. 사태가 수습되자 페트리샤는 실수한 직원을 불렀다.

"오늘 일 때문에 많이 당황했나요? 기죽지 말고 다음 달에는 가장 좋은 실적을 올리는 직원이 되세요."

자신이 해고될 거라고 걱정했던 직원은 어리둥절해지고 말았다. 페트리샤가 빙긋 웃으며 말했다.

"누구나 한 번쯤 실수를 하는 거니 그걸 갖고 뭐라 할 수는 없죠. 그 실수를 본보기 삼아 발전하는 사람이 되길 바랍니다."

페트리샤 루소
페트리샤 루소는 코닥 사장을 거쳐 알카텔루슨트의 CEO로 활동하고 있다.

고객의 마음을 움직인 식품 기업 CEO

○ 페트리샤 워츠 (1953~현재)

배려
69

식품 기업인 아처 대니얼스 미들랜드에 한 여인이 항의를 하러 왔다. 며칠 전에 구입한 식용유에 불순물이 섞여 있다는 것이었다.

"구입한 가게에 갔더니 자기들 책임이 아니라고 들은 척도 안 하더군요. 그래서 결국 여기에 왔어요. 이런 식으로 제품을 만들면 소비자들이 어떻게 믿고 사겠어요?"

그녀는 어린 아들이 불순물을 섞인 식용유로 만든 음식을 먹을 뻔했다며 불같이 화를 냈다. 직원은 몇 번이나 죄송하다고 사과를 한 뒤, 결국 여인에게 식용유 한 박스를 무료로 보상해 주었다.

"아까 보니 항의 고객이 왔던 것 같은데, 어찌된 일이죠?"

상황을 지켜보고 있던 페트리샤 회장이 직원에게 물었다. 설명을 듣고 난 뒤, 그녀가 곧 지시를 내렸다. 당장 물건을 납품하는 모든 마트에 연락을 취해, 식용유를 회수하라는 것이었다. 매장에 납품되었던 식용유들이 돌아왔고, 페트리샤는 직접 검사를 하기 시작했다. 다행히 다른 식용유들은 문제가 없었다.

'혹시 식용유를 사용하시다 불순물을 발견하시면 본사로 갖고 오십시오. 저희가 백 퍼센트 보상해 드리겠습니다.'

그녀는 신문과 방송에 광고를 내어 많은 고객들이 그것을 보게 했다. 사람들은 이 광고를 보고 대니얼스 그룹에 더 큰 신뢰감을 가지게 되었다.

페트리샤 워츠
페트리샤 워츠의 정직한 서비스 덕에 아처 대니얼스 미들랜드는 몇 달 만에 큰 판매고를 올렸고, 가장 믿을 수 있는 기업이라는 호칭까지 얻게 되었다.

종합병원을 세운 최초의 여의사

● 프란치스카 티부르티우스 (?~?)

배려
70

아침 해가 뜨자마자 대기실에는 많은 환자들로 북적였다. 진료를 하기 위해 나온 프란치스카의 옷자락을 한 노인이 붙잡았다.

"선생님, 제발 도와주십시오. 제 손자가 여기 온 지 벌써 3일째인데 아직도 치료를 못 받았습니다. 더 이상 지체하다간 목숨이 위태로울지도 몰라요."

노인의 절절한 애원에 프란치스카는 옆에 누워 있는 소년을 바라보았다. 다리가 부러진 모양인지 커다란 부목을 대고 있었다. 그녀가 소년의 상태를 살펴보려고 할 때, 여기저기에서 자기를 먼저 치료해 달라고 아우성이 터져 나왔다.

병원의 환경은 열악했다. 의사와 간호사들의 수는 한정되어 있었지만 환자는 끝없이 밀려들고 있었다.

'환자들이 마음 놓고 치료를 받을 수 있는 방법이 없을까?'

의사 생활을 하던 내내 그녀는 그런 고민을 했다. 결국 그녀는 직접 병원을 세우기로 결심했다. 한 병원 안에 다양한 분야를 담당하는 의사들이 있어서, 마음 놓고 치료를 받을 수 있는 병원을 세우기로 했다.

수십 년에 걸친 공사 끝에 병원이 완성되었다. 그녀의 병원에서는 더 이상 환자들이 기다림에 지치는 일은 일어나지 않았다. 프란치스카가 세운 이 병원이 바로 최초의 '종합병원'이었다.

종합병원
종합병원은 내과, 외과, 정형외과, 치과, 안과 등 각 분야의 전문 의사들을 두고 있는 병원이다.

6개월의 결혼 생활, 13년의 기다림

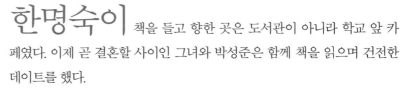

○ 한명숙 (1944~현재)

배려
71

한명숙이 책을 들고 향한 곳은 도서관이 아니라 학교 앞 카페였다. 이제 곧 결혼할 사이인 그녀와 박성준은 함께 책을 읽으며 건전한 데이트를 했다.

"저번에 읽고 싶다던 그 책이야. 이 책을 구하느라 힘들었어."

한명숙은 누구보다도 행복했다. 결혼을 해서 신혼살림을 꾸리고 함께 밥을 먹으면서 행복한 일상에 감사해 했다. 하지만 행복은 오래가지 않았다.

"성준 씨가 감옥에 끌려갔다고?"

정치적인 사건에 휘말려 결혼 6개월 만에 그녀는 남편과 이별해야 했다. 모두가 평등한 나라를 만들고 싶다는 순수한 마음뿐이었지만 사회는 호락호락하지 않았다.

그녀는 남편 없이 홀로 소외 계층 여성의 인권 문제를 해결하기 위해 나섰다. 정의가 아니라고 생각되는 모든 것에 반대했다. 갖은 어려움을 겪으면서 남편의 석방을 요구하는 운동을 펼쳤다. 그러면서 공부도 계속해 나갔다.

"정말 당신이 맞아요?"

그녀는 결혼한 지 6개월 만에 헤어진 남편의 손을 13년 만에 꼭 잡았다. 하지만 이 세상에 그 무엇도 두려울 것이 없었다. 다시 시작해 볼 만했다.

'모든 사람들이 평등하고 행복하게 사는 세상을 만들 거야!'

그녀는 대한민국 최초의 여성 국무총리가 되었다.

한명숙
한명숙은 사회 운동가로 활동하다가 우리나라 최초의 여성 국회의원이 되었다. 그녀는 민주통합당 당대표로 활동하고 있다.

세계 지도를 보며 꿈을 키우다

● 한비야 (1958~현재)

"우아, 이게 다 뭐니?"

한비야의 집을 방문한 친구들은 사방에 널려 있는 세계 지도를 보고 입을 떡 벌렸다. 그럴 때마다 한비야는 한껏 자랑스러운 표정으로 대답했다.

"부모님이 사 주신 거야!"

그녀의 집에는 세계 지도 외에도 커다란 지구본과 각 나라의 풍경이 그려진 티셔츠도 있었다. 부모님은 시간이 날 때마다 한비야에게 세계 각 나라의 이름과 수도 등을 가르쳐 주었다. 친구들이 신기해 하자, 한비야는 자신의 집이 다른 집들과 다르다는 것을 깨달았다. 그녀는 부모님에게 물었다.

"우리 집에는 왜 이렇게 세계 지도가 많은 거예요?"

"그야 항상 우리 딸을 위해 갖다 둔 거지."

"그래도 다른 집들은 이렇게 지도가 많지 않던 걸요. 친구들이 그러는데 우리 집은 좀 특이하다고 했어요."

그러자 부모님이 웃으며 말했다.

"엄마 아빠는 네가 커서 어른이 되었을 때, 오직 한국만을 너의 무대로 삼는 걸 바라지 않는단다. 네가 이 지도와 지구본을 보고 더 넓고, 더 멋진 세상으로 나아가길 바라는 거야."

부모님의 바람대로 한비야는 세상을 여행하는 '바람의 딸'이 되었고, 가난한 나라의 난민을 돕는 일을 하고 있다.

《지도 밖으로 행군하라》
《지도 밖으로 행군하라》는 한비야가 가난한 나라 사람들이 겪고 있는 어려움을 소개하고, 그들을 도와준 이야기를 담은 책이다.

아버지의 가르침을 받은 수학자

○ 히파티아 (355?~415)

히파티아는 알렉산드리아대학 수학과의 저명한 교수였던 테온의 딸이었다. 어린 시절부터 그녀는 아버지의 서재를 자주 들락거렸다.

"히파티아, 오늘은 수학을 배워 볼까?"

아버지는 어린 딸에게 수학, 천문학, 물리학 등을 직접 가르쳐 주었다. 히파티아는 아버지와 함께 공부하는 시간이 가장 즐거운 시간이었다.

"히파티아, 강가에 예쁜 꽃이 피었는데, 보러 가자!"

"미안해. 오늘은 일찍 집에 들어가 봐야 될 것 같아. 아버지가 여행에서 돌아오셨거든. 나한테 줄 새 책을 갖고 오셨대!"

친구들과 즐겁게 노는 것도 마다한 채 그녀는 아버지가 가르쳐 주는 학문들에 푹 빠져 지냈다. 아버지는 어린 딸을 무릎 위에 앉혀 놓고 여러 가지 이야기를 들려주었다.

"히파티아, 이 세상은 네가 상상할 수 없을 만큼 크고 넓은 곳이란다. 아버지는 네가 그런 세상에 나아가 당당하고 멋지게 사는 여성이 되었으면 좋겠구나."

알렉산드리아대학의 학자들 역시 히파티아에게 다양한 학문들을 지도해 주었다. 이러한 가르침 덕분에 그녀는 훌륭한 철학자이자 수학자로 성장할 수 있었다. 많은 사람들이 그녀에게 아버지보다 더 뛰어난 학자라고 말하게 되었다.

훌륭한 학식과 아름다운 외모를 지녔지만, 그녀는 평생 독신으로 지내며 학문의 발전에 힘썼다.

히파티아
그리스의 학자 히파티아는 "나는 진리와 결혼하였다!"라는 말을 남길 정도로 평생 동안 학문 연구에 매진했다.

5

열정을 키우는 힘,

도전

어려움을 이기고 가수가 되다

◉ 강수지 (1967~현재)

어린 시절에 가족과 함께 미국으로 이민 간 강수지는 어려운 생활을 했다. 부모님은 항상 밖에서 일했고, 그녀 역시 철이 들자 아르바이트를 시작했다. 말이 잘 통하지 않는 나라에서 유일하게 할 수 있는 일은 접시닦이와 청소 같은 일뿐이었다.

항상 한국을 그리워하던 그녀는 외로울 때마다 노래를 부르기 시작했다. 노래를 부르면 한국에 대한 그리움이 가라앉았다.

그러던 어느 날, 가게 청소를 하고 있던 그녀가 노래를 불렀을 때, 등 뒤에서 박수 소리가 들렸다.

"정말 굉장히 아름다운 목소리를 가졌군요."

강수지가 깜짝 놀라 고개를 돌리자, 한 남자가 서 있었다. 남자는 명함을 꺼내 그녀에게 건네주며 말했다.

"나는 한국에서 음반을 제작하는 일을 하는 사람인데, 혹시 생각이 있으면 연락 줘요. 아가씨는 충분한 가능성을 가졌어요."

그녀는 많은 고민에 빠졌다. 노래를 하고 싶었지만 가족들의 생활을 도와야 한다고 걱정했던 것이다. 그러나 결국 그녀는 짐을 챙겨 한국행 비행기를 탔다.

'해 보지 않고 후회하느니 차라리 해 보고 후회하는 게 훨씬 낫지!'

한국에 도착하자마자 그녀는 곧바로 명함을 준 남자와 계약을 맺었다. 곧 노래를 부르는 그녀의 모습이 텔레비전에 나오기 시작했다. 강수지는 한국에서 유명한 가수가 되었다.

강수지의 음반
1989년에 가족들을 뉴욕에 두고 100달러만 들고 한국으로 귀국한 강수지는 1990년에 〈보랏빛 향기〉로 화려하게 가요계에 데뷔했다. 그해 'MBC 10대 가수 여자 신인상'을 수상하며, 인기 가수가 되었다.

발레리나로 활동하는 청각 장애인

○ **강진희** (1973~현재)

강진희는 태어날 때부터 자동차 경적 소리조차 듣지 못했다. 청각 장애인인 그녀는 중학교 1학년 때 주위의 반대를 물리치고 발레를 시작했다.

"보청기를 끼었지만 '아, 곡이 시작되었구나.' 정도밖에 느낄 수 없었어요."

하지만 속으로 하나둘 리듬을 세면서 춤을 추었고, 발레 공연 비디오를 보고 연습에 열중했다. 무대에서 박수 소리를 음악 소리로 착각하거나 음악이 끊긴 줄 모르고 계속 춤춘 일도 있었다. 그럴수록 강진희는 하루에 10시간씩 연습했다. 그런데 발톱 열 개가 빠져나가도 포기하지 않던 그녀가 발레화를 벗어던진 적이 있었다.

바로 자신의 장애를 바라보는 세상의 잘못된 시선 때문이었다.

"저를 싫어한 사람들도 많았던 것 같아요. 아무리 춤을 잘 춰도 '쟤는 청각 장애인이야.'라는 사람들이 있었어요. 상을 타더라도 '잘해서 수상한 게 아니라 불쌍해서 받은 거야.'라고 했고요. 더 이상은 제가 설 자리가 없다고 느꼈어요."

결국 무대를 떠나 나사렛대학원 사회복지학과에 입학해 평범한 일상을 보냈다. 하지만 다시 발레리나로 돌아왔다.

"나를 보고 춤추고 싶다고 느낀 장애인 후배도 있었을 텐데, 혹시 그들이 나 때문에 절망해 포기하면 어쩌나 싶었어요. 그래서 다시 시작했어요."

자신이 잘할 수 있고 하고 싶은 발레를 죽을 때까지 맘껏 춤추고 싶다는 그녀는 자신과 같은 처지의 후배들에게 희망을 주고 있다.

나사렛대학교
나사렛대학교는 충청남도 천안시 쌍용동에 있다. 강진희는 이 대학교의 사회복지학과 대학원에 다녔다.

성교육의 필요성을 주장하다

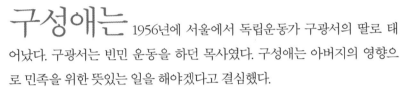

◉ 구성애 (1956~현재)

구성애는 1956년에 서울에서 독립운동가 구광서의 딸로 태어났다. 구광서는 빈민 운동을 하던 목사였다. 구성애는 아버지의 영향으로 민족을 위한 뜻있는 일을 해야겠다고 결심했다.

초등학교 3학년 시절, 그녀는 옆집 오빠에게 성폭행을 당했다. 이 일은 오랫동안 마음속의 상처로 남게 되었다.

'누군가를 위해 보탬이 되도록 살겠어!'

1979년에 연세대학교 간호학과를 졸업한 그녀는 농촌 여성이 어렵게 출산하고 있다는 소식을 듣고, 그들을 돕기 시작했다. 일하는 동안 틈틈이 농민과 노동자들을 위해 농민 운동과 노동 운동에도 참여했다.

노동 운동을 하던 1987년, 그녀는 병원에서의 경험을 살려 동료 노동자들에게 성에 관한 유익한 지식들을 여러 차례 이야기했다.

"잘못된 성 지식을 바로잡아야 합니다!"

그때부터 성교육 전문가가 된 그녀는 10여 년 넘게 전국 각지에서 성교육을 했다.

1998년 7월 22일, 그녀는 MBC '10시 임성훈입니다'라는 프로그램을 통해 3차례에 걸친 성교육을 하게 되었다. 시청자들의 폭발적인 반응이 뒤따랐으며, 3회로 예정된 강의는 7회로 연장되었다. 이러한 성공으로 인해 10월에 '구성애의 아우성'이라는 프로그램으로 2주간 공중파 성교육 강의를 진행하게 되었다. 밤 11시에 방송했는데도 이 프로그램은 높은 시청률을 기록했으며, 강의도 1주일 연장되었다.

〈대학내일〉
〈대학내일〉을 발간하는 내일신문사는 1993년에 구성애가 지인들과 함께 창간했다. 구성애의 '아우성'은 '아름다운 우리 아이들의 성을 위하여'의 줄임말이다. 구성애가 방송에 등장하던 1990년대 말만 해도 공중파 방송에서 성을 이야기하는 것은 금지되었다. 그러나 그녀는 쾌락만이 강조된 현대의 성 문화를 비판하며, 생명과 사랑의 성 문화의 필요성을 주장했다.

하늘을 나는 독립운동가

○ 권기옥 (1901~1988)

허름한 집에 살면서 한두 가지 반찬으로 밥을 먹던 어린 시절에도 권기옥은 기죽지 않았다. 11살이 되자 그녀는 공장에 취직해 돈을 벌었다.

"엄마, 제가 벌어 온 돈이에요. 이 돈으로 우리 맛있는 밥을 해 먹어요."

어머니는 권기옥의 기특함에 감동을 받았지만 애처롭기도 했다. 어린 나이에 집안 살림을 걱정하는 속 깊은 딸이 안쓰러워서였다. 어머니는 그런 딸을 12살의 늦은 나이에 소학교(지금의 초등학교)에 입학시켰다.

"여자도 공부를 해야 하는 거야. 넌 아직 집안 살림을 걱정하기엔 어려. 많이 배우고 친구들과 즐겁게 놀다 오거라."

어머니의 바람에 따라 그녀는 열심히 공부했다. 소학교를 졸업한 후 여학교에 들어가 일본의 식민지 통치에 반대하는 운동에 참여해 활동하기도 했다.

"너, 비행기 실제로 본 적 없지? 평양에서 곡예 비행을 하는데 같이 구경 가지 않을래?"

초여름 햇살이 쏟아지는 한낮, 권기옥은 친구들의 손을 잡고 미국인 아트 스미스의 평양 곡예 비행을 구경 갔다. 하늘을 자유롭게 날아다니는 비행기는 그녀의 마음을 사로잡았다.

"나도 비행사가 되고 싶다. 저렇게 새처럼 날아다니고 싶어."

그녀는 독립운동을 돕는 비행사가 되었다. 그 덕분에 '한국 최초의 여자 비행사'라는 수식이 붙게 되었다.

《한국연감》
권기옥은 광복 후 1949년에 국회 국방위원회 전문위원이 되어 한국 공군을 창설하는 데 큰 도움을 주었다. 그녀는 올바른 역사 기록이 필요하다고 느껴서 1957년부터 1972년까지 《한국연감》을 발행했다.

조선 최고의 거상

○ 김만덕 (1739~1812)

김만덕
김만덕의 묘는 1977년에 제주시 건입동의 모충사로 옮겨졌다. 현재 제주도에서는 만덕상을 제정해, 한라문화제 때마다 모범 여인에게 수상함으로써 그녀의 선행을 기념하고 있다.

김만덕은 상인이었던 김응열의 딸로 태어났다. 어려서 부모를 잃고 12살에 고아가 된 그녀는 친척 집에서 겨우 목숨을 이어가다 나이 든 기생의 집에서 살게 되었다.

어른이 된 후, 그녀는 객주(조선 시대에, 다른 지역에서 온 상인들에게 거처를 제공하며 물건을 맡아 팔거나 흥정을 붙여 주는 일을 하던 집)를 차려 제주 특산물인 귤, 미역, 말총 등을 육지의 옷감, 장신구, 화장품과 교환해 돈을 많이 벌었다. 이앙법(모내기)이 개발되자 농업 기술이 발전하면서, 상업도 같이 발전할 거라고 예상해 성공한 것이었다. 하지만 그녀는 검소하게 살았다.

1793년, 제주도에서는 세 마을에서만 6백여 명이나 굶어 죽을 정도로 심각한 흉년이 계속되었다.

조정에서는 제주도에 2만 섬의 구호 식량을 보냈지만, 수송 선박이 침몰했다. 이때 김만덕은 전 재산을 풀어 죽어 가던 제주도 백성들을 구했다.

이 소식을 들은 정조 대왕은 그녀는 칭찬했다.

"너는 한낱 여자의 몸으로 천백여 명을 구하였으니 기특하다. 네 소원을 말해 보거라."

"한양에서 궁궐을 구경하고, 금강산도 보고 싶습니다."

그녀의 대답을 들은 조정의 신하들은 김만덕이 건방지다고 수군거렸다. 그러나 정조는 말했다.

"'관청의 허락 없이 제주도민은 섬 밖으로 나가지 못한다.'는 규칙이 있지만 그 규칙을 깰 것이다."

안전한 원자력 발전소를 꿈꾸다

● 김명자 (1944~현재)

국회의원에서 물러난 뒤, 김명자는 환경부 장관으로 활동하기 시작했다. 취임 후, 그녀가 가장 먼저 신경 쓴 것은 원자력 발전 문제였다. 원자력은 모든 사람들이 필요로 하는 것임에도 불구하고 많은 위험성을 안고 있는 에너지였다.

원자력 발전소
우리나라의 첫 번째 원자력 발전소인 고리 1호기의 모습이다. 원자력 발전은 우리나라의 생산 전력 중 가장 큰 비중을 차지한다.

그녀는 사람들에게 원자력의 필요성을 설득하는 데 노력을 기울이기로 했다. 그러나 결과는 생각보다 안 좋았다.

"우리 도시에 원자력 발전소를 세우겠다고? 절대 반대!"

환경부 장관이 원자력 발전소를 세울 땅을 보러 왔다는 소문만 돌면, 지역 주민들이 곧바로 항의했다. 고민하던 그녀는 한국을 떠나 미국과 프랑스의 원자력 발전소를 조사하기로 결심했다. 주위 사람들은 그녀의 시도가 너무 무모하다며 말렸다.

"직접 가서 조사를 한다고 우리나라의 상황이 금방 달라지는 것도 아니잖습니까?"

"지금 당장 해결책을 내놓을 수는 없어도, 앞으로의 세대를 위해 도움이 될 거라고 생각해요."

반대를 물리치고 그녀는 자신의 계획을 실행했다. 1년여의 조사 끝에 많은 자료를 얻을 수 있었다.

"원자력 발전은 현대인들에게 있어 필요악이라고 할 수 있어요. 하지만 안전에 철저하게 대비하면 문제는 해결될 수 있습니다."

그녀는 안전하고 완벽한 원자력 발전소가 세워지길 바라며 고군분투했다.

패션 산업으로 세계 최고를 꿈꾸다

● 김성주 (1956~현재)

도전
07

대성 그룹 회장의 막내딸인 김성주는 온실 속의 화초처럼 연약한 공주가 되기는 싫었다. 그녀는 자신의 길은 스스로 개척해야 한다고 다짐했다.

그녀는 미국 최고의 백화점 블루밍데일에서 기본적인 일부터 배우며 경험을 쌓았다. 밑바닥에서부터 일을 시작한 김성주는 역경을 딛고 독립해 성주 그룹의 회장이 되었다.

"가진 자는 의무를 다해야 하고 투명한 손으로 경쟁해야 해."

그녀는 국내의 부패한 기업들과 달리 투명하고 깨끗한 회사를 만들고 싶었다.

"우리는 비자금(부정하게 거래하는 돈)이란 게 없습니다. 회사를 투명하게 운영하고 사업에 자신이 있으면 굳이 정치인들에게 뇌물을 줄 필요가 없어요."

그러던 중 우리나라에 외환 위기가 닥쳤다.

"불필요한 사업을 줄이고 핵심 사업으로 통합합시다. 이제는 덩치가 큰 기업이 아니라 한두 가지 분야에 집중하는 기업이 세계적인 기업이 될 겁니다."

그녀의 예상은 적중했다. 많은 대기업들이 휘청거렸을 때도 성주 그룹은 살아남을 수 있었다. 그녀는 패션 산업의 세계화에 힘쓰고 있으며, 모범적인 여성 기업가로 모두에게 주목받았다.

블루밍데일 백화점
블루밍데일 백화점은 1872년에 개점한 미국 최고의 백화점이다. 이 백화점은 미국 뉴욕에 있다.

한국 양궁의 전설이 된 선수

● 김수녕 (1971~현재)

1999년에 '신궁' 김수녕이 선수로 복귀한다는 뉴스가 신문 1면을 장식했다. 그녀의 복귀는 '농구 황제' 마이클 조던의 귀환이나 다름없었다.

그녀는 1988년 서울 올림픽 때 개인전과 단체전 금메달, 1992년 바르셀로나 올림픽 때 단체전 금메달과 개인전 은메달의 주인공이었다. 21살의 나이에 은퇴한 이후 두 아이의 엄마로 평범하게 살았던 그녀가 돌아온다는 소식은 세상을 깜짝 놀라게 했다.

"시드니 올림픽에서 큰 활약을 보여 줄 거야."

"6년 동안 활을 놓았는데 뛰어난 후배들과 경쟁해 이겨 낼 수 있을까?"

하지만 그녀는 2000년 시드니 올림픽에서 단체전 금메달, 개인전 동메달을 따내며 6년간의 공백을 극복하고 다시 세계 정상에 올랐다.

김수녕과 함께했던 감독은 그녀에 대해 이렇게 말했다.

"보통 선수들은 조준이 잘못되어 화살이 엉뚱한 데로 날아가면 상대에게 불안해 하는 모습을 보이는데, 김수녕은 그럴 때마다 과녁 한가운데 10점에 화살을 꽂아 버리는 태연함을 보여 주곤 했습니다. 그러면 상대는 기가 질릴 수밖에 없습니다."

2009년에 대한 양궁 협회 이사가 된 그녀는 지도자나 해설자를 따지지 않고 양궁을 위해 열심히 일하고 있다.

기네스북 기록 인정 메달
김수녕은 양궁의 6개 분야에서 세계 신기록을 보유해 기네스북에 올랐다. 한국 양궁에서 '신궁'이라는 별명은 오직 김수녕에게만 부여되었다.

이지함 화장품 대표이사

○ 김영선 (1968~현재)

도전
09

이지함 화장품
이지함 화장품은 피부 치료에 도움이 되는 화장품을 내놓아 크게 성공했다.

김영선은 항상 어떻게 살아가야 할지를 스스로 생각했다. 이화여대 약학과에 다니던 그녀는 졸업만 하면 취업이 보장되었지만 틈틈이 다양한 자격증을 따기 위해 공부했고, 외국어 공부에도 시간을 투자했다.

그러던 중 피부 미용으로 유명한 회사인 이지함을 알게 되었다.

"대기업과는 달리 이지함에서는 원하는 것을 주도적으로 끌고 갈 수 있어서 좋았어요."

그녀는 의약 회사와 화장품 회사에서 일한 경험을 바탕으로 '피부과 화장품'으로 불리는 제품을 만들기 시작했다. 피부과 치료에 도움이 되는 화장품을 홍보한 것이다.

그녀는 고객들에게 화장품 외판원 취급을 당했지만 포기하지 않았다. 결국 기능성 화장품 시장에 회오리바람을 일으켰다. 11년 동안 끊임없이 연구해 소비자에게 좋은 품질을 인정받아 불황 속에서도 매년 매출을 성장시켰다. 그녀는 이지함 화장품을 알짜배기 중견 기업으로 키워 냈다.

그리고 CEO가 된 그녀는 행복의 가치에 대해 생각하게 되었다.

'좋아하는 일을 즐기고 누군가를 돕고 사회에 공헌하는 데서 행복을 찾을 수 있다!'

그녀는 환경 친화적인 제품을 개발하고, 다문화 가정 어린이를 위한 사회 공헌 활동을 실천하고 있다. 모범 여성 기업인으로 선정되기도 한 그녀는 보다 큰 꿈을 이루기 위해 오늘도 최선을 다하고 있다.

변화를 피하지 않고 능력을 개발하다

● 김이숙 (1959~현재)

김이숙은 컨설팅 전문 회사인 '이코퍼레이션'을 창업했다. 그녀는 '내 안에 있는 무한한 능력을 믿고 개발하는 것이 가장 중요하다.'고 생각한다.

1982년에 그녀는 한국 IBM에 입사했지만 처음 그녀에게 주어진 일은 비서직이었다.

'지금 이 모습은 내가 원하는 모습이 아니야!'

그녀는 인정받기 위해서는 우선 자신의 능력을 개발해야 한다고 보았다. 그래서 미국 대학에서 컴퓨터 석사 학위를 받았다.

"그 사이에 폭풍과 같이 다가온 인터넷이 빠르게 발전했고, 창업을 원하는 사람들이나 시대의 흐름에 빠르게 대처하려는 기업들이 인터넷 사업을 쉽게 이해할 수 있도록 교육해 주는 사업을 추진했어요."

김이숙 사장의 예상은 적중했고 사람들이 줄을 이어 이코퍼레이션을 찾았다. 그녀에게 인터넷 창업을 하려고 자문을 구하는 사람들과 기업이 늘어났다. 이렇게 해서 1999년에 창업한 초창기부터 10억 원의 매출을 올렸다.

김이숙은 기업이 원하는 사업 모델을 제시하며 업계 최고의 기업으로 성장시켰다. 그녀는 어떤 변화든지 두려워하지 않고, 자신의 위치에서 제몫을 다한다면 못 할 일이 없다고 생각한다. '도전하는 삶이 즐겁다.'는 그녀는 거침없이 전진하고 있다.

밴더빌트대학교
김이숙은 밴더빌트대학교 대학원을 졸업했다. 미국 남부의 테네시 주 내쉬빌시에 위치한 이 대학교는 해운업계의 재벌 코넬리우스 밴더빌트에 의해 1873년에 설립되었다.

30년 동안 국민 가수로 사랑받다

● 김인순 (1957~현재)

도전
11

'인순이'라는 이름으로 잘 알려진 김인순은 한국인 어머니와 주한미군으로 근무하던 흑인 아버지 사이에서 태어났다. 그녀는 어려운 가정 형편 때문에 고등학교에 진학하지 못하고 20살이 되던 해에 가수로 데뷔했다.

그녀가 속한 3인조 그룹인 '희자매'는 당시에 큰 화제를 일으켰다. 그런데 문제가 있었다.

"인순 씨, 화장 좀 하지!"

"화장을 했는데요."

"좀 하얗게 하란 말이야. 그리고 그 곱슬머리도 어떻게 좀 하고!"

그녀가 '혼혈인'이라는 이유로 방송국에서 문제 삼았던 것이다. 억울하고 화도 났지만 그녀는 마음을 다잡았다.

'그래, 실력으로 인정받자. 사람들이 내 외모가 아닌 노래를 인정해 줄 때까지!'

이렇게 다짐하며 곱슬머리를 가리기 위해 머플러를 두르거나 모자를 썼다. 그녀의 노력은 머지않아 빛을 발하기 시작했다. 뛰어난 가창력과, 영혼을 적시는 듯한 목소리로 '혼혈인'이라는 이미지보다 '노래 잘하는 가수'로 대중들에게 인정받기 시작했다.

그리고 30여 년이 지난 지금은 많은 사람들이 그녀를 이렇게 말한다.

"무대 위에서 10초도 되지 않아 관객들을 사로잡는 가수!"

그녀는 대중의 사랑을 받는 국민 가수가 되었다. 자신이 100퍼센트 만족할 수 있는 공연을 하기 위해 노력을 다하고 있다.

김인순의 17집 음반
김인순이 2009년에 발표한 17집 음반 〈인순이〉이다.

신체적 열세를 극복하고 최고가 되다

● 김자인 (1988~현재)

키가 153센티미터밖에 안 된 김자인은 암벽 등반에 불리한 체구를 가지고 있었다.

"자인아, 왜 꼭 암벽 등반을 하려고 하니? 키가 크고 팔이 긴 선수들이 쉽게 짚을 수 있는 돌을, 너는 뛰어서 짚어야 하잖아! 그렇게 불리한 걸 꼭 해야겠어?"

"뛰어서 짚으면 할 수 있잖아요. 불리하면 그만큼 연습하면 돼요. 난 꼭 최고의 선수가 되고 말 거예요!"

김자인은 불리한 신체적 열세를 엄청난 훈련과 강한 정신력으로 극복해 냈다. 그리고 벨기에에서 열린 클라이밍(암벽 등반) 월드컵 대회에 참가했다. 세계적인 선수들과 치열한 경쟁을 펼친 김자인은 최고 점수를 얻으며 우승을 차지했다. 세계 언론은 불리한 체구에도 우승을 차지한 그녀를 눈여겨보았다.

"여태껏 공동 우승만 했는데, 이번에는 다른 선수들과 격차를 벌리면서 자신감을 얻었습니다."

암벽이 여러 각도로 이뤄져 난이도가 매우 높았던 경기가 기량이 특출한 그녀에게 득이 되었던 것이다. 그녀는 월드컵 우승 6회, 준우승 1회, 세계 선수권 준우승 1회를 기록해 세계 1위에 올랐다. 암벽에 오르기 위해 한 발 한 발 내딛는 그녀는 이미 세계의 중심에 서 있다.

암벽 등반
암벽 등반은 일반 등반과 달리 손과 발로 암벽을 짚으며 오르는 등반이다. 김자인은 세계 1위의 암벽 등반가이다.

아름다움 속에 감추어진 강인함

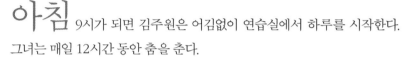

◉ 김주원 (1978~현재)

아침 9시가 되면 김주원은 어김없이 연습실에서 하루를 시작한다. 그녀는 매일 12시간 동안 춤을 춘다.

"손끝에서부터 발끝까지 모두 변해야 합니다. 한국적인 느낌을 살리려면 발레화 속에 감춰 왔던 발도 드러내야 해요."

외국 작품의 주인공 역할을 도맡아 해 왔던 그녀가 한국 무용 속에서 살아 숨 쉬는 인물을 연기하기는 쉽지 않았다. 하지만 그래도 그녀는 즐거웠다. 2년 전에 큰 시련을 겪었기 때문이다.

"발을 움직일 수 없을지도 모르는 병에 걸렸어요. 사형 선고를 받은 것 같았지요."

그녀는 포기하지 않았고, 꾸준히 치료를 받았다. 치료가 끝난 후, 다시 연습을 했다. 모두 휴가를 떠난 연습실에서 혹시 굳어질지 모르는 몸을 풀며 밤낮 없이 춤을 추었다.

"저는 아름답지 않아요. 오히려 툭 튀어나온 목뼈와 발레리나라고 하기엔 너무 날카로운 몸을 가지고 있지요."

그녀는 자신이 불리하다는 것을 잘 알고 있었다. 그래서 그것을 극복하려고 노력했다.

"날개라는 것은 누군가가 달아 주는 것이 아니에요. 스스로 날아가야 해요!"

그녀는 한국인들의 가슴속에는 발레의 아름다움을, 외국 관객들에게는 한국 무용의 섬세함을 심어 주며, 이 시대의 진정한 무용수로 살아가고 있다.

발레리나
발레는 16세기에서 17세기 사이에 프랑스에서 발달한 무용극 예술이다. 여자 무용수는 발레리나라고 하며, 남자 무용수는 발레리노라고 부른다.

자신과의 싸움에서 거둔 값진 승리

● 김효정 (1977~현재)

김효정은 자신의 등에 매달린 가방이 무거워서 어깨가 내려앉을 것 같았다. 앞서 걸어간 이들이 만들어 놓은 모래 위에 움푹 파여진 길을 따라 한 발 한 발 내딛었다. 사막의 태양은 이글이글 타올랐고, 사방에서 모래바람이 콧속으로 들어왔다. 스카프로 입과 코를 칭칭 감았지만 모래를 막기엔 역부족이었다.

사람들이 캥거루를 보고, 와인을 마시러 온다는 호주에서 그녀는 사막 레이스를 하고 있었다. 참가자 198명 중 많은 이들이 자신을 앞질러 걷고 있었다.

'순위가 중요하지 않아. 완주가 중요해. 꼭 이 사막을 나 스스로 가로지르고 말 거야!'

다리가 후들거렸지만 가벼운 마음으로 달리거나 걸으면서 경기를 계속 이어갔다. 뒤에서 따라오는 사람도, 앞에서 멀어지는 사람도 아무도 자신에게 말을 걸지 않는 고독한 경기였다. 밤에는 잠깐 눈을 붙이고 낮에는 걷고 또 걸었다. 그녀는 끝이 보이지 않는 드넓은 사막을 묵묵히 걸었다.

며칠 뒤, 그녀는 드디어 사막 레이스를 완주했다. 발톱이 빠지고, 발은 온통 시커멓게 피멍이 들어 있었다. 63시간 44분 27초, 그녀의 완주 기록이자 참가자 중 78등의 성적이었다. 그녀가 여태껏 사막 레이스에서 거둔 최고의 성적이었다. 그녀는 자신과의 싸움에서 오늘도 이겨 냈다는 자부심을 금세 거두고, 또 다른 사막 레이스를 준비하고 있다.

사막 레이스
김효정은 동양 여성 최초로 세계 5대 사막 레이스 대회를 완주했다. 그녀는 영화 제작자로도 활동하고 있다.

10점 만점을 기록한 체조계의 전설

○ 나디아 코마네치 (1961~현재)

도전
15

제21회 몬트리올 올림픽 체조 경기장에서 나디아 코마네치가 이단 평행봉(높이가 다른 두 개의 가로대로 만든 평행봉을 이용한 여자 체조 경기)을 연기하고 있었다. 그녀의 연기를 지켜보던 해설자는 칭찬을 멈추지 못했다.

"저 선수의 움직임을 보십시오. 힘차면서 부드럽고, 과감하면서도 우아하지 않습니까?"

"네, 인간 능력의 한계를 뛰어넘는 선수입니다."

코마네치는 하늘을 나는 새처럼 날아오르더니 완벽한 착지 동작으로 연기를 마무리했다. 관중들의 우레와 같은 박수 소리는 그녀가 이미 금메달의 주인임을 말해 주는 듯했다.

그리고 잠시 후, 모든 이의 눈을 의심하게 만든 점수가 전광판에 표시되었다.

당시에는 전광판의 숫자가 9.9까지만 표시되었다. 그러다 보니 코마네치의 10점 만점을 표시할 방법이 없어서 '1.0'으로 표시할 수밖에 없었던 것이다. 경기장에 모인 모든 사람들은 흥분과 경악을 금치 못하며 탄성을 질렀다.

"10점 만점입니다. 이건 기적이에요!"

이날 '체조에서 만점은 불가능하다.'는 체조계의 법칙을 코마네치가 깨버린 것이다. 그리고 더 놀라운 일이 연이어 벌어졌다. 무려 7번의 만점을 더 받은 것이다.

나디아 코마네치
체조의 역사를 새로 쓴 나디아 코마네치는 '불가능은 없다.'라는 것을 몸소 보여 주며 체조계의 신화적인 선수가 되었다.

조선 최초의 여성 서양화가

○ 나혜석 (1896~1948)

"여자 혼자서 어떻게 일본에서 살아간단 말이냐. 혜석아, 다시 한 번 생각해 보면 안 되겠니?"

커다란 짐 가방을 손에 든 나혜석에게 어머니는 다시 한 번 눈물 바람으로 설득했다. 하지만 그녀의 마음은 이미 돌아선 지 오래였다. 그녀는 색채가 화려하고 세밀한 서양화의 매력에 흠뻑 빠져 있었다.

"그림만 배우고 바로 돌아올게요. 그리고 돌아오면 아이들에게 그림을 가르치면서 평범하게 살게요. 하지만 먼저 서양화를 배울 거예요."

그녀의 손을 꼭 붙잡은 어머니를 뿌리치고 그녀는 냉정하게 발걸음을 옮겼다. 이렇게 차갑게 돌아선다면 어머니도 마음을 추스르기 쉬울 것 같았기 때문이었다.

일본으로 건너간 그녀는 오빠와 같은 집에 살며 공부를 시작했다. 졸업 후에는 미술 대회에서 매년 수상해 실력을 인정받았다.

"우리보다 못 사는 사람이 얼마나 많은 줄 아니? 혜석아, 우리가 이렇게 사는 건 참 축복이야."

돈도 없고 마땅한 직업도 없는 사람들을 위해 사회 운동을 하는 오빠를 따라 그녀는 사회적인 내용의 판화를 제작하는 데에도 힘을 썼다. 3·1운동에도 참여한 그녀는 새로운 여성 예술가의 모습을 보여 주었다.

나혜석 표석
나혜석은 경기도 수원에서 태어났다. 경기도 수원시 팔달구 인계동에는 그녀를 기념하는 나혜석 거리가 있다

일본 최대 모바일 기업을 만든 CEO

◉ 남바 도모코 (1966~현재)

도모코는 새로운 도전을 하지 않아도 될 만큼 안정적인 직업을 갖고 있던 엘리트 여성이었다. 하지만 그녀는 쉬지 않고 발전을 꾀하며, 거침없이 도전해 또 다른 성공을 거머쥐었다. 정보 기술(IT) 혁명의 물결이 전 세계를 몰아치던 1990년대 말, 도모코는 인터넷 사업과 관련된 일을 하게 되었다.

3년 동안 그녀는 인터넷 경매 사업의 매력에 빠지게 되면서 새로운 도전을 준비하게 되었다. 바로 모바일(정보 통신에서 이동성을 가진 것을 통틀어 이르는 말. 휴대폰 등이 모바일에 속한다.) 콘텐츠 회사인 '데나'를 설립한 것이었다.

하지만 그녀는 큰 사기를 당하고 말았다. 충격과 좌절에 빠져 있던 어느 날 남편이 말을 걸었다.

"사기를 당했다는 것을 사람들에게 숨기지 마. 그리고 남 탓만 하지도 마. 그렇다면 경영자로서 당신은 실격이야!"

'그래, 여성이라서 약하다는 안일한 태도를 버리고, 더 노력해서 실력으로 승부하자.'

이렇게 결심한 그녀는 계속해서 인터넷 경매와 인터넷 쇼핑몰 등으로 차근차근 사업을 확장해 나가며 데나를 일본 최대의 모바일 콘텐츠 기업으로 성장시켰다. 그녀는 〈월스트리트저널〉이 선정한 세계 여성 기업인 50인에 선정되었다.

남바 도모코
도모코는 2011년 암에 걸린 남편 곁을 지키기 위해 CEO 자리에서 물러나겠다고 발표했다. CEO에서 물러난 뒤에도 그녀는 데나에 도움을 주고 있다.

'여자 슈마허'로 불리는 카레이서

○ 다니카 패트릭 (1982~현재)

시속 300킬로미터가 넘는 속도로 달리는 자동차 경기장에 1위를 알리는 깃발이 휘날렸다. 그곳에 모인 30만 명의 관중은 간발의 차로 뒤늦게 들어온 한 여성을 향해 일제히 환호성을 질렀다. 불을 뿜는 듯이 질주한 빨간 자동차의 주인공은 바로 '여자 슈마허'로 불리는 다니카 패트릭이었다.

159센티미터에 46킬로그램의 작은 체구인 그녀는 세계 최고의 여성 카레이서였다. 그녀의 눈부신 질주는 보는 사람의 넋을 빼놓았다.

"뭐라고 표현할 수 없을 만큼 아름답다. 하지만 자동차에 올랐을 때는 여자로 안 보인다."

유명 텔레비전 쇼 프로그램 진행자인 데이비드 레터맨은 이렇게 말했다.

"그녀가 겨우 23살이라는 게 믿어지는가? 우리는 이미 그녀에게 푹 빠져 버렸다."

그녀는 미국 인디애나폴리스에서 열린 자동차 경주 대회 '인디 500' 결선에서 남성들과 겨뤄 당당히 4위에 오르기도 했다. 인디 500은 4킬로미터의 트랙을 시속 350킬로미터 이상의 속도로 200바퀴 도는 자동차 경주로, 상금 총액이 천만 달러를 넘는 미국 최고의 자동차 경주였다. 지금껏 '남성의 전유물'로 불리는 이 대회에 도전장을 내민 여성은 4명이었는데, 다니카가 처음으로 이 대회에서 완주한 것이었다.

그녀는 자신이 성공할 수 있었던 비결에 대해 이렇게 말했다.

"불운이 닥칠지라도 정신을 가다듬고 집중하세요. 당신은 정말 훌륭하게 극복할 겁니다."

다니카 패트릭
다니카 패트릭은 2005년 인디애나폴리스 500 스포츠카 대회에서 4위, 2004년 도요타 애틀랜틱 챔피언십 대회에서 3위, 1997년 카트 세계 챔피언십에서 우승했다.

50대에 에베레스트에 오른 산악인

⊙ **다베이 준코** (1939~현재)

"우아, 정말 멋있다!"

그림을 그리기 위해 친구들과 산에 오른 다베이 준코의 눈이 휘둥그레졌다. 눈앞에 펼쳐진 아름다운 풍경이 그녀의 마음을 사로잡았기 때문이다. 초등학교 4학년 때부터 준코의 마음에는 미지의 세계에 대한 호기심이 강하게 생겨났다. 그리고 20살이 될 무렵에 2천 개의 산을 등산했을 정도로 산의 매력에 푹 빠졌다.

세월이 흘러 중년의 나이에 접어든 어느 날, 여성 등반가 세 사람이 준코를 찾아왔다.

"함께 히말라야를 등반하지 않겠어요?"

그녀는 여러 가지 힘든 사정 때문에 쉽게 결정을 할 수가 없었다.

'그래, 힘들수록 산에 올라가 힘을 내자!'

그녀는 대원 15명과 함께 안나푸르나로 향했다. 그러나 도중에 눈사태를 만나 의식을 잃기도 하고 발목도 다쳤다. 하지만 포기하지 않고 안나푸르나의 정상에 올라갔다.

150센티미터의 왜소한 몸집에 50살이 넘은 평범한 아줌마가 세계 최고의 산에 오른 것이다. 그 후에도 그녀는 도전을 멈추지 않고 에베레스트 등반에 성공했다.

"기술과 능력만으로는 정상에 오를 수 없습니다. 가장 중요한 것은 의지입니다."

다베이 준코
일본의 여성 등반가 다베이 준코는 세계 7대륙의
최고봉을 모두 오른 최초의 여성이 되었다.

최고령 우승자가 된 테니스 선수

◉ 마르티나 나브라틸로바 (1956~현재)

2000년에 한 선수가 테니스장에 복귀하자 큰 화제가 되었다. 그 다음 선수는 다름아닌 1995년에 은퇴한 전설의 테니스 선수 마르티나 나브라틸로바였기 때문이다. 그녀는 1978년에 윔블던에서 우승하며 세계 여자 테니스 1위의 자리에 올랐다. 이후 1990년까지 12년 동안 1위를 놓치지 않았다.

하지만 그녀의 복귀를 환영하면서도 우려하는 목소리가 많았다.

"마르티나가 아무리 전설적인 선수라 해도 과연 좋은 성적을 낼 수 있을까?"

"은퇴한 지 오래되었잖아. 나이도 많은데 왜 복귀한 거지?"

그녀는 주위의 이러한 시선에도 묵묵히 경기에 임했다.

'나는 실력으로만 대답할 뿐이다!'

그리고 2003년에 혼합 복식(남녀가 한 팀을 이루어 치르는 경기)에서 우승하면서 사람들의 우려가 틀렸음을 증명했다. 2004년에는 윔블던에서 최고령 승리 기록을 세우는 등 '테니스의 철녀'라는 별명을 얻게 되었다.

이 같은 그녀의 모습에 전설적인 여자 테니스 선수였던 빌리 진 킹은 말했다.

"그녀는 단식, 복식, 그리고 혼합 복식까지 모든 종류의 테니스 경기에서 지금까지 생존했던 선수들 중에서 가장 뛰어난 선수였다."

2006년 우승을 끝으로 프로 선수 생활을 은퇴한 마르티나 나브라틸로바는 테니스계에 전설적인 인물로 남았다.

마르티나 나브라틸로바
마르티나 나브라틸로바는 그랜드 슬램 단식에서 18회, 복식에서 31회(역대 최다 기록), 그리고 혼합 복식에서 10회 우승했다.

의사 대신 프로그래머가 되다

◉ 마리사 메이어 (1975~현재)

도전
21

미국 스탠포드대학교에 입학한 마리사 메이어는 의학을 공부했다. 어렸을 때부터 의사가 되고 싶었던 꿈을 이루기 위해서였다. 그러나 한 학기를 마쳤을 때, 그녀는 의대 수업에 흥미를 갖지 못했다. 그저 전공 서적을 읽고, 외우며, 시험을 치는 나날이 반복될 뿐이었다. 그녀는 자신의 고민을 친구에게 여러 번 털어놓았다.

"의대 공부가 이렇게 밋밋할 줄 몰랐어."

"그럼, 넌 뭘 하길 원하는데?"

"나는 뭔가 도전적인 일을 해 보고 싶어. 이대로 의사가 되면 생활은 편할지 모르지만 재미없는 삶을 살 거야."

결국 마리사는 전공을 바꾸려 했지만, 어떤 전공을 선택해야 할지 몰랐다. 계속 고민하던 그녀는 어느 날 기숙사에서 쓰던 컴퓨터가 망가진 것을 발견했다. 그녀는 바로 컴퓨터를 들고 대리점에 갔고, 직원은 곧바로 분해해서 문제점을 고쳐 주었다. 그 순간부터 컴퓨터에 관심을 갖게 되었다.

그해 말, 마리사는 컴퓨터 공학으로 전공을 바꾸었다. 전혀 몰랐던 분야에 새롭게 도전한다는 것만으로도 그녀는 잔뜩 들떴다. 스탠포드대학교에서 컴퓨터 관련 학위를 딴 그녀는 1999년에 최초의 여성 직원으로 구글에 들어갔다. 구글의 부사장이 된 그녀는 수학적이고 분석적인 방법으로 아이디어를 현실로 만드는 일을 계속하고 있다.

마리사 메이어
마리사 메이어는 구글 검색담당 부사장이다. 그녀는 모교인 스탠포드대학교에서 컴퓨터 프로그래밍을 강의하고 있다.

전쟁도 꺾지 못한 열정

○ 마리아 체보타리 (1910~1949)

제2차 대전이 끝난 직후 폭격으로 완전히 파괴되어 버린 빈 국립 오페라 극장에 마리아 체보타리를 비롯한 오페라 단원들이 모여들었다.

"불에 타지 않고 남은 천들이 있을 거예요. 그것들을 모아서 무대 의상을 만들도록 해요."

단원들은 커튼이나 식탁보에서 잘라 낸 옷감을 덧대어 의상을 만들고 남의 극장을 빌려 공연을 하기 시작했다. 체보타리도 우유 한 잔과 초콜릿 한 조각으로 끼니를 때우며 공연에 참여했다.

그러던 어느 날, 체보타리는 옆구리에 극심한 통증을 느끼며 쓰러졌다. 암이었다. 하지만 그녀는 외쳤다.

"음악을 들으며 위안을 받는 청중이 있는 한 어떠한 악조건 속에서도 공연은 계속되어야 해요!"

체보타리는 수시로 느끼는 심한 통증을 잊기 위해 진통제를 맞으며 오페라에 대한 열정을 불태웠다.

하지만 1년 후 결국 39살이라는 짧은 생을 마감하고 말았다. 그녀의 장례식 날, 많은 사람들과 오페라 단원들은 그녀에게 눈물을 흘리며 마지막으로 사랑과 존경의 인사를 보냈다.

전쟁이라는 소용돌이에 휘말렸지만 음악에 대한 열정을 불태웠던 그녀는 진정한 프리마돈나였다.

마리아 체보타리
마리아 체보타리는 21살에 〈라 보엠〉의 미미 역으로 오페라 무대에 데뷔한 이후, 드레스덴, 베를린, 빈 등에서 당대 최고의 프리마돈나가 되었다.

현대 무용을 개척한 무용가

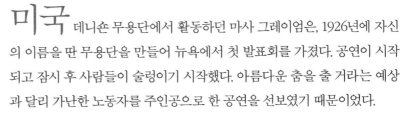

◉ 마사 그레이엄 (1894~1991)

도전
23

미국 데니숀 무용단에서 활동하던 마사 그레이엄은, 1926년에 자신의 이름을 딴 무용단을 만들어 뉴욕에서 첫 발표회를 가졌다. 공연이 시작되고 잠시 후 사람들이 술렁이기 시작했다. 아름다운 춤을 출 거라는 예상과 달리 가난한 노동자를 주인공으로 한 공연을 선보였기 때문이었다.

"너무 파격적인데? 신선해!"

"무슨 소리야. 자고로 무용은 아름답고 우아해야지! 저게 뭐야!"

사람들의 의견이 분분하자 그녀는 이렇게 말했다.

"나는 이해받기를 원하지 않아요. 단지 사람들이 나를 느끼는 것을 원할 뿐이에요."

그녀는 자신의 말을 몸으로 표현해 냈다. 기쁨, 슬픔, 우울함, 답답함, 활기 등을 섬세한 동작으로 나타내 사람들의 공감을 이끌어 냈다.

그 후에도 그녀는 지치지 않는 열정으로 무용을 창작해 나갔다. 소재에 한계를 두지 않고 무대 미술과 음악, 그리고 연극의 요소를 결합하면서 종합적인 예술 작품으로 만들어 냈다.

97살 때까지 무용을 창작한 마사 그레이엄의 작품은 200편 가까이 되었으며, 다양한 작품을 통해 현대 무용계를 이끌어 가는 많은 후배를 길러 냈다.

마사 그레이엄
마사 그레이엄은 1991년에 191번째 창작 무용
〈은행 잎 조각〉의 순회공연을 다녀오다가 폐렴에
걸려 97살의 나이로 사망했다.
20세기 최고의 무용가 중 한 사람으로 꼽히는 마
사 그레이엄은 현대 무용의 개척자라고 할 수 있다.

삶의 의미를 찾아 나서다

O 미셸 오바마 (1964~현재)

방 한 칸을 동생과 나눠 쓰던 미셸은 불평하지 않고, 아버지께서 마련해 주신 거실 구석의 공부방에서 늘 공부를 했다. 1시간밖에 텔레비전을 보지 못하고, 동네 아이들도 시끄러웠지만 그녀에게 그것들은 방해가 되지 않았다. 아버지의 헤진 손을 보면 도저히 쉴 수가 없었다.

한때 수영 선수로 활동했을 만큼 건강하셨던 아버지는 다리를 심하게 절었다. 지팡이 없이는 걸을 수도 없었다. 하지만 아버지는 그녀를 원망하거나 생활에 불평하지 않았다. 그녀는 아버지의 바람에 따라 명문대학에 입학했다.

미셸 오바마
대중의 지지를 얻은 미셸 오바마는 세계적인 여성 잡지 〈보그〉의 표지 모델이 되기도 했다.

"흑인이 어떻게 법대를 들어올 수 있지?"

그녀가 살았던 시카고는 인종 차별이 심했다.

"미셸, 잘 지내고 있니? 열심히 노력하고, 꿈은 크게 품어야 해. 포기하지 않으면 꿈은 이루어지니까. 알았지?"

대학 생활의 불평을 털어놓으려던 미셸은 아버지의 따뜻한 목소리에 입을 다물었다. 백인들과 같은 성공을 이루기 위해 그녀는 노력했다.

대학교를 졸업한 후, 법률 회사에서 버락 오바마를 만나게 되었다. 그녀는 사람들에게 희망을 불어넣기 위해 봉사 활동을 하는 그와 결혼했다.

어려운 가시밭길을 버락과 함께 걸으며 그녀는 남다른 꿈을 품었다. 돈을 위해서가 아니라 사회적으로 의미 있는 일을 하는 삶을 꿈꾸었다. 그래서 미국인들은 버락과 그녀를 지지하게 되었다.

남자들의 경기인 PGA에 도전하다

○ 미셀 위 (1989~현재)

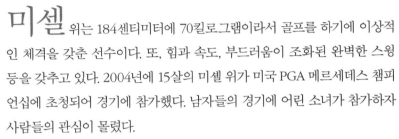

미셀 위는 184센티미터에 70킬로그램이라서 골프를 하기에 이상적인 체격을 갖춘 선수이다. 또, 힘과 속도, 부드러움이 조화된 완벽한 스윙 등을 갖추고 있다. 2004년에 15살의 미셀 위가 미국 PGA 메르세데스 챔피언십에 초청되어 경기에 참가했다. 남자들의 경기에 어린 소녀가 참가하자 사람들의 관심이 몰렸다.

미셀의 경기를 본 타이거 우즈는 그녀에게 칭찬과 함께 충고도 해 주었다.

"자신보다 나은 선수들과 경기하는 것은 좋은 경험이지만 어릴 때 우승의 묘미를 자주 맛보는 것도 중요하단다. 우승을 하면 더 성공할 수 있어."

이렇게 우즈는 우승할 만큼 실력을 갖출 때까지 전국 대회에 나가지 않았던 자신의 경험을 예로 들어 주었다. 또한, 자청해서 미셀과 경기를 한 어니 엘스는 말했다.

"어린 나이에 PGA에 참가하는 것은 놀라운 일이다. 미셀은 성장할 가능성이 큰 선수로 특히 스윙이 아름답다."

미셀 위는 PGA에서 번번이 탈락을 해도 도전을 멈추지 않았다.

'남자 대회인 PGA에서 배울 것이 많아. 나는 반드시 강한 선수가 될 거야!'

그녀는 한동안 부진으로 명성을 잃어가는 듯했다. 그랬던 그녀가 다시 자신의 실력을 유감없이 발휘하며 세계인의 이목을 집중시키고 있다. 달라진 그녀를 보고 많은 사람들이 세계 정상에 오를 그녀의 모습을 기대하고 있다.

미셀 위
미셀 위는 2009년 LPGA 투어 로레나 오초아 인비테이셔널에서 우승하며 재기에 성공했다. 그녀는 2006년 미국 타임지가 선정한 100인에 선정되었다.

약탈될 뻔한 문화재를 살린 역사학자

● 박병선 (1929~2011)

1967년, 프랑스 소르본대학교에 다니던 박병선은 어느 날 눈에 띄는 공고를 보았다. 국립도서관에서 일할 직원을 찾고 있다는 것이었다. 그녀는 곧바로 지원했고, 도서관은 그녀의 뛰어난 프랑스어 실력을 알아보고 바로 채용했다.

사서로 근무하며 그녀는 하루도 빠짐없이 도서관의 창고에 들르기 시작했다. 별관 창고는 오래되고 손상된 책들만 모아 두는 곳이라, 사람들의 발길이 뜸했다. 그녀는 그곳에서 먼지투성이가 되어 묵묵히 청소를 하거나 책을 분류했다. 누가 시키지도 않았는데 스스로 나서서 시작한 일이었다.

"대체 그 먼지투성이 창고에서 하루 종일 뭐 하는 거야?"

동료들은 그녀를 괴짜라고 여기며 더 이상 상대하지 않았다. 그녀 역시 아랑곳하지 않고 계속 창고를 청소했다. 그리고 얼마 뒤, 놀라운 일이 벌어졌다. 그녀가 《직지심체요절》과 외규장각 도서를 찾아낸 것이었다. 그것들은 병인양요(1866년에 프랑스 함대가 강화도를 침범한 사건) 때 약탈된 한국의 문화유산이었다.

"국립도서관에 지원한 것은 《직지심체요절》과 외규장각 도서를 찾아내기 위해서였어요. 부당하게 약탈된 문화유산을 무슨 일이 있어도 우리나라로 찾아오고 싶었습니다."

한국 정부는 프랑스에 도서 반환을 요청했고, 프랑스는 이를 받아들였다. 불굴의 의지로 우리의 문화재를 살린 박병선은 한국 역사에 큰 업적을 남겼다.

프랑스 국립도서관
프랑스 국립도서관에서 일하던 박병선은 《직지심체요절》을 인쇄한 금속 활자가 세계에서 가장 오래된 활자라는 것을 밝혔다. 《직지심체요절》은 2011년에 유네스코 세계 기록 유산으로 등록되었고, 무려 297권에 달하는 외규장각 도서 역시 사라질 뻔한 위기를 넘겼다.

가수로서 학업도 열심히 하다

● 박정현 (1976~현재)

1989년에 중학교 2학년이었던 박정현이 노래 콘테스트에 참가했다. 타고난 가창력에 노래 부르기 좋아했던 그녀는 휘트니 휴스턴의 〈I will always love you〉를 부르기 시작했다. 그리고 노래가 끝난 후 엄청난 박수를 받으며 보컬 부문 대상을 수상하게 되었다.

"어린 나이에 저렇게 노래를 잘하다니! 박정현은 대단한 가수가 될 거야!"

그 후에도 여러 번 상을 받으며 미국에 사는 교포들 사이에 유명해지기 시작한 그녀에게 어느 날 한 사람이 찾아왔다.

"한국에서 가수를 해 볼 생각 없나요?"

박정현은 깊은 고민에 빠졌다. 미국에서 태어나 한국말도 전혀 모르고 한국에 가 본 적도 없었기 때문이었다.

'그래, 이번이 한국 문화를 알 수 있는 기회일지도 몰라. 또 내가 좋아하는 노래를 할 수 있잖아!'

박정현은 홀로 한국으로 건너왔다. 그리고 1998년에 1집 〈나의 하루〉로 데뷔한 그녀는 폭발적인 가창력으로 단숨에 인기 가수가 되었다. 그 후 그녀는 미국과 한국을 오가며 학업과 가수 생활을 이어갔다. 초등학교 때부터 전교 1등을 놓치지 않았던 그녀는 바쁜 와중에도 학업을 게을리하지 않았다.

UCLA
박정현은 14년 동안 7집의 앨범을 내며 많은 사랑을 받는 가수이다. 그녀는 미국의 명문대학교 UCLA와 컬럼비아대학교를 졸업했다.

대한민국 1호 음악 감독

○ 박칼린 (1967~현재)

박칼린이 놀이터에서 친구들과 함께 모래주머니를 만들기 위해 모래를 주워 담고 있을 때였다.

"너는 너희 나라로 가!"

박칼린은 갑작스러운 말에 혼란스러웠다. 자신은 한 번도 한국인이 아니라고 생각해 보지 않았기 때문이다.

"미국으로 가거라. 거기로 가면 너랑 닮은 애들이 많이 있을 거야."

어머니의 권유에 그녀는 혼자 미국 유학을 떠났다. 아무런 문제없이 지낼 수 있을 줄 알았던 그녀는 예상하지 못한 문제에 부딪혔다. 한국 문화에 익숙해 있던 그녀는 새로운 미국 문화에 적응할 수 없었다.

"저, 한국에서 살래요."

여름방학 때 할머니가 살고 있는 한국에 들어왔던 그녀는 다시 한국에 남기로 결정했다. 그녀는 한국에서도 미국에서도 채워지지 않은 거리감을 없애기 위해 노력했다. 미국에서는 첼로를 배우고, 한국에서는 가야금을 배웠다. 그리고 연극을 시작하면서 음악을 만들고 상을 탔다.

'내 속의 비어 있는 모든 곳을 음악으로 채워야지. 모든 사람들은 나와 같이 비어 있는 곳이 있을 거야. 그곳도 채울 거야.'

그녀는 무대에 숨결을 불어넣는 대한민국 1호 음악 감독이 되었다.

《그냥》
박칼린은 자신이 어릴 적부터 성장해 온 과정을 《그냥》이라는 책을 통해 밝혔다.

최초의 여성 우주 비행사가 되다

○ 발렌티나 테레시코바 (1937~현재)

1963년 6월 16일, 보스토크 6호가 굉음을 내며 하늘로 발사되었다. 이 우주선은 무사히 우주에 진입했다.

"맙소사, 내가 드디어 해냈어!"

조종을 맡고 있던 발렌티나는 감격에 겨워 푸른 지구를 바라보았다. 광활한 우주에 자신이 와 있다는 게 도저히 믿어지지가 않았다.

"여기는 갈매기, 기분이 최고다!"

우주에서 보내온 그녀의 송신을 본 연구 기지의 사람들은 모두 환호했다. 러시아 최초의 여자 우주 비행사가 성공을 거두었던 것이다. 상황을 지켜보고 있던 흐루시초프 총리가 축하의 메시지를 보내왔다.

"이번 일로 러시아의 우주 기술이 한 단계 더 발전할 겁니다."

원래 우주 비행사는 남성 군인들만 해 왔다. 그녀는 남성이 아니었고, 훈련받은 군인도 아니었다. 방직 공장에서 일하던 그녀의 유일한 취미는 낙하산 타기였다. 25살이 되던 해에 그녀는 우주 비행사 모집 공고에 응시했고, 발탁되어 훈련을 받았다.

그로부터 1년 뒤, 그동안의 고된 훈련이 빛을 발하는 순간이었다. 우주복을 입고 웃고 있는 발렌티나의 사진이 러시아 곳곳에 걸렸고, 많은 사람들이 환호했다. 여성도 우주에 진출할 수 있다는 것을 몸소 보여 줌으로써, 우주 비행의 역사를 바꿔 놓은 것이다. 그녀에 이어 많은 여성 우주 비행사들이 배출되었다.

발렌티나 테레시코바
세계 최초의 여성 우주 비행사 발렌티나 테레시코바는 1963년 6월 16일부터 6월 19일까지 보스토크 6호를 타고 70시간 50분 동안 지구를 48바퀴 돌았다.

우리나라 최초의 싱어송라이터

◉ 방의경 (1949~현재)

방의경은 기타를 치며 노래를 불렀다. 오로지 노래를 만들어야겠다는 생각만 할 뿐이었다. 전문적으로 작곡을 배우지 않았지만 노래를 만들고 가사를 붙였다. 1970년대에 그녀는 정치적으로 어두운 시대를 살아가고 있었다. 누구도 온전히 스스로 창작한 노래를 만들어 부르지 않았고, 사회에서 희생된 사람들을 위해 노래하지 않았다.

"이 가사들은 너무 위험해. 방송 출연은 절대 못 하게 될 거야."

그녀가 쓴 가사를 보고 선배들과 친구들은 모두 걱정했다. 예술이 탄압받던 시대에 그녀는 한 송이의 들꽃을 피워 내고 싶었다.

'노래는 기쁠 때만 부르는 것이 아니다. 슬플 때나 아플 때, 울적할 때, 누군가를 그리워할 때 등 모든 순간에 노래를 한다. 나는 노래를 만들고 부를 것이다!'

첫 음반이 세상에 나왔을 때, 사람들의 반응은 뜨거웠다. 이제껏 자신들의 감정을 어루만져 줄 노래를 찾지 못하던 사람들은 그녀의 노래를 사랑했다.

"불나무가 사전에 없는 단어라서 방송 금지가 되었다는 게 말이 되니? 이건 네가 방송에 나오지 못하게 하려고 수를 쓰는 거야."

그러나 그녀는 방송에 나가 자신이 원하는 노래를 부를 수가 없었다. 그래서 그녀는 미국으로 떠났다. 세월이 흘렀지만 다시 무대에 선 그녀를 사람들은 환영했다. 그녀는 우리나라 최초의 싱어송라이터(노래를 부르면서 작사나 작곡도 하는 사람)의 자리를 굳건히 지키고 있다.

방의경의 음반
방의경은 단 하나의 음반만을 발표했지만 우리나라 최초의 싱어송라이터로 기억되고 있다.

좋아하는 가수를 보며 꿈을 키우다

◯ 브리트니 스피어스 (1981~현재)

도전
31

어릴 때부터 브리트니 스피어스는 친구들과 춤을 추며 노래하는 것을 좋아했다. 최고의 여자 가수였던 마돈나의 노래를 좋아했던 브리트니는 마돈나의 무대를 볼 때마다 그녀와 함께 노래하는 상상을 하곤 했다.

"그래, 나는 나중에 꼭 마돈나와 같은 무대에 설 거야. 꼭 유명해지고 말겠어!"

얼마 후 브리트니의 가족이 뉴욕으로 이사를 했고, 10살이 된 그녀는 '미키마우스 클럽'이라는 곳에 들어가 본격적으로 가수의 꿈을 키우게 되었다. 그러던 중 브리트니는 한 작곡가에게 곡을 받았다.

그 노래를 들은 브리트니는 외쳤다.

"이 곡은 내 노래야!"

그 곡이 바로, 브리트니 스피어스의 데뷔곡 〈Baby one more time〉이었다. 그녀는 빌보드 순위에서 1위를 차지하며 스타로 떠올랐다. 더군다나 뮤직 비디오가 학생들 사이에 유행하며 단숨에 세계 정상의 자리에 올랐다.

2003년, 그녀는 자신의 우상이었던 마돈나와 같은 무대에 서며 어릴 적의 꿈을 이루었다. 그리고 마돈나는 그녀에게 인생의 멘토가 되어 주기로 했다.

지금도 그녀는 음반을 낼 때마다 인기를 끌며 마돈나에 뒤지지 않는 팝의 여왕이 되었다.

브리트니 스피어스
브리트니 스피어스는 2000년대의 대표적인 가수 중 한 명으로, 지금까지 세계적으로 총 1억 장 이상의 음반을 판매했다.

드라마 한 편으로 최고의 배우가 되다

● 사라 제시카 파커 (1965~현재)

많은 영화와 연극에서 조연(한 작품에서 주역을 도와 극을 전개해 나가는 역할을 하는 배우)으로 출연했던 사라 제시카 파커에게 드라마 대본 하나가 보내져 왔다.

"30대 전문직 미혼 여성들의 사랑과 일에 관한 드라마를 기획하고 있는데, 당신이 주인공 캐리 역을 맡아 주었으면 해."

그러나 파커는 선뜻 해야겠다는 생각이 들지 않았다.

"흠, 글쎄요. 그렇게 썩 내키진 않는데요."

그녀의 시큰둥한 반응에 드라마 제작자가 설득하기 시작했다.

"잘 생각해 봐. 주인공 캐리는 당신에게 딱 맞는 캐릭터야. 대본을 놓고 갈 테니 읽어 보고 연락 줘요."

파커는 대본을 꼼꼼히 읽어 보기 시작했다. 그런데 정말 주인공 캐리가 마음에 와 닿은 것을 느낄 수 있었다.

"좋아요. 잘할 자신이 있어요. 출연하겠어요!"

전 세계 여성들이 파커가 출연한 드라마에 열광하면서 순식간에 큰 성공을 거두었고, 파커의 인기도 급상승하기 시작했다. 극중에서 그녀가 입었던 옷과 가방, 구두 등이 큰 화제가 되며 그녀의 인기는 하늘로 치솟았다. 드라마는 종영되었지만 파커는 연기, 제작, 패션 등의 분야에서 다양하게 활동하고 있다.

사라 제시카 파커
사라 제시카 파커는 드라마 〈섹스 앤 더 시티〉를 통해 4개의 골든 글로브상을 비롯해 여러 개의 상을 수상하며 최고의 배우가 되었다. 그녀는 단순한 배우에서 벗어나 뉴욕을 상징하는 인물이 되었다.

제주의 관광 명소 '올레 길'을 만들다

○ 서명숙 (1957~현재)

도전
33

언론사에 다니던 서명숙은 2006년에 갑자기 사표를 내고 여행을 가겠다고 말했다. 그러자 어머니가 물었다.

"어디로 갈 건데?"

"스페인에 '산티아고 가는 길'이라는 곳이 있대. 거길 걷고 싶어."

"미친 거니? 걸을 곳은 한국에도 많은데 거기까지 가서 걷고 온다는 거야! 그리고 애가 둘이나 있는 아줌마가 혼자 어딜 가?"

어머니의 만류에도 서명숙은 직장을 그만두고 스페인으로 떠났다. 그리고 36일 동안 800킬로미터를 걸어 새까맣게 그을린 얼굴로 돌아온 그녀는 사람들에게 말했다.

"제주도로 내려가서 걷는 길을 만들어 볼래요."

"글쎄요. 한 10년 뒤에는 가능할지 모르지만 지금은 현실성이 없네요."

주위의 이러한 반응에도 그녀는 포기하지 않았다. 자신의 생각을 인정해 준 남동생과 사람이 걷기에 가장 좋은 길을 찾아냈고, 사라진 길들을 되살렸다.

이렇게 탄생한 길이 바로 '올레 길'이었다. '올레 간다.'는 말이 이제는 '제주도 간다.'는 말이 될 정도로 올레 길은 관광 명소가 되었다.

그녀는 올레 길이 도시의 삶에 지친 사람들이 잠시라도 자신을 돌아볼 수 있는 특별한 공간이 되길 바란다. 그녀의 바람처럼 많은 사람들이 올레 길을 찾고 있다.

올레 길
올레 길은 2007년 9월 8일에 제1코스(시흥초등학교~수마포 해안)가 개장된 이래, 제19코스까지 개장되었다. '올레'는 제주 방언으로 좁은 골목을 뜻한다. 2010년 8월까지 총 21개의 코스가 개발되어 있다.

나는 희망의 증거가 되고 싶다

● 서진규 (1948~현재)

'**서진규**'는 1948년에 경상남도 동래군의 어촌 마을에서 엿장수의 딸로 태어났다. 고등학생이 되자 그녀는 한국군 장교인 큰아버지 집에서 살았는데, 여학생 잡지를 친구들에게 파는 아르바이트와 아버지가 보내 주시는 쌀로 생활했다.

고등학교를 졸업한 후에 서울 종로구에 있는 가발 공장에서 사촌 언니와 같이 일했지만, 공장 생활은 그녀에게 맞지 않았다.

'나는 딴생각에 사로잡힌 소녀처럼 살 수는 없어!'

그녀는《나는 희망의 증거가 되고 싶다》(북하우스)를 발표하며 베스트셀러 작가가 되었다.

"진정으로 살고자 하는 사람은 하늘로 날아오를 겁니다. 당신의 꿈에 희망을 주십시오. 그러면 당신은 멋진 삶을 얻을 것입니다."

작가가 된 서진규는 사람들 앞에서 당당히 말했다. 누구보다 힘든 삶을 살았던 그녀는 늦은 나이에 하버드대학교에 입학했다. 43살에 하버드대학교에 입학해 59살에 박사 학위를 받았다.

"힘들어도 꿈을 꾸세요. 희망을 가지세요."

서진규는 "나의 삶이 희망의 증거로 남고 싶다."고 말했다. 지칠 때도 있었지만 주저앉지 않고 서서히 걸음을 뗄 수 있는 것은 저 앞쪽에 보이는 한 줄기의 빛 때문이었다. 그녀는 지금도 찬란한 태양을 향해 한 발 두 발 내딛고 있다.

《희망은 또 다른 희망을 낳는다》
서진규는《나는 희망의 증거가 되고 싶다》를 비롯해 희망의 힘을 강조하는 책들을 발표하고 있다.

끊임없이 도전하는 아나운서

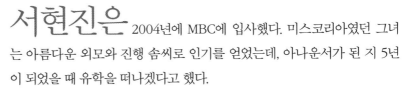

◉ 서현진 (1980~현재)

서현진은 2004년에 MBC에 입사했다. 미스코리아였던 그녀는 아름다운 외모와 진행 솜씨로 인기를 얻었는데, 아나운서가 된 지 5년이 되었을 때 유학을 떠나겠다고 했다.

갑작스럽게 유학을 결정하게 된 이유를 물어보자 그녀가 말했다.

"처음 아나운서가 되었을 때는 보여 줄 것이 참 많았는데, 방송에서 그걸 다 보여 주지 못한다고 생각했어요. 그런데 시간이 지나면서 사람들한테 보이기 위해서가 아니라 스스로를 위해 제 자신을 꽉 채워야겠다는 생각이 들었어요. 그때부터 운동을 시작하고 영어 공부도 하면서 제 자신을 위한 도전을 시작했어요."

그녀는 미국 명문대학 두 곳에 동시에 합격해 화제가 되었다. 주위에서 독하다는 말을 들을 정도로 치열하게 노력한 그녀는 앞으로의 포부를 밝혔다.

"제 자신을 다스리는 법을 알고 나서는 더 자유로워진 것 같아요. 실패에 대한 부담도 한결 덜었고요. 사랑과 일에 실패해도 시도해 보지 않은 것보다는 낫다는 생각이 들어요. 모르는 건 배우면 돼요. 주위에서 아무리 뭐라고 해도 그 사람들이 저를 대신해 주지 않잖아요. 목표를 향해 묵묵히 끝까지 걸어가는 게 제 방식이에요. 지금도 열심히 가고 있는 중이고요."

미스코리아에서 아나운서로 그리고 유학길에 오른 그녀의 도전은 아직도 진행 중이다.

캘리포니아대학교
1868년에 설립된 미국 캘리포니아대학교는 버클리(중앙 캠퍼스) · 데이비스 · 어빈 · 로스앤젤레스 · 리버사이드 · 샌디에이고 · 샌프란시스코 · 샌타바버라 · 샌타크루즈에 있다. 서현진은 버클리 캠퍼스에서 공부했다.

아나운서를 그만두고 여행 작가가 되다

○ 손미나 (1972~현재)

도전
36

소녀 손미나는 사진을 찍을 때면 항상 마이크를 손에 쥐었다. 그녀는 사람들 앞에서도 항상 당당하게 말하는 버릇이 있었는데, 결국 대학교를 졸업하고 아나운서가 되었다.

"당분간 방송 일은 하지 않을 겁니다."

아나운서로 인기를 끌던 손미나가 그렇게 말했을 때, 모두 깜짝 놀랐다. 텔레비전에서는 그녀의 얼굴이 자주 나왔다. 아름다운 외모와 교양을 갖춘 그녀를 사람들은 진심으로 좋아했다. 하지만 그녀는 아나운서를 그만두고 세상을 둘러보겠다고 말했다.

"남들이 되고 싶어도 못 되는 아나운서를 왜 그만둬?"

사람들이 강하게 반대하자 그녀의 마음이 흔들렸다.

'내가 과연 잘하고 있는 걸까?'

결국 그녀는 한 친구의 조언을 듣기로 했다.

"내가 지금 하려는 일이 과연 잘하는 일일까?"

"그야 아무도 모르지. 하지만 네가 하려는 일을 당장 하지 않으면 나중에 후회할 것 같니? 그렇다면 망설이는 것보다는 하는 게 좋아."

친구의 말에 용기를 얻은 그녀는 지구 반대편으로 여행을 떠났다. 그리고 여행하면서 자신이 보고 느낀 것을 글로 써서 여행 작가가 되었다.

《누가 미모자를 그렸나》
《스페인, 너는 자유다》를 발표하면서 여행 작가가 된 손미나는 《누가 미모자를 그렸나》라는 소설도 출간했다.

교사에서 사업가로

○ 송혜자 (1968~현재)

대학교에서 컴퓨터를 전공한 송혜자가 선택한 첫 번째 직업은 선생님이었다. 교사라는 직업에 대해 보람을 가지고 있었지만 가슴 한구석에는 대학교에서 배운 지식을 발휘해 보고 싶은 욕심이 꿈틀거렸다. 결국 1년 만에 다른 길을 택했다.

단 한 명을 모집하는 회사에서 남자들을 제치고 당당히 뽑힌 그녀는 새로운 인생에 대한 기대감에 부풀었다.

'그래, 이제부터 시작이야.'

그러나 그녀의 생각보다 일은 순탄치 않았다. 이를 악물고 참으면서 일을 하자 회사에서도 그녀를 알아주기 시작했다.

그렇게 능력을 쌓아 가던 그녀는 1993년에 2,000만 원을 가지고 회사를 차렸다. 작은 사무실에서 컴퓨터 프로그래머(컴퓨터 프로그램을 만드는 사람) 한 명을 두고 시작한 회사는 훗날 우암닷컴이라는 큰 회사로 성장하게 되었다.

"한 가지 기술을 기획한 순간부터 열매를 맺기까지 힘들고 괴로운 순간이 더 많지만 값진 열매를 맺을 수 있습니다!"

한 아이의 엄마이자 수많은 직원들을 책임지는 기업의 대표, 그리고 여성 벤처협회 회장까지 맡은 그녀는 눈코 뜰 새 없이 바쁘다. 하지만 그 어느 것도 소홀히 할 수 없기에 오늘도 바쁜 하루를 보내고 있다.

《그녀들은 어떻게 CEO가 되었나》
이 책에는 좌절을 극복하고 성공한 14인의 여성 CEO들을 소개하고 있다. 이 책에는 송혜자도 소개되어 있다.

CEO가 된 여대생

● 신지니 (1981~현재)

2004년 11월 18일, 여대생 신지니는 일기장에 '역사적인 날'이라고 썼다. 음식·미용·스포츠·건강·교육 등의 분야에서 활동하는 전문가들의 '돈 버는 비법'을 인터넷상에서 거래하는 사이트 '노하우맨닷컴'을 개설하기로 한 것이다.

신지니는 학교에 다니면서 대기업에 입사하기 위해 몇 년 동안 취업 준비에 매달리는 것이 싫었다.

"직장에서 경력을 쌓아 갈 수도 있지만 한계가 있다고 판단했습니다. 처음부터 내 일을 하고 싶었습니다."

그녀는 지식과 정보를 제공하는 전문가와 정보 이용자의 만남을 주선하고, 창업을 희망하는 사람들에게 도움을 주는 사이트를 개설했다. 좋은 정보를 얻기 위해 SBS 방송국의 PD를 찾아가기도 했다.

"내 밥줄인데 이걸 어떻게 공개하란 거요?"

"고려청자와 조선백자가 왜 기술이 끊겼습니까? 모두 전수가 되지 않아서 그렇지 않은가요?"

"음……."

신지니는 방송국 PD를 설득해 냈다. 그녀는 비록 그것이 크든 작든 전문적인 정보의 가치가 인정되는 문화를 만드는 데 이바지하고 싶어 한다.

신지니
신지니는 전문적인 정보과 지식을 얻어야 성공할 수 있다고 믿는다. 그녀는 많은 사람들을 성공으로 이끄는 열쇠를 제공하기 위해 '노하우맨닷컴'을 설립했다.

최초로 대서양을 횡단한 여성 조종사

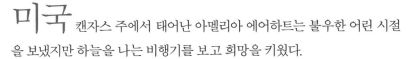

◎ 아멜리아 에어하트 (1897~1937)

도전
39

미국 캔자스 주에서 태어난 아멜리아 에어하트는 불우한 어린 시절을 보냈지만 하늘을 나는 비행기를 보고 희망을 키웠다.

"나도 비행기 조종사가 되고 싶어."

그러던 어느 날이었다. 아버지를 따라 비행장에 온 아멜리아에게 비행기를 타 볼 기회가 생겼다.

"정말? 정말로 제가 비행기를 타 볼 수 있는 거예요?"

"그래, 하지만 10분밖에 안 된다. 알았지?"

"네, 좋아요!"

이 10분은 아멜리아의 인생을 송두리째 바꾸어 놓게 되었다. 비행이야말로 자신의 운명이라고 느낀 것이다. 그때부터 아멜리아는 온갖 아르바이트를 해서 모은 돈으로 비행 수업을 받았고, 그녀의 꿈인 비행기 조종사가 되었다.

뿐만 아니라 여성 최초로 대서양 횡단에 성공했고, 각종 비행 기록들을 수립하며 미국 최고의 영웅으로 떠올랐다. 사람들은 그녀를 '창공의 여왕', '하늘의 퍼스트레이디' 등으로 부르며 사랑했다. 그리고 그녀는 새로운 도전을 계획했다.

'비행기를 타고 지구 한 바퀴를 도는 거야!'

많은 사람들의 기대와 우려 속에 비행을 시작한 아멜리아 에어하트는 비행 도중에 연료가 떨어져 하늘에서 사라지고 말았다. 그녀는 아직도 많은 사람들의 마음속에서 하늘을 날고 있다.

아멜리아 에어하트
아멜리아 에어하트는 1937년 7월 2일에 태평양을 비행하다가 행방불명되었다. 미국 대통령은 그녀를 반드시 찾아내라고 지시했지만 끝내 그녀를 찾지 못했다.

새로운 길을 개척하는 CEO

● 안드레아 정 (1959~현재)

"**다음** 화장품 전시회는 터키에서 열겠습니다."

화장품 회사 에이본의 CEO인 안드레아 정의 발표에 모두가 깜짝 놀랐다. 화장품 전시회는 으레 미국이나 프랑스에서 열곤 했기 때문이었다.

"터키라니요? 거기에서는 아직 시장 조사도 해 보지 않았는걸요."

여태껏 터키에 진출한 화장품 회사는 손에 꼽을 정도로 적었다. 터키 여성들은 외국 화장품을 쓰는 것보다 자기 나라의 화장품을 쓰는 것을 더 좋아했기 때문이었다. 그래서 터키에서 전시회를 열겠다는 안드레아의 계획은 무모해 보였다. 많은 사람들이 반대 의견을 냈지만, 안드레아는 의지를 굽히지 않았다.

"물론 지금껏 해 왔던 대로 프랑스에서 전시회를 열면 판매에 성공하겠죠. 그러나 저는 도전하고 싶습니다. 도전해서 개척하지 않으면 에이본 같은 거대 기업도 더 이상 발전하지 못할 거예요."

결국 그녀는 터키에서 전시회를 열었다. 하지만 예상했던 것만큼의 물건도 팔 수 없었다.

그러나 전시회가 열리는 내내 그녀는 직접 매장에 나가 화장품의 사용법을 설명했다. 매장에 들르는 사람이 있으면 물건을 사지 않아도 빠짐없이 샘플을 나눠 주었다.

그녀의 열정에 차츰 터키 여성들이 에이본 화장품에 관심을 갖기 시작했다. 전시회가 끝난 뒤, 한 유명 백화점에서 매장을 열자고 했다. 결국 에이본은 터키에서 가장 많이 팔리는 화장품이 되었다.

안드레아 정
안드레아 정은 중국계 미국인이다. 그녀가 이끄는 에이본은 세계 1위의 화장품 방문 판매 회사이다.

추리 소설의 여왕

⊙ 애거사 크리스티 (1890~1976)

도전
41

영국의 한 작은 마을에 이야기를 지어내는 것을 좋아하는 소녀가 있었다. 소녀가 언니를 붙잡고 자신이 생각한 이야기를 들려주자 언니가 말했다.

"흠, 오늘 이야기의 범인은 남자 A인 것 같은데?"

"어, 어떻게 알았어?"

그러자 언니는 소녀가 만든 이야기의 답이 너무 뻔하다고 말했다.

"그래? 그 부분이 허술했군. 결국 들켜 버렸어!"

시무룩한 소녀에게 언니가 웃으며 말했다.

"실망하지 마, 애거사! 오늘은 언니도 범인을 맞추기가 어려웠단다."

"내일은 반드시 범인을 맞출 수 없도록 만들고 말겠어!"

"그래, 기대할게. 그런데 애거사! 너, 정말 글을 쓰는 작가가 될 거니?"

"최고의 추리 소설 작가가 될 거야. 두고 봐!"

이렇게 날마다 추리물을 만들어 언니에게 범인을 맞추게 한 이 소녀는 추리 소설의 여왕이라 불리는 애거사 크리스티였다. 그녀의 책《오리엔트 특급 살인사건》,《ABC 살인사건》,《그리고 아무도 없었다》등은 수백만 명의 독자를 열광시켰다.

대부분의 작품들이 영화로 만들어진 그녀의 소설들은 지금까지 10억 부 이상 팔렸으며, 103개 언어로 번역되어 가장 많이 팔린 작품으로 기네스북에 올랐다.

애거사 크리스티의 소설들
애거사 크리스티는 80편의 추리 소설을 남겼다. 그녀가 지은 책은 우리나라에서 황금가지 출판사에서 펴낸《애거사 크리스티 전집》시리즈로 소개되었다.

프랑스 최초의 여성 총리

○ 에디트 크레송 (1934~현재)

"**나를** 두렵게 만드는 것은 아무것도 없다. 나는 도전을 좋아한다."
프랑스 최초의 여성 총리 에디트 크레송은 이렇게 말했다. 이 말은 프랑스 여성의 모험과 도전 정신을 반영한 것이다.

프랑스 여성은 어떤 대가를 치르더라도 한계에 도전하며 생명의 찬란함을 누리기를 원한다. 프랑스 여성들은 영국과 벌인 백년전쟁에서 조국 프랑스를 구한 성녀 잔 다르크처럼 진취적이고 혁명적인 여성이 되고 싶어 한다.

프랑스의 미테랑 대통령은 에디트 크레송을 총리로 임명했다. 프랑스 최초의 여자 총리가 된 그녀는 거친 말들을 내뱉었다.

"일본인들은 일만 하는 황색 개미다."

일본인들이 프랑스로 공업품과 농수산품을 마구 수출하자 그녀는 그렇게 말했다. 물론 이 말은 도덕적으로 비난받아야 마땅한 말이지만, 프랑스의 산업을 보호하고 싶어 하는 그녀의 생각이 담긴 말이었다. 그녀는 그만큼 애국자였다.

"여성은 더욱 거칠게 세상을 향해 나아가야 합니다!"

그녀는 1991년부터 1992년까지 총리의 임무를 성공적으로 수행했다. 총리에서 물러난 그녀의 육체는 늙었지만 아직도 젊은 청년의 열정으로 조국 프랑스를 위해 노력하고 있다.

에디트 크레송
프랑스 최초의 여성 총리가 된 에디트 크레송은 도전적인 자세로 유명했다. 그녀는 프랑스의 경제를 보호하려고 했다.

꿈을 포기하지 않은 우주 비행사

○ 엘렌 오초아 (1958~현재)

"**제가** 왜 탈락했는지 이유를 알 수 없을까요?"

미국 항공 우주국(NASA)의 우주 비행사 모집 결과가 발표되자, 엘렌 오초아가 다급하게 외쳤다. 서류를 들고 가던 면접관이 의아한 표정으로 그녀를 바라보았다. 면접관은 잠시 서류를 뒤적이더니 말했다.

"여기 있군요. 엘렌 오초아 씨, 왜 불합격되었는지 알고 싶다고요?"

"네, 우주 비행사가 되는 건 오래된 꿈이었어요. 성적도 뛰어나고, 물리학과 전자공학 학위까지 받은 제가 왜 떨어졌는지 도저히 이해할 수 없군요."

"좋은 점수를 받았다고 해서 우주 비행사가 되는 건 아닙니다. 우리는 경력과 체력도 중요시하니까요. 당신 서류를 보니 점수는 뛰어나지만 경력이 부족한 것 같군요. 아마도 그것이 이유일 겁니다."

그녀는 면접관의 말을 곰곰이 생각하며 다짐했다.

'경력이 없다면 키우면 되는 거야!'

그녀는 다니던 회사를 그만두고 미국 항공 우주국의 한 연구 센터로 옮겼다. 그곳에서 기초부터 차근차근 배워 나가기로 한 것이었다. 자신의 위치에서 최선을 다하는 그녀의 모습을 사람들이 눈여겨보기 시작했다.

1990년, 그녀는 마침내 우주 비행사 훈련생으로 뽑힐 수 있었다. 그리고 3년여의 기다림 끝에 디스커버리호에 탑승할 수 있었다. 드디어 그녀는 정식 우주 비행사가 된 것이다.

디스커버리호
디스커버리호는 미국 항공 우주국에서 운용 중인 우주 왕복선이다. 디스커버리호는 1984년부터 우주 비행을 시작했다.

히말라야 14개 봉우리를 완등한 여성

● 오은선 (1966~현재)

오은선은 직업 군인이었던 아버지를 따라 이사를 자주 다녔는데, 초등학교 2학년 때까지 강원도에서 살다가 서울로 이사를 왔다. 고등학교 시절부터 등산에 관심이 많아서 수원대학교에 입학하자마자 산악부에 가입했고, 산을 오르는 데 청년기의 대부분을 바쳤다.

서울과학교육원에서 일하던 그녀는 매일 딱딱한 사무실에서 생활하는 평범한 일상을 벗어나고 싶었다. 대학교 때 이곳저곳 산을 오르던 추억이 자꾸 생각이 났다.

'에베레스트 여성 등반대 모집!'

얼마 후, 그녀는 한국 산악회의 모집 공고를 발견했다. 가슴이 두근거렸다.

'에베레스트로 갈 거야. 사무실이 아닌 산에서 살아갈 거야!'

그녀는 가장 어린 대원이 되어 에베레스트에 갔다. 비록 정상을 밟아 보지는 못했지만, 직장을 그만두고 나섰던 그녀의 첫 등반은 일상을 벗어던진 용기로 이룬 것이었다.

'언젠가 나 혼자서라도 꼭 저기를 밟고 말 거야.'

일상을 벗어난 그녀의 도전은 13년 뒤에 빛을 발했다. 포기하지 않고 작은 체구로 산을 오른 그녀는 여성 최초로 히말라야의 모든 정상에 발을 딛고 설 수 있었다.

오은선
오은선은 히말라야의 8,000미터급 14개 봉우리를 모두 올랐다. 히말라야 14개 봉우리 완등은 여성으로는 세계 최초이다.

세계 무대에 연출자로 나선 여배우

○ 윤석화 (1956~현재)

윤석화는 세계 최대 무대인 뉴욕 브로드웨이에서 연극 한 편을 보았다.

"신의 아그네스?"

어느 극작가가 쓴 이 작품은 어린 아그네스 수녀가 '금남의 집'인 수녀원에서 아이를 낳고, 갓 낳은 아기를 목 졸라 버린 충격적인 사건을 다룬 작품이었다.

"신과 인간, 과학과 종교의 갈등, 여성으로 감내해야 하는 잔인한 운명을 다루는 작품이었어요. 당시 저에겐 충격이었죠. 어떻게든 그 연극을 한국에 들여오고 싶었어요."

그녀는 연극을 관람한 뒤 대본을 수소문하기 시작했다. 그러다 원작을 펴낸 출판사와 연락이 닿았고, 결국 한국에서 공연을 허락받게 되었다.

1년 뒤인 1983년에 그녀가 주연을 맡으며 한국에서 최초로 〈신의 아그네스〉가 공연되었다. 연극은 엄청난 인기를 끌었고 윤석화의 대표작이 되었다.

이후 30여 년 동안 많은 작품에서 주연과 제작자, 연출자로 활동하며 한국 최고의 연극배우로 명성을 날리던 그녀는 영국 런던에서 주목을 받기 시작했다.

브로드웨이와 더불어 세계 공연 산업의 양대 산맥으로 불리는 런던의 웨스트엔드 공연 포스터에 그녀의 이름이 적힌 것이다.

세계 무대의 연출자가 된 윤석화는 한국 연극의 발전을 위해 왕성하게 활동하고 있다.

브로드웨이
브로드웨이는 미국 뉴욕에 있는 거리인데, 이 거리의 극장들에서는 연극과 뮤지컬 등의 공연이 열리고 있다.

최연소 여성 경찰서장

● 윤성혜 (1971~현재)

자신의 자리로 안내되었을 때 그녀는 그제야 자신이 가평경찰서장이 된 것이 실감 났다. 수많은 축하 화분들이 그녀의 자리 옆에 놓여 있었다.

"축하드립니다, 경찰서장님!"

40살의 나이에 경찰서장이 된 것은 불가능에 가까운 일이었다. 그녀는 경찰대학교를 졸업하고, 혜화경찰서에서 조사반장으로 근무를 시작했었다. 수많은 자리를 거치며 가평경찰서의 사이버테러 대응 센터에서 팀장으로 일했다. 자신이 이번에 경찰서장으로 임명된 74명 중에 포함되었다는 것만으로도 기분 좋은 일이었다.

"정말 기쁘지만 사실 부담이 많이 됩니다."

그녀는 74명 중에서도 가장 나이가 어렸다. 그런 자신이 이 자리에 앉을 수 있었던 것은 사람들의 기대가 컸기 때문이라고 생각했다. 경찰서장이 된 그녀는 수사 분야에 좀 더 집중하고, 대한민국 경찰로서 국민의 불편한 점을 해결해 주고 힘이 되어 주리라 다짐했다.

"저는 국민이 편해질 때 보람을 느낍니다. 가평경찰서라는 배를 국민을 위한 힘을 보태는 것으로 이끌 것입니다."

최연소 여성 경찰서장이 된 그녀는 기쁨을 뒤로 하고 자신의 자리에 대한 책임감을 느꼈다.

윤성혜

윤성혜는 1996년에 경위로 임관한 뒤 서울 혜화경찰서 조사반장을 시작으로 서울 성북경찰서 경비계장, 여경기동대 중대장, 경찰청 형사과 실종사건수사팀장 등을 역임하다가 2011년 7월 5일에 가평경찰서장에 취임했다.

한국 최초의 여성 소프라노

◉ 윤심덕 (1897~1926)

도전
47

어린 윤심덕은 집에 먹을 것이 없어 언제나 배가 고팠다. 가난한 살림이었지만 그녀의 부모님은 공부하는 데 필요한 돈을 아끼지 않았다. 그녀를 비롯한 4남매들은 신교육을 받고 자랐다. 그녀의 형제들은 모두 음악에 재능이 있었다.

'아픈 사람들을 도와주고, 못 배운 사람들을 가르쳐 주는 사람이 될 거야.'

그녀는 중학교를 졸업한 후, 의사와 교사가 되기 위해 고등학교에 들어가 공부를 했다. 하지만 형제들과 마찬가지로 그녀 역시 음악에 대한 열정이 식지 않았다. 자신이 공부할 때보다 노래를 부를 때 더 행복하다는 것을 깨닫게 되었기 때문이다.

"어떻게 일본까지 가서 음악 공부를 한다는 거냐?"

"아무도 하지 않았다고 해서 못 하는 건 아니에요!"

그녀는 일본 도쿄음악대학교에 조선인 최초로 들어갔다. 일본의 식민지인 조선에서 왔지만 그녀는 전혀 기죽지 않았다. 서구적인 외모에 자신감이 넘쳤던 그녀는 사람들과 잘 어울렸다.

일본 유학을 마치고 무사히 귀국한 그녀는 순탄하지 못한 생활을 했지만, 한국 최초의 소프라노로서 한국과 일본에서 많은 사랑을 받았다.

윤심덕
최고의 인기를 누리던 윤심덕은 29살의 나이에 삶을 마쳤다. 그녀는 〈사(死)의 찬미〉라는 노랫말을 지었다.

지칠 줄 모르는 체력과 사교성

● 이길여 (1932~현재)

도 전
48

이길여는 어려운 유년 시절을 보내면서도 의학에 뜻을 두었다. 1957년, 서울대학교 의과대학을 졸업한 그녀는 다음 해에 인천에서 작은 산부인과를 개원했다.

1978년, 그녀는 전 재산을 내놓아 여성으로서는 처음으로 종합병원인 의료법인 인천길병원을 설립했다. 2002년에 이길여는 가천길재단의 회장이 되었다. 이제 그녀는 6개의 대학병원과 4개의 의학연구소, 경원대, 경인일보, 가천문화재단을 경영하고 있다.

"가천의대를 수도권 3위 대학으로 만들겠어요!"

그녀는 자신의 포부를 드러냈다. 그러면서 자신의 포부를 이루기 위해서는 그럴싸한 비결보다 체력이 중요하다고 강조했다. 이길여는 팔순이 넘었지만 건강한 체력을 자랑했다.

"경원대와 병원들을 1주일에 수차례씩 오가면서 업무를 보지만 힘들지 않아요."

그녀는 강한 체력 외에도 함께 일하는 사람들과의 화합이 중요하다고 말했다.

"믿을 수 있는 사람들과의 교류도 중요하죠."

어떤 일을 하든 믿고 의지할 사람이 필요한 법이다. 이길여는 든든한 지원자들을 만들었다. 또한 사회성이 강한 그녀는 김대중, 노무현 대통령 시절에 정부와 친밀한 관계를 유지했다.

지칠 줄 모르는 체력과 사교성이 팔순이 넘은 그녀를 빛나게 했다.

가천박물관
이길여는 문화재에 대한 관심도 커서 1995년에 가천문화재단을 설립하고 가천박물관을 지었다. 이 박물관은 국보 제276호인 《초조본유가사지론 권 제53》을 비롯한 각종 유물 2만여 점을 보관하고 있다.

식품 산업에서 영상 산업까지

● 이미경 (1958~현재)

CJ그룹의 E&M 사업 총괄 부회장인 이미경은 혁신적인 사업가이다. 그녀는 식품 회사였던 CJ그룹을 새롭게 일으키고 싶었다.

"식료품 외에 CJ란 회사를 널리 알려야 해."

이미경은 골똘히 생각하다가 말했다.

"우리나라는 아직 영화 산업이 활발하지 않으니 우리가 추진해 봐요."

그러나 이사진들은 한 번 더 고민해 볼 것을 요청했다. 영화 산업은 위험성이 큰 산업이었다.

"영화 산업은 투자 비용도 많이 들고 위험 부담이 큽니다. 다시 생각해 보시죠."

"아니요. 위험 없는 투자란 있을 수 없어요. 우리에겐 새로운 시장이 필요해요."

영상 산업이 새롭게 떠오르는 시장이 될 것이라고 예상한 이미경은 CJ E&M에 다양한 프로그램을 만들었다. 국내에 멀티플렉스 영화관을 본격적으로 도입했다. 단순히 영화만 보는 극장을 쇼핑과 먹을 것을 가미한 종합 오락시설로 바꾼 것이다. 그리고 영상 산업을 특화시킨 CJ CGV를 만들었다.

그녀는 해외로도 눈을 돌려 미디어 산업을 통해 수많은 영화의 교류를 이루었다. 결국 해외에서도 인정을 받게 되어 투자 유치를 받게 되었다. 그녀의 노력이 국내 영화 산업의 발전에 크게 기여하게 된 것이다.

CGV 영화관
CGV 영화관은 1996년에 CJ그룹이 설립한 멀티플렉스 영화관이다. 2012년 2월 기준, 국내에 85개의 영화관, 681개의 스크린, 약 11만 석의 객석을 보유하고 있다.

토종 한국인이 영어로 성공하다

● 이보영 (1966~현재)

이보영은 유학이나 어학연수를 다녀오지 않고도 유명한 영어 강사가 되었다. 토종 영어 선생님으로 알려진 그녀에게 누군가 성공 비결을 물었다.

"저는 '배워야 한다.'는 식으로 접근하지 않았던 것 같아요."

"직접 외국인과 배울 기회가 있었나요?"

"아니요. 어머니가 옛날이야기를 하듯 재미있게 영어로 이야기해 주셨어요. 어머니가 미국에서 유학하시면서 실수한 이야기나 재밌었던 이야기를 많이 들려주셔서 영어에 대한 거부감이나 두려움이 없었어요. 그러다 초등학교 4학년 때 어머니께서 제가 좋아하는 미국 가수에게 편지를 한 번 써 보라고 하시면서 제게 사전을 주셨어요. 열심히 영작해서 편지를 보냈어요."

그녀는 영어를 잘하기 위한 비법을 다음과 같이 말했다.

"공부를 시작하기 전에 동기 부여를 정확하게 하는 것이 좋아요. '영어를 공부해서 내가 이 책 한 권을 다 읽어야겠다.', '영어를 해서 3개월 안에 어학연수든, 여행을 가야지.' 등 목표를 정확하게 정하고 공부해야 영어가 늘니다. 그저 '하다 보면 늘겠지.'라는 생각을 가지고 공부하면 백날 해도 안 됩니다."

그녀는 영어를 배우고 싶은 많은 사람들에게 든든한 멘토가 되어 주고 있다.

《문장을 외쳐라》
이보영은 수많은 영어 학습서를 집필했는데, 그녀가 집필한 초등학생을 위한 책은 《하루 10분 초등 영어》, 《초등 영어 팀험》 등이 있다.

불가능에 도전하다

● 이소연 (1978~현재)

도전
51

'36,206 대 1'

그녀는 불가능에 가까운 도전을 했다. 자신이 1이 되기는 매우 힘들었지만 희망을 품고 이제껏 익힌 모든 것을 발휘하겠다고 생각했다.

"고산 씨와 이소연 씨가 최종 후보 2인으로 선발되었습니다."

이제껏 전 세계에서 여성 우주인은 48명밖에 없었고, 자신의 나이는 너무 어렸다. 아쉽게도 그녀는 고산에 이어 2위로 선발되어 우주 비행을 하지 못하게 되었다. 하지만 러시아의 우주인 훈련 센터에서 생활하게 된 것만으로도 그녀의 가슴은 뛰었다. 고산에게 문제가 생겨 탑승할 수 없을 경우에 대비해 두 번째 우주 비행 참가자로 선정된 것만으로도 영광이었던 것이다.

"고산 씨께서 탑승할 수 없게 되었습니다. 보안 규칙을 위반했기 때문이죠. 이소연 씨, 당신이 이제부터 우주 비행의 주인공입니다."

그녀는 믿을 수가 없었다. 여성으로서는 역대 3번째로 나이가 적은 우주인이 되었다. 불가능했던 일을 이룬 것이었다.

"제가 157번째로 국제 우주 정거장에 탑승했어요. 9박 10일의 긴 시간 동안 우주에 머물렀다는 것이 아직도 꿈만 같아요."

그녀는 모든 임무를 열심히 수행한 후 무사히 푸른 지구로 귀환한 한국인 최초의 우주인이 되었다.

국제 우주 정거장
국제 우주 정거장은 미국·일본·유럽 등 전 세계 16개국이 참여해 건설했다. 지표면에서 약 350킬로미터 위에서 51.6도의 각도, 시속 27,740킬로미터의 속도로 하루에 지구를 약 15.78회 공전한다.

최초의 태릉 선수촌 여성 촌장

○ 이에리사 (1954~현재)

동네 놀이터 한쪽에서 사내아이들과 구슬치기를 하는 여자아이가 있었다. 악착같이 사내아이들의 구슬을 따내 그것을 되판 소녀는 어딘가를 향해 쏜살같이 달려갔다. 소녀가 그토록 원하던 것은 바로 탁구 라켓이었다. 이 소녀가 바로 1973년 사라예보에서 열린 세계 탁구 선수권 대회에서 대한민국 구기 종목으로는 처음으로 단체전 세계 우승을 차지한 탁구 선수 이에리사였다.

"마치 운명 같았어요. 라켓을 산 날, 밤새 공을 튕겼으니까요. 도무지 잠을 잘 수가 없었거든요."

1973년, 라디오 잡음을 타고 유고 사라예보에서 믿기 힘든 소식이 전해졌다.

"한국 여자 탁구팀이 강적 중국과 일본을 모두 격파하고 세계 선수권 단체전에서 정상에 올랐습니다!"

이에리사와 한국팀이 이룬 사라예보의 기적은 전국적으로 탁구 붐을 일으켰다.

그리고 시간이 흘러 2004년 아테네 올림픽 탁구팀 감독이 된 그녀는, 2008년 베이징 올림픽을 앞두고 여성 최초로 태릉 선수촌의 촌장이 되었다. 선수들이 차마 감독에게 할 수 없었던 이야기를 들어주는 그녀를 촌장이 아닌 어머니처럼 따랐다. 2008년 베이징 올림픽에서 우리나라 대표팀은 금메달 13개로 서울 올림픽 이후 최고의 성적을 올렸다.

최초의 여성 감독, 선수촌장 등 금녀의 벽을 허물어 왔던 그녀의 도전은 계속되고 있다.

태릉 선수촌 펜싱 경기장
태릉 선수촌은 1966년 6월에 국가대표 선수의 훈련을 위해 대한체육회가 설립한 종합 합숙 훈련장이다. 태릉 선수촌은 서울시 노원구 공릉동에 있다.

전 세계에 한복을 알리다

◉ 이영희 (1936~현재)

이영희는 어렸을 적에 어머니가 옷을 만드는 모습을 자주 보았다.

"만석꾼 집안의 며느리였던 어머니는 항상 가족의 옷을 직접 만드셨습니다. 하인이 있었지만 가족의 옷만큼은 당신이 직접 지으셨어요. 다른 바느질과 달리 가족이 입을 옷을 짓는다는 것은 특별한 의미였습니다."

그런 어머니 밑에서 자란 이영희는 어려서부터 옷감과 색에 대한 감각을 익힐 수 있었다. 그래서 한복을 사랑하고 한복을 알리는 디자이너가 되었다.

1983년, 미국 워싱턴에 열린 '미국 독립 축하쇼'에 참여하면서 국제 무대에 데뷔한 뒤 세계 여러 나라에 한복의 아름다움을 소개하기 시작했다. 이후 1993년에 파리 컬렉션에 처음으로 참여했는데, 한복의 선과 고유의 혼이 깃든 새로운 스타일을 간결하고 소박하게 현대적으로 표현해 찬사를 받았다. 그녀가 새로운 작품을 선보일 때마다 새롭고 다양한 한복으로 탈바꿈했다.

"이영희의 한복은 둥글고 평온하며, 자연스러운 미학을 그대로 담고 있으며, 얼굴과 어깨를 돋보이게 하는 바람의 옷이다!"

이런 극찬을 받게 된 그녀는 말한다.

"한복은 불편하고 비싼 옷이 아니라 세계인이 감탄하는 우리 고유의 자랑이자 재산입니다."

이영희는 그간 일본의 정통 의상인 기모노의 아류작(따라 만든 것)으로 여겨졌던 한복을 'Hanbok'이라는 고유명사로 불리게 만들었다.

이영희의 작품들
한복 디자이너 이영희는 2001년 6월 7일에 북한의 수도 평양시에서 자신의 작품을 전시하기도 했다.

한국 여성 벤처 기업인 1호

○ 이화순 (1952~현재)

이화순의 어릴 적 꿈은 현모양처였다. 그런 그녀가 한국의 여성 벤처 기업 붐을 이끌자 화제가 되었다.

어느 기자가 현민 시스템과 W21을 이끌고 있는 그녀에게 취미를 묻자 이렇게 답했다.

"가장 좋아하는 것은 공상입니다. 새로운 것을 꿈꾸고 실천 방안을 상상하는 것이지요. 나는 늘 꿈을 꾸었습니다. 어린 시절부터 유난히 공상을 즐겼지요. 시간과 공간의 구애를 받지 않고 하늘을 날아다니며 주위에 있는 모든 사람들을 동시에 만나 내 마음을 전하고, 또 그들의 생각을 엿듣는 공상은 늘 내 가슴을 설레게 했지요."

컴퓨터를 만나게 되면서, 그녀는 공상이 현실이 될 수 있을 거라고 생각했다.

"내가 처음 접한 컴퓨터는 시간과 공간이 제한되어 있는 단순한 기계에 불과했지요. 그러다가 컴퓨터를 통해 통신과 정보 전달이 가능해지자 정말 꿈만 같았던 내 공상이 한꺼번에 실현될 수 있다는 사실을 깨달았습니다. 그리고 새로운 기회가 열릴 거라고 확신했어요!"

그녀는 회사를 설립했다. 이 세상에 수없이 널려 있는 각종 정보와 지식을 체계적으로 자료로 만들고, 인터넷을 통해 그것을 원하는 사람들에게 시간과 공간을 초월해 전달해 주는 회사를 만든 것이었다.

그녀는 대한민국 여성 벤처 기업인 제1호가 되었다.

멀티미디어피아
이화순은 온 세계가 모든 정보와 지식을 공유하고 자유로이 이용할 수 있는 '멀티미디어피아(Multimediapia)'를 이루고 싶어 한다.

모두가 'NO'라고 할 때 'Yes'를 외치다

● 이희자 (1954~현재)

도전
55

이희자는 경상남도 밀양 종갓집에 맏며느리로 시집을 갔다. 한 해에 10번이 넘는 제사와 가족 행사를 억척스럽게 챙기며 세 남매를 키우던 그녀는 한 권의 책을 읽으며 인생을 바꾸게 되었다. 49살이 되던 2003년에 이주향의 《운명을 디자인하는 여자》라는 책을 읽으며 크게 자극을 받은 그녀는 이내 창업을 결심했다.

'지금이라도 늦지 않았어. 사업가로 성공할 거야!'

그녀는 주위 사람들에게 자신의 생각을 말했다.

"사업을 해 보고 싶어."

"나이 먹은 주부가 사업이라니, 너무 늦었어."

아무도 그녀의 말에 귀를 기울이지 않았다. 오히려 바보 같은 생각이라고 말했다.

'나이는 숫자에 불과해!'

그녀는 꿈을 포기하지 않았다. 한 회사에 물건을 팔기로 계약했지만 1년간 제품을 사들이지 않아 파산 위기를 맞았다. 그러나 이희자는 포기하지 않았다. 음식물 쓰레기 처리기를 만들어 세계적인 조명을 받게 되었다.

"친환경에 대한 관심을 갈수록 커질 거예요."

이희자는 음식물 쓰레기 처리기에 이어 건설 현장 등에서 사용하고 남은 자갈에다 수질 정화 능력이 뛰어난 제오라이트를 함께 뭉쳐 만든 친환경 생태 블록인 폴라카블을 만들겠다고 발표했다. 남보다 한 발 앞서 미래를 대비한 것이다.

폴라카블
폴라카블은 건설 현장 등에서 사용하고 남은 자갈에다 수질 정화 능력이 뛰어난 제오라이트를 함께 뭉쳐 만든 친환경 생태 블록을 말한다. 쓰임새와 장소에 따라 다양한 모양과 크기로 만들 수 있고, 풀이나 수초까지 배양할 수 있어 뛰어난 수질 정화 능력을 갖추고 있다.

프랑스를 구한 영웅

● 잔 다르크 (1412~1431)

잔 다르크는 1412년 프랑스의 작은 마을 동레미에서 신앙심이 깊은 부농의 딸로 태어났다. 16살이 되자 전쟁이 일어났다는 소식을 들은 잔 다르크는 친척의 도움을 받아 보드리쿠르 백작을 찾아갔다.

"열세에 몰린 우리 프랑스군이 오를레앙에서 승리할 수 있게 하겠습니다!"

보드리쿠르 백작은 잔 다르크의 열정에 감동했다. 그는 잔 다르크를 샤를 대공에게 소개했고, 잔 다르크는 프랑스군의 일원으로 오를레앙에 갈 수 있도록 허가를 받았다.

1429년 4월 29일, 잔 다르크는 영국군의 포위를 받은 오를레앙 요새에 도착했다. 그러나 오를레앙 백작은 잔 다르크를 못마땅하게 여겨 작전 회의나 전투에 참여시키지 않았다. 그러자 잔 다르크는 마을로 내려가 주민들을 설득해 지지를 받은 후 스스로 깃발을 들고 최전선에 뛰어들었다. 남자처럼 머리를 짧게 자르고 무장을 한 그녀가 이끄는 프랑스 군대는 오를레앙에서 대승을 거두었다.

1430년 5월 23일, 잔 다르크는 영국군에게 포로로 잡혔다. 당시에 여성은 남장을 할 수 없도록 법으로 정해졌는데, 법정은 그녀가 남자처럼 행세한 것을 구실로 죄를 물었다. 그녀는 논리 있게 스스로를 변호했지만 역부족이었다.

1431년 5월 29일에 법정은 잔 다르크에게 화형을 선고했다. 잔 다르크는 역사 속으로 사라졌지만 프랑스의 영원한 영웅이 되었다.

화형을 당하는 잔 다르크
프랑스 국왕 샤를 7세는 1456년 7월 7일에 명예 회복 재판을 열어 잔 다르크가 무죄임을 밝혔다. 1920년, 교황 베네딕토 15세는 잔 다르크를 성녀로 추모했다.

불가능을 가능으로 만들어 낸 기자

○ 장명수 (1942~현재)

도전
57

"**이봐**, 이 기사를 오늘까지 빨리 내야겠는데."

편집장의 외침에 모두가 난처한 표정을 지었다. 사건은 방금 들어온 속보였다. 편집장은 다른 신문사보다 먼저 그 사건을 기사화하길 원했다. 그러나 곧바로 기사를 쓴다 해도 내일 아침 신문이 나오는 시간에 맞추기는 어려웠다.

"이 기사를 쓸 사람 없어?"

편집장이 모여 있는 기자들을 재촉했지만, 다들 서로의 눈치만 볼 뿐 선뜻 나서지 않았다. 바로 그때, 뒷자리에 앉아 있던 장명수가 손을 들고 말했다.

"제가 해 보겠습니다!"

편집장을 포함한 모두의 시선이 장명수에게 쏠렸다. 한국일보 기자로 입사한 지 얼마 안 된 그녀를 다들 불안해 하는 눈치였다.

"어떡하든 마감 시간에 맞춰 보도록 하겠습니다. 잘못되면 제가 책임지겠습니다!"

모두의 걱정에도 불구하고 그녀는 곧바로 기사를 작성하기 시작했다. 그렇게 밤을 새운 뒤, 마침내 완성된 기사가 편집장에게 넘어갔다.

"완벽해. 이대로 실어도 문제없겠어!"

그날 한국일보는 경쟁 신문사들을 제치고 가장 먼저 속보를 실을 수 있었다. 신입에 불과한 장명수가 해낸 일이었다.

그 후, 언론계에서 뛰어난 실력을 보인 그녀는 한국일보 사장을 거쳐 이화여대 이사장으로 일하고 있다.

한국일보
한국일보는 1954년 6월 9일에 창간되었다. 본사는 서울시 종로구 중학동에 있다.

자기만의 노래를 부르는 가수

● 장재인 (1991~현재)

장재인은 어렸을 때부터 미술, 피아노, 바이올린 등에 소질이 있었다. 그녀는 7살 때 처음 동요를 만들었고, 중학교 3학년 때부터 록을 만들었다. 하지만 초등학교 때 그녀는 친구들에게 집단 따돌림과 폭행을 당했다. 집안 사정도 어려워지자 고등학교 때 자퇴하게 되었다.

하지만 그녀는 어려움 속에서도 가수로 성공하겠다는 꿈을 키웠다. 초등학교 4학년 때부터 노래에 빠지면서 가수를 꿈꾸기 시작했다.

"정해진 대로 노래하는 게 싫었어요. 나만의 노래를 만들어 보기로 했어요. 중학교 3학년 때부터 3년 동안 느끼고 생각하는 모든 것들을 계속 메모하고 머릿속으로 곡을 쓰려고 굉장히 노력했어요."

사춘기가 되자 장재인은 남들이 만들어 놓은 곡을 부르는 것보다 자신이 만든 곡을 노래하고 싶었다. 호원대학교 실용음악과에 다니던 그녀는, 2010년에 가수를 뽑는 프로그램인 '슈퍼스타 K2'에 출연했다. 그 프로그램에서 이름을 알렸으며 최종 3인까지 진출했다.

2011년 1월 13일, 그녀는 음반 기획사 키위 엔터테인먼트와 계약을 맺었다. 그리고 〈장난감 병정들〉로 2011년 5월 26일에 음악 프로그램인 '엠넷 카운트다운', 2011년 5월 27일에 KBS '생방송 뮤직뱅크'에서 데뷔 무대를 가졌다. 드디어 어릴 적부터 꿈꾸던 가수가 된 것이다.

잡지 모델이 된 장재인
인기 가수가 된 장재인은 여성 잡지 〈코스모폴리탄〉의 표지 모델로 활동하기도 했다.

초등학생을 위한 살아 있는 멘토사전 **315**

최초의 여성 록 가수

○ 재니스 조플린 (1943~1970)

1967년, 미국에서 몬터레이 팝 페스티벌이 열리고 있었다. 세계 3대 기타리스트인 지미 핸드릭스가 무대에 오르자 사람들이 열광하기 시작했다. 그런데 그와 함께 한 여자가 무대에 오르자 사람들은 의아해하며 쳐다보았다.

"누구야, 저 여자는?"

"당장 지미 옆에서 떨어져라!"

사람들은 그녀에게 야유를 보냈다. 그러나 공연이 시작되면서 사람들은 깜짝 놀라고 말았다. 몸을 거의 반쯤 꺾은 그녀는 지미 핸드릭스 못지않은 박진감 넘치는 무대를 선보이는 것이었다. 사람들은 순식간에 작은 여인에게 빠져들고 말았다.

이 여인은 록의 작은 거인으로 불린 재니스 조플린이었다. 그녀는 남성의 전유물로 통했던 록을 힘찬 가창력과 여성으로서의 관능미를 앞세워 신선한 충격을 주었다.

'재니스는 남성의 보조 역할에 지나지 않았던 여성의 위치를 단숨에 탈바꿈시켜 놓았다!'

이런 평가에 그녀는 다음과 같이 말했다.

"그런 평가는 관심 없어요. 나는 단지 무대에 섰을 때 해방감을 느낄 뿐이죠!"

오직 노래를 통해서 완전한 행복을 느꼈던 재니스 조플린은 안타깝게도 27살의 젊은 나이에 세상을 떠나고 말았다.

불멸의 진주라 불리던 그녀는 최초의 백인 여성 록 가수였다.

재니스 조플린
재니스 조플린의 모습이 담긴 티셔츠이다. 그녀는 미국뿐만 아니라 우리나라에서도 아직까지 인기를 얻고 있다.

여자도 할 수 있다

○ 전재희 (1949~현재)

도전
60

"**여자애가** 무슨 공부야. 집에서 농사나 돕지!"

경상북도 영천군의 작은 농가에서는 늘 책만 보는 여학생을 시기하는 시선들이 있었다. 그때만 해도 여자가 공부하기는 쉽지 않았다. 그녀 또래의 여자 아이들은 대부분 서울에서 공부하는 동생을 위해 일찌감치 공장에 취직해 뒷바라지를 했다.

하지만 소녀 전재희는 남달랐다. 주변에서 질투어린 시선을 보낼 때마다 이를 더욱 꽉 다물었다.

'여자가 공부하지 말라는 법이 있나? 반드시 성공해서 여자도 할 수 있다는 걸 보여 줄 거야!'

전재희는 대학교 3년 때 행정고시(5급 공무원을 뽑는 시험)에 합격해서 공무원이 되었다. 그리고 20여 년을 문화공보부에서 일했다. 그러나 그녀의 도전은 거기서 그치지 않았다. 그녀는 경기도 광명시장에 도전했다.

텔레비전에서 '당선 확정!'이라는 문구가 뜨자, 그녀의 선거 사무실은 함성으로 떠들썩했다.

"전재희 만세! 최초의 여자 시장 탄생 만세!"

자원봉사자들은 환호했다. 그것은 대한민국 최초의 여성 시장의 탄생을 알리는 신호탄이었다.

이후에도 전재희는 도전을 멈추지 않았다. 그녀는 보건복지부 장관을 거쳐 국회의원으로 맹활약하고 있다.

영남대학교
영남대학교는 경상북도 경산시에 있다. 전재희는 1968년에 영남대학교 행정학과에 입학했다. 그녀는 1973년 행정고시에서 여성으로는 유일하게 합격했다.

세계를 사로잡은 바이올리니스트

○ 정경화 (1948~현재)

도전
61

1968년, 레번트리트 국제 콩쿠르가 열리고 있었다. 이 대회의 가장 강력한 우승 후보인 이스라엘 출신의 미국인 바이올린 연주자 핀커스 주커만과 어느 무명의 바이올린 연주자가 결선에 함께 올랐다.

주커만이 당연히 우승할 거라고 여긴 심사위원들은 무명 연주자에게 말했다.

"당신이 먼저 연주하도록 하세요."

원래 제비뽑기로 순서를 정해야 하는데 심사위원들이 주커만을 우승시키려고 술수를 부린 것이다. 이러한 상황에서도 그녀는 침착하게 연주를 마쳤고, 오히려 주커만은 실수를 저지르고 말았다.

그런데 심사위원장이 뜻밖의 제안을 했다.

"제대로 된 연주를 하지 못한 것 같아서 다시 결승을 치르기로 하겠습니다."

사상 유래 없는 두 번의 결선이 펼쳐졌다. 두 연주자는 최선을 다해 연주를 마쳤고, 팽팽한 긴장이 흐르는 가운데 결과를 기다리고 있었다.

"이번 대회는 우위를 가릴 수 없을 정도의 연주를 보여 준 두 사람의 공동 우승으로 결정했습니다."

이 무명의 연주자가 바로 천재적인 바이올리니스트 정경화였다. 5살 때부터 바이올린에 천재성을 보이며, 13살에 명문 줄리아드 음악원에 장학생으로 입학했던 그녀는 이 대회를 계기로 세계 무대에 진출하게 되었다.

이후 정경화는 세계 5대 바이올리니스트가 되었다.

정경화의 음반
정경화는 영국 〈선데이 타임스〉에 '지난 20년간 가장 뛰어난 활약을 한 연주자'로 뽑혔다. 그녀는 베를린 필하모닉 오케스트라, 뉴욕 필하모닉 오케스트라 등 세계 유명 교향악단과 여러 차례 협연했다.

미군 전투기 조종사가 되다

○ 제이든 김 (1944~현재)

도전
62

제이든 김은 사립 명문대학인 프린스턴대학교에 입학해 정치학을 공부하고 있었다. 어느 날 그녀는 부모님에게 말했다.

"저, 군대에 입대할까 해요."

전혀 생각하지 못한 딸의 말에 부모님은 반대하고 나섰다. 하지만 전투기 조종사가 꿈이었던 그녀는 부모님의 반대에도 불구하고 군대에 입대했다.

"정치학을 전공한 학생이 전투기 조종사가 된다는 것은 어려운 일이었지만 꿈을 위해 도전한다는 마음으로 군대에 지원하게 되었어요."

군대에 들어간 그녀는 해병대로 옮긴 뒤 6개월간의 훈련과 시험을 통과하고 250명 중 2명만을 선발하는 전투기 조종사로 뽑혔다. 미국 해병대 장교가 된 제이든 김은 호넷 전투기를 조종하는 조종사로 이라크 전쟁에 참전했다.

미국 해병대 전체에도 6명뿐인 여자 조종사 중 호넷 전투기를 조종하는 2명뿐이었다. 그녀는 그중에 한 명이 된 것이다.

"자신이 옳다는 생각을 고집스럽게 지키는 것이 중요하다!"

그녀는 명문대학교를 다녀서 평탄한 미래가 보장되었지만 끊임없는 노력과 용기로 자신의 꿈을 이루었다.

호넷 전투기
호넷 전투기는 현대식 항공모함용 전투기이다. 1970년대에 설계되었고, 미국 해군과 해병, 그리고 몇몇 나라들에서 운용 중이다.

17살의 나이에 우승한 여고생

◉ 주민정 (1994~현재)

도전
63

오디션 프로그램인 '코리아 갓 탤런트'의 최종 결선이 열리던 날이었다. 이날 결선에서 가장 주목받은 사람은 성악 천재로 세계가 주목하던 최성봉과 파격적인 춤을 선보인 주민정이었다.

검은색 모자에 금빛 정장을 입고 무대에 오른 주민정은 마이클 잭슨을 방불케 하는 화려한 춤을 보여 주며 관객들을 사로잡았다.

경연이 끝나고 마지막 최종 우승자가 발표되었다.

"코리아 갓 탤런트의 최종 우승자는, 주민정 양입니다!"

사람들은 뜨거운 박수를 보냈다. 17살의 소녀가 상금 3억 원이 걸린 오디션에서 우승을 차지한 것이다.

"앞으로 평생 기억될 수 있는 무대를 보여 드리고 싶습니다. 항상 노력하면 된다는 것을 보여 주겠습니다."

그렇게 정상에 올랐지만 주민정은 '이제부터가 시작'이라고 말했다.

"좀 더 많이 준비할 생각이에요. 제가 좋아하는 일로 꿈을 이루고 싶습니다. 대학 진학도 생각하고 있지만 유학도 진지하게 고려하고 있어요. 세계 대회에 나가서 우승하는 게 목표입니다."

대한민국에서만이 아닌 세계 최고를 꿈꾸기에 주민정은 우승한 이후에도 연습을 게을리하지 않고 있다.

코리아 갓 탤런트
코리아 갓 탤런트는 성별과 나이에 관계없이 코미디, 마술, 댄스, 악기 연주, 성대모사 등 다양한 분야에서 독특한 재능을 가진 스타를 발굴하는 오디션 프로그램이다.

한국 축구의 간판스타가 된 소녀

○ 지소연 (1991~현재)

지소연
2010 FIFA U-20 여자 월드컵 대회에서 맹활약
한 지소연은 '여자 메시'라 불리며 최고의 스타가
되었다.

어느 초등학교에서 축구부원들이 벌을 받고 있었다. 그런데 한쪽에 서 있던 아이 하나가 감독에게 다가왔다.

"감독님, 저에게도 벌을 내려 주세요."

그러자 벌을 받던 아이들이 이구동성으로 외치기 시작했다.

"맞아요. 힘든 훈련을 할 때도 만날 지똥이만 빼 주시잖아요."

"여자아이라고 봐 주시는 거예요?"

아이들의 불만에 감독은 오히려 남자아이들을 나무랐다.

"어허, 이 녀석들이!"

남들보다 키가 작고 까만 피부로 인해 '지똥'이라고 불리던 여자아이 지소연이 말했다.

"저도 이 아이들과 똑같이 참여시켜 주세요. 여자아이라고 차별받는 건 싫습니다!"

감독은 지소연을 기특하다는 듯 바라보았다. 그녀는 이미 또래의 남자아이들보다 몇 년은 앞서 있는 아이였다.

"그래, 넌 여자축구의 박지성이 될 만한 아이다."

몇 년 후, 2010 FIFA U-20 여자 월드컵 대회에 참가한 그녀는 독일과의 경기에서 수비수 3명을 제치고 골을 넣고, 대한민국 축구 역사상 처음으로 FIFA대회에서 해트트릭(한 선수가 한 경기에서 세 골 이상을 넣는 일)을 기록했다. 또한, 총 8개의 골을 기록하며 득점 부문에서 2위를 달성하는 등 대한민국 대표팀이 3위를 차지하는 데 일등공신이 되었다.

남자 축구 경기의 주심을 맡다

○ 차성미 (1975~현재)

차성미는 또래 여자아이들과는 달리 유난히 축구를 좋아했다.

"저는 웬만한 남자보다 힘이 셌어요. 중학교 1학년 때 육상 창던지기 선수를 하다가 축구 선수가 되었는데, 그게 운명이었던 것 같습니다."

차성미는 남들보다 늦게 축구를 시작했지만 천부적인 골 감각을 지니고 있었다. 상대 수비수를 등지고 펼치는 스크린플레이가 특기였던 그녀는 팀을 우승으로 이끌며 득점 왕에 오르기도 했다.

그런데, 국가대표로 선발되어 활약을 펼치던 그녀에게 어느 날 부상이라는 시련이 찾아왔다.

"무릎 부상이었는데 결국 선수 생활을 그만두어야 했습니다."

차성미는 한동안 좌절에 빠져 방황의 시간을 보냈다. 그러던 중 그녀에게 심판 제의가 들어왔고, 심판으로 진로를 바꾸며 또 다른 인생을 준비하게 되었다.

임은주에 이어 한국 여자 축구 선수 출신으로는 두 번째로 국제 심판이 된 그녀는 2007년 인도네시아에서 열린 아시아 축구 연맹(AFC) 16세 이하 선수권 대회 예선에서 주심을 맡았다. 여자 심판이 AFC 주관 남자 대회에서 주심을 맡은 것은 처음이었다.

"남자 대회 심판을 계기로 더 열심히 해서 올림픽 여자 축구 본선에서도 주심으로 뛰고 싶습니다."

13년간 국가대표 공격수로 활약하다 심판이 된 그녀는 후배들의 멘토가 되기 위해 최선을 다하고 있다.

AFC 챔피언 리그 트로피
아시아 축구 연맹(AFC)이 주관하는 AFC 챔피언 리그는 아시아의 프로 축구팀들끼리 우열을 가리는 대회이다.

화려함 뒤에 감추어진 깊은 뜻

● 천경자 (1924~현재)

천경자는 그날도 집 근처의 바닷가로 나가, 지는 노을을 바라보고 있었다. 남동생은 일찍 저녁을 먹고 자신을 따라나섰다.

"누나, 색이 참 예쁘다. 저거 그려 주면 안 되나?"

그녀는 예쁜 것을 보면 간직하고 싶어서 하나둘씩 그림을 그렸다. 마을에는 일본인들이 넘쳐 났고, 그들이 가진 물건들과 책들은 아주 좋아 보였다. 공부를 하고 그림을 배우기 위해 그녀는 일본으로 가고 싶었다.

"안 된다. 거기가 어디라고 어린 여자애가 간단 말이냐!"

그녀가 예상했듯이 아버지는 화를 내며 반대했다. 하지만 그녀는 아버지의 반대에 맞서 동경 여자 미술전문학교에 입학해 버렸다. 그녀는 인물화의 일인자 이토 신스이의 제자가 되고 싶었다. 어린 시절에 만났던 길례 언니의 모습을 아름답게 그려 내고 싶었기 때문이었다.

하지만 그녀는 이토 신스이 대신에 다른 교수에게 그림을 배웠다. 비로소 화가가 된 그녀는 자신만의 세계를 마음껏 캔버스에 담았다. 일본에 대한 미움이 가득한 우리나라에서 일본에서 배운 기술로 그림을 그린다는 것은 여간 힘든 일이 아니었다. 하지만 그녀는 포기하지 않고 그림들을 그렸다.

마침내 해방이 되자 그녀의 그림들은 사람들에게 인정받기 시작했다. 그녀는 우리 시대를 대표하는 화가의 한 명으로 우뚝 섰다.

〈길례 언니〉
〈길례 언니〉는 천경자가 1973년에 그린 인물화이다.

재벌이 된 가구 수리공

○ 찬 라이와 (1941~현재)

찬 라이와가 고등학교에 진학했을 때, 그녀의 집안은 많이 기울어져 있었다. 부모님은 딸이 학교를 그만두고 일을 하기를 바랐다. 그녀는 가족들을 생각해 공부를 포기하고 가구 공장에 취직했다.

기술이 없었던 그녀는 매일 이 마을 저 마을을 돌아다니며 가구를 고쳐 준다는 선전을 해야 했다. 공장 주인은 그녀가 데려오는 손님들의 수에 따라 일당을 지불해 주었다.

'계속 이런 생활을 할 수는 없어.'

기술이 없으면 살아남을 수 없다고 깨달은 찬 라이와는 공장 일을 배우기로 결심했다. 가구공이 그녀에게 가구를 만들고 수리하는 등의 일을 가르쳐 주었다. 찬 라이와는 열심히 일을 배웠고, 몇 년 뒤에 자신의 가구 공장을 세울 수 있었다. 그녀는 타고난 밝은 성격 덕분에 손님들을 끌어모았다.

"이 모든 게 네 덕분이로구나. 이제 우리 집은 더 이상 걱정할 게 없겠어."

"저는 여기서 멈추지 않을 거예요, 아버지!"

아버지에게 사업을 계속하겠다고 밝힌 뒤, 그녀는 1982년에 홍콩으로 이사를 했다. 그리고 가구 공장을 경영해 번 돈으로 부동산 사업에 뛰어들었다. 낡은 별장을 헐값에 구입해 수리한 뒤, 비싼 값으로 부자들에게 되팔았다. 사업은 크게 성공했다.

그녀는 홍콩과 베이징의 주요 지역들을 돌며 땅을 샀고, 최고의 부동산 재벌이 되었다. 많은 기업들이 함께 사업을 하자고 했지만 그녀는 모두 뿌리치고 '푸화 국제 그룹'이라는 자신만의 기업을 세웠다.

베이징 중심가
'2011년 중국 여성 부자 순위'에서 찬 라이와는 3위에 올랐다. 그녀는 베이징 중심가에 무려 73만㎡의 땅을 소유하고 있고, 그녀의 재산은 330억 위안(6조 720억 원)으로 집계되었다.

물러서지 않는 기업인

○ 캐롤 바츠 (1948~현재)

컴퓨터 프로그램인 '오토캐드'로 유명한 오토데스크에서 2006년까지 CEO로 일했던 캐롤 바츠가 검색 엔진 야후의 CEO로 취임했다.

직설적인 화법과 거침없는 경영 스타일로 '솔직한 개혁가', '위험한 인물'이라는 별명이 붙은 그녀가 CEO로 오자, 불황에 시달리던 야후는 성공을 기대했다.

'현재 야후가 처한 상황이 매우 안 좋기 때문에 분위기부터 바꿔야 할 것이며, 계속 지켜 나가야 할 서비스와 포기해야 할 서비스를 구분해서 처리해야 할 것이다.'

'온라인 광고 시장에서 구글에 뒤처져 있는 것을 어떻게 만회할 것인가.'

이런 주변의 말들에 그녀는 이렇게 말했다.

"야후의 온라인 서비스가 장기적으로 컴퓨터가 아닌 휴대전화, 태블릿 PC 등을 통해 제공되면 상황은 나아질 것입니다."

또한 그녀는 온라인 회사인 어소시에이티드 콘텐츠를 인수하고 태블릿 뉴스 서비스인 라이브스탠드를 출범시켰다.

그녀의 바람대로 야후는 크게 성공하지는 못했다. 아쉽게도 그녀는 2년 만에 최고 경영자 자리에서 물러났다. 하지만 세계 경제에 큰 영향력을 행사하는 그녀는 또 다른 내일을 위해 준비하고 있다.

캐롤 바츠
캐롤 바츠는 세계에서 주목받는 30대 CEO 중한 명으로 뽑혔고, 〈포춘〉이 선정한 2005년 50대 영향력 있는 여성으로 뽑혔다.

한계에 도전하는 영화감독

○ 캐서린 비글로우 (1951~현재)

1995년, 비글로우 감독은 〈스트레인지 데이즈〉라는 작품을 내놓았다. 어마어마한 제작비를 들이고 유명 배우들이 출연한 SF(공상과학) 영화로, 그녀는 흥행을 자신하고 있었다.

그러나 극장을 채운 관객들은 반도 못 되었고, 영화는 망하고 말았다.

"여자가 액션 영화를 만든다고 할 때부터 알아봤지."

그녀를 대놓고 흉을 보는 평론가도 있었다. 한 유명 영화 잡지에서는 그녀가 두 번 다시 감독으로 일어설 수 없을 거라는 말까지 나왔다. 당연히 제작사의 반응 역시 좋지 않았다.

"캐서린, 이 영화로 당신의 한계가 드러난 것 같군요. 많은 돈을 들였는데, 그만큼 흥행하지를 못했으니 어쩔 겁니까?"

"저도 이런 일이 일어나리라곤 생각지도 못했어요. 죄송합니다."

"이번 일을 교훈 삼아 앞으론 감독 말고 다른 걸 하도록 해요."

제작자의 말을 들은 그녀가 순간 얼굴을 찌푸렸다.

"죄송하지만, 저는 감독을 그만둘 생각은 없습니다."

"아니, 또다시 이런 영화를 만들겠다고요?"

항의하는 제작자에게 그녀가 단호하게 말했다.

"한 번 실패했다고 해서 그만두는 것만큼 어리석은 일은 없습니다. 이 영화가 제 한계라는 건 인정합니다. 그러나 한계 역시 뛰어넘으라고 존재하는 것이지 그 앞에서 무너지라고 존재하는 건 아니지 않습니까?"

다시 일어설 것을 다짐한 그녀는 오랫동안의 공백기를 보냈다. 그리고 2008년에 〈허트 로커〉라는 작품으로 아카데미상을 받았다.

캐서린 비글로우
비글로우는 영화 〈허트 로커〉로 제82회 아카데미 시상식에서 여성으로서는 최초로 아카데미 감독상을 받았다.

늦게 시작했지만 세계적인 무용가가 되다

○ 홍신자 (1940~현재)

영문학을 전공하던 대학생 홍신자가 어느 날 가족들 앞에서 말했다.

"무용을 하고 싶어요!"

"뭐? 너, 지금 제 정신이니?"

20대 후반의 늦은 나이에 갑자기 무용으로 전공을 바꾸겠다는 그녀의 선언에 주위의 모든 사람들이 반대하기 시작했다.

"지금 네 나이가 몇인 줄 알아? 스물일곱이야, 스물일곱! 남들은 시집가서 애도 낳을 나이인데 뭘 하겠다고?"

주위의 편견이나 관습에 얽매이고 싶지 않았던 홍신자는 자신의 결심을 실행으로 옮겼다. 그리고 1960년대에 미국 뉴욕으로 떠나 무용가로 데뷔했다. 그런가 하면 36살에 갑자기 인도로 수행을 떠나 유명한 인도의 철학자 오쇼 라즈니시의 첫 번째 한국인 제자가 되기도 했다.

그런 그녀는 사람들에게 극찬을 받았다.

"홍신자는 한국의 피나 바우쉬(20세기 최고의 무용가로 꼽히는 사람) 같은 존재이며 미국과 한국에서 유명한 무용가이다."

세계적인 명성을 얻은 그녀는 현재 '웃는돌 무용단'을 만들어 전 세계에서 공연을 하며 한국 무용계에서 가장 영향력 있는 인물이 되었다. 그녀는 나이를 무색하게 만들 정도의 열정으로 세계적인 무용가로 우뚝 서게 되었다.

웃는돌 무용단
홍신자는 웃는돌 무용단을 이끌고 전 세계에서 공연하고 있다. 그녀는 1982년 '오늘의 여인상', 1989년 '중앙문화대상', 1996년 '김수근 문화상', 2003년 대한민국 문화대상을 수상했고, 미국 NEA(National Endowment for the Arts)로부터 상을 받았다.

끊임없는 도전과 노력

● 홍진경 (1977~현재)

도전
71

홍진경은 어려서부터 모델이 되고 싶었다. 1993년, 17살의 어린 나이에 그녀는 제2회 SBS 슈퍼 모델 선발 대회에서 '베스트 포즈상'을 받으면서 연예계에 데뷔했다.

그녀는 모델 겸 가수로 활동하면서 재미있는 입담을 통해 인기를 얻었다. 그러던 그녀가 갑자기 김치 사업가로 뛰어들었다.

"엄마가 만든 김치는 팔아도 손색이 없을 정도로 맛있다니까!"

어머니에게 장난스럽게 던진 말이었지만 홍진경은 마음속으로 도전이라는 단어를 떠올렸다. 웃어넘길 수도 있는 이 말을 그녀는 현실이 되도록 만들고 싶었다.

"김치를 젊은 세대들한테도 선보이자. 더 깔끔하고 청결하게 만들면 반드시 성공할 거야!"

김치 사업은 중년층 주부를 대상으로 하는 것이 보통이었다. 그러나 그녀는 신세대 주부와 직장인들을 대상으로 김치를 팔았다. 결과는 대성공이었다.

김치 사업의 성공을 바탕으로 그녀는 '엄마표 손만두' 등 다른 식품 영역으로 발을 넓혀 갔다. 광고도 텔레비전 방송이 아닌 인터넷을 이용해 홍보했다.

출산한 여성은 보통 자기 관리를 포기하기 마련인데, 그녀는 요가와 헬스 등의 운동으로 여전히 모델다운 아름다움을 간직하고 있다. 이처럼 그녀는 끊임없이 노력한다. 앞으로도 그녀는 계속 도전하고 노력함으로써 자신의 한계를 뛰어넘을 것이다.

주식회사 홍진경이 판매하는 반찬들
홍진경은 2006년에 주식회사 홍진경을 설립했다. 이 회사는 김치와 만두, 반찬 등을 판매해 크게 성공했다.

6

세상을 바꾸는 힘,

창의성

한국의 현대 무용을 새롭게 창조하다

○ 김매자 (1943~현재)

강원도 고성의 한 집에서 큰 소동이 벌어졌다.

"뭐? 뭘 하겠다고?"

"춤을 추고 싶어요!"

"이것이 미쳤나! 춤은 배워서 뭐 하게? 기생이 될래?"

춤을 추면 기생이 된다고 생각하던 시절에 김매자는 춤을 배우겠다고 선언했다. 김매자의 오빠는 동생의 말에 화가 나서 때리기까지 했다.

"그래도 난 춤을 배우고 말 거야!"

하지만 김매자는 무용가가 되겠다는 결심이 확고했고 뉴욕대학교 무용과에 입학했다. 그리고 큰 뜻을 세운 그녀는 이내 한국으로 돌아왔다.

김매자는 맨발로 춤을 추어 큰 주목을 받았다. 한국 춤을 추려면 반드시 버선을 신어야 한다고 믿던 사람들은 그녀를 비웃었다.

"자기가 무슨 이사도라 던컨인 줄 아나?"

"그러게 말이야. 한국 춤을 맨발로 춤추는 건 어색해!"

그러나 곧 너도나도 그녀의 '맨발 춤'을 따라 하기 시작했다. 김매자는 자신의 뜻을 이루기 위해 한국 전통 춤을 토대로 현대 무용을 재창작하는 무용단 '창무회'를 창단했다.

그녀는 한국의 현대 무용을 새롭게 창조했다는 평가를 받으며, 세계적인 무용가가 되었다.

창무회
창무회는 우리나라의 전통 춤 문화를 세계에 알리고 있다. 창무회는 1976년에 김매자가 창단한 것으로 '창작 무용 연구회'라는 의미를 담고 있다.

미스코리아 출신의 한의사

○ 김소형 (1969~현재)

젊은 미모의 여성 한의사가 신선한 바람을 불러일으켰다. 바로 미스 코리아 출신의 한의사 김소형 원장이 그 주인공이다.

"10년 전만 해도 한의원은 나이 드신 분들이 보약을 지으러 오시는 곳이라는 인식이 강했어요. 그런데 한의사가 방송에 나와서 한의학으로 피부 관리와 다이어트를 할 수 있다고 하니까 신기해 하셨던 것 같아요. 감사하게도 반응도 좋았구요."

그녀는 건강함에서 우러나오는 아름다움이 진짜 아름다움이라고 생각한다.

"피부가 하얗다고 혹은 날씬하다고 해서 무조건 아름다운 것은 아니죠. 피부가 까맣더라도 매끄럽고 윤기가 난다면 아름다운 거잖아요. 그리고 연예인처럼 마르지 않더라도 건강하고 탄력 있는 몸매라면 그게 바로 진정한 아름다움이라고 생각합니다. 한의학에서 중요시하는 몸의 균형은 아름다움의 시작이니까요."

몸의 균형을 찾도록 하면서 건강과 아름다움을 지켜 내자는 그녀의 '이너 뷰티' 덕분에 한의원을 바라보는 사람들의 시선이 달라지기 시작했다. 그래서 그녀에게 수익성 있는 사업을 제안하는 사람들이 있었는데, 그녀는 그 제안들을 거부했다. 그리고 이렇게 답했다.

"환자들과 함께하는 시간이 가장 소중하다고 생각하니까요. 아직까지는 환자와 직접 얼굴을 마주보면서 치료하고 싶습니다."

얼굴을 마주하고 치료하다 보면 사람들의 인생 이야기도 듣게 되는데, 그녀는 이를 통해 배울 수 있어서 좋아한다.

경희대학교 한의대
김소형은 경희대학교 한의대에서 박사 학위를 받았다. 경희대학교 한의대는 우리나라 최고의 한의대이다.

우리는 가상 세계로 출근한다

⚪ 김양신 (1954~현재)

'**학교** 생활이 힘들죠? 학교 가는 길에 살짝 빠져서 열대 바다를 여행하면 어떨까요? 불가능하다고요? 이제부터는 할 수 있어요!'

김양신은 2001년 1월 10일, 지하철에 광고를 시작했다.

'나 집 나간다?'라는 내용의 광고 문구는 큰 반응을 일으켰다. '신선하다.'라는 반응에서부터 '학교 가서 공부할 아이들을 선동한다.'라는 평가까지 다양했다. 광고가 나갈 당시에는 IMF 시절이었다. 사람들은 열심히 일해야 할 때에 가상 세계로 빠지는 것을 기피했다. 특히 학부모들의 반발이 심했다.

물론 그녀가 만든 게임은 학생만을 대상으로 만든 것은 아니었다. 직장인과 주부 등 현실 세계의 모든 것을 가상 세계에 담았다.

"'집을 나간다.'라는 문구에 너무 민감하게 반응하는 것 같아요. 하지만 그 문구에는 많은 뜻이 담겨 있습니다. 현실의 고단함을 가상 세계에서 모두 풀자는 뜻이죠."

꿈속이나 환상 속에서나 가능한 일들을 가상 세계 속에서 이루고 싶다는 바람은 어린이는 물론 어른 남성과 여성 모두 갖고 있기 마련이다. 부정적인 평가는 시간이 갈수록 줄어들었고, 이용자 수가 20만 명을 넘어서게 된 것이다.

모든 사람들이 '안 돼!'라고 말할 때 '돼!'라고 선언한 그녀는 제이씨 엔터테인먼트를 성공으로 이끌었다.

제이씨 엔터테인먼트
제이씨 엔터테인먼트는, 1994년에 설립된 온라인 게임 제작 기업이다. 1998년, '워바이블'을 선보인 이래, 본격적으로 해외 시장에 진출한 '레드문', '조이시티', '프리스타일' 등을 발표해 큰 인기를 얻었다.

닥종이 인형에도 장인 정신을!

● 김영희 (1944~현재)

여자아이가 마당에서 한지로 무언가를 만들고 있었다.

"얘야, 뭐 하니?"

"인형을 만들어요."

아이는 계속 한지를 접으며 붙이고 있었다.

"그 종이로 말이냐?"

"네, 닥종이 인형이에요."

소녀는 5살 때부터 인형을 만들었다. 슬프면 울면서 만들고, 기쁘면 웃으며 만들었다. 소녀는 인형들에게 자신의 삶을 그대로 담아냈다. 이 소녀가 바로 가장 한국적인 재료인 한지로 인형을 만들어 세계적으로 유명해진 닥종이 인형 작가 김영희였다.

세계 무대에서 더 유명한 그녀는 네덜란드, 프랑스, 스웨덴, 스페인 등 유럽 각지에서 수많은 전시회를 열어 주목을 받았다.

'호박 한 덩어리를 얼싸 안은 소년, 둥글고 넓적한 얼굴, 실처럼 작은 눈과 노래하듯 오므리고 다문 입, 닥종이 작가 김영희의 작품은 정이 살아 숨 쉬던 시절을 떠올리게 하는 작품이다.'

'머리카락, 눈썹 하나에도 정성을 기울여 만드는 작품이 장인 정신을 돋보이게 한다.'

어른들에게는 가난했던 시절의 추억을, 아이들에게는 부모의 어린 시절을 간접적으로 느끼게 해 주는 그녀의 작품은 많은 사람에게 사랑받고 있다.

닥종이 인형
닥종이 인형은 우리 민족의 숨결이 배어 있는 한지를 이용해 정감 있고 생동감 있는 표정과 생생한 분위기를 표현한 인형이다.

어린아이 같은 순수함으로 사랑받다

● 김점선 (1946~2009)

김점선은 어릴 때부터 그림을 좋아했다. 공부하듯 그림을 그렸고, 머리가 아파도 그림을 그렸다. 아버지는 그런 딸에게 항상 칭찬해 주었다.

"우리 딸, 또 그림 그리고 있구나."

"네, 꽃을 그렸어요."

삐뚤삐뚤 형체를 알아볼 수 없는 그림을 보며 아버지는 말했다.

"와, 우리 딸이 피카소 같은 화가가 될 것 같은데!"

아버지의 칭찬으로 그녀는 그림을 그리는 것을 자연스럽고 편안하게 받아들이게 되었다.

김점선은 이화여자대학교와 홍익대학교 대학원을 졸업하고 1972년에 파리 비엔날레 출품 후보로 선정되면서 이름을 알리게 되었다. 간결한 선과 색으로 말과 오리, 맨드라미, 들풀 등 자연을 그렸으며, 우화적이고 독특한 작품을 선보여 '괴짜 화가'라는 별명이 붙기도 했다.

그림 그리는 게 어렵다고 말하는 사람들에게 그녀는 말했다.

"사람은 누구나 그림을 그릴 수 있습니다. 그런데 사람들은 자신이 그림을 못 그린다고 생각합니다. 그것은 레오나르도 다빈치의 그림같이 완벽한 그림만을 보고 자신도 그렇게 그려야 한다고 생각하기 때문이지요. 그래서 나는 아무렇게나 막 그림을 그렸어요. 내 그림을 보고 누구나 자유롭게 그림을 그릴 수 있다는 것을 보여 주기 위해서입니다."

그녀는 어린이 같은 순수하고 솔직한 표현으로 많은 사람들의 사랑을 받았다.

김점선의 작품 〈좋은 날〉
김점선은 1987년과 1988년에 한국 예술평론가협회 미술 부문 올해의 최우수 예술가로 선정되었다.

자연과 인간을 조화시키다

◯ 김진애 (1953~현재)

1971년, 서울대학교 공대에 신입생이 들어오는 날이었다.

"야, 너 소식 들었어? 이번 신입생 중에 여학생이 있대!"

남성들로 가득한 공대에 여학생이 들어온다는 소식은 교내에 널리 퍼졌다. 800명 중 유일한 여학생은 바로 김진애였다.

인사동 길
차보다는 보행자의 편의를 위해 만든 인사동 길은 김진애가 설계한 거리이다.

1남 6녀 중 셋째 딸로 태어난 그녀는 오빠를 귀하게 여기는 집안에서 자랐다. 호기심이 많았던 그녀가 이것저것 물어보면 어른들은 여자아이가 질문이 많다며 이상하게 바라보았다.

'왜 여자는 그러면 안 되는데? 정말 이상해!'

김진애는 책과 영화, 만화책을 보거나 밖에 나가 주위의 풍경을 보면서 시간을 보냈다.

"어렸을 적부터 저는 건물이 자연을 방해한다는 느낌을 받았어요. 대학교에서 건축학을 공부하면서 자연과 사람에게 해가 되지 않는 건물을 짓겠다고 다짐했죠."

산본 신도시, 인사동 길을 설계하면서도 김진애가 가장 중요하게 생각한 것도 사람이었다.

"사람과 사람 사이의 보이지 않는 선을 연결하는 일, 에너지를 덜 쓰는 일, 차보다는 인간의 보행을 위한 길이 우선되어야 합니다. 고층 아파트보다 인간다운 삶을 위한 녹지 공간을 확보하는 데 늘 신경을 열어 두지요."

도시 설계의 일인자로 불리는 그녀는 자연을 살리는 일이 인간을 살리는 길임을 누구보다 잘 아는 건축가이다.

최고령 노벨 문학상 수상자

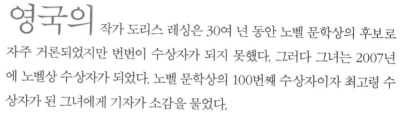

● 도리스 레싱 (1919~현재)

영국의 작가 도리스 레싱은 30여 년 동안 노벨 문학상의 후보로 자주 거론되었지만 번번이 수상자가 되지 못했다. 그러다 그녀는 2007년에 노벨상 수상자가 되었다. 노벨 문학상의 100번째 수상자이자 최고령 수상자가 된 그녀에게 기자가 소감을 물었다.

"유럽의 주요 문학상은 다 받았는데, 이번에 노벨 문학상을 수상하게 되어 모든 것을 가진 기분이 드는군요."

"이번 수상작은 1962년에 지은 소설인데, 이제야 당신에게 수상이 주어졌군요? 당신의 책은 오랫동안 페미니즘(여성의 권리를 찾는 운동)의 대표적인 작품으로 꼽혀 왔습니다. 그런데 정작 당신은 페미니즘 작가로 불리는 것을 싫어한다고 들었습니다. 이유가 무엇인가요?"

그녀가 웃으면서 대답했다.

"나는 내 작품을 페미니즘이라는 틀에 끼워 넣는 게 싫을 뿐입니다. 단순히 '여성 문제'로 한정시키지 않고 계급, 인종 차별 등 모든 억압받는 집단의 자유를 부르짖고 있으니까요."

그녀는 하나의 틀에 갇히는 것을 거부했다. 사회 문제를 담은 책에서부터 여성과 인간 심리를 파헤친 책을 비롯해 과학 소설에 이르기까지 끊임없이 변화를 추구했다.

또한, 반핵 운동 등에도 적극적으로 참여하며 '행동하는 작가'의 모습을 보여 주었다. 도리스 레싱은 90살이 넘은 나이에도 여전히 작품에 대한 열정을 불태우고 있다.

도리스 레싱
영국의 작가 레싱은 첫 소설인 《초원은 노래한다》를 1950년에 발표했고, 2007년에 최고령으로 노벨 문학상 수상자가 되었다.

백화점을 개혁한 쁘랭땅 대표

● 로랑스 다농 (?~현재)

프랑스 쁘랭땅 백화점의 대표인 로랑스 다농은 어느 날 매장을
둘러보다 특이한 점을 발견했다. 예전에 비해 남자 고객들의 수가 늘어난
것이었다. 대부분의 남자들이 옷과 화장품을 둘러보며 점원에게 도움을
청하고 있었다.

쁘랭땅 백화점
쁘랭땅 백화점은 파리에 있는 백화점이다. 이 백
화점은 2000년에 〈포브스〉가 세계 최고 백화점
으로 선정했다.

"새 옷을 한 벌 사고 싶은데 뭐가 좋을지 몰라서요."

"그럼, 일단 이쪽으로 와서 입어 보세요."

점원과 남성 고객의 대화를 엿듣고 있던 그녀는 남자 고객들을 눈여겨
보게 되었다. 부인을 따라온 남자들은 지루한 표정을 짓고 있었고, 쇼핑을
하러 온 남자들은 어색함을 못 이겨 머뭇거리는 태도를 보이기 일쑤였다.

"백화점의 인테리어를 바꿉시다!"

그녀는 직원들에게 말했다. 기존의 백화점을 없애고, 층별로 새롭게 디
자인한 백화점을 만들자는 것이었다.

"백화점을 단순히 물건을 사는 곳이라고만 생각했다간, 우리는 더 이상
발전하지 못할 겁니다. 백화점이 새로운 문화 공간으로 변신해서 새로운
고객들을 받아들여야 해요."

결국 쁘랭땅 백화점은 대대적인 공사를 했고, 새로운 서비스 제도를 도
입했다. 남성들을 위한 전용 매장이 생겼으며, 옷을 미리 전화로 예약할 수
있도록 한 것이다. 다농의 과감한 개혁 덕분에 다른 백화점들이 매출이 줄
었을 때, 쁘랭땅은 성공했다.

독일 문학에 활력을 불러온 작가

● 루이제 린저 (1911~2002)

독일의 여류 작가 루이제 린저가 새로운 책을 발간했을 때였다.

"이번에 발표한 책도 평범한 형식은 아니더군요?"

"맞아요. 독자들이 자신들의 고민을 말하면 소설 속의 '나'가 대답해 주는 식이니까요."

"작가님은 일기나 편지, 회상 등 다양한 기법들을 선보이시는데, 특별한 이유라도 있습니까?"

"그냥 소통하는 방법들일 뿐입니다. 사람과 사람 사이에 소통하는 방법은 다양하니까요."

그녀는 소설, 수필, 기행문, 일기 등을 비롯해 많은 작품을 내놓으며 제2차 세계 대전 이후에 침체되어 있던 독일 문학에 새로운 활력을 불어 넣었다. 교사를 그만둔 그녀는 사회를 비판하는 30여 편의 글을 쓰기도 했으며, 구소련과 미국, 그리고 우리나라와 북한 등을 방문한 후 여러 권의 책도 남겼다.

'그녀의 글은 간결하면서도 빈틈없는 문장과 작가 특유의 내면 묘사로 독자들로 하여금 주인공이 처한 상황에 몰입하게 하는 힘을 지니고 있다.'

'루이제 린저는 전후 독일의 가장 뛰어난 작가이다.'

그녀는 이러한 평가를 받으며 현재까지도 독일에서 가장 많이 읽히는 작품들을 남겼다.

《상처 입은 용》
루이제 린저는 우리나라의 작곡가 윤이상과 나눈 이야기를 《상처받은 용》이라는 책으로 발표했고, 북한에 방문한 후 《북한 기행》 등을 집필했다.

한국을 사랑한 종군 기자

○ 마거릿 히긴스 (1920~1966)

한국 전쟁 당시의 서울
마거릿 히긴스는 한국 전쟁의 참상을 세계에 알리고 국제 사회에 지원을 요청했던 종군 기자였다.

한국 전쟁 때 전쟁터를 누비던 미군 여기자가 있었다. 그녀를 두고 사람들은 이렇게 말했다.

'화장품 대신 먼지와 진흙을 얼굴에 덮어쓴 여자!'

'드레스보다 군복이 더 잘 어울리는 여자!'

그녀의 이름은 마거릿 히긴스였다.

한국에 전쟁이 일어났다는 소식을 들은 마거릿 히긴스는 전쟁이 일어난 지 이틀 만에 한국으로 들어왔다. 김포 공항에 도착한 히긴스는 한강 인도교가 폭파되자 피난민들 틈에 섞여 나룻배를 타고 구사일생으로 한강을 건넜다.

그때부터 히긴스는 전쟁터를 누비며 수많은 특종과 기사를 발표했다. 인천 상륙 작전 때는 미국 해병대와 함께 작전에 뛰어들어 생생한 전쟁의 모습을 전달했다. 1950년 8월 23일 기사에서 경남 통영에서 승리를 이끈 한국 해병대에 대해 이렇게 말했다.

'그들은 귀신을 잡을 수 있을 정도로 용감했다!'

'귀신 잡는 해병'이라는 말은 그녀 덕분에 유명해진 말이 되었다. 그녀는 6개월간 전쟁터에서 경험했던 것을 토대로 1951년에 《한국 전쟁》이라는 책을 집필해 퓰리처상을 받았다. 그리고 히긴스는 미국 전역을 돌며 목소리 높여 호소했다.

"한국을 도와야 합니다. 민주주의와 자유를 지켜야 합니다."

자유로운 영혼의 작가

◉ 마르그리트 뒤라스 (1914~1996)

창의성
11

프랑스의 여류 소설가였던 마르그리트 뒤라스는 독특한 작품들을 쓰는 것으로 유명했다. 그녀는 전통적인 소설의 형식에서 벗어나 새로운 방법(누보르망)으로 소설을 썼다.

기자가 그녀에게 물었다.

"작가님이 '누보르망' 소설의 대표적인 작가로 거론되고 있는데, 어떻게 생각하시나요?"

뒤라스가 피식 미소를 짓더니 대답했다.

"나는 어떤 문학 형식에 속하는 것을 원하지 않아요. 지금 당신이 말한 것도 하나의 형식으로 나누는 거잖아요. 그저 자유롭게 글을 쓰고 싶을 뿐이에요."

"한 가지 궁금한 점이 있습니다. 작가님의 소설에서는 인물들의 심리 묘사(어떤 대상이나 사물, 현상 등을 이야기하는 것)를 찾아볼 수 없는데 거기에도 이유가 없습니까?"

"오, 아니에요. 나는 인물들의 몸짓이나 말, 침묵 등을 일부러 묘사해요. 특히 대화를 자주 사용하죠. 나는 인물의 대화를 통해 등장인물의 심리를 독자가 직접 느끼도록 하고 싶어요. 독자가 직접 느낀다면 그것만큼 탁월한 심리 묘사가 어디 있겠어요."

삶, 자연, 사랑, 기쁨, 생활의 고통과 단조로움, 운명, 욕망 등 뒤라스는 작품의 소재에 구애를 받지 않았다. 자신의 소설을 영화로 각색하며, 영화와 소설의 경계를 넘나들며 작업을 했다.

마르그리트 뒤라스
마르그리트 뒤라스는 소설가, 시나리오 작가, 영화감독 등으로 다양하게 활동했다. 그녀는 자유로운 영혼의 작가였다.

새로운 세계를 연 무용가

● 마리 비그만 (1886~1973)

독일의 현대 무용가 마리 비그만이 공연을 준비할 때였다.

"이번에는 피아노 반주에 의해서만 공연할 거란 말씀이신가요?"

"네, 나중엔 음악을 빼고도 작업해 볼 생각이에요."

"아니, 음악 없이 어떻게 무용을 완성한단 말씀이세요?"

"바로 그게 문제에요. 나는 무용이 음악에 의해 좌지우지되는 것이 싫습니다!"

그녀의 이러한 시도는 새로운 사건으로 받아들여졌다. 피아노나 타악기만으로 무용을 창작한다는 것은 그 당시 무용계에서는 생각할 수도 없는 일이었기 때문이었다.

비그만의 이런 시도는 악평과 조소로 되돌아왔다. 하지만 비그만은 포기하지 않고 그녀만의 예술 세계를 완성해 나갔다. 기존 무용계가 우아함과 화려함 등 아름다움을 추구한 반면 그녀는 인생의 추한 모습을 새로운 각도에서 바라보며 무용을 만들었다.

"기쁨만이 아니라 슬픔이나 고통, 두려움이나 전율까지도 무용에 끌어들여야 해요."

비그만의 이러한 예술관은 시간이 지나면서 세상의 주목을 받기 시작했다. 이후 새롭고 창조적인 무용을 개척했다는 평가를 받았다. 그녀는 독일과 미국에 큰 영향을 끼친 무용가로 이름을 남기게 되었다.

마리 비그만
마리 비그만은 소녀 시절에 암스테르담에서 에밀 달크로즈의 무용 〈무도에의 권유〉를 보고 무용가가 되기로 결심했다.

일회용 기저귀를 발명한 주부

◉ 마리온 도노반 (1917~1998)

평범한 주부였던 마리온 도노반은 행복한 시간을 보내고 있었다. 바로 첫 아이가 태어난 것이었다. 세상 무엇과도 바꿀 수 없는 소중한 아이를 키우며 도노반은 하루하루 즐겁게 보내고 있었다.

그러던 어느 날이었다.

"아니, 이를 어째! 응가가 또 샜어!"

기저귀 밖으로 새어 나온 아기의 배설물에 그녀는 얼굴을 찌푸렸다. 세상 누구보다 예쁜 아기의 배설물이지만 그 기저귀를 빨아야 하는 것은 내키지 않는 일이었다. 그 당시에는 부드러운 천으로 만든 기저귀를 쓰고 있던 때라, 기저귀를 빨아서 다시 쓸 수밖에 없는 것이 너무 싫었다.

'기저귀를 빨지 않았으면 좋겠는데······.'

기저귀를 바라보던 도노반 부인의 머릿속에 한 가지 생각이 떠올랐다.

'아! 그래, 한 번만 쓰고 버리는 기저귀를 만들면 되잖아!'

그녀는 일회용 기저귀를 만들어 보려고 했다. 그리고 얼마 후 낙하산 천으로 만든 일회용 기저귀로 특허를 받았다. 이 기저귀는 처음에는 상품 가치가 없다는 이유로 거절당했지만 점차 발전해 오늘날에는 널리 쓰이게 되었다.

일회용 기저귀
마리온 도노반이 발명한 일회용 기저귀는 나날이 발전했다. 오늘날에는 팬티처럼 입을 수 있는 일회용 기저귀가 나오게 되었다.

남편을 위해 새로운 셔츠를 발명하다

● 몬타크 부인 (?~?)

몬타크 부인은 남편의 셔츠를 세탁하는 문제로 늘 고민하고 있었다. 대장장이인 남편은 하루 종일 대장간에서 먼지와 땀에 젖어 일하기 때문에 셔츠의 목 부분이 기름에 찌든 듯 더러워져 세탁하기가 무척 힘들었기 때문이다.

'좋은 방법이 없을까?'

그러던 어느 날, 몬타크 부인은 남편의 일을 거들다가 놀라운 광경을 목격했다. 망가진 삽날 부분을 새것으로 갈아 끼우는 것을 본 것이다.

'그래! 셔츠도 칼라(양복이나 셔츠 등의 목둘레에 길게 덧붙여진 부분)를 바꿔 달면 되겠구나!'

그날 밤 몬타크 부인은 깨끗한 천으로 칼라를 몇 개 만들었다. 다음 날 아침에 셔츠를 찾는 남편에게 칼라가 없는 셔츠를 내밀었다. 그러자 영문을 모르는 남편은 화를 냈다.

"이게 뭐 하는 짓이요. 칼라가 없잖소!"

그러자 몬타크 부인은 자신이 만든 칼라를 남편에게 보여 주었다.

"이렇게 칼라를 바꿔 달기만 하면 돼요!"

"훌륭해. 정말 기막힌 아이디어야!"

이렇게 해서 '칼라를 바꿔 다는 셔츠'가 탄생하게 되었다.

셔츠
셔츠는 목 부분의 칼라가 다른 부분보다 빨리 더러워진다. 몬타크 부인은 이러한 불편을 해결해 주는 셔츠를 발명했다.

선견지명의 달인

⦿ 박지영 (1975~현재)

오늘날에는 휴대전화의 사용이 증가하고 이동하면서 휴대전화를 들여다보는 사람들이 많아졌다. 그에 따라 모바일 게임은 한층 인기가 높아졌다.

어려서부터 컴퓨터에 관심이 많았던 박지영은 고려대학교 컴퓨터학과를 입학했다. 대학생이었던 그녀는 사업을 하기로 마음먹고 1996년에 모바일 게임 회사인 컴투스를 설립했다. 당시에는 휴대전화가 막 보급되기 시작했는데, 그녀는 앞으로 모바일 게임을 원하는 사람들이 많아질 거라고 내다보았다.

그러나 초반에는 빛을 보기가 어려웠다. 막상 만든 게임들이 재미가 없어서 사람들의 관심을 끌지 못했기 때문이었다.

"내가 해 봐도 재미가 없는 게임은 실패야."

1999년 8월, 그녀는 국내 최초로 모바일 게임을 개발했다. 항상 새로운 게임을 만들기로 결심한 그녀는 '미니 게임 천국' 시리즈, '슈퍼 액션 히어로' 등 수많은 히트 게임을 내놓았다. 이제는 우리에게 휴대전화가 없어서는 안 될 물건이 된 것처럼, 컴투스가 만든 모바일 게임은 많은 이들의 필수품이 되었다.

컴투스는 2007년 7월 6일에 대한민국 모바일 게임 업체로는 최초로 주식 시장에 상장했다. 현재 컴투스는 세계 90여 개 국가에 모바일 게임을 공급하고 있다.

슈퍼 액션 히어로
'슈퍼 액션 히어로'는 컴투스의 인기 모바일 게임이다. 컴투스 대표 박지영은 미국 잡지 〈타임〉 지가 선정한 '14명의 세계 기술 대가'로 선정되었다.

영국이 사랑하는 패션 디자이너

○ 비비안 웨스트우드 (1941~현재)

비비안 웨스트우드는 패션에 대한 변함없는 열정으로, 지난 20여 년 동안 영국 국민들에게 열렬한 지지를 받고 있는 디자이너이다.

'타협하지 않으면서도 때로는 도발적인 디자인으로 전 세계를 사로잡은 디자이너!'

'웨스트우드는 가장 영국적인 옷에 현대적인 컬러를 더해 세계인의 입맛에 맞는 옷을 만드는 재능을 가지고 있다.'

그녀는 이런 평가를 받고 있다. 그녀에게 디자인 철학을 묻자 이렇게 말했다.

"나는 유행과는 상관없는 나만의 스타일을 고수해요."

이에 덧붙여 명품에 대한 생각도 밝혔다.

"진정한 명품은 자신에게 가장 잘 어울리면서 싫증나지 않고 평생 함께 할 수 있는 것입니다. 그래서 나는 사람들에게 충고합니다. 먼저 자신을 돌아보고 정말 좋은 것으로 딱 한 가지만 사서 2달 동안 입어 보라고요. 입어서 싫증나지 않으면 그게 바로 명품입니다."

그녀는 미국 언론에 의해 선정된 '세계 패션계의 최우수 크리에이터 6명' 중 유일한 여성으로 뽑히기도 했다. 웨스트우드는 패션에 관한 한 영국의 자존심으로 불리며 유명세를 떨치고 있다.

비비안 웨스트우드
비비안 웨스트우드는 자신의 이름을 딴 브랜드 '비비안 웨스트우드'를 만들었다. 이 브랜드는 영국, 한국, 중국, 일본, 미국, 프랑스, 쿠웨이트, 싱가포르, 대만, 태국 등 세계 각지에 많은 매장을 두고 있다.

모델로 활동하다 사진작가가 되다

⊙ 사라 문 (1941~현재)

여성 사진가가 없던 시절, 모델로 활동하던 19살의 그녀는 카메라를 잡았다. 모델로 일해 왔기 때문에 카메라가 전혀 낯설지 않았다. 그녀가 사진기를 집어 들고 직접 무언가를 찾아서 찍기 시작한 것은 단순히 즐거움을 위해서였다. 햇빛이 환히 비치는 곳으로 뛰어나가 사진을 찍거나, 사람들의 우연한 행동을 찍는 것이 마냥 좋았다.

우연하게 찍힌 사람들의 모습은 그녀에게 신비로움을 주었다.

"네가 찍었니?"

우연히 스튜디오에서 찍은 사진을 본 잡지 편집자가 놀라움을 금치 못했다. 슬슬 그녀의 이름이 알려지게 되었다. 그녀의 사진들은 꿈의 한 조각을 오려 낸 듯 아름다웠다. 남자들이 찍어 놓은 판에 박힌 사진과는 달랐다.

"모델들을 아름답게 찍으려면 막무가내로 카메라를 들이 밀어선 안 돼!"

다른 사진작가들이 그녀의 작업 방법에 대해 손가락질을 해도, 그녀는 자신의 경험을 믿었다. 어떤 사람도 찍을 수 없는 사진을 찍기 위해서는 다른 사람과 다른 방법으로 찍어야 한다는 것을 잘 알고 있었기 때문이었다.

그녀는 사진을 통해 기쁨을 느꼈다. 그러한 기쁨은 사진을 보는 사람들에게도 전해져 많은 사람에게 사랑받는 사진작가가 되었다.

사라 문의 작품
사라 문의 사진은 몽상적이고 낭만적인 스타일로 많은 사람들의 사랑을 받고 있다.

지극한 손자 사랑이 낳은 발명품

○ 사쿠라이 (?~?)

일본에 사쿠라이라는 평범한 할머니가 있었다. 어느 더운 여름 날이었다.

"무슨 날씨가 이리 덥나."

연신 부채질을 하던 할머니는 손자의 팬티가 젖어 있는 것을 보았다. 손자의 팬티를 갈아 입히려던 할머니는 치렁치렁한 속옷이 못마땅하게 느껴졌다.

"아니, 무슨 팬티가 무릎까지 닿는담."

당시에는 반바지 같은 팬티밖에 없었기 때문에 입기에도 불편했고, 특히 여름에는 여간 성가신 게 아니었다. 자신이 예뻐하는 손자들의 엉덩이가 벌겋게 짓물러 있는 것을 보자 할머니는 속이 상했다.

"어차피 속옷이야 그저 가리는 역할만 하면 되잖아? 쓸데없이 길 필요가 뭐가 있어!"

한참 동안 곰곰이 생각에 잠긴 할머니의 머릿속에 문득 좋은 생각이 떠올랐다. 할머니는 천으로 만든 자루를 가져와 싹둑 자르더니 다리가 들어갈 수 있는 구멍을 냈다. 그리고 양쪽을 꿰매어 다리가 들어갈 수 있도록 했다. 그렇게 완성된 팬티를 손자에게 입혀 보았더니, 너무나 시원해 하는 것이었다. 뿐만 아니라 가볍고 편리하며 산뜻하기 그지없었다.

아이들이 좋아하는 모습에 할머니도 덩달아 기분이 좋아졌다. 할머니가 만든 팬티는 다른 이들에게도 선풍적인 인기를 얻었고, 오늘날 삼각팬티의 시초가 되었다.

삼각팬티
삼각팬티는 1952년에 손주들을 돌보던 일본인 할머니 사쿠라이가 처음으로 발명했다.

직원들의 서열을 없앤 CEO

● 소픽화 (?~현재)

소픽화는 운수 회사 SMRT의 CEO가 된 뒤 회사 분위기를 알아보고자 회의를 열기로 결심했다. 그녀는 비서가 건네준 회의 참석자들의 명단을 받아보고 깜짝 놀랐다.

"나는 분명히 대규모 회의라고 했는데, 이건 뭔가 잘못되지 않았나요?"

"늘 하던 대로 작성했는데 문제가 있으신가요?"

"이번 회의는 우리 회사의 앞날을 결정하는 아주 중요한 회의예요. 그러니 당연히 모든 사원들이 참석해야 마땅한데, 이 명단에는 중역(회사의 중요한 임무를 맡은 사장과 이사)들의 이름밖에 없네요."

"하지만 예전 사장님께서는 항상 이렇게 하셔서요."

"미안하지만 예전의 방식 따위는 따를 생각이 없습니다. 이 명단은 없애 버리고, SMRT에 근무하는 사람이라면 누구나 참여해야 한다고 알려 주세요."

소픽화의 지시에 따라 거대한 홀에서 회의가 열렸다. 말이 회의였지, 모두가 모여 음식과 음악을 즐길 수 있는 분위기였다. 참석한 사람들은 회사의 운영에 대해 자유로이 얘기를 나눌 수 있었다.

한 달 후, 직원들은 회의가 열릴 때마다 적극적으로 참여해 의견을 내놓았다. 덕분에 뛰어난 업무 효율성이 생겨났고, 회사는 크게 성공했다.

SMRT
소픽화가 CEO가 된 뒤 SMRT는 뛰어난 업무 효율성을 보였고, 회사의 주가는 70퍼센트 이상 상승했다.

유명한 동화 작가가 된 어머니

● 아스트리드 린드그렌 (1907~2002)

스웨덴에 사는 아스트리드 린드그렌은 처음부터 작가는 아니었다.

"엄마, 놀아 주세요!"

"안 돼! 내가 지금 발을 다쳐서 움직일 수가 없잖니."

"그럼, '롱스타킹 삐삐' 이야기를 해 주세요."

어린 딸이《키다리 아저씨》을 읽고 날마다 이야기를 해 달라고 조르고 있었다. 그녀는 딸을 자기 옆에 뉘이며 오늘도 이야기를 지어 들려주기 시작했다. 그런데 한참 얘기를 듣던 딸이 린드그렌에게 말했다.

"엄마가 해 준 이야기들을 책으로 만들면 안 돼요?"

곰곰이 생각에 잠긴 린드그렌은 딸에게 해 주었던 이야기를 종이에 정리하기 시작했다. 그리고 1945년에 빨간 머리에 짝짝이 스타킹을 신은 말괄량이 여자 아이가 주인공인《내 이름은 삐삐 롱스타킹》을 발표하게 되었다.

그녀의 책은 발표되자마자 커다란 화제를 불러일으키며 전 세계적으로 수백만 권이 팔려 나갔다. 뿐만 아니라 40여 편의 영화와 드라마로 제작되는 등 선풍적인 인기를 끌었다. 100여 편의 작품을 발표한 린드그렌은 노벨상 후보로 거론되기도 했으며, 그녀의 작품들은 '동화의 교과서'로 불리고 있다.

아스트리드 린드그렌
아스트리드 린드그렌은《말괄량이 삐삐》를 비롯해《개구쟁이 미셸》,《꼬마 백만장자 삐삐》,《나, 이사 갈 거야》등을 발표했다.

꿈을 이룬 디자이너

○ 안나 수이 (1955~현재)

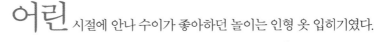

어린 시절에 안나 수이가 좋아하던 놀이는 인형 옷 입히기였다.

"누나, 내 인형에 이런 이상한 옷을 입히지 말랬지!"

"왜, 예쁘잖아!"

"누나, 이건 장난감 병정이야. 그런데 드레스를 입혀 놓으면 어떡해!"

안나는 동생의 말에 아랑곳하지 않고 또 다른 옷을 만들기 시작했다.

"오늘은 아카데미 시상식에 나오는 영화배우들처럼 멋지게 꾸며 줄게!"

인형 옷을 입히며 안나는 나중에 꼭 패션 디자이너가 될 거라고 다짐했다. 그리고 몇 년 후 뉴욕의 한 디자인학교에 들어간 안나 수이는 직접 옷감을 사다가 옷을 만들어 입었다. 이때 그녀를 지켜본 세계적인 패션 사진작가는 그녀가 첫 전시회를 열었을 때 나오미 캠벨 등 슈퍼 모델들이 참여하도록 도와주었다.

이후 할리우드 스타들이 그녀의 옷을 입기 시작했고, 그녀는 유명해지기 시작했다. 안나 수이는 옷뿐만 아니라 향수를 포함한 화장품으로 영역을 넓혀 가며 엄청난 성공을 거두었다.

훗날 성공 비결을 묻는 이에게 그녀가 말했다.

"당신의 꿈이 상식을 넘어서고 한계를 벗어나더라도 당신의 꿈에 초점을 맞춰야 해요. 작은 소녀였을 때 나는 뉴욕에서 성공한 사람이 되기를 원했습니다. 그것은 항상 나의 꿈이었고 나는 그렇게 되었습니다."

안나 수이 향수
의상 디자이너로 성공한 안나 수이는 향수를 포함한 화장품으로 영역을 넓혀 가며 엄청난 성공을 거두었다.

종이봉투를 발명하다

⦿ 에밀리 맥컬리 (?~현재)

어린 에밀리 맥거리의 집은 가난했다. 철이 들자마자 에밀리는 공장에서 일해야 했다. 그녀의 두 오빠와 어머니 역시 마찬가지였다. 그녀는 공부를 하고 싶었지만 고생하는 가족을 보며 묵묵히 일했다. 그녀의 업무는 하루에 열세 시간씩 실과 옷감을 만드는 일이었다.

고된 일과 중에도 그녀는 틈틈이 공장 안에 있는 기계들을 살펴보았다. 맡은 일을 척척 해내는 기계들이 그녀의 눈에는 한없이 신기해 보였다. 기계를 살펴보던 그녀는 갖고 있던 수첩에 기계를 그리기 시작했다. 그러자 그녀를 살펴보고 있던 한 기술자가 다가와 말을 걸었다.

"아가씨, 기계에 흥미가 있나요? 지금 이 기계는 기관차의 부품을 만들고 있답니다."

그녀는 자신도 이런 기계를 만들고 보고 싶었다. 그러나 그녀의 형편은 쉽게 나아지지 않았다. 공장에서는 날이 갈수록 일이 줄어들었고, 해고되는 사람들이 늘어났다.

18살이 되던 해, 에밀리는 새로운 일을 찾기 위해 대도시로 떠났다. 그곳에서 다시 공장에 취직한 그녀는 직원들이 물건을 포장하는 데 어려움을 겪는 것을 알아차렸다.

그녀는 어렸을 때 보았던 기계들을 떠올리며 종이봉투를 뽑아내는 기계를 만들었다. 기존의 봉투와 다른, 바닥이 평평한 모양의 봉투였기 때문에 쉽게 포장할 수가 있었다.

여러 회사에서 동업을 하자고 했지만 그녀는 거절하고 자신만의 회사를 세웠다. 그리고 그녀가 발명한 종이봉투는 오늘날까지도 사용되고 있다.

종이봉투
물건을 편하게 담을 수 있는 종이봉투는 공장에서 일하던 에밀리 맥컬리가 발명했다.

미용실에서 무료로 화장품을 나눠 주다

○ 에스티 로더 (1908~2004)

창의성
23

에스티 로더는 눈을 뜨자마자 곧바로 실험실로 향했다. 집 뒤편의 마구간을 개조해 만든 허접한 곳이었지만, 그녀는 매일 그곳에서 화장품을 만드는 일에 몰두했다.

저녁 무렵쯤 완성된 화장품을 그녀는 작은 용기들에 조심스럽게 나눠 담았다. 그리고 다음 날에 곧바로 그 용기들을 들고 미용실로 향했다.

"또 새로운 작품이 완성된 거야?"

"응, 저번 것보다 부드럽고 향도 좋아."

미용실에서 차례를 기다리고 있던 손님들에게 그녀는 화장품을 하나씩 나눠 주었다. 그녀가 만드는 화장품은 품질이 좋았기 때문에, 언제나 손님들로부터 큰 호응을 얻었다. 그녀의 화장품에 푹 빠져 있던 한 손님은 아예 매장을 차리라고 했다.

"우선 백화점에 부탁해서 판매해 봐."

"백화점에서 이런 물건을 받아 줄까요?"

"품질이 좋으니 설득만 잘하면 충분히 잘 팔릴 거야."

용기를 낸 에스티 로더는 백화점에 자신이 만든 화장품을 팔면 안 되겠냐고 말했다. 그녀의 오랜 설득 끝에 백화점은 마지못해 물건을 팔게 했는데, 놀라운 일이 일어났다. 화장품이 이틀 만에 모두 팔려 나간 것이었다. 그녀는 화장품 업계의 여왕이 되었다.

에스티 로더
에스티 로더는 1946년에 자신의 이름을 딴 화장품 '에스티'를 만들었다. 세계적인 화장품 '에스티 로더'의 역사는 그렇게 시작되었다.

새로운 감각과 세련된 글쓰기

○ 에쿠니 가오리 (1964~현재)

에쿠니 가오리는 요시모토 바나나, 야마다 에이미와 함께 일본의 3대 여류 작가로 불린다. 그런 그녀가 한국에 왔다. 《냉정과 열정 사이》로 한국 독자들에게 크게 알려진 에쿠니 가오리는 젊은 여성층을 중심으로 폭발적인 인기를 누리고 있었다.

"최근 한 대학이 발표한 도서 대출 목록에서 당신의 소설이 2권이나 5위 안에 들었다는 걸 알고 있나요?"

기쁨을 감추지 못하는 그녀는 인터뷰를 이어갔다.

"작가님의 작품은 남자들에게도 의외로 인기가 많은데 왜 그렇게 되었는지 생각하시나요?"

"글쎄요. 여성 중심으로만 이야기를 그려 내지 않았고, 소소한 일상과 커다란 사건 없이도 이야기를 세세하게 이끌어 나가는 전개 방식 때문이 아닐까요?"

기분 좋은 인터뷰를 이어가던 에쿠니에게 기자가 마지막으로 물었다.

"소설을 통해 전하려는 작가님의 말은 무엇인지 말해 주시겠어요?"

"저는 독자들에게 이야기 공간으로 '와 보세요.'라고 합니다. 소설 읽기는 하나의 여행이에요. 마치 여행을 떠나 자기가 사는 곳과 다른 공간으로 가 보고, 그곳의 공기를 마시면서 다른 체험을 해 보는 것과 같습니다. 그것이 소설의 매력이지요."

새로운 감각과 세련미가 넘치는 작품을 쓰는 그녀는 독자들을 자신의 작품 세계로 초대하고 있다.

영화 〈냉정과 열정 사이〉
에쿠니 가오리의 소설 《냉정과 열정 사이》는 영화로도 만들어져 큰 인기를 얻었다.

모발 영양제를 발명하다

⭕ 워커 부인 (1867~1919)

워커 부인은 모발 영양제를 파는 판매원으로 일하고 있었다. 남편을 잃은 뒤 딸과 함께 살던 터라 생활이 무척 어려웠다.

"이 제품을 쓰면 머리카락이 많이 빠지는 것 같단 말이야. 영양도 제공하면서 탈모 방지도 해 주는 그런 제품은 없나?"

어느 날, 단골 고객에게 가벼운 불평을 들은 워커 부인은 고민에 빠졌다.

'영양제와 탈모 방지 기능을 모두 갖춘 제품을 만들어 보는 건 어떨까?'

그녀는 재료들을 부엌에서 직접 섞어 가며 수차례의 실험을 반복했다. 그러나 원하는 결과를 얻지 못했다. 실험 재료가 거의 바닥을 드러내고 있었기 때문에 그녀는 초조한 심정으로 실험에 매달렸다.

몇 달 뒤, 그녀는 마침내 새로운 제품을 개발할 수 있었다. 머리에 영양을 주는 동시에 탈모 방지도 할 수 있는 제품이었다. 그녀는 이것을 곧바로 고객들에게 알렸다.

"세상에! 머리에 영양을 공급해 주고 탈모도 막을 수 있대!"

입소문을 탄 제품은 곧 불티나게 팔려 나갔다. 자신감을 얻은 그녀는 자신의 이름을 딴 회사를 차리고, 본격적으로 신제품을 개발하기 시작했다. 뒤이어 곱슬머리를 곧게 펼 수 있는 스트레이트 크림을 발명했다. 그녀는 몇 년 사이에 백만장자가 되었다.

모발 영양제
모발 영양제를 발명해 부자가 된 워커 부인은 과거의 자신처럼 가난한 흑인 여성들을 돕고, 재산의 반을 대학교와 보육원에 기부했다.

실수로 탄생한 쿠키

● 웨이크필드 (?~?)

"**너무** 바빠서 큰일이네. 다과회 시간까지 마쳐야 하는데, 어쩌면 좋아!"

웨이크필드가 오븐 앞에서 분주히 움직이고 있었다. 늘 바쁜 그녀였지만 오늘은 더욱 바빴다.

"어떡하지? 초콜릿을 녹일 시간도 없어."

그녀는 벽에 걸린 시계를 초조히 바라보았다.

"좋은 방법이 없을까?"

초코칩 쿠기
쿠키 속에 초콜릿이 들어 있는 초코칩 쿠키는 평범한 주부였던 웨이크필드가 발명했다.

그녀는 밀가루와 초콜릿을 번갈아 바라보았다. 초콜릿을 녹이고 쿠키마다 일일이 발라야 한다고 생각하니 눈앞이 깜깜했다.

'그래! 아예 밀가루 반죽에다 초콜릿을 넣자. 그러면 오븐에서 구워지는 동안 초콜릿이 녹겠지?'

그녀는 곱게 반죽한 밀가루에 버터와 초콜릿을 잘게 썬 것을 넣어 단숨에 근사한 쿠키 반죽을 만들어 냈다.

그런데 웨이크필드의 기대는 완전히 무너지고 말았다. 쿠키 안에서 부드럽게 녹아 있을 줄 알았던 초콜릿이 처음의 모습 그대로 쿠키 안에 박혀 있었던 것이다. 하지만 사람들의 반응은 너무 좋았다.

"쿠키 속에 초콜릿이 박혀 있네? 너무 신기해요!"

"그러네요. 씹을 때 초콜릿이 씹히니까 더 좋은 것 같아요. 이거 어떻게 만들었어요?"

이처럼 웨이크필드의 실수로 모두에게 사랑받는 초코칩 쿠키가 탄생하게 되었다.

한국의 여성주의 미술가

◉ 윤석남 (1937~현재)

윤석남은 마흔이 넘은 나이에 화가가 되었다.

"결혼하고 8년이 지났을 때였어요. 매일 살림만 하면서 '지금 내가 뭐 하고 있는 거지?'라는 생각이 들어서 잠이 오지 않았죠. 시간이 날 때 책도 읽었지만 나를 표현하는 것에는 한계가 있었어요. 그래서 서예를 시작하게 되었어요."

하지만 윤석남은 서예 대신 그림을 그리기 시작했다.

"어머니를 의자에 앉히고 2년 동안 미친 듯이 그림을 그렸어요. 주변 아주머니들도 모델이 되었고요."

그녀는 어머니의 모습들을 그림에 담아내며 삶과 예술에 대한 열정을 불태우기 시작했다. 첫 전시회를 시작으로 여성의 내면을 회화와 설치 작품으로 표현했다. 그리고 남편과 자식을 돌보느라 축 처진 어머니의 팔 조각, 핑크색 소파에 소름 돋게 뾰족이 솟아난 못 등 자신만의 감각을 통해 여성들의 희생과 그들의 삶을 표현해 왔다.

"제 자신을 감동시켜야 해요. 그래야 내 작업으로 다른 사람도 감동시킬 수 있어요."

뒤늦게 화가가 되었지만 그녀는 지난 30여 년 동안 한국의 대표적인 미술가로 왕성하게 활동해 왔다.

〈어머니〉
윤석남이 1981년에 발표한 작품 〈어머니〉는 '가족을 위해 희생하는 어머니'를 표현하고 있다.

대중에게 미술을 전하는 미술관장

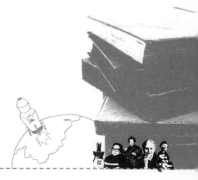

● 이명옥 (1955~현재)

이명옥은 《팜므 파탈》,《명화 속 흥미로운 과학이야기》,《그림 읽는 CEO》등 많은 책을 썼다. 사비나 미술관 관장과 미술학부 교수를 겸하고 있는 그녀는 20여 권의 저서를 집필한 베스트셀러 작가이다.

'이명옥은 그녀만의 새롭고 독창적인 아이디어들을 통해 국내 예술계에서 새로운 영역들을 개척했다.'

'직장인들이 다양한 예술 작품들을 통해 창의성을 기를 수 있도록 도와주는 자기 계발서!'

이런 평가를 받는 이명옥은 말한다.

"예술은 더 이상 단순한 감상의 대상이 아니라 우리의 생각과 감각에 깊이 파고들어 새로운 안목을 기르게 해 주는 자기 계발 교과서이다."

어떻게 해서 책을 통해 미술을 알리게 되었는지 주위에서 묻자, 그녀는 이렇게 대답했다.

"예술이 곧 내 인생이라고 여겼어요. 그러면서 보다 창의적이 사람이 되기 위해 공부에 매진하던 중 더 많은 사람들에게 내가 생각하는 삶의 방법을 알려줘야겠다고 생각했죠."

그녀는 마그리트, 미켈란젤로, 신윤복 등 동·서양의 미술 거장들의 작품들을 감상하면서 창의성을 기를 수 있도록 노력하고 있다.

사비나 미술관
서울시 종로구 안국동에 있는 사비나 미술관은 미술 작품을 다양하게 깊이 있게 바라볼 수 있도록 많은 전시회를 열고 있다.

한국 예술의 새로운 방향을 제시하다

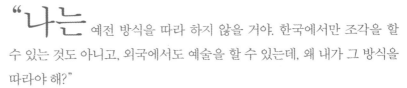

● 이불 (1964~현재)

창의성
29

"**나는** 예전 방식을 따라 하지 않을 거야. 한국에서만 조각을 할 수 있는 것도 아니고, 외국에서도 예술을 할 수 있는데, 왜 내가 그 방식을 따라야 해?"

그녀는 다른 여성 조각가들과는 완전히 다른 길을 걸어가기로 마음먹었다. 사람들의 마음속에는 각자 자신만의 '노래'가 있다. 그녀는 그것을 표현해 보기로 했다. 그렇게 해서 탄생한 작품이 '노래방'이었다. 베니스 비엔날레에 그녀의 작품이 소개되었고, 외국의 여러 곳에서 그녀를 초대해 전시회를 열었다. 그녀가 태어난 시절인 1960년대에는 외국의 비엔날레에 참가하는 것은 남성 작가들의 몫이었다. 하지만 그녀는 주목받았고, 자신만의 세계를 인정받았다.

외국에서의 성공을 바탕으로 그녀는 자신의 또 다른 작품들을 펼쳐 놓기 시작했다. 그래서 미술계에 활동하고 있는 여성들로부터 지지를 받을 수 있었다.

"유럽에서 좀 더 공부를 하는 건 어때?"

"내가 뭘 공부해야 하는데? 난 작품 만드는 것도 알고, 무엇을 만들어야 할지도 아는데?"

유럽에서 공부할 기회가 찾아왔지만 그녀는 자기만의 길을 선택했다. 자신만의 작품 세계를 새롭게 채워 나갔다. 이제 새내기 예술가들은 그녀의 발자국을 따라 걸어간다.

강원도 영월
강원도 영월에서 태어난 이불은 사회 운동을 한 부모 때문에 잦은 이사를 해야 했으며 일찌감치 사회 문제에 눈을 떴다.

맨발의 댄서

● 이사도라 던컨 (1878~1927)

흐러내리는 듯한 긴 옷을 입고 기존의 발레 동작을 거부한 채 자신만의 춤을 추는 무용수가 있었다. 맨발로 춤을 추어서 '맨발의 무용수'로 불리던 이사도라 던컨이었다. 사람들은 그녀의 모습을 신기해하면서도 천박하다며 비웃었다.

하지만 던컨은 말했다.

"사람을 춤추게 하는 것은 영혼과 정신이지 기교가 아니에요."

그러자 누군가가 그녀에게 물었다.

"그래서 굳이 발레 슈즈를 벗어던진 채 맨발로 춤을 추는 건가요?"

"아니요. 나는 단지 틀에 박힌 게 싫을 뿐이에요. 나는 어렸을 때 부잣집 아이들을 부러워하지 않았어요. 우리 집은 가난했지만 나에게는 밤마다 어머니가 들려주는 시와 음악이 있었거든요. 부잣집 아이들이 가정교사에게 예절과 학문을 배우는 동안 나는 숲과 해변에서 자유로이 춤을 췄어요. 지금도 마찬가지이구요."

이처럼 자유로운 영혼을 추구했던 그녀는 그때까지 무용의 대상이 될 수 없었던 음악 작품을 무용에 도입하는 등 새로운 시도를 멈추지 않았다. 그녀의 춤은 오늘날 현대 무용의 시초가 되었으며 창작 무용을 높은 수준으로 끌어올린 무용가로 추앙받고 있다.

이사도라 던컨
미국의 무용가 던컨은 '창작 무용'을 창시해 '현대 무용의 어머니'로 불린다. 그녀로 인해 '던커니즘(Duncanism)'이라는 신조어도 생겼다.

여성용 게임 시장을 개척하다

◉ 이상희 (1970~현재)

나비야엔터테인먼트의 대표 이상희는 국내 최초로 여성용 온라인 게임 '바닐라캣'을 개발했다. 그녀는 남성용 게임이 득세하는 국내 게임 업계에 도전장을 내밀었다. 그녀가 발표한 바닐라캣은 동시 접속자 수 1만 명을 넘어섰고 회원 100만 명 돌파를 앞두는 등 인기를 얻었다.

"여성을 위한 게임도 있어야죠. 자극적이고 폭력적인 게임만 돈이 된다는 건 선입견입니다!"

이 말에 기자가 말했다.

"그래도 게임을 하는 사람은 여성보다 남성이 많으니 한계가 있지 않을까요?"

"기자님도 여자시죠? 때려 부수고 날아다녀야 재미있던가요? 여성은 의상과 액세서리를 이용해 자신만의 패션을 연출하는 것을 바랍니다. 여성도 얼마든지 게임을 즐길 권리가 있어요."

하지만 아직까지 국내 게임 시장에서 여성 고객을 상대로 한 상품은 시장성이 크지 않다는 것을 인정한다.

"세상에 쉬운 일이 어디 있겠어요. 게임 시장이 갈수록 축소되고 있어요. 성공한 게임도 드물구요. 지금은 어렵지만 여성용 게임을 개발해 큰 시장을 개척해 나갈 것입니다."

그녀가 이끄는 나비야엔터테인먼트는 2006년에 대기업인 CJ인터넷과 합병(둘 이상의 단체가 하나로 합쳐지는 것)되었지만 그녀는 게임 개발자로서 더 큰 꿈을 키우고 있다.

바닐라캣
이상희는 바닐라캣으로 인기를 끈 다음 코코룩을 발표했다. 코코룩은 당대 최고의 인기를 누리며 2002년 대한민국 게임대상 캐릭터 부문상을 수상했다.

인도 출신 펩시콜라CEO

○ 인드라 누이 (1955~현재)

미국의 경제 전문지 〈포춘〉이 2006년 10월에 세계에서 가장 영향력 있는 여성 기업인 50인을 뽑았다. 그중에 인드라 누이 펩시콜라 CEO 가 뽑혔다. 그녀에게 성공의 비결을 묻는 기자에게 다음과 같이 답했다.

"자유분방한 성격 덕분입니다. 경직되지 않으면 여러 가지들을 한꺼번에 보게 되지요. 자유로운 사고는 인도 여인들의 특성이기도 합니다."

그녀는 백인이 아니라 인도 출신의 이민자이다. 그녀는 회의장에 인도 전통 의상인 사리를 입고 나타나는가 하면, 의자가 아닌 탁자에 걸터앉아 회의를 진행하기도 한다. 경직되기를 거부하고 자유로움으로 창조적인 에너지를 만드는 것이다.

"여자라면, 특히나 외국인이라면 그 누구보다도 영리해져야 합니다. 성공할 수 있는 조건이 적게 주어졌으니 그만큼 노력해야 해요!"

2004년까지만 해도 코카콜라에 밀려 판매 순위에서 2위에 머물러 있던 펩시콜라가 코카콜라를 처음으로 누르고 1등을 했다. 펩시는 콜라만 고집하지 않고 주스, 이온 음료 등 사업을 계속 확장해 성공한 것이다.

그리고 그 중심에는 항상 인드라 누이가 있었다. 2005년 경제 전문지 〈포브스〉가 선정한 세계에서 가장 영향력 있는 여성 인물 4위에 올랐던 그녀는, 이듬해에 최고 경영자 자리에 올랐다.

펩시콜라
펩시콜라는 1930년대부터 코카콜라와 함께 세계 1, 2위를 다투는 콜라이다.

새로운 건축물로 최고가 된 건축가

○ 자하 하디드 (1950~현재)

건축 디자이너 자하 하디드의 디자인은 사람들에게 퇴짜 맞기 일쑤였다.

"왜 안 된다는 거죠?"

"당신의 건물은 현실성이 없어요."

"다시 시도해 볼 수 있잖아요! 될지 안 될지 시도조차 하지 않으면서 현실성이 없단 말은 납득할 수 없어요."

상대방은 온통 곡선으로 된 그녀의 건축물 스케치를 가리키며 말했다.

"시도할 필요가 없으니까 그렇죠. 당신 건물은 실현 불가능해요!"

그 말을 듣고 말 없이 나온 자하 하디드는 주먹을 꽉 쥐었다. 그리고 다짐했다.

'내가 비현실적인 건축가라고? 두고 봐! 반드시 내 작품을 인정하도록 만들고 말겠어!'

10여 년이 지난 후 자하 하디드는 세상에 이름을 알리기 시작했다. 기존의 상식을 깨는 획기적인 그녀의 작품들은 '위대한 시와 같다.'는 찬사를 들으며, 최고의 자리에 오르게 되었다.

건축계의 노벨상이라 불리는 프리츠커상을 여성 최초로 수상하기도 한 자하 하디드는, 현재 오스트리아 빈에 있는 빈 응용 예술대학교의 교수가 되어 학생들을 가르치고 있다.

BMW 중앙 빌딩
독일 라이프치히에 있는 BMW 중앙 빌딩은 자하 하디드가 설계했다. 그녀는 홍콩의 픽 클럽, 영국 웨일스의 카디프 베이 오페라 하우스 등을 설계했다.

기차 연착으로 탄생한 작가

● 조앤 K. 롤링 (1965~현재)

1990년에 조앤 K. 롤링이 맨체스터에서 런던행 기차를 타고 여행할 때였다. 런던의 부모님 댁으로 가던 그녀가 탄 기차가 고장이 나서 정차하는 일이 벌어졌다. 시골 한복판에서 4시간이나 꼼짝 없이 갇히게 된 그녀는 점점 무료해지기 시작했다.

영화 〈해리 포터와 아즈카반의 죄수〉
《해리 포터》 시리즈의 첫째 작품인 《해리 포터와 마법사의 돌》은 1997년에 출판되었다. 이 작품이 큰 성공을 거두면서, 영화와 비디오 게임 및 다양한 상품들이 제작되었다.

그러다 무료한 시간을 달래기 위해 상상에 잠겼다. 어릴 때부터 자기가 지어낸 이야기를 친구들에게 들려주는 것을 좋아했던 그녀는 금세 상상 속으로 빠져들었다.

'마법 소년이 있었어. 그런데 소년은 자신이 마법사라는 사실을 알지 못하고 있지. 그러다 우연히 마법 학교에 들어가게 되면서 사건들이 벌어지는 거야.'

조앤은 자신의 아이디어가 마음에 들었다.

"주인공은 11살부터 17살까지 나이로 하고, 학교생활을 소재로 하며, 일곱 권짜리 시리즈를 만드는 거야!"

그녀는 자신의 아이디어에 구체적으로 살을 붙이기 시작했다. 그래서 5년 후에 첫 권을 완성했다. 이 책이 바로 《해리 포터》였다.

그녀의 책은 이전까지 마법을 소재로 한 이야기가 많지 않았던 출판계에 신선하게 다가왔다. 《해리 포터》는 출판된 후 전 세계적으로 엄청난 돌풍을 일으키며 베스트셀러에 올랐다.

상상에서 비롯된 작은 아이디어 하나가 그녀를 세계적인 작가로 만들었다.

자신만의 세계를 표현한 화가

● 조지아 오키프 (1887~1986)

미국 뉴욕의 유명한 사진가에게 예술성을 인정받은 조지아 오키프가 본격적으로 작품 활동을 시작할 때였다. 그 당시에는 여성 작가를 인정하지 않았기 때문에 그녀는 쉽게 인정받지 못했다.

꽃을 주제로 한 그녀의 그림을 보고 사람들이 말했다.

"꽃 따위를 그림으로 그리다니 한심하군."

조지아 오키프는 그런 사람들에게 이렇게 받아쳤다.

"아름다운 것을 아름답다고 하는 게 왜 이상하죠? 풍경화에서 사람을 작게 그리는 것은 이상하게 생각하지 않으면서 꽃을 크게 그리는 것에 대해서는 왜 이유를 묻느냐고요!"

언제나 자신의 감정에 충실하고 당당하게 표현했던 조지아 오키프는 여성을 무시하는 예술계에 대해서도 당당하게 말했다.

"여성이 남성과 같은 대접을 받기 위해 남성과 같이 행동할 것이 아니라 남성과 같은 책임감을 갖춰야 한다고 생각해요."

그녀는 여성으로서의 감성과 예술혼을 더욱 발전시켜 열정적이고 아름답게 자신만의 세계를 표현했다. 그래서 20세기 현대 미술에서 최고의 화가로 자리 잡았다.

조지아 오키프의 작품
미국의 화가인 오키프는 자연에서 많은 생각을 찾아내기로 유명했다. 그녀는 꽃의 사물화로 널리 알려졌다.

세계인들이 가장 사랑한 요리 연구가

● 줄리아 차일드 (1912~2004)

줄리아 차일드가 37살이 되던 해, 그녀의 남편은 그녀를 유명한 프랑스 레스토랑에 데려 갔다. 깔끔한 정장을 입은 웨이터가 그들에게 인사했다.

"집에서 간단히 먹어도 되잖아요?"

비싼 레스토랑에 온 줄리아는 내심 마음에 걸려 남편에게 말했다. 다시 나타난 웨이터가 주문한 요리를 하나씩 가져오기 시작했다.

"오늘의 특별 메뉴인 생선 요리입니다."

웨이터가 은쟁반의 뚜껑을 열자 줄리아는 자기도 모르게 환성을 질렀다. 쟁반 위에 담긴 것은, 요리라기보다는 예술에 가까웠다. 부챗살처럼 잘 발라진 생선이 여러 가지 장식용 채소와 함께 아름답게 꾸며져 있었던 것이다.

"맙소사, 이 아까운 걸 어떻게 먹어요?"

그녀는 조심스럽게 생선을 먹었다. 뒤이어 나온 다른 요리들 역시 마찬가지였다. 요리도 예술이 될 수 있다는 것을 그녀는 처음으로 깨달았다. 그리고 아름다운 요리들을 자기 손으로 직접 만들어 보고 싶었다.

마흔이 다 된 나이에 그녀는 파리의 요리학교에서 공부했다. 그렇게 13년이 지난 뒤, 그녀는 자신의 이름으로 요리 책을 냈다. 반응은 폭발적이었고, 그녀는 순식간에 유명 요리사로 떠올랐다.

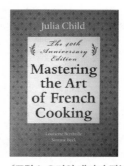

《프랑스 요리의 대가가 되는 길》
줄리아 차일드의 《프랑스 요리 예술의 대가가 되는 길(Mastering the Art of French Cooking)》은 베스트셀러가 되었다. 차일드는 보스턴의 텔레비전 방송에서 널리 인기를 끌게 된 요리 프로그램 '프랑스 요리사'를 진행하기도 했다.

세계적인 명품을 만든 디자이너

◉ 코코 샤넬 (1883~1971)

어렸을 때 부모님을 잃은 샤넬은 고아원을 전전하다 파리에서 가수 생활을 했다. 그러나 그녀는 자신에게 가수의 재능이 없다는 것을 깨달았다. 고민하던 그녀 앞에 한 젊은 장교가 나타났다.

"마침 가정부가 필요하던 참이었는데, 내 집에서 살며 집안일을 돌봐 주지 않겠소?"

그녀는 장교의 집에서 가정부 일을 시작했다. 식구들이 많이 딸리지 않았기 때문에 일은 별로 고되지 않았다. 그녀는 하루에도 몇 번씩 화려한 옷차림을 한 여인들이 손님으로 들락거리는 것을 보았다.

그러던 어느 날, 손님으로 와 있던 한 여인이 불평을 했다. 장교와 함께 말을 타기로 했는데 깜박 잊고 승마복을 갖고 오지 않았다는 것이었다.

골똘히 생각하던 샤넬은 곧 좋은 생각을 떠올렸다. 낡아서 입지 않은 장교의 승마복을 여성의 체형에 맞게 수선했던 것이다. 손님은 만족하며 샤넬의 솜씨를 칭찬했다.

그 후, 파리로 온 샤넬은 디자인 관련 일을 하기로 결심했다. 많은 여성들이 활동적이지 못한 옷 때문에 불편함을 겪고 있었기 때문이었다. 장식을 과감히 없앤 그녀의 옷들을 여성들이 즐겨 입기 시작했다. 파리에서 차츰 인기를 얻게 된 샤넬은 가장 유명한 디자이너가 되었으며, 그녀의 이름을 딴 브랜드 '샤넬'은 오늘날 명품이 되었다.

샤넬
코코 샤넬은 1910년에 파리에 '샤넬 모드'라는 모자 전문점을 개업한 이후 샤넬을 세계적인 명품으로 만들었다. 1955년 샤넬은 '과거 50여 년간 큰 영향력을 가진 패션디자이너'로서 오스카 상을 수상했다.

세상을 독특하게 바라본 사진작가

● 티나 모도티 (1896~1942)

붓을 들고 그림을 그리고, 악기를 연주하는 것보다도 그녀는 사진기를 들고 세상을 찍는 것이 좋았다. 사진이야말로 세상을 기록하는 가장 감동적이고 직접적인 도구라고 생각했다.

그녀는 세상을 향해 렌즈를 들이밀고 셔터 소리를 듣는 순간을 좋아했다. 셔터 소리가 귓가에 울려 퍼지면 그 순간 그녀의 세상이 완성되는 것 같았기 때문이다.

"아무리 좋은 순간이라도, 내 생각을 집어넣을 수 없다면 무의미해요. 카메라는 나의 눈이자, 내 생각을 사람들에게 보여 줄 수 있는 도구라고 생각해요."

그녀의 스승이자 사진작가인 에드워드 웨스턴은 인화된 그녀의 사진들을 바라보면서 흐뭇하게 미소 지었다. 그녀의 사진들은 굉장히 새로웠다.

"사람들에게 네 사진을 보여 줘. 네 생각이 무엇인지 알 수 있을 거야."

그녀는 에드워드 웨스턴의 충고에 따라 국제적인 전시회에 작품을 내놓았다. 그녀의 사진을 본 사람들은 모두 사진에 빠져들었다. 독특한 형식으로 색다른 느낌을 준 것이었다.

"새로운 구성에 새로운 생각이네요. 정말 좋아요."

비평가들은 그녀의 사진을 칭찬하기에 바빴다. 그녀의 작품은 널리 알려졌고, 독특한 세계를 지닌 사진작가로 인정받게 되었다.

티나 모도티의 작품
티나 모도티는 독특한 사진으로 주목받았다. 그녀는 에드워드 웨스턴과 함께 전시회를 자주 열었다.

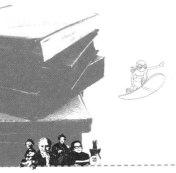

인간의 어두운 본성을 파헤치다

○ 패트리샤 하이스미스 (1921~1995)

창의성
39

패트리샤 하이스미스는 범죄 소설이라는 장르를 개척한 작가이다. 그녀에게 어느 신문 기자가 물었다.

"혹시 리플리 증후군이라고 들어 보셨나요?"

"내가 쓴 소설의 주인공 이름인데, 그것과 관련이 있나요?"

"맞습니다. 신분 상승의 욕구에 사로잡혀 거짓으로 자기 자신을 포장하고 환상에 사로잡혀 살게 되는 인격 장애를 말합니다. 바로 선생님 소설의 인물이 만들어 낸 겁니다."

"선생님은 인기 비결이 뭐라고 생각하십니까?"

"잔인한 이야기를 아무 감정 없는 말투로 무덤덤하게 늘어놓는 대담함?"

"어떤 독자는 선생님 책을 덮고 나서도 마치 등장인물이 된 것처럼 공포에 떨었다고 합니다. 선생님의 소설은 적나라하고 충격적인데 이야기의 영감은 어디서 얻으시나요?"

"내가 어릴 때는 좋은 생각을 할 만한 환경이 아니었어요. 그러다 보니 어두운 생각을 많이 하게 됐지만, 그 경험들이 이야기의 소재로 제공됐으니 꼭 나쁘다고는 할 수 없겠네요."

패트리샤는 1950년에 《열차 안의 낯선 자들》로 세상의 주목을 받았으며, 《톰 리플리 시리즈》등의 탁월한 심리 묘사로 많은 사랑을 받고 있었다.

자신의 어두운 과거를 이야기로 지어낸 그녀의 소설들은 많은 작가들에게 영감을 주었다. 그리고 수많은 영화감독들에 의해 20편 넘게 영화로 제작되었다.

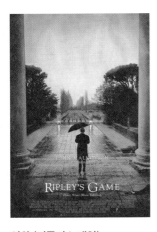

영화 〈리플리스 게임〉
〈리플리스 게임〉은 패트리샤 하이스미스의 소설을 영화로 만든 것이다. 2002년에 개봉한 이 영화는 영화의 주인공 리플리의 잔인한 복수극을 담았다.

현대 표현주의 무용의 대가

○ 피나 바우쉬 (1940~2009)

창의성
40

피나 바우쉬
피나 바우쉬는 춤, 연극, 노래, 미술의 경계를 허문 양식인 '탄츠테아터'로 20세기 현대 무용의 흐름을 바꿨다.

피나 바우쉬는 미국 줄리어드 음악원에서 공부하고 연극과 춤의 경계를 넘나드는 새로운 무용을 선보였다. 그랬던 그녀가 지방 도시의 무용단 단장으로 활동할 때였다.

"지금 무대에 물을 채우자는 말씀이십니까? 그것도 무릎이 잠길 정도로요?"

"그래요. 연극적인 무대 장치를 이용하는 겁니다."

단원들이 반대했지만 그녀는 멈추지 않았다. 어느 날은 무대 위에 모래판을 만들어 그 위에 난파한 배를 등장시키거나 심지어 무대 위에서 사슴이 뛰어놀도록 했다.

이전까지 무용은 단출한 무대 위에서 열리곤 했다. 하지만 그녀는 연극적인 요소를 무용에 도입했다. 무대와 소품을 통해 극적인 면을 보여 주고자 했던 것이다.

또한 전통적인 것에서 벗어난 음악과 미술을 도입하면서 일개 지방 도시의 무용단에 지나지 않았던 무용단을 세계적인 무용단으로 키워 놓았다.

"피나 바우쉬는 무용을 근본적으로 재창조해 냈다. 그녀는 지난 50년을 빛낸 가장 위대한 개혁가 중 한 명이다."

그녀는 이런 평가를 받았다. 그녀는 지금도 독일인뿐만 아니라 전 세계인의 사랑을 가장 많이 받고 있는 무용수로 꼽히고 있다.

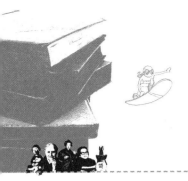

스팀 청소기를 발명한 주부

○ 한경희 (?~현재)

'**대체** 언제까지 이렇게 걸레질을 해야 하는 걸까?'

한경희는 무릎을 굽히고 바닥을 닦는 고된 걸레질을 대한민국의 모든 주부들이 매일같이 하고 있다는 사실이 못마땅했다.

'걸레질만큼이라도 더 편하고, 깔끔하게 할 수 없을까?'

그녀는 계속 이 문제를 고민했고, 그러다 마침내 한 가지 아이디어를 떠올렸다. 서서 바닥을 닦을 수 있는 걸레를 만들어 내자는 것이었다. 스팀 청소기를 만들면, 기존의 걸레질보다 훨씬 효율적으로 할 수 있을 것 같았다.

그녀가 이 계획을 말했을 때, 대부분의 사람들이 부정적인 반응을 보였다. 하지만 곧바로 스팀 청소기를 개발하기 시작했다.

그녀가 만든 스팀 청소기는 몇 번씩이나 문제를 일으켰고, 그때마다 처음부터 다시 시작해야 했다. 하지만 그녀는 포기하지 않았다. 밤을 새우며 스팀 청소기를 개발했다.

'반드시 이걸 만들 수 있어. 반드시 만들고 말 테야!'

피나는 노력 끝에, 마침내 스팀 청소기는 세상의 빛을 볼 수 있었다. 출시되자마자 스팀 청소기는 불티나듯 팔렸고, 특허까지 받게 되었다. 외국에서도 많은 인기를 얻은 스팀 청소기는 청소 문화를 바꿔 놓았다.

한경희는 스팀 청소기에 이어 스팀 다리미, 정수기 등도 발명해 큰 인기를 얻었다.

한경희 스팀 다리미
한경희는 자신을 이름을 딴 '한경희 스팀 청소기'
를 발명했다. 그녀는 한경희생활과학의 대표로
활동하고 있다.

한국 여성 발명가 협회를 만들다

◉ 한미영 (1956~현재)

한미영은 발명가가 되어 처음으로 활동했을 당시, 세상의 편견에 깜짝 놀랐다.

"무슨 일로 오셨어요, 아줌마?"

발명 특허를 신청하려고 사무실에 방문했을 때 담당자가 그녀에게 물었다. 그녀가 자신이 발명한 물품들의 용도를 설명하고, 특허를 받고 싶다고 하자 담당자가 혀를 찼다.

"아줌마 혼자서 이런 일을 하는 걸 보면 아저씨 사업이 제대로 안 돌아가나 보죠?"

그녀가 자신을 발명가라고 소개하면, 사람들은 대뜸 이런 질문을 하기 일쑤였다.

"아줌마가 웬 발명? 발명 같은 건 과학자들이 하는 거 아닌가요?"

여성 발명가가 제대로 인정받지 못하고 있다는 것을 깨달은 그녀는 여성들을 위한 협회를 만들기로 결심했다. 그렇게 탄생한 것이 '한국 여성 발명가 협회'였다.

"발명은 특별한 사람들만 하는 게 아닙니다. 평범한 사람들도 발명가가 될 수 있습니다. 여성 발명가로서 많은 편견에 부딪혔는데, 발명은 누구라도 할 수 있는 일입니다. 그러니 더 이상 편견을 갖지 않았으면 좋겠습니다."

2003년에 한국 여성 발명가 협회를 만든 그녀는 지금까지 좋은 활동을 펼치고 있다.

한국 여성 발명가 협회
한미영이 2003년에 만든 한국 여성 발명가 협회는 여성 발명가를 육성하고 지원하는 단체이다.

대중에게 그림을 쉽게 소개하다

○ 한젬마 (1970~현재)

창의성
43

'그림 읽어 주는 여자'로 널리 알려진 한젬마는 국내 최초의 미술 전문 방송인이다. 그녀는 서울대학교에서 미술을 공부하고 전시회도 여는 등 잘나가는 미술가가 되었다. 그런 그녀는 이렇게 생각했다.

'미술은 수준 높은 감상자나 화가, 평론가에게만 사랑받는 것이 아니라 대중과 가까워져야 한다!'

그러면서 자신을 '그림 DJ'라고 말했다.

"그림은 감상하는 사람의 보는 눈이 가장 중요합니다. 그림 감상에는 정답이 없어요! 저는 미술 평론가가 아니라 대중에게 그림을 들려주는 그림 감상 도우미일 뿐이지요."

대중적인 입담으로 풀어내는 그녀의 책은 많은 사람들에게 멀고 어렵게만 느껴지던 그림의 세계를 보다 친숙하고 가깝게 해 주었다.

"그림 앞에서 괜히 주눅 들 필요가 없어요. 느낌이 없으면 없는 것 자체가 그림 평일 수 있고, 편안하게 상상하는 것이 진짜 그림 즐기기입니다. 그런 의미에서 느낀 것, 상상한 것을 거리낌없이 말하고 그리는 아이들의 태도가 아마 가장 훌륭한 그림 감상법일 거예요."

누군가 '그럼, 아이들이 바로 피카소의 스승이겠네요?'라는 물음을 던지면, 그녀는 주저 없이 '맞아요.'라고 말하며 자신도 그림을 제멋대로 보는 여자라며 깔깔깔 웃는다. 그녀는 많은 사람들을 그림의 세계로 초대하고 있다.

《화가의 집을 찾아서》
한젬마는 《화가의 집을 찾아서》, 《나는 그림에서 인생을 배웠다》, 《그림 엄마》 등의 미술 관련 서적을 발표했다.

새로운 무선 기술을 발명한 영화배우

● 헤디 라머 (1913~2000)

전쟁이 또다시 발발할지도 모른다는 소문이 돌고 있을 때, 헤디 라머는 할리우드로 향했다. 동료인 조지와 하고 있던 연구를 마무리 짓기 위해서였다.

"무선으로 조종할 때 가장 큰 문제는 다른 전파의 방해를 받는다는 거야."

새로운 작품을 구상하고 있던 조지 앤사일이 문득 전파의 문제점에 대해 이야기를 꺼냈고, 헤디는 거기에 맞장구를 쳤다. 물리학 쪽에 관심을 갖고 있던 그녀 역시 전파에 많은 문제가 있다는 것을 알고 있었다.

'내 뜻대로 움직일 수 있는 전파를 발명할 수는 없을까?'

여러 가지 얘기를 나누던 중 그녀와 조지는 그 어떤 것에도 방해받지 않는 전파를 만들기 위해서 전파 연구를 함께하기로 했다. 계속된 연구 끝에, 그들은 마침내 잠수함의 어뢰를 통제할 수 있는 전파 기술을 발명했다. 여태까지 볼 수 없었던 새로운 기술이었기에, 그들은 곧바로 군대에 보고했다. 그러나 돌아온 답변은 실망스러웠다.

"이 기술은 현실성이 없군요. 차라리 지금까지 쓰던 방식이 나을 것 같습니다."

결국 그녀의 발명은 거의 10년 동안 묻혀 있었다. 그러나 1962년에 그녀의 기술은 다시 주목받았고, 새로운 무선 기술을 발전시키는 데 이용되었다. 그녀의 발명이 없었다면 오늘날의 상업용 무선 기술은 만들어지지 못했을 것이다.

헤디 라머
헤디 라머는 〈삼손과 데릴라〉, 〈엑스터시〉 등의 영화에 출연한 할리우드 배우였다.

닭을 주인공으로 한 동화 작가

○ 황선미 (1963~현재)

황선미는 가난한 집에서 태어났다. 방 하나에서 여러 식구들과 한 이불을 덮고 잠을 자면서도, 가족에 대한 사랑을 키워 나갔다.

세월이 흘러 동화 작가가 된 그녀는 《마당을 나온 암탉》을 쓰려고 했는데, 많은 반대에 부딪혔다.

"주인공이 왜 하필 닭인 겁니까?"

출판사에서는 닭을 주인공으로 등장시킨 것을 마음에 들어 하지 않았다.

"아이들에게 좀 더 친근한 동물들은 얼마든지 있지 않습니까? 개나 고양이, 곰, 소가 좋지 않나요? 닭, 그것도 암탉이 주인공인데 아이들이 좋아할지 모르겠군요."

"하지만 닭도 가정에서 키우는 동물이에요. 아이들이 언제든지 볼 수 있는 그런 동물이잖아요."

그녀는 출판사의 반대에 굴하지 않고 반드시 닭을 주인공으로 내세우고 싶었다. 아무도 주시하지 않는 닭을 통해 틀에 박힌 생활을 해야 하는 현대인의 고달픈 삶과 거기에서 벗어나는 모습을 그리고 싶었던 것이다.

결국 출판사는 그녀의 뜻을 받아들여 책을 출판했다. 닭이 주인공이어서 인기가 없을 거라던 예상과는 달리, 책은 입소문을 타고 날개 돋친 듯 팔려 나갔다. 양계장을 벗어나 세상으로 나온 닭에게 사람들은 박수를 보냈고, 애니메이션으로도 만들어져 큰 인기를 얻었다.

암탉
황선미는 아무도 주목하지 않았던 암탉을 동화의 주인공으로 등장시켰다. 암탉이 주인공으로 등장한 《마당을 나온 암탉》은 큰 인기를 얻었다.

전통 화장실 해우소를 널리 알리다

○ 황지해 (1976~현재)

영국 런던에서는 매년 5월에 첼시 플라워 쇼를 개최하고 있다. 영국 왕립 원예 협회가 주관하는 이 행사는 무려 180년의 전통을 자랑하는 세계적인 축제로, 세계 최고 권위의 정원 및 원예 박람회로 인정받고 있었다.

이 행사에 한국의 정원이 최초로 선을 보였다. 환경 미술가이자 정원 디자이너인 황지해 작가는 우리의 전통 화장실인 '해우소'를 작품으로 출품한 것이다.

"뭐라고요? 지금 주제가 화장실이라고 했나요?"

"네, 맞습니다."

전 세계의 꽃과 정원이 전시되는 곳에 화장실을 전시하겠다는 그녀의 말에 영국 왕립 원예 협회는 어이없다는 반응을 보였다. 하지만 황지해의 설명을 들은 사람들은 한국의 전통 화장실 해우소가 지닌 멋에 대한 생각을 바꾸었다. 더군다나 정원 앞에서 가야금 연주를 선보이면서, 한국의 전통 정원과 한국의 전통 음악이 어우러지는 풍경을 연출해 영국 공영방송 BBC를 비롯한 해외 언론들의 집중 조명을 받으며 관객들의 시선을 집중시켰다. 그 결과, 최고상인 금상을 수상했다.

황지해는 앞으로 한국 정원 문화의 아름다움을 널리 알리겠다고 수상 소감을 밝혔다.

해우소
해우소는 우리나라의 전통 화장실이다. 해우소는 '근심을 푸는 곳'이라는 뜻을 갖고 있다.

7

집중력을 키우는 힘,

탐구

암세포를 죽이는 약을 개발하다

◎ 거트루드 엘리언 (1918~1999)

병원 실습을 나간 거트루드는 한 암 환자를 보게 되었다. 해골처럼 마른 몸에 창백한 안색의 환자는 금방이라도 숨이 넘어갈 것 같았다. 거트루드는 자기도 모르게 입을 열었다.

"몸은 좀 괜찮으세요? 많이 불편하신가요?"

"괜찮기는요. 죽지 못해서 살고 있는걸요."

"혹시 많이 불편하신 곳이 있다면 알려 주세요."

거트루드의 말에 잠시 망설이던 환자가 말했다.

"암은 무서운 병이지만, 그렇다고 암이 무섭거나 불편한 건 아닙니다. 내가 가장 불편해 하는 건 따로 있어요. 매일 복용하는 약이 나를 아주 불편하게 만들고 있죠."

환자가 서랍을 열어 자신이 복용하고 있는 수북한 약들을 보여 주었다.

"이 약을 먹을수록 자꾸만 몸이 더 약해지는 것 같단 말입니다. 이럴 바에야 차라리 약을 먹지 말까 하는 생각까지 하게 된다니까요."

환자의 말에 충격을 받은 거트루드는 약의 문제점을 연구해 보기로 결심했다. 그동안 암 환자가 복용하는 약은 암세포를 죽일 뿐만 아니라 정상 세포까지 죽이고 있었다. 때문에 환자들은 급격히 몸이 약해졌고, 약을 복용해도 나아질 기미가 보이지 않았던 것이다.

거트루드는 정상 세포는 보호하고 암세포만 죽이는 약을 만들기로 했다. 수년 동안의 연구 끝에 마침내 새로운 약이 나왔고, 그것을 복용한 암 환자들은 예전보다 좋은 결과를 보였다.

거트루드 엘리언
거트루드 엘리언은 백혈병과 대상포진 등의 질병 치료제를 개발한 공로로 1988년에 히칭스, 제임스 블랙과 함께 노벨 생리 의학상을 받았다.

돌을 보며 잡념을 없애는 바둑 기사

● 고바야시 이즈미 (1977~현재)

탐구
02

바둑 기사를 꿈꾸는 한 남자가 일본 최고의 바둑 기사인 고바야시에게 말했다.

"바둑을 둘 때마다 자꾸 딴생각이 들어서 집중할 수가 없습니다. 어떻게하면 마음의 잡념을 없앨 수 있을까요?"

"저도 처음에는 잡념 때문에 고생을 좀 했죠. 방법을 알려 드릴 테니 내일 저희 집에 오시겠어요?"

다음 날 남자는 약속한 대로 그녀의 집으로 찾아왔다. 툇마루에 앉아있던 고바야시가 직접 남자를 맞았다.

"집중하는 방법을 알고 싶다고 하셨죠? 잠시만 기다리세요."

남자는 뭔가 특별한 비법이 있을 거라고 기대했다. 그런데 정원에 나간고바야시가 작은 돌멩이 하나를 갖고 오더니 남자 앞에 내려놓았다.

"저 돌을 보며 오직 돌에 대한 것만 생각해 보십시오."

그러면서 고바야시는 흐트러짐 없는 자세로 돌을 보고 있었다.

"이게 바로 제가 잡념을 몰아낼 때 쓰는 방법입니다. 무생물을 보며 무생물에 집중하려고 노력하면 모든 걸 잊을 수 있습니다."

중요한 대회가 있을 때마다 돌을 보며 명상한다는 고바야시의 말에 남자는 감탄했다.

고바야시 이즈미
일본 최고의 바둑 기사 고바야시 이즈미는 두 아이의 엄마이자 한 남자의 아내이다.

컴퓨터 발전에 기여한 과학자

○ 그레이스 호퍼 (1906~1992)

기술자였던 할아버지의 영향을 받은 그레이스 호퍼는 어려서부터 과학에 관심이 많았다.

1952년, 그레이스는 군대를 전역하자마자 컴퓨터 회사에 시스템 엔지니어로 취직했다. 그녀가 맡은 일은 계산을 담당하는 컴퓨터에 문제가 생기지 않도록 관리하는 일이었다. 하지만 컴퓨터는 늘 문제를 일으켰고, 직원들은 그럴 때마다 그레이스를 찾았다.

"그레이스, 계산이 제대로 되지 않는 것 같아요."

하루에도 몇 번씩 문제를 일으키는 컴퓨터를 보며, 그녀는 해결책이 없을까 궁리하기 시작했다. 계산이 한 번 잘못되면 그동안 했던 일을 처음부터 다시 해야만 했다.

"쉽고 빠르게 계산할 수 있는 컴퓨터가 나오면 좋을 텐데."

어느 날, 직원들이 나누는 대화를 듣고 있던 그레이스의 머리에 반짝 생각이 떠올랐다.

'컴퓨터를 고칠 수 없다면 차라리 컴퓨터 자체를 바꿀 수 있는 프로그램을 만들자!'

그녀는 2년 만에 새로운 프로그램을 만들 수 있었다. '미분 해석기'라고 이름 붙인 이 프로그램은 그동안 문제만 일으켰던 컴퓨터를 놀랍게 바꾸었다.

"이 컴퓨터 안에 수학을 아주 잘하는 사람이 숨어 있는 게 아니오?"

그레이스가 발견한 프로그램을 보고 한 교수는 어처구니없는 질문까지 하고 말았다. 이 프로그램은 컴퓨터가 발전하는 데 큰 도움이 되었다.

그레이스 호퍼
그레이스 호퍼가 개발한 '미분 해석기'는 한 사람이 6개월간 매달린 복잡한 함수를 18분 만에 해결함으로써 많은 사람들을 놀라게 했다.

필리핀과 한국을 잇다

○ 글로리아 마카파갈 아로요 (1947~현재)

"세계 평화에 몸 바친 조영석 박사(1921~2012, 경희대학교 총장을 지냈다.)는 인간적이고 안정적인 사회를 꿈꾸었습니다."라고 글로리아 마카파갈 아로요는 2010년 10월에 우리나라에 방문해 강연회에서 말했다. 필리핀 대통령을 지냈던 그녀는 늘 '인간적인 사회'가 되어야 한다고 강조했다. 그리고 그것을 한국의 조영식 박사의 삶과 연관 지어서 설명한 것이다.

그녀는 대통령 시절부터 퇴임 후까지 한국의 장점을 배우려고 노력했다. 그녀는 한국과 인연이 깊다. 1950년에 한국 전쟁이 일어나자 필리핀군을 한국으로 파병하도록 한 사람이 바로 그녀의 아버지인 마카파갈 전 대통령(당시 상원 의원)이었기 때문이다. 당시만 해도 한국은 변방의 작고 가난한 국가였다.

하지만 이제는 한국을 배우고 협력하기 위해 다시 찾은 것이다.

"아시아는 하나입니다. 경제적으로 문화적으로 더욱 협력해야 해요. 아시아의 문화는 서구의 문화와 달리 인간 중심적이기 때문입니다."

그녀의 아버지는 1966년에 경희대에서 명예 문학 박사 학위를 받았고, 그녀 역시 1998년에 경희대에서 명예 행정학 박사 학위를 받았다. 그녀는 1995년 〈아시아 위크〉가 선정한 '아시아에서 가장 영향력 있는 여성 정치인'으로 선정되었다.

글로리아 마카파갈 아로요
글로리아 마카파갈 아로요는 2001년부터 2010년까지 필리핀의 제14대 대통령을 지냈다.

즐기면서 연구하는 과학자

○ 김빛내리 (1969~현재)

서울대학교 생명과학부 연구소에 이른 아침부터 전화벨이 울렸다. 한 연구원이 수화기를 들었다.

"연구 결과가 아직 도착하지 않아서 전화 드렸는데, 어떻게 된 건가요?"

"네? 연구 결과요? 실례지만, 누구신지요?"

연구원이 깜짝 놀란 목소리로 묻자, 수화기 저편에서 대답이 들려왔다.

"연구원 김빛내리입니다."

전화를 건 사람이 김빛내리라는 것을 깨닫고 연구원은 당황하고 말았다. 그녀는 둘째 아이를 출산하기 위해 휴가를 신청해 놓은 상태였다. 병원에서 안정을 취하고 있어야 할 산모가 이른 아침부터 전화를 한 것이었다.

"뭐 하고 계시는 거예요? 안정을 취하셔야죠!"

병원에서 열심히 자료를 들여다보고 있던 그녀를 본 간호사가 허둥지둥 달려왔다. 그러나 김빛내리는 아랑곳하지 않고 말했다.

"계속 이렇게 아무것도 하지 않고 있으면 연구가 진척되지 않거든요."

퇴원해서도 늦은 시간까지 앉아서 일을 하고 있는 그녀를 보고 한 연구원이 물었다.

"교수님, 그렇게 열심히 하시면 피곤하시지 않으세요?"

"내가 좋아서 하는 일인데 그런 걸 생각할 리가 있겠어요?"

연구에 대한 열정이 강한 그녀는 오늘도 생명공학을 연구하고 있다.

김빛내리
항상 즐거운 마음으로 생명공학을 연구하고 있는 김빛내리는 2011년에 노벨상 후보자로 이름이 올랐다.

경험한 일들을 소재로 삼다

○ 김은숙 (1973~현재)

김은숙 작가는 어릴 적부터 이야기를 만드는 작가가 되고 싶었다. 그녀는 서울예술대학 문예창작학과에서 공부한 뒤 극작가가 되었다. 드라마 〈시크릿 가든〉이 큰 인기를 얻자, 작가에 대한 관심도 높아졌다. 사람들은 기존의 드라마에서 볼 수 없었던 표현력을 좋게 평가했다. '재벌과 평범한 여성의 사랑'은 기존의 드라마에서도 자주 볼 수 있었던 이야기인데, 이런 이야기를 바탕으로 새로운 캐릭터들을 만들어 냈기 때문이었다.

서울예술대학
김은숙이 졸업한 서울예술대학은 드라마 작가와 배우, 가수 등 수많은 방송인을 배출한 학교이다.

"드라마를 보면 인물들의 대사가 무척 신선하던데, 어떻게 그런 걸 생각하게 되셨나요?"

인터뷰를 하던 중, 한 기자가 질문하자 김은숙이 수줍게 웃으며 말을 이었다.

"저는 그냥 사랑에 빠진 사람들이 흔히 나누는 대화를 생각하며 쓴 건데, 시청자분들은 그게 아니었나 봐요. 드라마 속의 주인공들이 나누는 대화의 대부분은 저와 제 남편이 나눴던 대화예요."

그녀는 글을 쓸 때에 멀리서 주제를 찾으려 하지 않고 항상 가까이에서 찾으려 노력했고, 이번 드라마 역시 남편과 연애하던 시절에 겪었던 일들을 떠올리며 쓴 것이다.

"멀리서 주제를 찾으면 힘들어요. 제대로 찾을 수도 없고요. 자신이 직접 경험해 본 일을 쓰는 것이야말로 생생한 느낌을 줄 수 있다고 생각해요."

평범한 이야기를 독특하게 만들어 내는 재주를 가진 김은숙 작가는 오늘도 열심히 새로운 이야기를 구상하고 있다.

인간 심리를 포착한 프랑스 작가

○ 나탈리 사로트 (1900~1999)

나탈리 사로트는 《황금의 과실》, 《불신의 시대》 등의 책을 펴내며 프랑스의 대표적인 작가가 되었다. 사로트는 누구도 생각하지 못했던 마음속의 미세한 움직임을 표현하는 작가였다.

하지만 그녀의 작품은 처음에는 인정받지 못했다.

"너무 어려운 것 같아요."

"작품은 독자와 소통되어야 하는데 나탈리 사로트는 너무 자기 세계에만 빠져 있는 것 같군요."

그러나 사로트는 끊임없이 변화를 추구했다. 그런 그녀에게 누군가가 물었다.

"사로트, 당신에게 문학이란 어떤 거죠?"

사로트는 말했다.

"나에게 문학이란 미지의 현실을 드러내는 탐구와도 같습니다."

사로트는 끊임없이 변하는 인간 심리의 미세한 움직임을 탐구했다. 그러면서 자신만의 문학 세계를 완성해 갔다. 또한, 소설뿐만 아니라 희곡, 평론 등 다양한 글들을 집필했다.

그녀의 열정적인 작품 활동은 점점 사람들의 주목을 받으며 두터운 독자층을 확보했고, 국제적인 상을 받으며 그녀의 실력을 인정받았다.

나탈리 사로트
프랑스 작가 나탈리 사로트는 《황금의 과실》로
1963년에 국제출판사상을 받았다.

고릴라에게 평생을 바쳤던 동물학자

● 다이안 포시 (1932~1985)

소아과 의사였던 다이안 포시는 아이들에게 동물 이야기를 들려주곤 했다.

"선생님, 동물 얘기를 또 해 주세요."

"그래, 이번엔 무엇을 이야기해 줄까? 아, 고릴라 얘기를 해 줄까?"

그날도 여느 때와 다름없이 이야기를 막 시작하려던 찰나, 갑자기 한 아이가 비명을 지르며 귀를 막았다.

"고릴라 얘기는 듣기 싫어요! 무섭단 말이에요! 영화를 봤는데, 엄청나게 커진 고릴라가 사람들을 죽이고 건물을 부쉈어요. 고릴라는 무서운 동물인 것 같아서 싫어요!"

아이가 이야기한 것은 다름 아닌 〈킹콩〉이라는 영화였다. 영화를 본 대부분의 아이들은 고릴라를 무서운 동물로 여겼다. 다이안은 이런 편견에서 벗어나게 해 주고 싶었다.

일하고 있던 병원을 그만둔 뒤 그녀는 아프리카로 여행을 떠났다. 몸집이 크다는 마운틴 고릴라를 연구하기 위해서였다. 아프리카에서 그녀는 고릴라 연구소를 세웠다. 그렇게 2년이 지나자 처음에는 그녀를 경계하던 고릴라들도 그녀에게 다가와 장난을 쳤다. 그녀의 활동을 지켜본 사람들은 차츰 고릴라가 착하다는 것을 깨닫기 시작했다.

"인간만 느끼고 생각하는 존재가 아닙니다. 동물들 역시 마찬가지예요. 우리가 오직 인간의 눈으로만 이 아이들을 보기 때문에 그걸 깨닫지 못할 뿐이죠."

그러나 그녀는 고릴라를 밀렵꾼으로부터 보호하려다 세상을 떠났다.

고릴라
다이안 포시는 고릴라를 밀렵꾼들로부터 보호하려고 노력했는데, 1985년에 자신의 야영지에서 살해되었다.

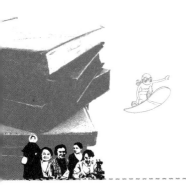

DNA의 구조를 발견한 화학자

⦿ 로잘린드 프랭클린 (1920~1958)

평화로운 어느 오후, 연구소에서 로잘린드의 비명이 들렸다.

"오, 이럴 수가! 맙소사, 이게 뭐지? 이런 건 처음이야!"

정원을 거닐고 있던 메링 박사가 허둥지둥 안으로 들어갔다. X선 촬영을 이제 막 끝마친 로잘린드가 환희에 가득 찬 표정으로 필름 한 장을 들고 있었다.

"이것 좀 봐요, 박사님!"

그녀가 내민 필름에는 이리저리 교차되어 있는 막대기 같은 것들이 잔뜩 찍혀 있었다.

"DNA(모든 생물의 세포 속에 있는 유전자의 본체)를 묶어서 X선으로 촬영했는데 이런 사진이 나왔어요!"

그녀가 찍은 사진에 나타난 DNA는 모두 두 종류였다. A형이라 이름 붙인 표본은 마른 모양이었고, B형이라 불린 다른 표본은 물에 젖은 것 같은 모양이었다. 그때까지 과학자들은 DNA는 한 가지 모양이라고 생각해 왔기에 그녀의 발견은 획기적인 것이었다.

"이것을 좀 더 연구하면 DNA의 구조를 알 수 있을 거예요."

그녀가 뛰어난 제자라는 점은 인정했지만, 메링 박사는 반신반의했다. 여태까지 DNA 연구에 성공한 연구자들이 거의 없었기 때문이었다.

1952년, 그녀는 DNA가 나선 구조로 되어 있다는 것을 밝혔다. DNA 공식을 푼 로잘린드는 노벨상 후보에 올랐지만, 안타깝게도 난소암으로 일찍 세상을 떠났다.

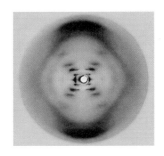

B형 DNA
영국의 과학자 로잘린드 프랭클린이 발견한 B형 DNA의 모습이다.

배움을 멈추지 않은 학자

○ 로절린 얄로우 (1921~현재)

방사선(방사성 원소의 붕괴에 따라 물체에서 방출되는 입자들)을 연구하기 위해 로절린은 한 병원에서 의사로 일하기 시작했다. 연구를 하던 중 틈을 내어 사람들과 교류했는데, 그중에는 환자들도 있었다.

어느 날, 로절린의 연구실에 한 남자가 꽃다발을 들고 방문했다. 그는 얼마 전까지만 해도 암세포 때문에 방사선 치료를 받았던 환자였다. 꾸준히 치료를 받은 덕분인지 병은 호전되었고, 그는 퇴원할 수 있었다.

"박사님이 없었다면 제 병은 절대 나아지지 않았을 겁니다. 이 꽃다발은 그런 의미로 드리는 거니, 받아 주십시오."

"이제 병도 나았으니 새로운 계획을 세워야 하지 않나요? 하고 싶은 것은 없어요?"

"글쎄요, 하고 싶은 거라……. 아, 바이올린을 배우고 싶군요."

"멋지네요. 지금 당장 바이올린을 배우세요."

"박사님, 그저 말이 그렇다는 것일 뿐이죠. 제가 지금 나이가 오십이 넘었는데 바이올린을 배울 수 있겠습니까? 뭔가를 배우는 건 젊은 사람들한테나 맞는 일이죠."

"나이 때문에 배우지 못하다는 건 편견일 뿐입니다. 당신이 열정을 갖고 무언가를 배우는 한 당신은 영원히 늙지 않을 거예요."

로절린은 '배우는 사람은 언제나 젊다.'고 생각하는 위대한 학자였다.

로절린 얄로우
로절린 얄로우는 1977년에 방사선 면역 측정법을 개발해 노벨 생리 의학상을 받았다.

어렸을 때 쓴 메모가 소설이 되다

◉ 루시 모드 몽고메리 (1874~1942)

루시 모드 몽고메리는 어렸을 때부터 글 쓰는 것을 좋아했던 소녀였다. 어느 봄날, 몽고메리는 우연히 옛날에 쓴 메모 수첩을 발견했다. 평소에 메모하는 습관이 있던 그녀가 적어 놓았던 것이었는데, 다음과 같은 글이 씌어 있었다.

'어떤 농부가 양자를 삼기 위해 사내아이를 고아원에 부탁했더니, 일이 잘못되어 여자아이가 오게 되었다.'

이 메모는 몽고메리가 이웃집에 어린 조카딸이 와서 사는 것을 보고 쓴 것이었다.

'아, 맞아. 그 여자아이가 고아가 아닐까 하는 엉뚱한 생각을 했었지.'

옛 생각에 잠시 웃음 짓던 그때, 문득 그녀의 머리에 좋은 아이디어가 떠올랐다.

'그래, 이 이야기를 써 보는 거야!'

몽고메리는 이 메모를 토대로 책을 완성해 출판사를 찾아갔다. 하지만 그녀의 원고를 받아 주는 출판사는 한 군데도 없었다. 할 수 없이 포기했다가 2년 후에 다시 읽어 보았다. 그런데 그냥 묻어 두기가 아까워 다시 출판사를 찾아갔고 마침내 그녀의 책이 출판되게 되었다.

이 소설이 바로 전 세계적인 베스트셀러 《빨간 머리 앤》이었다. 실수투성이에다 수다스럽지만 따뜻하고 정 많은 앤은 사랑스러운 주인공이었다. 할머니부터 어린이들에 이르기까지 모든 이들의 마음을 사로잡은 《빨간 머리 앤》은 발표된 지 100년이 지난 지금도 여전히 사랑받고 있다.

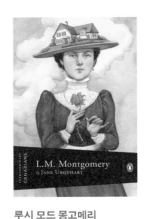

루시 모드 몽고메리
루시 모드 몽고메리는 캐나다의 작가이다. 그녀의 삶을 이해할 수 있는 자료로는 그녀가 남긴 일기, 원고 등이 있는데, 그녀의 생가는 박물관으로 보존되어 있다.

새로운 공식을 완성한 유대인 과학자

● 리제 마이트너 (1878~1968)

중요한 연구 발표를 앞두고 있던 리제는 베를린에 머물고 있었다. 제2차 세계 대전이 일어난 지 얼마 안 되었을 때였다. 나치의 탄압은 갈수록 심해지고 있었다.

"그들이 유대인들을 마구 학살한다고 들었어. 당신도 유대인이니 얼른 이곳을 뜨는 게 좋을 거야."

"하지만 발표해야 할 연구가 있다고요."

"연구는 전쟁이 끝난 뒤에도 얼마든지 할 수 있잖아. 목숨보다 더 중요한 건 없다고!"

결국, 리제는 동료인 오토 한의 조언을 받아들여 학교에 사표를 냈다. 그리고 나치를 피해 스톡홀름으로 거처를 옮겼다. 가족도 친구도 없는 낯선 땅에서 그녀는 하루하루를 불안에 떨며 지냈다.

그러나 자신이 하고 있던 물리학 연구를 반드시 끝마치고 싶었다. 그리하여 편지를 통해 오토와 연구에 대해 의논했다.

몇 년 후, 그녀는 핵분열에 관한 새로운 공식을 완성할 수 있었다. 그러나 숨어 사는 유대인의 신분으로 공식을 발표할 수는 없었다. 그런 그녀를 보고 오토가 자신이 대신 발표해 주겠다고 했다. 그리고 오토는 자신이 공식을 완성한 것처럼 발표했다. 많은 과학자들이 그를 칭찬했고, 그것으로 노벨상까지 받았다.

하지만 그녀는 오토를 원망하는 대신에 자신의 연구로 과학이 발전하게 된 것을 기뻐했다. 훗날 세상은 그녀의 존재를 알게 되었고, 더 이상 오토를 칭송하지 않았다.

리제 마이트너
리제 마이트너는 1962년 독일 괴팅겐대학교에서 도로테아 슐뢰처 메달을, 1966년 미국 원자에너지청에서 엔리코 페르미상을 받았다.

문화 인류학에 매료된 대학생

◉ 마거릿 미드 (1901~1978)

컬럼비아대학교에 다니고 있던 마거릿 미드는 영문학과 심리학을 전공하는 평범한 여학생이었다. 졸업이 다가오자 그녀 역시 장래에 대해 걱정하기 시작했다.

"마거릿, 영문학을 전공했으니 글을 써 보는 게 어때?"

친구들이 이것저것 조언해 주었지만, 그녀는 고개를 저을 뿐이었다. 전공을 살려 뭔가 뜻 깊은 일을 하고 싶었기 때문이었다.

그러던 어느 날, 한 친구가 복도를 걷고 있던 그녀의 손을 잡았다. '프란츠 보아스'라는 유명한 문화 인류학(생활 방식이나 사회 제도, 언어, 학문, 예술, 종교 등과 같은 문화의 전통과 발달 과정을 비교 연구하는 학문) 학자의 강의를 듣자는 말에, 그녀는 흥미를 느꼈다.

강의실에는 이미 많은 사람들이 와 있었다. 그녀는 뒷자리에 서서 연단에 오른 프란츠 보아스를 보았다.

별 생각 없이 강의를 듣고 있던 그녀는 곧 프란츠의 강의에 정신없이 몰두했다. 그의 목소리를 좀 더 잘 듣고 싶어서 사람들을 헤치고 앞으로 나갔다. 그날 이후, 프란츠 보아스가 강의를 하는 곳이면 그녀는 어김없이 나타났다.

"내가 앞으로 공부해야 할 것은 문화 인류학밖에 없어!"

문화 인류학에 완전히 매료된 그녀는 1925년에 사모아 섬으로 떠났다. 그곳에서 원주민들을 관찰하며 논문을 완성했고, 이 논문은 곧 미국에서 큰 화제가 되었다. 다시 미국으로 돌아와 박사 학위를 받은 뒤 그녀는 교수로 활동하며 인류학 분야에 많은 업적을 남겼다.

마거릿 미드
마거릿 미드는 《사모아의 성년》,《세 미개 사회의 성과 기질》,《남성과 여성》 등 많은 책을 지었다.

하나의 작품만 남긴 작가

○ 마거릿 미첼 (1900~1949)

"**할아버지**, 또 전쟁 이야기예요?"

　미국 남부에서 태어난 마거릿 미첼은 항상 남북 전쟁 당시를 이야기하는 할아버지가 싫었다. 그런데 어느 날 문득 마거릿의 머릿속에 한 가지 생각이 스쳤다.

　'그래, 내가 들었던 이야기를 소설로 만들어 보는 거야!'

　그날부터 그녀는 어린 시절부터 들었던 일화와 남부의 역사와 전쟁에 관한 자료들을 수집한 후 집필에 들어갔다. 그로부터 10년 후 마거릿은 1,000페이지에 달하는 장편 소설을 완성했다.

　출판된 책은 세밀한 시대 묘사와 섬세한 감정 표현으로 호평을 받으며, 폭발적인 인기를 얻었다.

　'남에게 지기 싫어하는 남부 여인과 남자, 그리고 남북 전쟁을 중심으로 파노라마처럼 펼쳐지는 대형 로맨스! 100만 부를 넘는 베스트셀러가 되다!'

　언론에 크게 소개되며 퓰리처상까지 받은 그녀의 소설은 바로 《바람과 함께 사라지다》였다. 인기의 여세를 몰아 3년 뒤에는 당대 최고의 배우였던 비비안 리와 클라크 게이블이 주연 배우로 출연하는 영화로 만들어져 아카데미 작품상을 비롯해 8개 부분을 수상하는 기록을 남겼다.

　그러나 안타깝게도 그녀는 불의의 교통사고로 세상을 떠났다. 비록 한 작품만을 남겼지만 그녀의 소설은 불후의 명작으로 사람들에게 기억되고 있다.

영화 〈바람과 함께 사라지다〉
이 영화는 마거릿 미첼의 소설 《바람과 함께 사라지다》을 원작으로 하여 만들어졌다.

역사의 현장을 기록한 사진작가

○ 마거릿 버크 화이트 (1906~1971)

사진기를 둘러매고 역사의 현장을 누비던 여성 사진작가가

있었다. 바로 마거릿 버크 화이트였다. 사람들은 그녀를 이렇게 평가했다.

"그녀는 충실한 사진 한 장을 위해서라면 빌딩 꼭대기에 주저 없이 올라갑니다. 아슬아슬한 곡예를 벌이며 사진을 찍었고, 격심한 폭격 현장에서도 물러서지 않고 앞으로 나아가 카메라를 들이댔죠."

마거릿 버크 화이트는 당시에 유일한 여자 사진작가였다. 그녀는 간디를 취재하기 위해 인도를 가게 되었다.

인도에서 그녀는 간디의 사상에 감명을 받고 마음먹었다.

'그저 겉핥기로 취재하는 것이 아니라 인간의 마음까지 담아내 보자.'

간디를 제대로 취재하기 위해 버크 화이트는 인도인의 상징인 물레질까지 배웠다. 그 결과 버크 화이트는 간디가 가장 신뢰하는 서방의 기자가 되었고, 그녀는 자신의 사진을 통해 간디의 정신세계를 완벽히 표현해 낼 수 있었다.

그녀의 인간에 대한 관심은 1950년 한국 전쟁에까지 이어져 전쟁으로 고통받는 인간의 표정을 사진으로 보여 주었다.

단순한 사물이 아니라 그 안의 내면까지 담아내고자 했던 그녀는 '포토 저널리스트'라는 새로운 세계를 만들어 냈다.

마거릿 버크 화이트
미국의 사진작가 마거릿 버크 화이트가 빌딩 꼭대기로 올라가 사진을 찍고 있다.

공룡 화석 연구가

○ 매리 애닝 (1799~1847)

영국 남서부의 해안 지방에서 태어난 매리 애닝은 어릴 적부터 아버지를 따라 해안가로 나가 화석을 모았다. 가난했던 매리의 아버지는 해변에서 모은 화석을 팔아 수입을 올리곤 했다. 당시 사람들은 화석에 고통을 치유하는 신비한 힘이 깃들어 있다고 여겨서, 화석은 인기가 많았다.

매리는 13살 때 물에 사는 공룡 이크티오사우루스의 화석을 세계 최초로 발견했다. 이후 매리는 '화석 소녀'로 불리며 학자들의 화석 탐사에 가이드 역할을 했고 지질학 서적을 독학하기 시작했다. 단순히 돈벌이를 위해서가 아니라 스스로 공부해 보고 싶다는 열망을 갖게 된 것이다.

이후 매리는 플레시오사우루스와 디모르포돈의 화석을 발견했다. 그녀의 화석들은 박물관이나 수집가의 손에 팔려 갔지만, 그녀가 발견한 화석 전시물에는 발견자로서 자신의 이름을 올리지 못했다.

그럴 때마다 매리는 종종 "여자로 태어난 것이 원망스럽다."고 푸념하곤 했다. 자신이 가난한 젊은 여성이 아니었다면, 화석 전문가로 인정받을 수도 있지 않을까 하는 아쉬움 때문이었다.

매리가 화석 채집가로 인정을 받게 된 것은 그녀가 세상을 뜨고 난 뒤였다.

"매리 애닝이 없었더라면 공룡의 역사는 아주 달라졌을 겁니다."

후세의 공룡 연구가들은 진심으로 그녀의 업적을 기렸다.

매리 애닝
매리 애닝은 사망하기 몇 달 전에야 지질학회의 명예 회원이 되었다.

옥수수 연구에 평생을 바친 학자

● 바바라 매클린톡 (1902~1992)

1920년대에 미국의 한 미장원에서 미용사가 가위를 든 채 난감한 표정을 짓고 있었다. 그녀의 앞에는 머리를 길게 늘어뜨린 여학생이 앉아 있었다.

"정말로 짧게 자르길 원해요?"

"네, 거추장스러우니까 최대한 짧게 잘라 주세요."

미용사는 눈을 질끈 감고 여학생의 머리를 자르기 시작했다. 마침내 가위질이 다 끝났고, 소년처럼 변한 여학생이 미소를 지으며 미장원에서 나왔다.

"맙소사, 바바라! 머리를 어떻게 한 거야?"

그녀의 머리를 보고 카페에서 기다리고 있던 친구가 놀랐다.

"그동안 실습하는 데 긴 머리가 거슬렸는데. 이젠 홀가분해서 정말 좋아! 내가 오직 신경 쓰고 관심을 가져야 할 건 옥수수뿐이야!"

대학에 다니던 내내 그녀는 옥수수 연구에 매달렸다. 치마를 입지 않은 것도 순전히 연구에 방해된다는 이유 때문이었다.

꾸준히 연구에 매달린 끝에 그녀는 옥수수 세포 속에 있는 특이한 유전자를 발견했고, '뛰어 다니는 유전자'라고 이름 붙여 발표했다. 그녀의 발견은 옥수수의 유전자 배열을 바꿀 수 있는 획기적인 것이었다. 이 발견으로 그녀는 1983년에 노벨 생리 의학상을 받았다.

바바라 매클린톡
바바라 매클린톡은 국립 과학 아카데미의 회원으로 선출된 세 번째의 여성이자 최초로 생리 의학 분야의 노벨상을 단독으로 수상한 여성이다.

다큐멘터리 감독이 된 법대생

● 변영주 (1966~현재)

이화여자대학교 법학과를 졸업한 변영주는 친구들의 부러움을 샀다. 그러나 그녀는 꿈도 미래도 없는, 무엇을 해야 할지 모르던 학생이었다.

"학교생활을 자유롭게 하다가 형편없는 점수를 받고 졸업했어요. 그러다 다큐멘터리(드라마와는 달리 현실을 그대로 반영하는 것) 영화에 관심을 갖게 되었습니다."

중앙대학교 연극영화과 대학원을 졸업한 변영주는 1995년에 다큐멘터리 영화 〈낮은 목소리〉를 발표하게 되었다.

〈낮은 목소리〉는 일본군 위안부로서 고통을 받아야 했던 할머니들의 삶을 담은 영화이다. 몸과 마음의 상처를 간직한 할머니들의 증언을 토대로 꾸밈없는 아픔을 담아냈다는 평가를 받으며 한국 영화 역사상 최초로 극장에서 개봉된 다큐멘터리 영화가 되었다.

이후 날카로운 시선으로 매춘(돈을 받고 몸을 파는 것) 사업에 대한 솔직한 시선을 담은 〈아시아에서 여성으로 산다는 것〉과 〈밀애〉, 〈발레교습소〉 등을 제작하며 영화감독으로서 이름을 알렸다.

"끊임없이 탐구하고 기록하며 궁금해 했어요. 이런 기록을 통해 영화감독이 될 수 있었습니다."

그녀는 잘나가는 영화감독은 아니지만 다양한 관점과 시선을 가지고 세상을 바라보며 자신의 꿈을 이루었다.

영화 〈낮은 목소리〉
변영주는 사회에서 소외받는 사람들에게 관심을 갖고 있다. 〈낮은 목소리〉는 일본군 위안부 할머니들의 고통을 기록한 다큐멘터리 영화이다.

항상 다른 이의 지혜를 빌리다

● 손정숙 (1966~현재)

손정숙은 기업의 홈페이지를 만들어 주는 일로 시작해 이제는 애니메이션 제작도 하는 디자인 스톰의 대표이다.

그녀는 이렇게 말한다.

"선배 경영인들의 경험을 물려받지 않았으면 지금의 나 자신은 없었을 것입니다."

삼성 SDS에서 직장 생활을 하던 그녀는 사업가로 독립한 뒤 진한 고독감에 몸을 떨어야 했다. 경영 방식이나 직원들을 대하는 일, 무엇 하나 만만한 게 없었기 때문이었다. 경영을 처음 하니 모르는 것은 많은데, 마땅히 물어볼 데가 없어서 답답함은 이루 말할 수 없었다.

그러다 경영 기법을 교육해 주는 데일 카네기 경영자 과정에 등록했고, 거기에서 다른 기업의 CEO들을 만날 수 있었다.

"모임에서 만난 남성 CEO 한 분이 인사·경영·법률·회계 등 각 분야별 전문가들에게 필요할 때마다 조언을 구하는 것을 봤지요. 바로 이거다 하는 생각이 들었습니다."

그녀는 곧바로 다른 경영자들을 만날 만한 모임을 부지런히 찾아 나섰다. 아는 이들을 통해 전문가들을 소개받거나 모임을 통해 만나면서 인맥을 확대해 나갔다. 손정숙은 지금도 뭔가 막히는 일이 생기면 남녀를 가리지 않고 선배 경영자들을 찾아 나서고 있다.

카네기 최고 경영자 과정
2012년 상반기 교육 일정

지역	기수	기간	장소	일시
부평	41	2012년02월 13일 ~ 05월 07일	우림라이온스밸리 교육장	월요일
부천	16	2012년 2월 21일 ~ 05월 15일	무광오피스 505호	화요일
김포/검단	10	2012년02월 15일 ~ 05월 09일	검단웨딩홀	수요일
송도	41	2012년02월 16일 ~ 05월 17일	송도라마다호텔	목요일
강원/강릉	15	2012년01월 27일 ~ 04월 20일	강릉 단오문화원	금요일

데일 카네기 최고 경영자 과정
손정숙은 데일 카네기 최고 경영자 과정에서 다른 기업의 CEO들을 만나 지혜를 구할 수 있었다.

히트의 여왕

○ 손혜원 (1955~현재)

참이슬 소주
참이슬 소주는 원래 한자어로 된 '진로(眞露)'가 제품의 이름이었다. 이 한자어를 우리말인 '참이슬'로 바꾸자, 판매량이 크게 늘어났다.

손혜원은 손대는 브랜드마다 히트를 치는 디자이너이다. 그녀는 브랜드의 이름을 짓고 제품을 디자인하는 회사인 크로스포인트의 대표이다. 그녀가 세상에 브랜드를 내놓으면 해당 업계가 긴장한다는 말이 나올 정도로 업계에서 '히트의 여왕'으로 불리고 있다. 소주 '처음처럼'을 비롯해 아파트 '힐 스테이트', '참이슬', '이브자리', '미녀는 석류를 좋아해' 등 그녀의 작품은 손에 꼽기 힘들 정도로 많다.

'손혜원은 시장의 흐름을 정확하게 읽을 줄 알며, 소비자의 세밀한 욕구를 족집게같이 알아내는 통찰력을 소유하고 있다. 그녀는 넓은 들판에서 먹잇감을 알아보는 매처럼 수많은 단어들 속에서 소비자에게 가깝게 다가갈 수 있는 언어를 선택한다.'

이 같은 찬사를 받고 있는 그녀는 제품의 장단점을 분석해 보고 목표를 잡는다고 말한다.

"나는 브랜드 디자인을 통해 깨달은 것이 있다. 브랜드는 '소비자가 듣고 싶었던 단어'라는 점이다. 브랜드는 불리고 싶은 이름이 아니라 소비자가 듣고 싶어 하는 이름이며, 매일 같은 제품을 사면서도 소비자는 듣고 싶은 소리를 찾는다."

"광고 디자인을 부탁한 의뢰인보다 더 열렬히 브랜드를 사랑할 때 상상력이 치솟는다."고 말하는 그녀는 열정 넘치는 디자이너로 불리고 있다.

여성의 욕망을 표현한 작가

◉ 시도니 가브리엘 콜레트 (1873~1954)

20살이던 시도니가 유명한 작가와 결혼해 파리의 아파트에 살고 있을 때였다. 어느 날 그들의 집에 출판사 직원이 찾아왔다.

"윌리 작가님을 만나러 왔습니다."

시도니가 거실에 있는 남편 윌리에게 안내했다.

"작가님의 '클로딘' 시리즈가 독자들에게 큰 인기를 얻었습니다. 그래서 저희 출판사에서도 선생님의 책을 내고 싶습니다."

"아, 그래요?"

"그런데 좀 놀랐습니다. 저는 작가님이 여자인 줄 알았습니다. 소설 속의 주인공이 너무나 사랑스럽게 표현되어 있어서요."

그 말에 피식 웃던 남편 윌리가 말했다.

"당신이 제대로 본 겁니다. 그 소설은 아내가 쓴 것이니까요."

깜짝 놀란 출판사 직원이 시도니를 쳐다보자 그녀는 남편의 얘기가 맞다는 듯 고개를 살짝 끄덕였다. 이후로 자신의 이름을 쓰기 시작한 시도니 가브리엘은 왕성한 창작 활동을 하며 많은 작품들을 발표했다.

'문학을 통해 결혼과 가정의 문제를 폭로함과 동시에 여성의 욕망을 시원하게 표현한 작가!'

이렇게 평가받는 시도니는 엄청난 인기를 얻으며, 프랑스에서 훈장을 수여받은 최초의 여성 작가가 되었다.

시도니 가브리엘 콜레트
시도니 가브리엘 콜레트는 대표작 《클로딘》을 그녀의 필명인 '윌리'라는 이름으로 출판했다. 그녀는 여성에게는 거의 주어지지 않는 레지옹 도뇌르 훈장을 받기도 했다.

여성 운동에 참여한 작가

○ 시몬느 드 보봐르 (1908~1986)

시몬느 드 보봐르는 6살 때부터 작가가 되고 싶었다. 세월히 흘러 그녀는 꿈을 이루었다.

여류 작가로 명성을 날리게 된 시몬느 드 보봐르가 《제2의 성》이라는 책을 출판했다.

'여자는 여자로 태어나는 것이 아니라 여자로 키워질 뿐이다.'

이러한 생각으로 쓴 책이 출판되자 프랑스 이곳저곳에서 강한 비판이 일어났다.

'여자는 결혼함으로써 세계의 아주 작은 일부분을 받는다. 그리고 법이 그녀를 남자들의 행패로부터 보호해 주지만 그녀는 남편의 신하가 된다.'

보봐르는 이 책에서 여성이 교육, 직업, 배우자 등을 선택하는 데 있어 완전히 자유로워야 한다고 주장했다. 하지만 여성의 평등한 권리가 법적으로 인정되지 않던 때였기에 보봐르의 주장은 터무니없게 여겨졌던 것이다.

"그녀는 프랑스 남성들을 나쁜 사람으로 만들었다."

"청소년들이 이 책을 읽어서는 안 된다."

비판이 거세질수록 보봐르의 이름은 널리 퍼지게 되었다. 그리고 보봐르의 책은 페미니즘(여성 운동)을 일으키게 했다. 보봐르는 작가로서 왕성하게 활동하며 여성 운동의 실천가로 활동하기 시작했다. 그리고 사회에서 억압당하고 있는 여성들을 보호하는 데 힘썼다.

《계약결혼》
시몬느 드 보봐르는 《제2의 성》, 《위기의 여자》, 《계약결혼》 등 여성 운동과 관련된 작품을 썼다.

영웅들의 이야기를 쓰는 작가

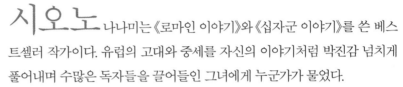

● 시오노 나나미 (1937~현재)

시오노 나나미는《로마인 이야기》와《십자군 이야기》를 쓴 베스트셀러 작가이다. 유럽의 고대와 중세를 자신의 이야기처럼 박진감 넘치게 풀어내며 수많은 독자들을 끌어들인 그녀에게 누군가가 물었다.

"당신은 역사와 소설의 경계를 넘나들며 이야기를 풀어내는데, 지나치게 영웅주의(영웅의 사상과 행동을 으뜸으로 여기는 것)를 강조한다고 생각해 보신 적은 없나요?"

그러자 시오노 나나미는 망설임 없이 대답했다.

"그런 비판을 많이 들어요. 그럼에도 불구하고 독자들은 영웅들을 지지해요. 이유가 뭘까요?"

"글쎄요."

"통치자가 무능하면 통치를 받는 자신들까지 해를 입고, 반대로 뛰어난 지도자가 있다면 일반 시민들까지 혜택을 누린다는 걸 본능적으로 알기 때문이죠. 사람들은 그런 영웅을 원해요."

"그럼, 앞으로도 그런 영웅 이야기를 많이 쓰실 건가요?"

"그럼요. 아직도 그려 내고 싶은 영웅들이 남아 있으니까요."

'공부하며 생각하고 글을 쓰기 위해 살아간다.'

이렇게 생각하는 시오노 나나미는 70세가 넘은 나이에도 뜨거운 열정으로 글을 쓰고 있다. 그리고 그녀의 열정으로 만들어진 책들은 전 세계의 수많은 독자들에게 사랑받고 있다.

《십자군 이야기》
시오노 나나미가 지은 《십자군 이야기》는 인류 역사상 가장 오랜 기간인 200여 년 동안 치러진 십자군 전쟁을 생생하게 그리고 있다.

최고의 연봉을 받는 기업인

⦿ 아이린 로젠필드 (1953~현재)

아이린 로젠필드는 네슬레 다음으로 세계 2위의 종합 식품 회사인 크래프트 푸드의 최고 경영자이다. 그녀는 미국 여성 CEO 가운데 최고의 연봉을 받고 있다. 대학에서 심리학을 전공한 그녀는 사람에 관심이 많다.

"저는 항상 사람들을 관찰합니다. 공항에서 지나가는 사람들을 보며 그들이 누구이고, 어떤 것들이 그들에게 동기를 부여하는지 생각하는 데 몇 시간을 보낼 정도입니다."

그녀는 젊은 시절부터 크래프트 푸드에서 일하며 쿨 에이드와 크리스털 라이트 등의 음료수를 개발하며 실력을 쌓았다. 그런 그녀가 CEO에 취임한 후 영국의 사탕 제조 회사 캐드버리를 195억 달러에 사들이며 주가를 15퍼센트 이상 상승시켰다.

세계 최대 식품 회사의 CEO가 된 로젠필드는 말했다.

"세계 시장에서 우위를 차지하기 위해, 인도와 멕시코에 퍼져 있는 캐드버리의 유통망을 이용해 크래프트 푸드의 매출을 늘릴 계획입니다."

그녀는 두 아이의 어머니와 거대 기업을 경영하는 CEO의 역할을 동시에 하면서도 어느 것 하나 소홀히 하지 않고 있다. 세계에서 가장 영향력 있는 여성 중 2위에 오르며 진정한 '여장부'로서의 모습을 보여 주고 있다.

아이린 로젠필드
아이린 로젠필드는 버락 오바마 미국 대통령의 부인인 미셸 오바마에 이어 2010년에 〈포브스〉가 선정한 '세계에서 가장 영향력 있는 여성' 100인 중 2위에 올랐다.

인디언 출신의 언어학자

● 엘라 델로리아 (?~?)

엘라 델로리아는 인디언의 한 종족인 다코타족 출신이었다. 백인 사회에서 언어학자로 활동하고 있던 그녀에게 어느 날 한 사람이 물었다.

"이봐요, 당신의 조상들이 인디언이라면서요?"

"네, 다코타족 출신이에요."

그녀는 인디언의 피를 이어받았다는 것을 항상 자랑스럽게 여겼기 때문에 서슴없이 대답했다. 그러자 질문을 한 남자가 말했다.

"최근에 인디언 영화를 봤는데, 인디언들은 정말 미개한 종족인 것 같더군요. 항상 사냥을 하고, 전쟁을 다니고, 그것도 아니면 나무에 올라가서 소리를 지르고요. 만약 우리 백인들이 없었다면 당신들은 아직까지도 미개하게 살았을 거요."

남자의 말에 엘라는 큰 충격을 받았다. 그러나 남자에게 화를 낼 수도 없는 노릇이었다. 백인 사회에서 그려진 인디언의 모습은 가부장적인 남성 위주의 생활을 하고 있었기 때문이었다.

'우리 민족에 대한 편견을 바꿀 수는 없을까? 인디언의 순수하고 솔직한 모습을 그려 내어 세상에 알리자.'

몇 년 동안의 연구와 조사 끝에 그녀는 인디언의 삶을 묘사한 《수련》이라는 소설을 출판했다. 언어학자였던 그녀는 그 후로도 계속 인디언을 조사하고 알리는 데 힘썼다.

인디언
인디언 출신의 작가 엘라 델로리아는 《수련》, 《신의 피부는 붉다》 등의 소설을 발표해 인디언에 대한 편견을 없애게 했다.

나노 기술과 의료 기술을 합치다

● 유경화 (1959~현재)

대학을 졸업한 유경화는 미국 일리노이대학교 어배너대학원에서 열심히 공부했다. 그녀는 3년 만에 박사 학위를 받았고, 귀국해서 연세대학교 교수가 되었다.

한국 과학 재단의 나노(10억 분의 1을 나타내는 분수. 나노 기술을 이용하면 아주 미세한 세계까지 측정하고 관찰할 수 있다.) 의학 국가 핵심 연구센터의 소장이 된 유경화는 나노 기술과 의료 기술이 합해질 수 있도록 노력했다.

'아, 이건 왜 이렇지? 이렇게 해 보면 될까?'

누구나 재미있는 일에 열중하듯이 물리학에 재미를 느낀 그녀도 연구에 열중했다. 이것저것 실험해 보고 관찰할수록 생기는 궁금증과 즐거움이 나노 기술까지 이끌었다. 나노 기술은 물리학을 비롯해 생화학 분야의 지식까지 필요로 했기에 유경화는 열심히 공부했다.

'생명의 분자를 다루려면 생물 쪽을 공부해야 되는데, 대학에서 생화학 수업을 들어야겠어.'

그녀는 연구를 위해 다시 학생으로 돌아가 공부했다.

어릴 적에 유경화의 멘토는 퀴리 부인이었다. 그녀를 통해 '끊임없는 노력이 성공을 불러온다.'는 사실을 깨달았다. 그래서 그녀는 항상 노력하게 되었다. 그녀는 나노 기술을 통해 의료 기술이 더욱 향상되길 기대한다고 말했다.

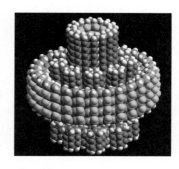

나노 기술
나노 기술은 원자나 분자 정도의 작은 크기의 물질을 합성하고, 조립하며 그 성질을 측정 및 규명하는 기술이다.

식사 시간을 잊고 연구하다

● 윤송이 (1975~현재)

MIT
MIT는 미국 매사추세츠공과대학을 가리키는 말이다. 1861년에 창립된 이 학교는 세계 최고의 이공계대학교 중 하나이다.

카이스트(한국 과학 기술원)의 식당 안의 식탁 위에 식판 하나가 덩그렇게 놓여 있었다.

"어, 자리가 있는 건가?"

자리를 잡기 위해 왔다 갔다 하던 사람들은 반찬 하나 손대지 않은 식판을 보고 고개를 갸웃거렸다. 그러나 식판만 몇 시간째 그 자리에 그대로 있을 뿐, 주인은 나타나지 않았다. 마침내 보다 못한 한 사람이 주위 사람들에게 물어보기 시작했다.

"여기는 자리가 있는 건가요, 없는 건가요?"

"혹시 윤송이 씨 식판 아닌가?"

그녀를 알고 있던 한 사람이 그녀에게 연락을 취했다. 곧 당황한 표정의 윤송이가 허둥지둥 식당 안으로 들어왔다. 덩그러니 놓인 식판을 보고 그녀가 말했다.

"아, 미안해요. 제가 그만 또 깜박하고."

"윤송이 씨, 아무리 연구가 좋아도 그렇지 밥 먹는 것까지 잊어버리면 안 되지!"

"연구하던 문제의 해답이 갑자기 생각나서 연구실에 다녀와서요……."

카이스트를 다니던 내내 윤송이는 자주 끼니를 거르곤 했다. 밥을 먹다 아이디어가 떠오르면 곧바로 다시 연구실로 돌아갔기 때문이었다.

성실히 공부했던 그녀는 미국 MIT에서 최연소 박사 학위를 받은 후, 소프트웨어를 만드는 회사인 엔씨소프트의 부사장이 되었다. 그녀는 인간과 기술이 공존할 수 있는 문화를 꿈꾸며 여전히 연구에 몰두하고 있다.

카이스트 최연소 박사

○ 이슬기 (1987~현재)

카이스트에서 가장 어린 나이에 박사 학위를 취득한
여성 과학자가 탄생했다. 이슬기는 2012년 2월 24일에 카이스트에서 전기
및 전자공학과 박사 학위를 취득했다.

카이스트
카이스트는 대전시 구성동에 있다. 이 대학교는
과학 인재를 기르기 위해 1971년에 설립되었고,
우리나라에서 최고의 이공계 대학교이다.

그녀는 어려서부터 과학에 관심과 재능이 많았다. 서울과학고를 2년 만
에 졸업하고, 2004년에 카이스트 전기 및 전자공학과에 입학했다. 대학교
에서도 4년 과정인 학부 과정을 3년 만에 마치고 같은 대학원에 진학해 5
년 만에 박사 학위를 받았다.

그녀는 대학원의 반도체 시스템 연구실에서 창의적인 연구를 했다. 미
국, 일본, 유럽, 대만 등에서 열린 학회에서 11개 논문을 발표하고, 10개의
특허를 냈다.

이처럼 뛰어난 실력을 인정받아 전자 연구소인 IMEC-NL(Interuniversity
Microelectronics Center)에서 일하게 되었다. 네덜란드 에인트호벤에 위치
한 IMEC-NL은 유럽 최대의 전기 연구소이다. 이 연구소에는 전기 분야의
세계적 전문가들이 모여 있다.

"해외에서 많은 경험을 쌓은 뒤 한국으로 돌아와 후배를 양성하는 일에
힘쓰고 싶어요. 남자가 80퍼센트 이상 차지하는 이공계에서 과학을 탐구
하는 여성 후배들의 멘토가 되고 싶습니다."

그녀는 세상을 밝히는 멘토가 되겠다고 다짐했다.

아시안 게임 최초의 바둑 2관왕

◉ 이슬아 (1991~현재)

2010년 광저우에서 아시안 게임 바둑 경기가 열리고 있었다. 한국의 여자 선수에게 모두의 이목이 집중되었다.

"지금 저 선수 머리에 침을 꽂은 건가요?"

"그런 것 같은데요. 참 특이한 선수네요."

주위의 시선에 아랑곳하지 않고 이슬아는 경기에 집중하고 있었다.

"머리에 꽂은 침은 아무래도 집중하기 위해서인 것 같은데, 오늘 효과를 발휘할지 모르겠군요."

청순하고 귀여운 외모를 가진 어린 소녀 이슬아는 경기할 때만큼은 무서운 집중력을 발휘했다. 그녀는 중국 선수를 상대로 승리하며 금메달을 목에 걸었다. 뿐만 아니라 여자 단체전에서도 금메달을 따내며 대회 2관왕이 되었다. 더군다나 바둑이 아시안 게임에 처음으로 채택되었기 때문에, 이슬아는 바둑계 최초의 금메달리스트이자 최초의 2관왕이 되었다.

이 대회에서 '5대 얼짱'으로 뽑힐 만큼 귀여운 외모를 자랑하는 이슬아는 승부욕이 강하다.

"저는 공격적인 바둑을 지향해요. 그만큼 승부욕도 강하고, 그러다 보니 졌을 때 잘 받아들이지 못해요. 내가 최선을 다했을 때 패배를 즐겁게 받아들일 수 있었으면 좋겠어요."

아시안 게임으로 스타로 떠오른 그녀는 인기에 연연하지 않고 있다. 2014년 인천 아시안 게임을 준비하며 프로 바둑 선수로 성장하기 위해 나아가고 있다.

17th Asian Games
INCHEON 2014

인천 아시안 게임
인천 아시안 게임은 2014년 9월 19일부터 10월 4일까지 인천에서 열린다. 우리나라에서 열리는 세 번째 아시안 게임이다.

동서양을 넘나드는 역사학자

○ 이인호 (1936~현재)

"**안녕하세요**. 혹시 찾으시는 게 있나요?"

미국 웨슬리대학교의 사서는 같은 자리를 계속 서성이고 있는 한 여인에게 다가갔다.

여인이 찾고 있던 것은 고대 동양 역사를 다루는 책이었다. 사서는 곧바로 자료를 검색했고, 몇 분 뒤에 책을 찾을 수 있었다.

"감사합니다. 검색을 하면 이렇게 쉽게 찾을 수 있는 걸 몰랐군요."

자그마한 체구의 동양 여인이 생긋 웃으며 고마움을 표했다. 호기심이 생긴 사서는 그녀에게 질문하기 시작했다.

"동양 역사를 전공하고 있나 보죠?"

"아니에요. 지금은 서양 역사를 전공하고 있답니다."

"서양 역사를 전공하면 서양 관련 자료만 찾아야 하는 것 아닌가요?"

사서가 고개를 갸웃거리자 여인이 다시 대답했다.

"동양과 서양으로 구분하는 건 모두 인간의 잣대일 뿐이지 역사는 모두 공통된 것을 갖고 있죠. 서양사를 거울삼으면 동양사가 보이고, 동양사를 거울삼으면 서양사가 보이는 거예요."

여인의 말에 깊은 인상을 받은 사서는 그녀의 이름을 물었다.

"역사학을 전공하고 있는 이인호입니다."

또박또박 자신의 이름을 밝힌 그녀는 하버드대학교 대학원에서 박사 학위를 받고 세계적인 역사학자가 되었다.

웨슬리대학교
웨슬리대학교는 미국 매사추세츠 주에 위치한 여자대학이다. 힐러리 클린턴 미국 국무부 장관의 모교로도 잘 알려진 이 대학은, 여자대학으로는 우수대학 1위 자리를 놓치지 않고 있다.

낭만적이고 세련된 이야기의 작가

○ 이자크 디네센 (1885~1962)

이자크 디네센은 현대 문학의 어머니라 불리며 노벨 문학상 후보까지 오른 작가였다. 낭만적이고 세련된 이야기로 사랑받던 그녀가 《아웃 오브 아프리카》라는 책을 집필했을 때였다.

"이 작품에 당신이 실제로 경험한 이야기가 담겨 있다는 게 사실인가요?"

"맞아요. 케냐에서 커피 농장을 운영하며 겪었던 일들이 담겨 있어요."

"케냐에서의 삶이 당신에게 큰 영향을 미쳤나 봐요?"

"그럼요. 내겐 운명과 같은 곳이었어요. 사랑을 하고 그 사랑을 잃고, 많은 것을 놓친 슬픔들이 있는 곳이니까요."

"슬픈 추억이 많으신 것 같은데, 그 삶을 후회하시나요?"

"글쎄요. 하나는 확실해요. 좋은 집안에서 태어나 부족함 없이 자란 내가 그 같은 환경에 안주한 채 살았다면 지금의 나도 없었을 거예요."

그녀는 창밖을 바라보며 과거를 회상하듯 슬픈 미소를 지었다. 그녀는 생각했다.

'슬픔이란 이야기를 지어내거나 그것에 관해 말할 수 있다면 견딜 만한 것이야!'

이처럼 자신의 슬픔을 이야기로 다스린 그녀는 아프리카 케냐에서 커피 농장을 운영하며 겪은 일을 적은 《아웃 오브 아프리카》와 단편 모음집 《운명의 일화들》을 출간했다. 그리고 이 책들이 영화로도 만들어져 많은 사랑을 받았다.

영화 〈아웃 오브 아프리카〉
이 영화는 할리우드의 유명 배우 메릴 스트립과 로버트 레드포드가 주연 배우로 출연해 1985년 아카데미상 작품상을 수상했다.

자신에게 맞는 역할을 알아본 배우

○ 잉그리드 버그만 (1915~1982)

잉그리드 버그만은 178센티미터의 큰 키에 우아한 외모, 싱그러운 미소로 미국을 대표하는 스타였다. 어느 날 영화 제작자 데이비드 셀즈닉이 그녀를 찾아왔다.

"이번에 〈바람과 함께 사라지다〉라는 영화를 만들 거예요. 당신이 여주인공을 맡아 줬으면 해요. 더군다나 남자 주인공이 유명 배우 클라크 게이블이에요. 투자 또한 문제없어서 성공할 거예요. 어때요?"

데이비드는 그녀가 당연히 수락할 거라고 생각했다. 그렇지만 예상과 달리 그녀는 거절했다.

"아니, 왜요? 이 영화는 반드시 성공할 거예요."

"알아요. 하지만 여자 주인공이 내 분위기와 전혀 맞지 않아요. 영화를 위해서라도 내가 해서는 안 될 것 같네요."

자신에게 맞는 역할을 가려낼 줄 알았던 그녀가 영화 〈카사블랑카〉를 찍을 때의 일이었다. 스튜디오 안에서만 촬영된 이 영화는 너무나도 엉성하게 만들었다.

'이 영화는 망하고 말 거야. 어떻게 이런 영화가 성공하겠어?'

여기저기서 원망의 목소리가 쏟아져 나왔고 촬영하는 내내 그녀 자신도 불만이 쌓여 갔다. 하지만 그녀는 자신의 선택을 믿고 묵묵히 촬영했다.

그런데 그녀의 선택이 옳았다. 모두의 예상을 뒤엎고 〈카사블랑카〉는 엄청난 흥행을 기록했다. 그리고 이 영화는 불후의 명작이 되었다.

〈카사블랑카〉
잉그리드 버그만이 주연으로 출연한 이 영화는 1943년 아카데미 감독·각색·작품상을 수상했다.

동양인 최초로 괴테 금메달을 받다

◉ 전영애 (1951~현재)

전영애 서울대학교 독문과 교수는 독일 바이마르 괴테 학회가 수여하는 '괴테 금메달'을 받았다. 이 상은 1910년부터 괴테의 삶과 예술을 연구하고 널리 알리는 데 기여한 사람들에게 수여되는 것으로, 세계 최고의 상으로 꼽히고 있었다. 그녀는 이 상을 동양인 최초로 수상해 화제를 일으켰다.

1973년에 서울대학교를 전체 수석으로 졸업한 그녀는 공부에 전념하고 싶었지만 꿈은 쉽사리 이루어지지 않았다.

"당시에는 여학생이 대학원에 진학한 후 독일로 유학을 가는 것을 사치로 여겼던 환경이었어요. 그래서 나는 세상 속으로 향하는 출구를 책에서 찾았습니다."

괴테를 비롯해 파울 첼란, 헤세, 카프카, 릴케 등의 작품을 외우듯이 읽으며 책을 내려놓지 않았던 전영애는 박사 과정을 마치고 교수가 되었다. 교수가 되어서도 그녀는 공부할 기회가 생기면 국내외를 마다하지 않고 찾아다녔다.

1995년에 독일로 간 그녀는 괴테 학회에 빠지지 않고 참석해, 괴테와 문학에 대해 여러 학자들과 함께 고민하며 소통하는 자리를 이어 왔다. 전 세계 학자들과 밀접하게 교류해 온 결과, 오늘날 세계적인 학자가 되었다.

괴테
괴테(1749~1832)는 독일의 대표 작가로, 자기 체험을 바탕으로 한 고백과 참회의 작품을 썼다. 희곡 《파우스트》, 소설 《젊은 베르테르의 슬픔》 등의 작품을 남겼다.

불꽃같은 삶을 산 천재 작가

○ 전혜린 (1934~1965)

소녀 전혜린은 흰 원피스를 맞춰 입고 조용히 책을 들여다보곤 했다. 조용했던 문학 소녀가 변하기 시작한 것은 대학 시절부터였다. 여학생이 드문 서울대학교에서 새까맣게 때 낀 손톱에 눈을 덮은 덥수룩한 머리카락의 전혜린은 사람들의 주목을 끌었다.

"쟤는 남자들과 어울리며 막걸리를 마시고 다닌대. 그리고 입술 봤어? 세상에 립스틱을 반쪽만 칠하고 다닌다니까!"

공부할 때만은 명석한 머리를 자랑했던 그녀는 엄격한 규칙에 얽매이는 것에 반발심을 가졌고, 자유로운 학문에 대해 끝없이 갈망하고 있었다.

이후, 결혼해서 아이의 엄마가 된 그녀는 25살의 나이에 서울대학교 교수로 생활했다. 하지만 그녀는 현실에 만족하지 못하고 꿈과 이상을 찾아 방황했다.

결국 전혜린은 갑작스레 세상을 떠나고 말았다.

'어느 조용한 황혼에 길가의 주막에 쓰러져 있는 집시가 있거든 나라고 알아줘!'

이런 편지를 남긴 채 세상을 떠난 그녀는 《그리고 아무 말도 하지 않았다》라는 수필로 인기를 얻었다. 광기와 방황 속에 살았던 한 천재 지식인의 죽음을 사람들은 안타까워했다.

몇 권의 번역서와 수필집만을 남긴 채 31살에 요절한 그녀를, 사람들은 전통적인 한국의 여성상에서 벗어나 불꽃같은 삶을 살다 간 천재로 기억하고 있다.

뮌헨대학교
뮌헨대학교는 독일 바이에른 주가 지원하는 대학교이며, 1472년에 설립되었다. 전혜린은 이 대학교에서 문학을 공부했다. 그녀는 우리나라 최초의 독일 유학생이었다.

어렸을 때부터 동물을 좋아한 학자

● **제인 구달** (1934~현재)

높이 떠 있던 해가 서쪽으로 지고 있었다. 아침 일찍 집에서 사라진 제인은 여전히 모습을 나타내지 않고 있었다. 가족들은 안절부절못하며 창밖을 내다보았다.

초조한 얼굴을 하고 있던 아버지가 단호한 목소리로 말했다.

"경찰을 불러야지 더 이상은 안 되겠어!"

곧, 연락을 받고 제복을 입은 경찰관 두 명이 도착했다. 본격적인 수사에 들어가기 전에 그들은 다시 한 번 주위를 조사해 보기로 했다. 몇 분 뒤, 헛간을 들여다보던 경찰관이 비명을 질렀다.

"아이고, 깜짝이야!"

허둥지둥 달려온 사람들은 눈앞의 광경에 깜짝 놀라고 말았다. 헛간에 쌓아 둔 짚더미 속에서 제인이 나타났던 것이었다. 옷이며 머리가 마구 헝클어진 모습이었다.

"제인! 얼마나 걱정했는 줄 아니? 대체 여기서 뭐 하고 있었던 거냐?"

"닭이 알을 낳는 걸 보고 있었어요."

"뭐? 그럼, 아침부터 여기 있었단 말이니?"

닭이 어떻게 알을 낳는지 궁금했던 제인은 아침부터 줄곧 닭을 지켜보고 있었던 것이었다. 어렸을 때부터 동물을 좋아했던 그녀는 1960년 7월, 침팬지 보호 구역인 탄자니아로 향했다. 그곳에서 10년이 넘는 세월 동안 침팬지들과 소통하며 지낸 그녀는 세상에 널리 알려졌고, 지금도 침팬지들의 어머니로 불리며 동물 보호 운동가로 활동하고 있다.

제인 구달
제인 구달은 1965년 침팬지와 개코원숭이의 생태 연구를 위해 곰베 스트림 연구 센터를 설립했으며, 1975년에는 침팬지 등 야생 동물 연구를 위해 제인 구달 연구소를 설립했다.

27년 만에 조국에 온 과학자

○ 조일경 (1983~현재)

"**엄마**, 난 왜 엄마랑 머리 색이 달라?"

'카트리나'라고 불리던 소녀는 철이 들면서부터 자신의 정체성에 의문을 가졌다. 부모님과 자신이 전혀 다른 피부색과 머리 색을 갖고 있었기 때문이었다. 그녀의 부모님은 그녀의 원래 이름이 '조일경'이라고 가르쳐 주었다.

"원래 너는 한국인이었단다."

그녀는 그때부터 바다 건너 멀리 있는 나라, 한국을 꿈꾸기 시작했다. 그러나 어떻게 해야 조국을 찾아갈 수 있을지 방법을 전혀 알 수가 없었다.

그녀가 덴마크 공과대학교를 졸업한 후, 우연히 기회가 찾아왔다. 그녀가 근무하고 있던 연구소에서 한국에 보낼 파견 직원을 찾고 있었다. 서슴없이 지원서를 낸 그녀는 2010년 2월, 드디어 한국 땅을 밟을 수 있었다.

유능한 여성 과학자가 되어 돌아온 그녀를, 조국의 많은 사람들이 반겼다. 조일경은 파견 근무를 시작하면서 일주일에 두 시간씩 한국어를 배우기 시작했다.

"어렸을 때부터 항상 제가 태어난 나라는 어떤 곳일까 궁금해 했어요. 그런데 지금 이렇게 한국에 와 있다는 게 믿기질 않네요. 저는 정말 행복하고 운이 좋은 사람 같아요."

한국에서 재능을 마음껏 펼쳐 보이고 싶다는 그녀는, 박사 과정을 밟으며 차세대 태양 전지를 연구하고 있다.

태양 전지 패널
태양 전지는 태양 빛을 직접 전기로 바꾸는 장치이다. 조일경은 차세대 태양 전지를 연구하고 있다.

천체 목록을 만든 여성 천문학자

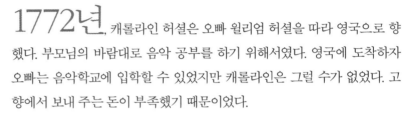

○ 캐롤라인 허셜 (1750~1848)

탐구
37

1772년, 캐롤라인 허셜은 오빠 윌리엄 허셜을 따라 영국으로 향했다. 부모님의 바람대로 음악 공부를 하기 위해서였다. 영국에 도착하자 오빠는 음악학교에 입학할 수 있었지만 캐롤라인은 그럴 수가 없었다. 고향에서 보내 주는 돈이 부족했기 때문이었다.

"조금만 기다려라, 캐롤라인. 내가 자리를 잡으면 바로 입학할 수 있을 거야."

오빠는 그런 동생을 위로해 주었다. 오빠가 수업을 받으러 가면 캐롤라인은 집에 남아 청소를 하는 등 시간을 때웠다. 그러던 중 우연히 오빠의 책상에서 천체 관측 자료를 발견하게 되었다.

별자리를 관찰하는 것이 취미였던 오빠는 캐롤라인에게도 하늘을 관찰하는 법을 가르쳐 주었다. 그때부터 캐롤라인은 흥미를 갖고 천체에 대해 공부하기 시작했다. 오빠는 그녀에게 소형 망원경 하나를 구해 주었다.

캐롤라인은 더 이상 음악 공부를 하고 싶다는 생각을 하지 않았다. 매일 밤 망원경으로 하늘을 관찰하는 데 열중했다. 그러던 중 놀라운 일이 일어났다. 영국에 온 지 11년이 되던 해, 그녀가 3개의 새로운 별들을 발견한 것이었다. 그리고 3년 뒤 8개의 혜성을 추가로 발견한 그녀는 이를 왕립학회에 보고했고, 학회는 그녀의 발견을 인정했다.

오빠가 죽은 뒤 독일로 돌아간 그녀는 천체 목록을 만드는 일에 평생을 바쳤다.

캐롤라인 허셜
캐롤라인 허셜은 오빠 윌리엄 허셜과 함께 태양계의 천왕성을 세계 최초로 발견했다.

여성학을 열다

○ 클라라 제트킨 (1857~1933)

클라라 제트킨 기념우표
클라라 제트킨은 제1차 세계 대전 이후에 독일에서 활동한 여성 운동가였다.

독일의

작은 마을에는 나이가 지긋해 보이는 여성의 동상이 서 있다. 그 주인공은 바로 그 마을에서 태어난 여성 운동가이자 세계 여성의 날의 만들자고 처음으로 주장한 클라라 제트킨이다.

어느 날 한국에서 여성학을 공부하는 여대생들이 클라라 제트킨의 생가에 방문했다.

"여기에 클라라 제트킨의 집이 있나요?"

마을 사람들이 가리킨 작고 초라한 집을 보고 여대생들은 놀랐다. 그녀를 회상하며 한 할머니가 말했다.

"클라라 제트킨은 어머니의 영향을 받아 평생 동안 여성 문제에 관심을 가지게 됐어요. 그녀는 여성 평등에 대한 관심을 키워 나갔어요. 여성의 정치 참여, 직업의 평등 등은 모두 그녀가 씨앗을 뿌린 일입니다."

독일의 화폐와 우표 등에는 그녀의 모습이 들어 있을 정도로 국가적인 영웅이었다. 하지만 그녀는 점점 잊히고 있다. 그녀의 이름이 붙은 거리도 없어지고 그녀의 이름으로 불렸던 학교와 집단 농장은 문을 닫았다. 심지어 '클라라 제트킨 기념 유적'으로 알려졌던 곳은 '옛 마을 학교 박물관'이 되었다.

그녀의 흔적은 사라지고 있지만 그녀가 남긴 업적은 결코 적지 않다. 여성 운동의 사상을 세우고 그것을 실천한 선구자인 그녀는 영원히 기억될 것이다.

무분별한 개발을 비판한 학자

◉ 헬레나 노르베리 호지 (1946~현재)

1970년 헬레나 노르베리 호지는 인도 북부에 위치한 라다크를 방문했다. 그녀는 라다크의 문화와 철학에 매료되었다.

그러나 서구 문명이 들어오면서 라다크의 전통문화가 붕괴되는 것을 목격하면서 현대 사회를 비판하는 강연 활동을 펼치고 있었다.

"작은 티베트라고 불리는 라다크는 천 년 넘게 독자적인 언어와 자급자족의 삶을 꾸려 가는 공동체입니다. 거칠고 황량한 풍토와 풍요롭지 못한 자연환경에도 불구하고 건강하고 평화롭게 살아왔죠. 서양인들은 '개발'이라는 이름하에 서구의 가치관과 생활 양식을 집어넣었습니다. 라다크 사람들은 돈이 없는 자신들이 가난하다고 생각하게 되었고, 고유한 전통을 부끄러워하게 되었습니다."

강연을 마친 그녀에게 기자가 물었다.

"당신의 이러한 행동이 라다크에 얼마나 도움이 될 거라고 생각하십니까?"

"나 한 사람의 힘으로 라다크에 희망이 찾아오지는 않겠지만 지금 여러분이 나와 같은 진심으로 함께한다면 라다크의 파멸을 멈출 수는 있을 것입니다."

그녀는《오래된 미래, 라다크로부터 배운다》라는 책을 집필했다. 그 책을 통해 개발을 멈추고 지역의 생태로 눈을 돌릴 때 우리에게도 희망이 있음을 전했다. 그리고 이 책은 30개 나라의 언어로 번역되어 많은 사람들에게 읽히고 있다.

헬레나 노르베리 호지
헬레나 노르베리 호지는 1986년에 '대안적 노벨상'이라고 불리는 바른 생활상을 받았다.

자연과 조화를 이루다

● 헬렌 니어링 (1904~1995)

"**여보**, 우리 이제 우리가 생각해 오던 삶을 실천하면서 사는 건 어때요?"

헬렌이 남편 스콧에게 말하자 남편은 흔쾌히 동의했다. 그들은 조용한 시골 마을로 이사를 갔다. 직접 돌을 가져다 집을 짓고, 농사를 지었다. 자연에 해를 끼치지 않고 살기로 한 것이다.

뉴욕의 유복한 가정에서 태어난 헬렌과 대학교 교수이자 사회 운동가였던 남편 스콧은 21살의 나이 차이에도 불구하고 첫눈에 서로에게 반했다. 그리고 무엇보다 두 사람은 삶의 가치관이 같았다.

"현대인은 단 한 끼의 식사를 위해 너무 많은 것을 낭비하고 있는 것 같지 않소?"

"맞아요. 사과든 토마토든 풀 한 포기를 먹으려면 그것들을 죽여야 하는데, 우리가 무슨 권리로 자연에게 해를 끼치는 걸까요."

"우리는 그런 욕심으로 인해 에너지와 시간을 낭비하지 맙시다."

헬렌 부부는 최소한의 생계를 위한 시간만 노동을 하고 나머지 시간은 책을 읽고 여행을 하면서 자신들의 행복을 찾았다. 그리고 그들의 50년 동안의 삶을 기록한 책《조화로운 삶》이 발간되었다.

"우리의 삶이 옳다고 주장하기 위해 이 책을 쓴 것은 아니에요. 자연에 해를 끼치지 않고 조화로운 삶을 살아도 우리는 행복했다는 것을 말하고 싶을 뿐이죠. 누군가 우리와 같은 삶을 살고자 하는 이에게 도움이 되길 바랍니다."

니어링 부부
헬렌 니어링과 그의 남편 스콧 니어링은 대도시인 뉴욕을 떠나 버몬트의 작은 시골에서 자연과 조화를 이루며 살았다.

별자리 연구에 평생을 바친 천문학자

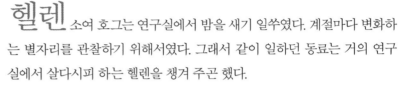

○ 헬렌 소여 호그 (1905~1993)

탐구
41

헬렌 소여 호그는 연구실에서 밤을 새기 일쑤였다. 계절마다 변화하는 별자리를 관찰하기 위해서였다. 그래서 같이 일하던 동료는 거의 연구실에서 살다시피 하는 헬렌을 챙겨 주곤 했다.

"헬렌, 도시락을 만들어 두고 갈 테니 잊지 말고 챙겨 먹어요."

"그럴게요. 고마워요."

그즈음 헬렌은 새로운 별자리를 발견하려고 했다. 연구실에 누가 들어와도 알아차리지 못하고 늘 망원경으로 하늘을 살폈다.

"이게 뭐지?"

오후 늦게 연구실에 온 동료는 문을 열었는데, 깜짝 놀라고 말았다. 커피가 담긴 채 김이 모락모락 올라오는 컵이 여기저기에 널려 있었기 때문이었다.

"헬렌, 이 컵들은 뭐예요?"

"아, 그게 말이죠……."

헬렌이 얼굴을 붉히며 상황을 설명했다. 별자리를 보는 데에만 정신이 팔려서 계속해서 새로운 커피를 탔다는 것이었다. 그녀의 열정에 동료는 혀를 차고 말았다.

별자리 연구에 일생을 바친 헬렌은 구상 성단의 별을 발견해 천문학의 발전에 크게 공헌했다.

구상 성단
구상 성단은 수십만 개에서 수백만 개의 별들이 공 모양으로 모여 있는 항성의 집단이다. 우리 은하계 안에는 100개 이상의 구상 성단이 있다.

국악에 반해 한국에 온 외국인

○ 힐러리 핀첨 성 (?~현재)

파란 눈의 외국인 여성이 서울대학교 국악과 교수가 되어 한국 전통 음악을 강의하자 화제가 되었다. 국악과의 첫 외국인 교수가 된 힐러리 핀첨 성은 17년 전을 회상했다.

미국 인디애나대학교 대학원에서 공부하고 있을 때 교수님이 힐러리를 불렀다.

"이 음악을 들어 보겠니? 한국 음악이란다."

"한국 음악이라고요?"

"그래, 지금 네게 도움이 될 것 같구나."

힐러리는 중국 음악이나 일본 음악과 비슷할 거라고 생각하며 한국 음악을 듣다가 깜짝 놀라고 말았다.

'오, 놀라워! 어떻게 사람 목소리를 꼭 닮았지?'

그녀는 해금과 아쟁의 음색에 연신 놀라며 바로 국악을 연구하기 위해 서울로 왔던 것이다. 그녀를 교수로 임용한 서울대학교 학장은 말했다.

"핀첨 성 교수는 각국의 전통 음악에 대한 조예가 깊고 특히 국악에 대한 안목이 높습니다. 한국 전통 음악에 대한 외국인의 독특한 시각을 학생들에게 소개할 것입니다."

한국 전통 음악을 끊임없이 연구하고 있는 그녀는 한국 음악을 알리는 데 앞장서고 있다.

해금
해금은 고려 예종 때에 중국 송나라에서 들여온 악기로, 속이 빈 둥근 나무의 한쪽에 오동나무 복판을 붙이고 긴 나무를 꽂아 줄을 활 모양으로 건 악기이다.

초등학생을 위한 살아 있는
멘토사전

안철수에서 스티브 잡스까지,
세상을 뒤흔든 400명의 남자들과 꿈을 키운다!

이 책은 어린이들의 꿈을 키울 수 있도록 세상을 뒤흔든 400명의 멘토들을 선별해 그들의 이야기를 들려주고 있다. 안철수에서 스티븐 잡스까지 세상을 뒤흔든 400명의 멘토 이야기는 때로는 어린이의 모습을 비추는 거울처럼, 때로는 마음을 쓰다듬는 손짓처럼 노래하며 그들의 꿈과 희망을 응원한다.

고수유 지음| 424쪽| 18,000원